Der Gläubigerschutz beim Formwechsel
nach dem Umwandlungsgesetz

Europäische Hochschulschriften

Publications Universitaires Européennes
European University Studies

Reihe II
Rechtswissenschaft

Série II Series II
Droit
Law

Bd./Vol. 3778

PETER LANG
Frankfurt am Main · Berlin · Bern · Bruxelles · New York · Oxford · Wien

Alexander Veith

Der Gläubigerschutz beim Formwechsel nach dem Umwandlungsgesetz

PETER LANG
Europäischer Verlag der Wissenschaften

Bibliografische Information Der Deutschen Bibliothek
Die Deutsche Bibliothek verzeichnet diese Publikation in der Deutschen Nationalbibliografie; detaillierte bibliografische Daten sind im Internet über <http://dnb.ddb.de> abrufbar.

Zugl.: Mainz, Univ., Diss., 2003

D 77
ISSN 0531-7312
ISBN 3-631-51539-1

www.peterlang.de

Meinen Eltern

Vorwort

Die vorliegende Arbeit hat im Wintersemester 2002/2003 dem Fachbereich Rechts- und Wirtschaftswissenschaften der Johannes Gutenberg Universität Mainz als Dissertation vorgelegen. Das Rigorosum fand am 17. Februar 2003 statt. Die Arbeit befindet sich auf dem Stand von Juli 2003.

Besonderer Dank gilt meinem Doktorvater Prof. Dr. Mathias Habersack für die Hilfestellungen bei der Themenfindung, für die gewährten wissenschaftlichen Freiräume sowie für die zügige Betreibung des Promotionsverfahrens. Ebenso möchte ich Herrn Prof. Dr. Mülbert für die Übernahme und Erstellung des Zweitgutachtens danken.

Meinen Eltern möchte ich herzlichen Dank für die in jeder Hinsicht großzügige Unterstützung während meiner Ausbildung und der Erstellung dieser Arbeit aussprechen. Ebenso herzlich möchte ich meiner Freundin Sandra Miehling für das sorgfältige Korrekturlesen der Arbeit danken. Frau Petra Oelfke gebührt Dank für die tatkräftige Unterstützung bei der Suche und Beschaffung von Literatur im Rahmen der Überarbeitung des Manuskripts.

München im Juli 2003

Alexander Veith

Gliederung

Einführung

I. Der Formwechsel als Gestaltungsmöglichkeit

Das deutsche Gesellschaftsrecht stellt für das Wirtschaftsleben eine Vielzahl verschiedener Gesellschaftsformen zur Verfügung. Gleichwohl sind die vorgesehenen gesellschaftsrechtlichen Rechtsformen aber durch einen Numerus clausus gekennzeichnet.[1] Dieser kann nur bedingt durch Mischformen wie die GmbH & Co. KG aufgeweicht werden. Ein Beispiel für die Rechtsformstrenge des deutschen Gesellschaftsrechts ist die Nichtanerkennung der „GbR mbH" durch den BGH in einem Urteil aus der jüngsten Vergangenheit.[2] Der Zusatz „mbH" sollte eine - dem Personengesellschaftsrecht grundsätzlich fremde - Haftungsbeschränkung auf das Vermögen der Gesellschaft bewirken. Das Gericht betont in seiner Entscheidung, dass eine Haftungsbeschränkung durch einen einseitigen Akt der Gesellschaft der Schaffung einer neuen Gesellschaftsform gleichkäme. Hierfür bestehe jedoch kein Bedürfnis, da das Gesetz demjenigen, der unabhängig von der Zustimmung des Vertragspartners seine persönliche Haftung ausschließen will, andere Gesellschaftsformen wie z. B. die GmbH zur Verfügung stelle.[3] Die Wahl einer geeigneten Rechtsform hat sich folglich grundsätzlich an den vom Gesetzgeber zur Verfügung gestellten Rechtsformen zu orientieren. Die Entscheidung für eine Gesellschaftsform bei der Gründung ist aber weder eine einmalige noch eine für die Zukunft bindende Entscheidung. Um die Rechtsform geänderten wirtschaftlichen Bedingungen anzupassen, kann bei Zeiten ein Wechsel derselben angezeigt sein.

Die Formstrenge des deutschen Gesellschaftsrechts bringt es mit sich, dass ein solcher Formwechsel nicht notwendigerweise auf einem freien Entschluss der Gesellschafter beruht. So kann sich der Formwechsel zwischen einer GbR, einer OHG oder einer KG zwingend und von Gesetzes wegen vollziehen. Entscheidend sind insoweit Art und Umfang der Tätigkeit der Gesellschaft bzw. die Eintragung im Handelsregister sowie die Beschränkung der Haftung beteiligter Gesellschafter auf die von ihnen zu erbringende Einlage. Aus Sicht der Gläubiger sind diese Arten des Formwechsels grundsätzlich unproblematisch, da sowohl in der Ausgangs- als auch in der Zielrechtsform jeweils mindestens ein Gesellschafter persönlich mit seinem Privatvermögen für die Verbindlichkeiten der Gesellschaft haftet. Diese Fälle des Formwechsels sollen daher nicht Gegenstand der vorliegenden Arbeit sein. Sie sind dennoch

---

1 *K. Schmidt*, Gesellschaftsrecht, S. 96 f.
2 BGH NJW 1999, 3483.
3 BGH NJW 1999, 3483 (3485).

nicht gänzlich aus dem Blickwinkel zu verlieren, da sie im Wege einer vergleichenden Betrachtung bei der Lösung des einen oder anderen Problems behilflich sein können.

Die Gründe für den hier zu behandelnden gewillkürten Formwechsel sind vielfältiger Natur. Sie können aus dem Unternehmen heraus entstehen, aber auch von außen durch den Markt oder den Gesetzgeber an ein Unternehmen herangetragen werden. Erhebliche praktische Bedeutung hat die Umwandlung einer Personengesellschaft in eine Kapitalgesellschaft.[4] Bei einer Familiengesellschaft kann der Formwechsel in eine GmbH oder AG ungeklärte Nachfolgefragen lösen, da der Übergang von der Selbstorganschaft zur Fremdorganschaft qualifiziertes Management von außen anzieht. Die Umwandlung in eine AG, die häufig die Vorstufe zum Börsengang („Going public") ist, oder in eine Kommanditgesellschaft auf Aktien dient der Kapitalbeschaffung.[5] Allein das Wachstum einer Personengesellschaft kann das Bedürfnis nach der Organisationsstruktur einer Kapitalgesellschaft wecken. Wesentliches Motiv ist oft auch der Ausschluss der persönlichen Haftung der Gesellschafter. Daneben werden Gesellschaften gerade in letzter Zeit aus bloßen Prestigegründen oder zur Steigerung des Bekanntheitsgrades und damit zur Förderung der Kundenakquisition in Aktiengesellschaften umgewandelt.

Sinkt der Umsatz in dem Maße, dass der hohe organisatorische und finanzielle Aufwand insbesondere für eine AG nicht mehr gerechtfertigt ist, führt dies möglicheweise zum umgekehrten Fall der Umwandlung einer Kapitalgesellschaft in eine Personengesellschaft.[6] Gerade kleinere „Start-Up"-Unternehmen, die vorwiegend aus Prestigegründen die Rechtsform einer AG gewählt haben, müssen diese Erfahrung in letzter Zeit machen. Im Vergleich zur Kapitalgesellschaft ermöglicht die Personengesellschaft zudem flexiblere Nachfolgeregelungen. Während der Anteil an einer Kapitalgesellschaft gemeinsames Vermögen der Erbengemeinschaft wird, kann bei einer Personengesellschaft über eine sogenannte qualifizierte Nachfolgeklausel der ausgewählte Erbe direkt in die Geschäftsführung der Gesellschaft eintreten[7]. Daneben kann der Wechsel in die Personengesellschaft aus erbschafts- und schenkungssteuerlichen Gesichtspunkten in Betracht kommen[8] oder dem Ziel

---

4 *Decher*, in: Lutter, UmwG, Vor § 190, Rn. 20.

5 *Decher*, in: Lutter, Kölner Umwandlungsrechtstage, 201 (202).

6 *Meyer-Landrut/Kiem*, WM 1997, 1361 (1363).

7 *Staub*, Die Verschmelzung und der Formwechsel einer Kapitalgesellschaft auf eine Personengesellschaft und die Verschmelzung auf ein Einzelunternehmen aus steuerlicher Sicht, S. 7 f.

8 Näher *Lüdicke*, ZEV 1995, 132ff.

dienen, eine Arbeitnehmermitbestimmung zu vermeiden, der Personengesellschaften nicht unterliegen[9].

Der Formwechsel zwischen AG und GmbH spielt insbesondere innerhalb von Konzernstrukturen eine Rolle. Die Rückführung von Aktiengesellschaften in die einfacher zu beherrschende Rechtsform der GmbH ist besonders häufig bei 100%-Konzerntöchtern zu beobachten.[10] Dagegen könnte seit dem Inkrafttreten des Gesetzes zur Regelung von öffentlichen Angeboten zum Erwerb von Wertpapieren und von Unternehmensübernahmen am 1. Januar 2002 die mit diesem Gesetz eingeführte Möglichkeit eines „squeeze-out" von unliebsamen Minderheitsgesellschaftern (§§ 327a ff. AktG) bei den Überlegungen zum Formwechsel in die AG eine Rolle spielen.

Häufig geben auch steuerrechtliche Aspekte den entscheidenden Anstoß für die Wahl einer neuen Rechtsform.[11] Die rege Tätigkeit des Gesetzgebers auf diesem Feld macht eine stetige Überprüfung der Wahl einer bestimmten Rechtsform notwendig. Früher galt der Weg in die Kapitalgesellschaft aufgrund der zwingenden Aufdeckung der stillen Reserven beim Formwechsel in die Personengesellschaft als „steuerliche Einbahnstraße".[12] Mit der Änderung des Umwandlungssteuerrechts parallel zum Umwandlungsrecht hat der Gesetzgeber in § 14 S. 1 i.V.m. § 3 UmwG die Möglichkeit der Fortführung der Buchwerte beim Wechsel in die Personengesellschaft geschaffen und damit neue Perspektiven eröffnet. Dagegen können seit der Neufassung des § 4 Abs. 6 UmwStG zum 1. Januar 2001 Umwandlungsverluste nicht mehr steuerlich geltend gemacht werden. Wer früher beim Formwechsel in die Personengesellschaft durch eine Aufstockung der bilanziellen Wertansätze bis auf den Teilwert („Step-up-Effekt") zusätzliches Abschreibungsvolumen schuf, konnte die Buchwertaufstockung durch die Geltendmachung eines Umwandlungsverlustes steuerlich neutralisieren. Diese Möglichkeit ist nun entfallen.[13]

II. Historische Entwicklung des Formwechsels

Dem offensichtlichen Bedarf einer flexiblen Wahl der jeweils passenden Rechtsform eines Unternehmens ist der Gesetzgeber nur sukzessive gerecht

---

9 *Hennrichs*, Formwechsel und Gesamtrechtsnachfolge, S. 14; *Werner/Kindermann*, ZGR 1981, 16 (23 f.).

10 *Decher*, in: Lutter, UmwG, Vor § 190, Rn. 21.

11 *Sagasser/Sickinger*, in: Sagasser, Umwandlungen, S. 681 Rn 2.

12 *Decher*, in: Lutter, Kölner Umwandlungsrechtstage, 201 (202).

13 *Decher*, in: Lutter, Kölner Umwandlungsrechtstage, 201 (203).

geworden. Das ADHGB von 1861 enthielt lediglich Vorschriften über Verschmelzungen von Aktiengesellschaften. Mit einer Novelle vom 18. Juli 1884[14] wurde Art. 206a ADHGB eingeführt, der erstmals den Formwechsel einer KGaA in eine AG ermöglichte. Die umgekehrte Form der Umwandlung war nach der Rechtsprechung des Reichsgerichts nicht möglich.[15] Die §§ 80 ff. GmbHG 1892 sahen in der Fassung bis zum 30. 1. 1937 den Wechsel von der AG in die GmbH im Wege einer Gesamtrechtsnachfolge vor. Sie ermöglichten folglich keinen identitätswahrenden Formwechsel, sondern beschränkten sich auf das Modell einer übertragenden Umwandlung.

Erst das Aktiengesetz von 1937 führte generell den identitätswahrenden Formwechsel zwischen Kapitalgesellschaften ein (§§ 257 ff. AktG 1937). Grund für die Neuregelung war ein durch die wirtschaftliche Entwicklung und durch die Heraufsetzung des Mindestnennwerts des Aktienkapitals auf 500.000,- RM verstärktes Bedürfnis nach erleichtertem Wechsel der Unternehmensrechtsform.[16] Das AktG 1937 wurde abgelöst durch das Aktiengesetz vom 6. September 1965, das für die Umwandlung lediglich redaktionelle Änderungen vorsah.[17]

Die übertragende Umwandlung einer Kapitalgesellschaft in eine Personenhandelsgesellschaft oder in ein Einzelunternehmen wurde erstmals im Umwandlungsgesetz 1934 geregelt. Das Ziel dieser Gesetzgebung war bereits durch den Nationalsozialismus geprägt. Sie sollte die Umwandlung von der „anonymen" Kapitalgesellschaft in einen „eigenverantwortlichen" Rechtsträger erleichtern und fördern.[18] Nach mehrmaliger Verlängerung des ursprünglich nur befristeten Gesetzes wurde die Befristung durch das Umwandlungsgesetz 1956 vom 12. November 1956 aufgehoben. Die umgekehrte Möglichkeit der übertragenden Umwandlung einer Personenhandelsgesellschaft in eine Kapitalgesellschaft war erstmals in der Fassung des Umwandlungsgesetzes vom 28. August 1969 vorgesehen. Auch Einzelunternehmen konnten danach in Aktiengesellschaften umgewandelt werden.[19] Die GmbH-Novelle von 1980 ermöglichte auch die übertragende Umwandlung eines einzelkaufmännischen Unternehmens in eine GmbH.[20]

---

14 RGBl. I S. 123.
15 RGZ 129, 260 (265 ff.).
16 *Semler/Grunewald*, in: Geßler/Hefermehl, AktG, §§ 362 ff. Rn. 11.
17 *Zürbig*, Der Formwechsel einer Personengesellschaft in eine Kapitalgesellschaft, S. 3.
18 *Hennrichs*, Formwechsel und Gesamtrechtsnachfolge, S. 29.
19 *Hennrichts*, Formwechsel und Gesamtrechtsnachfolge, S. 30.
20 *Hennrichs*, Formwechsel und Gesamtrechtsnachfolge, S. 30.

Auf europäischer Ebene bestimmt Art. 13 der Zweiten Richtlinie vom 31. Dezember 1976 (Kapitalrichtlinie),[21] dass bei der Umwandlung in eine AG die Schutzvorschriften, die bei der Gründung gelten, ebenfalls zu beachten sind. Einer Umsetzung dieser Vorschrift in nationales Recht bedurfte es nicht, da dieser Grundsatz im deutschen Aktiengesetz bereits verwirklicht war.[22]

Am 1. Januar 1995 trat das Umwandlungsbereinigungsgesetz von 1994 in Kraft. Ziel war es, die über eine Vielzahl von Gesetzen verstreuten Regelungen für Unternehmensumstrukturierungen zusammenzufassen und zu systematisieren, bestehende Regelungslücken zu schließen und damit neue Möglichkeiten der Umstrukturierung zu eröffnen. Schließlich sollte auch der Schutz von Anlegern, insbesondere von Minderheitsbeteiligungen, und von Gläubigern verbessert werden.[23] Hervorzuheben sind aber auch die systematischen Neuerungen. Vor dem Inkrafttreten des Umwandlungsgesetzes 1994 war die Umwandlung zwischen Personen- und Kapitalgesellschaften nur durch einen Vermögensübergang im Wege einer Gesamtrechtsnachfolge möglich. Eine Identität von Ausgangs- und Zielrechtsträger war demnach nicht vorgesehen. Dies wurde mit der unterschiedlichen Vermögenszuordnung bei Personen und Kapitalgesellschaften begründet, die eine identitätswahrende Umwandlung ausschließe.[24] Das alte Umwandlungsrecht sah damit eine Zweiteilung vor: Eine identitätswahrende Umwandlung gab es nur zwischen den verschiedenen Formen der Kapitalgesellschaften einerseits und der Personengesellschaften andererseits. Demgegenüber war beim Wechsel zwischen Personen- und Kapitalgesellschaften nur die Möglichkeit einer übertragenden Umwandlung vorgesehen. Das Umwandlungsgesetz 1994 ist dagegen rechtsformneutral ausgestaltet. Unabhängig von der Rechtsform der Ausgangs- oder Zielrechtsform vollzieht sich der Formwechsel nunmehr unter Wahrung der Identität des Rechtsträgers.[25] Das Gesetz zur Änderung des Umwandlungsgesetzes vom 22. Juli 1998 nahm in den Kreis der formwechselfähigen Rechtsträger schließlich auch die Partnerschaftsgesellschaft auf.[26]

Am Rande sei auf ein Sondergesetz für die Überführung von landwirtschaftlichen Produktionsgenossenschaften der früheren DDR in andere

---

[21] Zweite Richtlinie des Rates vom 13. Dezember 1976 (77/91/EWG), ABl. Nr. L 26/1 v. 31.1.1977.

[22] *Ganske*, DB 1992, 125.

[23] Begr. RegE, in: Ganske, Umwandlungsrecht, S. 13.

[24] Vgl. Begr. UmwG 1968, BT-Drucks. 5/3165 S. 8 f.

[25] *Priester*, in: FS Zöllner, 449 (450 f.).

[26] *Zürbig*, Der Formwechsel einer Personengesellschaft in eine Kapitalgesellschaft, S. 15.

Organisationsformen hingewiesen. Das Landwirtschaftsanpassungsgesetz (LwAnpG) vom 28. Juni 1990[27] sah im Wesentlichen nur den Formwechsel von landwirtschaftlichen Produktionsgenossenschaften in eingetragene Genossenschaften (§§ 27 ff.) und als Vorbereitung dieser Maßnahme auch Teilungen und Zusammenschlüsse von landwirtschaftlichen Produktionsgenossenschaften vor (§§ 4 ff.). Die Neufassung aufgrund des Gesetzes vom 3. Juli 1991 (LwAnpG 1991)[28] gestattete den landwirtschaftlichen Produktionsgenossenschaften auch den Formwechsel in Handelsgesellschaften. Landwirtschaftliche Produktionsgenossenschaften, die nicht bis zum 31. Dezember 1991 in eine eingetragene Genossenschaft, Kapitalgesellschaft oder Personengesellschaft umgewandelt und unter der neuen Rechtsform zum Handelsregister angemeldet waren, erloschen kraft Gesetzes. Das Landwirtschaftsanpassungsgesetz entstand in Kenntnis der damals laufenden Arbeiten am Umwandlungsgesetz. Einzelne Abschnitte des Diskussionsentwurfs von 1988 zum Umwandlungsgesetz dienten dem LwAnPG als Vorbild. Die zum LwAnpG ergangene Rechtsprechung ist daher auch bei der Auslegung einzelner Vorschriften des Umwandlungsgesetzes zu beachten.[29]

III. Möglichkeiten des Formwechsels außerhalb des UmwG

Die Möglichkeiten eines Formwechsels nach dem UmwG 1994 sind in § 191 UmwG aufgelistet. Hierbei handelt es sich aufgrund des in § 1 Abs. 2 UmwG verankerten Analogieverbots um eine abschließende Aufzählung. Kritisiert wird zwar die fehlende Einbeziehung der GbR in den Kreis der formwechselnden Rechtsträger,[30] die der Gesetzgeber aufgrund angeblich mangelnder praktischer Bedürfnisse abgelehnt hat.[31] De lege lata ist die Entscheidung des Gesetzgebers jedoch zu respektieren.

---

27 Gesetz über die strukturelle Anpassung der Landwirtschaft an die soziale und ökologische Marktwirtschaft der DDR (GBl DDR I Nr. 42, S. 642).

28 BGBl I, 1410, 1418.

29 Vgl. dazu *K. Schmidt*, ZIP 1998, 181 f; *Lohlein*, ZIP 1995, 426 (Anmerkung zu BGH ZIP 1995, 422); *Zürbig*, Der Formwechsel einer Personengesellschaft in eine Kapitalgesellschaft, S. 57.

30 Vgl. dazu *Lutter*, ZGR 1990, 392 (399 f.); *Zürbig*, Der Formwechsel einer Personengesellschaft in eine Kapitalgesellschaft, S. 16 ff.

31 Begr. RegE, in: Ganske, Umwandlungsrecht, S. 208 f.; Eine Ausnahme bildet § 2 Abs. 2 Hs. 2 PartGG, der die Umwandlung einer GbR in eine Partnerschaftsgesellschaft erlaubt. Zum Begriff der „Umwandlung" in der genannten Vorschrift vgl. *Timm*, ZGR 1996, 247 (269 ff.).

Das Analogieverbot in § 1 Abs. 2 UmwG betrifft allerdings nur die im Umwandlungsgesetz geregelten Arten von Umwandlungen.[32] Davon unberührt bleiben die bereits erwähnten Fälle des gesetzlichen Formwechsels, vgl. § 190 Abs. 2 UmwG. Darüber hinaus bleiben neben dem in den §§ 190 - 304 UmwG geregelten identitätswahrenden Formwechsel andere Methoden des Formwechsels möglich. So kann ein Formwechsel weiterhin im Wege der Einzelrechtsübertragung und der Anwachsung[33] erfolgen. Dabei wird z.B. eine Gesellschaft in der gewünschten Rechtsform gegründet und daraufhin sämtliche Aktiva und Passiva des alten Rechtsträgers in die neue Gesellschaft eingebracht. Dieser Weg ist jedoch umständlich und unwirtschaftlich. Zum einen sind die sachenrechtlichen Vorschriften bei der Übertragung einzelner Wirtschaftsgüter zu beachten, zum anderen ist die Zustimmung der Gläubiger für die Übertragung der Verbindlichkeiten erforderlich (§ 415 BGB). Zudem müssen stille Reserven aufgedeckt und versteuert[34] sowie sämtliche Gründungsvorschriften der Zielgesellschaft beachtet werden. Der Wechsel von der GmbH & Co. KG in die GmbH kann nach §§ 161 Abs. 2, 105 Abs. 3 HGB i.V.m. § 738 Abs. 1 S. 1 BGB dadurch bewerkstelligt werden, dass sämtliche Kommanditisten ausscheiden und ihre Anteile der Komplementär-GmbH anwachsen. In gleicher Weise wird eine KGaA durch das Ausscheiden aller Kommanditaktionäre zur AG.[35]

Ein abschließender Hinweis soll der Verordnung über das Statut der Europäischen Gesellschaft dienen.[36] Die nach jahrzentelangem Ringen am 8. Oktober 2001 vom Rat der Europäischen Union verabschiedete Verordnung sieht in ihren Art. 2 Abs. 4, Art. 37 die formwechselnde Umwandlung einer Aktiengesellschaft nationalen Rechts in eine Societas Europaea (SE) als eine der vier originären Gründungsvarianten vor.[37] Die Verordnung tritt gem. Art. 70 am 8. Oktober 2004 in Kraft.

Diese außerhalb des Umwandlungsgesetzes bestehenden Gestaltungsmöglichkeiten sind jedoch ebenso wenig Gegenstand der vorliegenden Arbeit wie die Fälle des gesetzlichen Formwechsels. Sie dienen allenfalls als Entscheidungshilfe für die Lösung einzelner Probleme.

---

32 Begr. RegE, in: Ganske, Umwandlungsrecht, S. 43.
33 *Lutter*, ZGR 1990, 392 (400 f.).
34 *Baumbach/Hopt*, HGB, Einl v § 105 Rn. 27.
35 *Kallmeyer*, ZIP 1994, 1746 (1751).
36 Verordnung (EG) Nr. 2157/2001, ABlEG Nr. L 294 v. 10.11.2001, S. 22 ff.
37 Freilich nur, wenn sie seit mindestens zwei Jahren eine dem Recht eines anderen Mitgliedstaates unterliegende Tochtergesellschaft hat. Vgl. dazu *Lutter*, BB 2002, 1 (4); *Hirte*, NZG 2002, 1 (3).

IV. Gang der Untersuchung

Der Formwechsel nach den §§ 190 ff. UmwG unterscheidet sich dadurch wesentlich von den anderen im Umwandlungsgesetz geregelten Umwandlungsformen, dass an ihm nur ein Rechtsträger beteiligt ist. Kennzeichen des Formwechsels ist also die wirtschaftliche Kontinuität des Rechtsträgers vor und nach dem Formwechsel. Nach den Vorstellungen des Gesetzgebers beruht diese Kontinuität auf der Tatsache, dass sowohl der am Rechtsträger beteiligte Personenkreis als auch der Vermögensbestand des Rechtsträgers vor und nach dem Formwechsel gleich bleiben. Dieser wirtschaftlichen Kontinuität wird die rechtliche Identität des formwechselnden Rechtsträgers zur Seite gestellt. Ändern soll sich demnach allein die Organisationsform des Unternehmensträgers.[38] Im Gegensatz zu den anderen Umwandlungsarten bleibt den Gläubigern ihr Schuldner daher durchgehend sowohl im juristischen Sinn als auch in seinem wirtschaftlichen Bestand erhalten. Was die Belange der Gläubiger angeht, scheint der Formwechsel folglich auf den ersten Blick unproblematisch. Wie also lässt sich eine wissenschaftliche Auseinandersetzung mit den Belangen des Gläubigerschutzes rechtfertigen?

Im Verlauf der Untersuchung wird sich zeigen, dass eine Vielzahl von Fragen gerade dadurch entsteht, dass der Gläubiger zwar seinen Schuldner beibehält, sich aber die den Gläubigerschutz betreffenden Vorschriften ändern. Dies zeigt sich besonders deutlich am Formwechsel zwischen Personen- und Kapitalgesellschaften. Hier ist der Gläubigerschutz einem grundlegenden Systemwechsel unterworfen. Während bei den Personengesellschaften die Sicherung durch die persönliche Haftung der Gesellschafter im Vordergrund steht, wird der Gläubiger einer Kapitalgesellschaft durch Kapitalaufbringungs- und Kapitalerhaltungsvorschriften geschützt. Durch die unterschiedliche Intensität der Kapitalschutzvorschriften in den einzelnen Gesellschaftsformen ergeben sich aber auch beim Formwechsel zwischen den Kapitalgesellschaften Spannungsfelder. Hält man sich vor Augen, dass die Probleme des Gläubigerschutzes beim Formwechsel weniger aus einer wirtschaftlichen als aus einer juristischen Umstrukturierung resultieren, kann auch die folgende Aussage *Priesters* nicht weiter verwundern: „Es mag auf den ersten Blick überraschen, aber die dogmatisch schwierigsten Frage des Umwandlungsgesetzes 1994 werfen nicht die Verschmelzung und auch nicht die Spaltung auf, sondern der Formwechsel.“[39] Im Rahmen der vorliegenden Arbeit sind daher die

---

[38] Begr. RegE, in: Ganske, Umwandlungsrecht, S. 209.

[39] *Priester*, in: FS Zöllner, 449.

Vorschriften des Umwandlungsgesetzes zum Formwechsel daraufhin zu untersuchen, ob der Gesetzgeber die Belange der Gläubiger angemessen berücksichtigt hat. Ziel der Arbeit ist es, bestehende Lücken aufzudecken und gegebenenfalls angemessene Lösungen zu entwickeln.

Ausgangspunkt zahlreicher Fragen beim Formwechsel und so auch beim Gläubigerschutz ist der vom Gesetzgeber für den Formwechsel statuierte Identitätsgrundsatz. Hat sich der Gesetzgeber bei der Fassung des Umwandlungsgesetzes 1969 aufgrund bestehender Strukturunterschiede zwischen Gesamthand und juristischer Person noch gehindert gesehen, einen identitätswahrenden Formwechsel zwischen Personengesellschaft und Kapitalgesellschaft zuzulassen, setzte er sich über derartige Bedenken im Umwandlungsgesetz 1994 hinweg. Als Begründung für diesen grundlegenden Systemwechsel führt der Gesetzgeber in einem einzigen Satz aus: „Dies entspricht einer modernen Auffassung von der Natur der Personenhandelsgesellschaft.“[40] Die Bedeutung dieses Systemwechsels ist denn auch in der Literatur heftig umstritten. Dem Identitätsprinzip wird dabei zum Teil jegliche Auswirkung auf materielle Rechtsfragen abgesprochen.[41] In einem ersten Schritt werden daher Funktion und Bedeutung des Identitätsprinzips grundlegend aufbereitet. Das erarbeitete Ergebnis wird nachfolgend an einigen zentralen Streitpunkten zum Formwechsel verifiziert und auf seine Schlüssigkeit hin überprüft. Der Blick soll sich hierbei noch nicht auf Fragen des Gläubigerschutzes verengen, um sicherzustellen, dass die erarbeitete Interpretation des Identitätsprinzips für den Formwechsel insgesamt eine schlüssige Grundlage bietet.

Zentrale Vorschrift für den Gläubigerschutz ist der Verweis auf die Gründungsvorschriften in § 197 S. 1 UmwG. Diese Vorschrift zieht die für den Gläubigerschutz elementaren Gründungsvorschriften der Kapitalgesellschaften in den Formwechsel mit ein. Dadurch werde eine Umgehung der strengen Gründungsvorschriften durch die Gründung einer Personengesellschaft und den anschließenden Formwechsel in eine Kapitalgesellschaft verhindert.[42] Allerdings war bereits die Vorgängervorschrift des § 378 AktG 1965, die noch auf einzelne Gründungsvorschriften verwies, äußerst umstritten. Aufgrund ihrer Unbestimmtheit wurde sie gar als verfassungsrechtlich bedenklich eingestuft.[43] Zudem steht der Verweis auf die Gründungsvorschriften im Spannungsfeld mit

---

[40] Begr. RegE, in: Ganske, Umwandlungsrecht, S. 209.
[41] Vgl. etwa *K. Mertens*, Umwandlung und Universalsukzession, S. 237 ff.
[42] Begr. RegE, in: Ganske, Umwandlungsrecht, S. 220.
[43] *Zöllner*, in: KK, § 378 Rn. 17.

dem Identitätsprinzip. Während letzteres nahe legt, dass beim Formwechsel gerade keine Neugründung des Rechtsträgers neuer Rechtsform notwendig ist, verschafft § 197 S. 1 UmwG den Gründungsvorschriften zum Schutz der Gläubiger auch beim Formwechsel Geltung. Einige zentrale Problempunkte der Norm werden daher wie das Identitätsprinzip vorab und unabhängig von den einzelnen Formwechselarten diskutiert.

Der sich anschließende Abschnitt über die Ausgestaltung des Gläubigerschutzes gliedert sich, dem Aufbau des Umwandlungsgesetzes folgend, in die einzelnen Arten des Formwechsels. In den einzelnen Kapiteln konzentriert sich die Darstellung jeweils auf den Schutz des Gesellschaftsvermögens und die Haftung der Gesellschafter. Nur am Rande wird dagegen der Anspruch der Gläubiger auf Sicherheitsleistung gem. §§ 202, 24 UmwG Erwähnung finden. Dies korrespondiert mit der wohl eher geringen praktischen Bedeutung der Vorschrift für den Formwechsel.[44] Denn dem Gläubiger wird die nunmehr - im Gegensatz zu den einschlägigen Vorgängervorschriften - erforderliche Glaubhaftmachung einer Gefährdung der Erfüllung seiner Forderungen durch den Formwechsel aufgrund des formellen Erhalts der Haftungsmasse in der Regel schwer fallen. Der Anspruch auf Sicherheitsleistung wird deshalb nur dort in die Erörterungen mit einbezogen, wo er zur Ergänzung des Gläubigerschutzes erforderlich ist. Zuletzt wird in den einzelnen Kapiteln jeweils auf formelle Vorschriften, die ebenfalls den Schutz des Kapitals des formwechselnden Rechtsträgers bezwecken, eingegangen.

Ein abschließender Blick gilt dem Formwechsel bereits aufgelöster Gesellschaften, den § 191 Abs. 3 UmwG ausdrücklich ermöglicht. Voraussetzung für den Formwechsel aufgelöster Gesellschaften ist, dass die Fortsetzung der Gesellschaft beschlossen werden könnte. Sinn dieser Vorschrift ist es ausweislich der Gesetzesbegründung, Sanierungsumwandlungen zu erleichtern.[45] Daher ist zu untersuchen, ob im Lichte des Gläubigerschutzes die Voraussetzungen, die für eine Fortsetzung der Gesellschaft vorliegen müssen, im Rahmen eines sanierenden Formwechsels zu modifizieren sind.

Um den Rahmen dieser Arbeit nicht zu sprengen, beschränken sich die nachfolgenden Ausführungen auf den Formwechsel zwischen den praktisch bedeutsamsten Gesellschaftsformen, nämlich der GbR, OHG, KG, GmbH und AG.

---

[44] Vgl. *Decher*, in: Lutter, UmwG, § 204 Rn. 2.

[45] Vgl. Begr. RegE, in: Ganske, Umwandlungsrecht, S. 47 zur entsprechenden Vorschrift bei der Verschmelzung.

1. Kapitel: Der identitätswahrende Formwechsel

I. Der Identitätsgrundsatz

1. Einführung in die Problematik

Bei der Verfassung des Umwandlungsgesetzes 1969 sah sich der Gesetzgeber aufgrund der unterschiedlichen Vermögenszuordnungen bei Personengesellschaften und Kapitalgesellschaften noch gehindert, eine identitätswahrende Umwandlung auch zwischen diesen Gesellschaftsformen zu ermöglichen. Die Bedenken gehen zurück auf die Lehre der deutschrechtlichen Schule des 19. Jahrhunderts, namentlich auf die Genossenschaftstheorie von *Georg Beseler*[46] und auf *Otto von Gierke*, der von einer „unüberbrückbaren begrifflichen Kluft“ zwischen zwei „geschichtlich erarbeiteten Denkformen, welche unser gesamtes Rechtssystem tragen und beherrschen“ spricht, so dass es „kategorisch geboten“ sei, die Grenzlinie zwischen ihnen einzuhalten.[47] Auch *Flume*, der in neuerer Zeit den Anstoß zum Überdenken des Wesens der Gesamthand gab, indem er die primär vermögensrechtliche Deutung aufgab und die Gesamthand statt dessen als Gruppe von Personen beschrieb, die der juristischen Person gegenübersteht, hielt mit aller Entschiedenheit daran fest, dass zwischen beiden Gruppen ein unüberbrückbarer kategorialer Unterschied bestehe.[48]

Im Umwandlungsgesetz 1994 setzte sich der Gesetzgeber über derartige Bedenken und warnende Stimmen aus der Literatur[49] hinweg. Mit Inkrafttreten des Umwandlungsgesetzes 1994 ist die früher vorgenommene Unterscheidung zwischen identitätswahrendem und übertragendem Formwechsel entfallen. Nach den Vorschriften des neuen Umwandlungsgesetzes kommt es nicht mehr darauf an, ob der formwechselnde Rechtsträger durch die Umwandlung zur juristischen Person wird oder durch den Formwechsel seine Eigenschaft als juristische Person verliert. Auch in diesen Fällen gilt nunmehr das Identitätsprinzip.[50] Wurde das für die formwechselnde Umwandlung zwischen Kapitalgesellschaften geltende Identitätsprinzip nach dem alten Recht nur

---

46 *Beseler*, System des gemeinen deutschen Privatrechts, S. 239 ff, 251 ff.

47 *Gierke*, Die Genossenschaftstheorie, S. 339; vgl. auch *ders.*, Deutsches Privatrecht, Erster Band, §§ 79 f. sowie Dritter Band, § 209.

48 *Flume*, Die Personengesellschaft, S. 54 ff.

49 Insbesondere *Zöllner*, in: FS Gernhuber, 563 (566); *Handelsrechtsausschuss des Deutschen Anwaltvereins* (DAV), WM 1993, Sonderbeil. 2, Rn. 124 ff.

50 Begr. RegE, in: Ganske, Umwandlungsrecht, S. 209.

vereinzelt kritisch beleuchtet,[51] ist infolge des Inkrafttretens des neuen Umwandlungsgesetzes eine breite Diskussion darüber entstanden, was genau unter dem vom Gesetzgeber postulierten Identitätsprinzip zu verstehen sei und was für Konsequenzen aus seiner Geltung im Einzelfall gezogen werden müssten. Die Ansichten hierzu reichen von einer Anerkennung des Identitätsgrundsatzes als grundlegendes Wertungsprinzip bis zu einer Bewertung der Identitätsthese als reine Fiktion des Gesetzgebers. Je nachdem, welcher Ansicht man folgt, kann das richtige Verständnis des Identitätsprinzips entweder bei einer Vielzahl von Zweifelsfragen zur Klärung beitragen[52] oder für die Beantwortung solcher Fragen unerheblich sein.[53]

2. Der Identitätsgrundsatz bei der formwechselnden Umwandlung nach altem Recht

Die identitätswahrende Umwandlung zwischen Kapitalgesellschaften nach altem Recht wurde teilweise als bloße Satzungsänderung angesehen.[54] Nach anderen Stimmen in der Literatur habe es sich um einen „viel einschneidenderen Rechtsakt" gehandelt. Der Formwechsel sei ein „Sprung aus dem Normensystem" einer Kapitalgesellschaft in eine andere.[55] Der identitätswahrenden Umwandlung wurde daher eine „Doppelnatur" beigemessen: Sie bedinge zum einen die Änderung des gesetzlichen Normensystems und sei zum anderen eine Satzungsänderung.[56] Im Ergebnis stimmten die Ansichten jedoch überein,[57] weshalb die Diskussion keinen breiteren Raum einnahm.

3. Gesetzestext und Gesetzesbegründung

Im Gesetzestext selbst ist der Begriff des „Identitätsprinzips" nicht enthalten. Der Gedanke der Identität kommt nur indirekt in Formulierungen wie „Ein Rechtsträger kann durch Formwechsel eine andere Rechtsform erhalten" (§ 190

---

51 So z.B. bei *Reinhardt*, in: FS Bartholomeyczik, 307 ff.; aber auch *Zöllner*, in: KK, Vorb. § 362 zweifelte an einem umfassenden Ansatz der Identitätsthese.

52 *Priester*, in: FS Zöllner, 449 (454); *ders.*, AG 1986, 29 (30); *Decher*, in: Lutter, § 190 Rn. 6.

53 Vgl. etwa *K. Mertens*, Umwandlung und Universalsukzession, S. 237 ff, der aus der Unterscheidung von Identität und Universalsukzession keine Auswirkung auf weitere materielle Fragen im Umwandlungsrecht erkennen will.

54 *Baumbach/Hueck*, AktG, § 362 Rn. 9; *Godin/Wilhelmi*, AktG, Band II, § 362 Anm. 1.

55 *Zöllner*, in: KK, § 362 Rn. 4.

56 *Zöllner*, in: KK, § 362 Rn. 4; *Grunewald*, in: Geßler/Hefermehl, AktG, § 362 Rn. 9f., § 369 Rn. 3 f.

57 *Grunewald*, in: Geßler/Hefermehl, AktG, § 362 Rn. 10.

Abs. 1 UmwG) und „Der formwechselnde Rechtsträger besteht in der in dem Umwandlungsbeschluss bestimmten Rechtsform weiter" (§ 202 Abs. 1 Nr. 2 UmwG) zum Ausdruck.

Auch in der Gesetzesbegründung lässt sich das Wort „Identitätsprinzip" nicht finden. Sie enthält aber eine längere Passage, die sich mit der Natur des Formwechsels auseinandersetzt. Hier wird zwischen wirtschaftlicher Kontinuität einerseits und rechtlicher Identität des Rechtsträgers andererseits vor und nach dem Formwechsel differenziert. Die wirtschaftliche Kontinuität beruht danach insbesondere auf zwei Elementen. Zum einen sei dies der vor und nach dem Formwechsel gleich bleibende Vermögensbestand des Rechtsträgers. Zum anderen sei der Kreis der vor und nach der Umwandlung an dem Rechtsträger beteiligten Personen identisch. Dieser Grundsatz werde nur durch wenige Ausnahmen durchbrochen. Die erste gelte für Komplementäre einer KGaA, die der Gesellschaft im Zuge des Formwechsels in die KGaA beitreten können, § 218 Abs. 2 UmwG, bzw. im Zuge des Formwechsels der KGaA in eine Personengesellschaft ihr Ausscheiden aus der Gesellschaft erklären können, § 233 Abs. 3 S. 3 UmwG. Die zweite Ausnahme gelte für Mitglieder eines in die Rechtsform der AG wechselnden Versicherungsvereins auf Gegenseitigkeit, die dem formwechselnden Verein zum Zeitpunkt der Beschlussfassung über den Formwechsel weniger als drei Jahre angehören, § 294 Abs. 1 S. 2 UmwG. Im Übrigen soll der Formwechsel unter Ausschluss Dritter allein im Kreis der schon bisher beteiligten Anteilsinhaber vollzogen werden.[58]

Nach diesen ausführlichen Erläuterungen zur wirtschaftlichen Kontinuität folgt die knappe Feststellung, dass dieser durch die rechtliche Identität des formwechselnden Rechtsträgers entsprochen werden müsse. Was der Gesetzgeber hierunter genau versteht, bleibt indes unausgesprochen. Als mögliche Elemente der rechtlichen Identität werden in der Literatur die Fortführung der Firma (§ 200 UmwG), die Kontinuität der Mitgliedschaft und der Rechte Dritter (§ 202 I Nr. 2 UmwG), die Kontinuität der Aufsichtsratsmandate (§ 203 UmwG) und die Bilanzkontinuität genannt.[59] Ändern soll sich nach dem Willen des Gesetzgebers allein die rechtliche Organisation des Unternehmensträgers, dem vor und nach der Umwandlung dasselbe Vermögen zugeordnet wird.[60]

---

58 Begr. RegE, in: Ganske, Umwandlungsrecht, S. 209.
59 *Decher*, in: Lutter, UmwG, § 190 Rn. 3, § 192 Rn. 64.
60 Begr. RegE, in: Ganske, Umwandlungsrecht, S. 209.

Begründet wird die Abkehr von der herkömmlichen Differenzierung zwischen übertragender und formwechselnder Umwandlung hin zur einheitlichen identitätswahrenden Umwandlung mit der etwas schleierhaften Formulierung, dass dies „einer modernen Auffassung von der Natur der Personenhandelsgesellschaft“ entspreche.[61] Dem Gesetzgeber dürfte hier eine terminologische Ungenauigkeit unterlaufen sein. Es ist anzunehmen, dass er an der besagten Stelle der Gesetzesbegründung auf den Meinungsstreit zur Rechtsnatur der GbR anspielen wollte, die gerade keine Personen*handels*gesellschaft ist. Unwahrscheinlich erscheint dagegen, dass der Gesetzgeber hier bereits dem Ansatz *Raisers* gefolgt ist, der die Unterscheidung zwischen Gesamthandsgesellschaft und juristischer Person gänzlich verwerfen will.[62]

4. Formwechsel - Rechtsgeschäft sui generis, modifizierte Neugründung oder bloße Fiktion?

In der umwandlungsrechtlichen Literatur wird der Formwechsel von Gesellschaften oft mit dem Wechsel eines (Rechts-)Kleides verglichen.[63] Einer der ersten, die sich bereits mit dem Identitätsprinzip beim Formwechsel zwischen Kapitalgesellschaften nach dem alten Recht beschäftigt haben, war *Reinhardt.*[64] Von ihm stammt denn auch die vielzitierte kritische Aussage: „Es mag zwar überzeugend klingen, wenn die „formwechselnde“ Umwandlung mit dem Wechsel des Kleides verglichen zu werden pflegt, aber da müsste man wohl auch ein Wort darüber verlieren, was *unter* dem Kleide steckt. Schließlich hat dieses „Kleid“ - anders als das der natürlichen Person - hier auch eine *konstitutive Bedeutung* für die *Existenz* der konkreten (juristischen) Person.“[65] *Reinhardt* sieht in jeder juristischen Person ein Individuum, das anderen juristischen Personen genauso nah oder fremd gegenübersteht, wie verschiedene natürliche Personen.[66] Mit dem Wechsel des Rechtskleides lasse sich daher weder der Tatbestand noch die Rechtswirkung der Umwandlung beschreiben. Die gesetzliche Anerkennung der Umwandlung habe die Funktion, auf der Basis einer personellen und wirtschaftlichen Identität die Wahl der jeweils passenden Rechtsform ohne Verlust der Kontinuität durch ein Rechtsgeschäft besonderer

---

61 Begr. RegE, in: Ganske, Umwandlungsrecht, S. 209.

62 vgl. erstmals *Raiser,* AcP 1994, 495 ff.

63 Das Bild des sich wechselnden Rechtskleides findet sich bereits in der amtlichen Begründung zum AktG 1937, zitiert bei *Schlegelberger/Quassowski,* AktG, 1937, Vorbem. §§ 257 ff.

64 *Reinhardt,* in: FS Batholomeyczik, 307 ff.

65 *Reinhardt,* in: FS Batholomeyczik, 307 (309).

66 *Reinhardt,* in: FS Batholomeyczik, 307 (310 f.).

Art zu ermöglichen. Die Umwandlung sei ein besonderes Rechtsgeschäft mit spezifischen Rechtswirkungen, das mit den Begriffen des herkömmlichen Gesellschaftsrechts - und damit auch mit dem sonst im Gesellschaftsrecht verwendeten Identitätsbegriff - nicht abschließend erklärt werden könne.[67] Wenig Beachtung fand jedoch die für die damalige Zeit revolutionär anmutende Schlussfolgerung *Reinhardts*, es bestehe kein sachlicher Grund, den Formwechsel zwischen Personen- und Kapitalgesellschaften anders zu behandeln als denjenigen zwischen juristischen Personen.[68]

Der erbittertste Gegner der Identitätsthese findet sich wohl in *Zöllner*. Er konstatierte bereits zur formwechselnden Umwandlung zwischen Kapitalgesellschaften nach altem Recht, dass alter und neuer Rechtsträger selbstverständlich nicht dieselbe Person seien, es bestehe die Identität eines „Dr. Jekyll und Mr. Hyde".[69] Von der Verwandelbarkeit der verschiedenen Gesellschaftsformen auf deren Verwandtschaft zu schließen, sei problematisch. Es ändere sich nämlich nicht nur das Rechtskleid des formwechselnden Rechtsträgers, sondern auch der unter dem Kleid steckende Körper. Der Sprung vom alten in das neue Rechtssystem sei mit dem Identitätstheorem nicht sinnvoll erklärbar.[70] In der Identitätskonzeption sei daher eine „Kurzformel für die automatische Überleitung des Vermögens" zu sehen.[71] Während des Gesetzgebungsverfahrens zur Schaffung des neuen Umwandlungsgesetzes empfahl *Zöllner* dem Gesetzgeber, seine Vorstellung von der Identität der Rechtsträger alter und neuer Rechtsform stärker zurückzunehmen, um nicht über „suggestive Konstruktionsformeln" in den sich aufdrängenden Streit um die Rechtssubjektivität der Personengesellschaft einzugreifen.[72] Nachdem der Gesetzgeber aber bei seiner einheitlichen Konstruktion des Formwechsels als identitätswahrende Umwandlung blieb, bezichtigte *Zöllner* ihn einer „gewissen theoretisch-systematischen Tollkühnheit".[73] Die Identitätskonstruktion sei zudem überflüssig, da die Liquidation des formwechselnden Rechtsträgers auch schon nach altem Recht[74] erspart geblieben sei.[75] Die Neugründung der Zielgesellschaft entfalle zwar vordergründig, wesentliche Elemente der

---

67 *Reinhardt*, in: FS Batholomeyczik, 307 (316 f.).
68 *Reinhardt*, in: FS Batholomeyczik, 307 (314 f.).
69 *Zöllner*, in: KK, Vorb. § 362 Rn. 3.
70 *Zöllner*, in: FS Claussen, 423 (432).
71 *Zöllner*, in: FS Claussen, 423 (430).
72 *Zöllner*, in: FS Gernhuber, 563 (566).
73 *Zöllner*, in: FS Claussen, 423 (424).
74 § 1 Abs. 1 UmwG 1969 für die Umwandlung von Kapitalgesellschaften, § 44 Abs. 1 S. 3 UmwG 1969 für die Umwandlung von Personengesellschaften.
75 ebenso *Priester*, in: FS Zöllner, 449 (453).

Neugründung seien aber über die Verweisungsvorschrift des § 197 S. 1 UmwG zu beachten.[76] Der Gesetzgeber verfolge sein Identitätskonzept nicht konsequent, wenn er auf den Rechtsformwechsel die Anwendung der für den neuen Rechtsträger geltenden Gründungsvorschriften anordne. Auch das Erfordernis einer Vermögensaufstellung nach § 192 Abs. 2 UmwG und die Etablierung einer Organhaftung in §§ 205, 206 UmwG sprächen gegen eine tragende Bedeutung des Identitätsgrundsatzes[77]. Der Identitätsgedanke werde darüber hinaus dem Ziel einer jeden Umwandlung, die nach Veränderung und nicht nach Gleichheit oder Ähnlichkeit strebe, nicht gerecht.[78] Zwar bestehe an der identitätswahrenden Umwandlung ein berechtigtes wirtschaftliches Interesse, da die Aufdeckung von stillen Reserven vermieden werden könne. Gerade das UmwStG folge der Identitätsthese jedoch nicht und behandle den Formwechsel als übertragende Umwandlung.[79] Im Ergebnis zeige dies, dass der Sache nach „doch so etwas wie eine Gründung stattfindet".[80]

Der Ansicht *Zöllners* haben sich andere Autoren angeschlossen. Dessen Deutung habe den Vorteil, dass nichts Zusätzliches in den Begriff der Identität hineingelegt werden kann, was zur Metaphernbildung ("Wechsel eines Rechtskleides") beitragen könne.[81] I.S. *Zöllners* müssen wohl auch Äußerungen zum identitätswahrenden Formwechsel wie „(...) gerade die vereinfachte Vermögensübertragung ist unleugbar praxisgerecht" verstanden werden.[82] Jeder Schlussfolgerung aus dem Terminus der Identität wohne nicht nur die Gefahr der begriffsjuristischen Vorgehensweise, sondern eine Verkürzung des Gläubigerschutzes als gesetzgeberische Basiswertung inne.[83] Die Identitätsthese bewirke daher mit *Zöllner* nur eine kontinuierliche Vermögenszuständigkeit, dagegen weder eine materielle Zurechnungsidentität noch eine sonst über die Beschreibung des Rechtsträgers vor und nach dem Formwechsel hinausgehende Bedeutung.[84] Angesichts der Probleme, die die Identitätsthese z.B. im Zusammenhang mit der Identität der Anteilsinhaber aufwerfe,[85] könne ihr kein Prinzipienrang zukommen.[86] Aufgrund zahlreicher Einzelfragen, die das

---

76 *Zöllner*, in: FS Claussen, 423 (426); *ders.*, in: FS Gernhuber, 563 (565).
77 *Zöllner*, in: FS Claussen 423 (432).
78 *Zöllner*, in: FS Claussen, 423 (434 ff.).
79 *Zöllner*, in: FS Claussen, 423 (426).
80 *Zöllner*, in: FS Claussen, 423 (432).
81 *Petersen*, Der Gläubigerschutz im Umwandlungsrecht, S. 97 f.
82 *Petersen*, Der Gläubigerschutz im Umwandlungsrecht, S. 96.
83 *Petersen*, Der Gläubigerschutz im Umwandlungsrecht, S. 99.
84 *Petersen*, Der Gläubigerschutz im Umwandlungsrecht, S. 100.
85 Vgl. dazu noch 2. Kapitel:II.1.
86 *Petersen*, Der Gläubigerschutz im Umwandlungsrecht, S. 104.

Identitätskonzept aufwerfe, wird - ähnlich wie bei *Zöllner* - dafür plädiert, den Formwechsel als modifizierte Neugründung zu betrachten.[87]

Dementsprechend wird auch der rein funktionale Charakter des Identitätskonzepts betont.[88] Die Bedeutung der Identitätsthese erschöpfe sich in der Verneinung eines Rechtsträgerwechsels. Eine Vermögensübertragung solle nicht stattfinden, auch nicht im Wege einer Gesamtrechtsnachfolge, wie dies bisher beim übertragenden Formwechsel der Fall war. Darin liege die Bedeutung des Identitätsgrundsatzes, zugleich aber auch seine Grenze. Die Kontinuität der Vermögenszuordnung ändere nichts an der Verschiedenheit der Gesellschaft alter und neuer Rechtsform. Der Gesetzgeber habe dieser Verschiedenheit durch den Verweis auf die Gründungsvorschriften des Rechtsträgers neuer Rechtsform Rechnung getragen.[89] Die Identitätskonzeption sei lediglich gesetzliche Technik zur Herstellung der gewollten Kontinuität des Rechtssubjekts und der ihm zugeordneten dinglichen und schuldrechtlichen Rechtsverhältnisse.[90] Einzelprobleme seien anhand vorrangiger Überlegungen zum Gesellschafter- oder Gläubigerschutz zu lösen.[91]

Andere sehen in der Identitätskonstruktion eine Fiktion des Gesetzgebers.[92] Das Bild des sich wechselnden Rechtskleides einer nichtnatürlichen Person wird aufgrund des konstitutiven Charakters des Rechtskleides für die Existenz der juristischen Person angegriffen: „*Unter* dem (angeblichen) „Rechtskleid“ der nichtnatürlichen Person steckt bei Lichte besehen *nichts* mehr, die nichtnatürliche Person *ist* nur dieses „Kleid“, ohne es fällt die Gedankenfigur „nichtnatürliche Person“ in sich zusammen.“[93] Richtig sei daher, dass auch bei der formwechselnden Umwandlung der Rechtsträger wechsle, nur verzichte der Gesetzgeber hier auf die Konstruktion einer Gesamtrechtsnachfolge und fingiere stattdessen eine umfassende Rechtskontinuität.[94] Diese Fiktion habe aber nur den Zweck, die Zuordnung von Rechten und Pflichten zu bestimmen. Andere

---

87 *Bärwaldt/Schabacker*, ZIP 1998, 1293 (1297); *Laumann*, in: Goutier/Knopf/Tulloch, Umwandlungsrecht, § 190 UmwG Rn. 19.

88 *Priester*, in: FS Zöllner, 449 (454).

89 *Priester*, DB 1995, 911 (912).

90 *Timm*, ZGR 1996, 247 (251).

91 *Lenz*, Gesellschafter- und Gläubigerschutz bei dem Formwechsel einer OHG in eine GmbH, S. 21 f.

92 *Bärwaldt*, in: Semler/Stengel, UmwG, § 197 Rn. 3; *Hennrichs*, ZIP 1995, 794 (796).

93 *Hennrichs*, ZIP 1995, 794 (796).

94 *Hennrichs*, ZIP 1995, 794 (796); *Meister/Klöcker*, in: Kallmeyer, UmwG, § 190 Rn. 7; *Vossius*, in: Widmann/Mayer, Umwandlungsrecht, § 190 UmwG Rn. 27.

Fragen würden hierdurch nicht präjudiziert.[95] Zwar verbinde man mit dem Wechsel des Rechtsträgers gemeinhin auch eine Rechtsnachfolge. Dies sei jedoch nicht zwingend. Dem Gesetzgeber stehe es frei, die Rechtskontinuität nicht durch eine Gesamtrechtsnachfolge, sondern durch die Anordnung eines Formwechsels zu gewährleisten.[96]

5. Formwechsel als identitätswahrender Vorgang

Nur vergleichsweise wenige Autoren machen dagegen mit der Konzeption eines identitätswahrenden Formwechsels ernst. Für *Mülbert* bedeutet das Identitätskonzept etwa, dass der Rechtsträger zwar seine Rechtsform ändere, seinen Schuldnern und Gläubigern aber als Rechtsträger unverändert erhalten bleibe, also im Außenverhältnis vollkommene Kontinuität herrsche.[97] Die Annahme einer lediglich fingierten Kontinuität setze das Bestehen zweier unterschiedlicher Rechtsträger voraus. Dann müsste in dem Formwechsel zugleich die konkludente Gründung des neuen Rechtsträgers gesehen werden. Dies entspreche jedoch nicht der gesetzlichen Konzeption des Formwechsels.[98] Eine umfassende Überleitung aller Rechte und Pflichten vom alten auf den neuen Rechtsträger könne zudem nur durch eine Universalsukzession erklärt werden. Eine solche bedürfe aber aufgrund des sachenrechtlichen Bestimmtheitsgrundsatzes einer gesetzlichen Anordnung. Jenseits der ausdrücklichen Anordnung von Universalsukzessionen in den §§ 1416 Abs. 2, 1922 BGB, §§ 2 - 189 UmwG (Verschmelzung, Spaltung und Vermögensübertragung) sei eine Vermögensübertragung kraft Gesamtrechtsnachfolge daher unzulässig.[99]

K. Schmidt sieht in dem identitätswahrenden Formwechsel eine qualifizierte Satzungsänderung: „Da wird nichts übertragen und eingebracht, sondern nur die Organisations- und Haftungsverfassung des Verbandes geändert!“.[100] Das Institut der übertragenden Umwandlung sah er bereits vor dem Inkrafttreten des neuen Umwandlungsgesetzes als „überwindbares Provisorium“ an.[101] Ziel des Formwechsels sei die vollkommene Kontinuität des Rechtsträgers im Außenverhältnis bei gleichzeitiger Diskontinuität seiner Verfassung. Dieses Ziel könne mit einer Verfassungsänderung, also einer qualifizierten

---

95 *Hennrichs*, ZIP 1995, 794 (797).
96 *Hennrichs*, Formwechsel und Gesamtrechtsnachfolge bei Umwandlungen, S. 34.
97 *Mülbert*, AcP 199 (1999), 38 (56).
98 *Mülbert*, AcP 199 (1999), 38 (57).
99 *Mülbert*, AcP 199 (1999), 38 (57 ff.).
100 *K. Schmidt*, ZIP 1995, 1385 (1387 f.).
101 *K. Schmidt*, AcP 191 (1991), 495 (506).

Satzungsänderung bzw. umwandlungsrechtlich gesprochen mit der Rechtsfigur der formwechselnden Umwandlung erreicht werden.[102] Die Rechtsfigur der übertragenden Umwandlung sei demgegenüber unnötig kompliziert und finde ihre Erklärung lediglich in der Vorreiterrolle des Verschmelzungsrechts und in einem „eigensinnigen Doktrinarismus, der sich gegen die „Identität" strukturverschiedener Rechtsträger sträubt."[103] Das Identitätsprinzip spiegele die Probleme des Formwechsels sachgerecht wider. Die Rechtsfigur der Universalsukzession sei dort erforderlich, wo die Vermögensverhältnisse eines Rechtsträgers unter Vermeidung von Einzelrechtsübertragungen neu zu ordnen seien, wie bei der Verschmelzung, bei der Spaltung und bei der Vermögensübertragung. Dagegen sei das Identitätsprinzip dort anzuwenden, wo das Vermögen unverändert bestehen bleibe und nur einem Rechtsträger mit neuer Verfassung zugeordnet werde.[104]

Einen vermittelnden Weg schlägt *Decher* ein. Die Interpretation des Identitätsgedankens als gesetzliche Fiktion lasse sich mit dem ausdrücklichen Bekenntnis des Gesetzgebers zum Gedanken der Identität nicht vereinbaren. Der Identitätsgedanke beinhalte daher auch eine materielle Kontinuität. Auf der anderen Seite sei der Identitätsgedanke kein tragendes materielles Prinzip des Formwechselrechts. Mit der Interpretation als maßgeblichem Wertungsprinzip wären die Vorschriften über die Vermögensaufstellung (§ 192 Abs. 2 UmwG), zur Anwendung der Gründungsvorschriften (§ 197 S. 1 UmwG) und zur Etablierung der Organhaftung (§§ 205, 206 UmwG) nicht vereinbar. Das gesetzliche Anliegen der Stärkung des Schutzes der Anteilsinhaber sowie der Gläubiger genieße Vorrang vor dem Identitätsprinzip. Das Identitätsprinzip sei demgemäß nur dann zwingend, wenn es ausdrücklich im Gesetzestext oder den Materialien seinen Niederschlag gefunden habe. In anderen Fällen könnten die Gesellschafter im allseitigen Einvernehmen von diesem Prinzip abweichen.[105]

6. Stellungnahme

a) Kritik

Gegen die Ansicht, der Formwechsel stelle an sich eine - wenn auch modifizierte - Neugründung dar, spricht bereits der Gesetzeswortlaut. In § 190 Abs. 1 UmwG ist nur von einem Rechtsträger die Rede, der durch den Formwechsel eine andere Rechtsform erhalte. § 202 Abs. 1 Nr. 1 UmwG

---

[102] *K. Schmidt*, AcP 191 (1991), 495 (506 f.).
[103] *K. Schmidt*, AcP 191, (1991), 495 (507).
[104] *K. Schmidt*, ZIP 1995, 1385 (1388).
[105] *Decher*, in: Lutter, UmwG, § 190 Rn. 6 ff.

bestimmt, dass als Folge des Formwechsels der formwechselnde Rechtsträger in der in dem Umwandlungsbeschluss bestimmten Rechtsform weiterbestehe. Beides spricht gegen die Interpretation des Formwechsels als Neugründung, da dies der Natur der Sache folgend die Beteiligung zweier unterschiedlicher Rechtsträger voraussetzen würde. Auch mit der Gesetzesbegründung lässt sich das Konzept einer Neugründung nur schwerlich vereinbaren: Durch den Formwechsel soll sich allein die rechtliche Organisation des Unternehmensträgers ändern.[106] Die aus dem geltenden Recht übernommene Formulierung des § 202 Abs. 1 Nr. 1 UmwG macht deutlich, dass bei einem Formwechsel der Rechtsträger als solcher erhalten bleibt. Das Vermögen des formwechselnden Rechtsträgers ist nach dem Formwechsel Vermögen des Rechtsträgers neuer Rechtsform, also gerade nicht Vermögen eines neuen Rechtsträgers. Der Gesetzgeber hat dies für so selbstverständlich gehalten, dass er eine ausdrückliche Regelung dieses Umstandes - wie bei der formwechselnden Umwandlung nach altem Recht - für entbehrlich hielt.[107]

Gegen jegliche Interpretation als Neugründung spricht auch, dass sich der Gesetzgeber entgegen der früheren Unterscheidung zwischen übertragender und formwechselnder Umwandlung und seiner zunächst neutralen Haltung im Diskussionsentwurf letztlich - trotz kritischer Gegenstimmen während des Gesetzgebungsverfahrens[108] - ausdrücklich zum Gedanken der Identität bekannt hat.[109] In der Gesetzesbegründung zu § 266 DE UmwG[110] hieß es noch: „Die nur für das dogmatische Verständnis des Umwandlungsvorgangs wesentliche Frage, ob die Identität des formwechselnden Unternehmens erhalten bleibt und dementsprechend ein Vermögensübergang stattfindet oder nicht, kann der Beurteilung durch die Wissenschaft überlassen bleiben.“[111] Dagegen lautet die

---

106 Begr. RegE, in: Ganske, Umwandlungsrecht, S. 209.

107 Begr. RegE, in: Ganske, Umwandlungsrecht, S. 227.

108 *Zöllner,* in: FS Gernhuber, 563 (566); Handelsrechtsausschuss des Deutschen Anwaltsvereins (DAV), WM 1993, Sonderbeil. 2, Rn 129; IDW, WPg. 1992, 613 (621).

109 *Decher*, in: Lutter, UmwG, § 190 Rn. 8.

110 § 266 des Diskussionsentwurfes lautete:

§ 266
Wirkung der Eintragung

(1) Die Eintragung der neuen Rechtsform in das Register hat folgende Wirkung:
1. Das formwechselnde Unternehmen erlangt die in dem Umwandlungsbeschluss bestimmte Rechtsform.
2. Das Vermögen des formwechselnden Unternehmens einschließlich der Verbindlichkeiten ist Vermögen des Unternehmens neuer Rechtsform. (...)

111 Bundesanzeiger 1988, Nr. 214a, Begr. zu § 266 Abs. 1 Nr. 2 DE-UmwG, S. 221.

Begründung zur Parallelvorschrift des § 202 UmwG nunmehr: „Abweichend von den Vorschriften über die errichtende Umwandlung soll es für die konkrete Ausgestaltung des Formwechsels jedoch nicht darauf ankommen, ob der formwechselnde Rechtsträger durch die Umwandlung zur juristischen Person wird oder eine juristische Person durch den Formwechsel die Eigenschaft als juristische Person verliert. Der Entwurf geht vielmehr auch in diesen Fällen von der rechtlichen Identität des Rechtsträgers aus."[112] Der Formwechsel ist daher weder eine Neugründung noch kann er wie eine solche behandelt werden.

Auch die Annahme einer gesetzlichen Fiktion läuft an den Vorstellungen des Gesetzgebers zur Rechtsnatur des Formwechsels vorbei. Dies wird deutlich, wenn man sich den Begriff der juristischen „Fiktion" näher vor Auge führt: Materiell ungleiche Tatbestände werden hier auf der Rechtsfolgenseite vom Gesetzgeber bewusst gleichgestellt, obwohl die tatbestandliche Ungleichheit an sich ungleiche Rechtsfolgen gebietet.[113] Die juristische Fiktion besteht daher in der bewussten Gleichsetzung eines als ungleich Gewussten. Die Ungleichheit im Tatbestand ist demjenigen, der sich der Fiktion bedient, bewusst. Gesetzliche Fiktionen bezwecken in der Regel die Anwendung der für einen Tatbestand geltenden Regel auf einen anderen Tatbestand. Sie sind dann nichts anderes als eine verdeckte Verweisung. Dagegen wird mit einer Fiktion keine Aussage darüber gemacht, wie sich der Gegenstand der Fiktion zu dem Sachverhalt verhält, auf dessen Rechtsfolgen die Fiktion verweist.[114] Der Gesetzgeber geht jedoch unabhängig davon, ob der Rechtsträger durch den Formwechsel die Eigenschaft als juristische Person verliert oder gewinnt, ausdrücklich von der rechtlichen Identität des formwechselnden Rechtsträgers aus, weil dies „einer modernen Auffassung von der Natur der Personenhandelsgesellschaft" entspreche.[115] Der Gesetzgeber dürfte sich hier auf die in der Literatur weit verbreitete Ansicht berufen, dass die Gesamthandsgesellschaft rechtsfähig ist und sie daher unter diesem Aspekt einer juristischen Person gleichsteht. Dies bedeutet, dass der Gesetzgeber den Tatbestand des Formwechsels von einer juristischen Personen in eine andere und denjenigen zwischen Gesamthand und juristischer Person als gleichen erkannt hat, dem einheitlich der Formwechsel eines rechtsfähigen Subjekts in ein anderes zugrunde liegt. Der Gesetzgeber wollte daher auf einen von ihm als gleich erachteten Tatbestand eine einheitliche Rechtsfolge anordnen.

---

112 Begr. RegE, in: Ganske, Umwandlungsrecht, S. 209.
113 *Martens*, ZGR 1999, 548 (555).
114 *Larenz*, Methodenlehre der Rechtswissenschaft, S. 262 f.
115 Begr. RegE, in: Ganske, Umwandlungsrecht, S. 209.

Die Deutung als Satzungsänderung vermag den Formwechsel nicht in seinem gesamten Umfang zu erfassen.[116] Sie stimmt zwar im Ansatz mit der Konzeption des Gesetzes überein, da sie von einem Rechtsträger ausgeht, für den nach dem Formwechsel ein neues Recht gilt. In der Satzung bzw. dem Gesellschaftsvertrag wird die Rechtsform einer Gesellschaft jedoch nicht festgelegt.[117] Beide setzen eine bestimmte Rechtsform bereits voraus. Die Rechtsformwahl ist ein der Errichtung der Satzung oder des Gesellschaftsvertrages vorausgehender Akt.[118] Eine Änderung der Satzung kann daher nur die Veränderung der rechtlichen Situation innerhalb einer bestimmten Gesellschaftsform bewirken. Die Unterstellung unter ein gänzlich anderes Normensystem vermag sie dagegen nicht herbeizuführen.

b) Vergleich mit dem Übergang von der Vorgesellschaft zur Kapitalgesellschaft

Zur Erklärung des identitätswahrenden Formwechsels wird in der Literatur auf den Übergang der Vorgesellschaft auf die Kapitalgesellschaft bei der Gründung einer GmbH oder AG verwiesen.[119] Dieser Ansatz ist allerdings kaum geeignet, Licht in das Dunkel um das Identitätsprinzip zu bringen. Das rührt nicht zuletzt daher, dass immer noch umstritten ist, ob dieser Vorgang - wie der Formwechsel - identitätswahrend ist[120] oder der Übergang der Rechte und Pflichten von der Vorgesellschaft auf die fertige Kapitalgesellschaft im Wege der Gesamtrechtsnachfolge geschieht.[121] Zudem hat sich der dort geführte Streit maßgeblich am früher bestehenden Vorbelastungsverbot[122] entzündet[123]. Als dieses noch galt, konnte schwerlich angenommen werden, dass mit der

---

116 vgl. dazu bereits *Zöllner*, in: KK, § 362 Rn. 4 zum identitätswahrenden Formwechsel nach altem Recht, der im Formwechsel einen „viel einschneidenderen" Vorgang erblickte als eine bloße Satzungsänderung.

117 Vgl. hierzu die Bestimmungen der § 3 GmbHG, § 23 Abs. 3 AktG.

118 Vgl. *K. Schmidt*, Gesellschaftsrecht, S. 98.

119 Vgl. nur *Lenz*, Gesellschafter- und Gläubigerschutz bei dem Formwechsel einer OHG in eine GmbH, S. 16 f.; *Zürbig*, Der Formwechsel einer Personengesellschaft in eine Kapitalgesellschaft, S. 45.

120 So *K. Schmidt*, GmbHR 1987, 77 (84f.).

121 So *Ulmer*, in: Hachenburg, GmbHG, § 11 Rn. 74; *Hueck/Fastrich*, in: Baumbach/Hueck, GmbHG, § 11 Rn. 51; diesen immer noch bestehenden Streit übersieht *Lenz*, Gesellschafter- und Gläubigerschutz bei dem Formwechsel einer OHG in eine GmbH, S. 16 f., der ohne weiteres von dem identitätswahrenden Entstehen der GmbH ausgeht und daraus Rückschlüsse auf das Identitätsprinzip beim Formwechsel ziehen will.

122 Das Vorbelastungsverbot wurde durch das Grundlagenurteil BGHZ 80, 129 durch die Vorbelastungshaftung der Gründer ersetzt.

123 Vgl. *K. Schmidt*, Gesellschaftsrecht, S. 302 f.; *ders*, in: Scholz, GmbHG, § 11 Rn. 36 ff.; *Hueck/Fastrich*, in: Baumbach/Hueck, GmbHG, § 11 Rn. 51.

Eintragung alle Verbindlichkeiten der Vorgesellschaft nunmehr solche der entstandenen Kapitalgesellschaft waren. Das Vorbelastungsverbot spielt jedoch beim Formwechsel keine Rolle. Umgekehrt wurde das beim Formwechsel zentrale Problem der Strukturverschiedenheit von Ausgangs- und Zielrechtsform beim Übergang von der Vorgesellschaft in die Kapitalgesellschaft allenfalls in Ansätzen diskutiert.[124] Auch ist nicht endgültig geklärt, ob die Vor-GmbH Gesamthandsgesellschaft ist, die teilweise dem GmbHG unterliegt, soweit dieses nicht die Eintragung voraussetzt[125] oder eine Gesellschaftsform sui generis.[126] Daher können aus dieser unter anderen Gesichtspunkten geführten Debatte keine Schlüsse auf die Rechtsnatur des identitätswahrenden Formwechsels gezogen werden.[127] Angesichts der in den Details ungeklärten Rechtslage bei der Vor-GmbH hätten sie auch nur wenig Überzeugungskraft.

c) Eigene Ansicht

Geht es darum, den Inhalt des Identitätsprinzips zu klären, ist zunächst festzuhalten, was genau bei einem Formwechsel nach dem Umwandlungsgesetz identisch bleibt. Die Frage drängt sich auf, da - und das ist *Zöllner* zuzugeben - das Ziel eines Formwechsels eine Umwandlung der Gesellschaft ist und damit nach Veränderung, nicht nach Gleichheit gestrebt wird.[128] Wo genau bleibt also die Identität gewahrt, wo treten Veränderungen ein?

Grundsätzlich steht es im Ermessen des Gesetzgebers, festzulegen, wie viel Identität für einen Formwechsel vorausgesetzt wird.[129] Dieser hat dem Begriff der rechtlichen Identität die wirtschaftliche Kontinuität gegenübergestellt. Die

---

124 So führt *Ulmer*, in: Hachenburg, GmbHG, § 11 Rn. 73 bestehende Strukturunterschiede zwischen Gesamthand und juristischer Person gegen den identitätswahrenden Übergang von der Vorgesellschaft in die GmbH an, ohne diese näher zu erläutern. Auf der anderen Seite tritt *K. Schmidt*, GmbHR 1987, 77 (85) einer Gesamtrechtsnachfolge entgegen, da es einer solchen nicht bedürfe, gehe man von der Identität beider Gesellschaften aus. Warum von einer Identität auszugehen ist, wird jedoch auch hier nicht begründet.

125 So die wohl h.M., vgl. *Ulmer*, in: Hachenburg, GmbHG, § 11 Rn. 8 ff.; *Lutter/Hommelhoff*, GmbH-Gesetz, § 11 Rn. 3; BGHZ 21, 242 (246); 45, 338 (347); 51, 30 (32); 72, 45 (48f.); 80, 129 (132).

126 *K. Schmidt*, in: Scholz, GmbHG, § 11 Rn. 24, *Hueck/Fastrich*, in: Baumbach/Hueck, GmbHG, § 11 Rn. 6.

127 A.A. wohl *Zürbig*, Der Formwechsel einer Personengesellschaft in eine Kapitalgesellschaft, S. 45 f., der aus der vergleichbaren Situation den Schluss ziehen will, dass ein funktionaler Ansatz bei der Identitätstheorie nicht neu sei.

128 *Zöllner*, in: FS Claussen, 423 (438).

129 *Wiedemann*, ZGR 1996, 286 (289).

wirtschaftliche Kontinuität beruhe zum einen auf einer fast ausnahmslosen Identität des Personenkreises, der vor und nach dem Formwechsel an dem Rechtsträger beteiligt sei. Zum anderen zeige sich die wirtschaftliche Kontinuität darin, dass der Vermögensbestand vor und nach dem Formwechsel gleich bleibe. Hierdurch unterscheide sich der Formwechsel von den anderen Arten der Umwandlung. Das Vermögen des Rechtsträgers werde weder wie bei der Verschmelzung oder Vermögensübertragung mit einem anderen Unternehmensvermögen vereinigt noch wie in den Fällen der Spaltung in irgendeiner Weise aufgeteilt. Was sich durch den Formwechsel ändern solle, sei allein die rechtliche Organisation des Unternehmensträgers, dem vor und nach der Umwandlung dasselbe Vermögen zugeordnet werde. Deshalb müsse der wirtschaftlichen Identität auch die rechtliche Identität entsprechen.[130] Dem ist zuzustimmen. Dem Rechtsanwender ist schließlich kaum nahe zu bringen, warum eine Übertragung sämtlicher Rechte und Pflichten auf einen neuen Rechtsträger erforderlich sein soll, wenn er den Unternehmensträger lediglich einer anderen Rechtsform unterstellen will. Auf juristischer Ebene ist nachzuvollziehen, was wirtschaftlich selbstverständlich ist: Das Unternehmen ist nach dem Formwechsel das selbe wie vorher, nur hat sich das für den Unternehmensträger geltende Recht geändert.[131]

Die Ausführungen in der amtlichen Begründung zum Umwandlungsgesetz machen deutlich, dass es dem Gesetzgeber neben der personellen Identität insbesondere auf die Identität des Vermögensbestandes und dessen Zuordnung zu ein und demselben Rechtsträger vor und nach dem Formwechsel ankommt. Es stellt sich daher die Frage, ob es ein Rechtssubjekt gibt, das den Formwechsel zwischen Personen- und Kapitalgesellschaften überdauert und dem das Vermögen vor und nach dem Formwechsel zugeordnet werden kann. Beim Erlass des Umwandlungsgesetzes von 1969 schien dies noch weithin undenkbar. Standen doch auf der einen Seite die Gesamthandsgesellschaften, bei denen das Gesamthandsvermögen als gesamthänderisch gebundenes Sondervermögen der Gesellschafter angesehen wurde, auf der anderen Seite die gegenüber den Anteilsinhabern verselbständigten juristischen Personen, die selbst Träger von Rechten und Pflichten waren. Der Formwechsel von der Gesamthand in die juristische Person oder umgekehrt ging daher notwendigerweise mit einer Übertragung des Vermögens von den Gesellschaftern in ihrer gesamthänderischen Gebundenheit auf die juristische Person einher. Ein identitätswahrender Formwechsel wurde dagegen nur

---

[130] Begr. RegE, in: Ganske, Umwandlungsrecht, S. 209.

[131] *Raiser*, AcP 194 (1994), 495 (499); *ders.*, in: FS Zöllner, 469 (473); *Wiedemann*, ZGR 1999, 568 (570).

innerhalb strukturgleicher Gruppen für möglich gehalten. So standen in den Personengesellschaften die Gesellschafter in ihrer gesamthänderischen Verbundenheit als Zurechnungssubjekte für Rechte und Pflichten vor und nach dem Formwechsel zur Verfügung. Bei den Kapitalgesellschaften war es die juristische Person selbst, die als Zuordnungssubjekt den Formwechsel überdauerte.

Nunmehr ist jedoch mit den überwiegenden Stimmen in der Literatur[132] die Rechtsfähigkeit der Gesamthandsgesellschaften anzuerkennen. Dem hat sich jüngst auch der BGH angeschlossen.[133] Die Gesamthandsgesellschaft bildet eine überindividuelle Wirkungseinheit, die als solche und nicht etwa nur als Summe der einzelnen Mitglieder dazu befähigt ist, durch besondere Organe am Rechtsverkehr teilzunehmen.[134] Sie ist daher ein von den einzelnen Gesellschaftern zu unterscheidendes Rechtssubjekt, das als solches selbständiger Träger von Rechten und Pflichten ist.[135] Dementsprechend gehört das Gesellschaftsvermögen nicht den Gesellschaftern, sondern der Gesellschaft.[136] Eine Einzelberechtigung der Gesellschafter an den zum Gesellschaftsvermögen gehörenden Gegenständen gibt es nicht.[137] Die einzelnen Gesellschafter können nur Anteile an der Gesamthand in toto innehaben.[138] Eine Beteiligung am Gesellschaftsvermögen wird den Gesellschaftern ausschließlich durch die Mitgliedschaft in der Gesellschaft vermittelt.[139] *Ulmer* ist darin zuzustimmen,

---

132 Vgl. dazu nur *Ulmer*, in: MüKo, § 705 Rn. 130 ff. mit einer Vielzahl weiterer Nachweise in Fn. 373.

133 BGH NJW 2001, 1056, freilich mit der auch in der Literatur vorgenommenen Beschränkung auf die Außen-GbR.

134 *Mülbert*, AcP 199 (1999), 38 (47); *Ulmer*, in: MüKo, Vor § 705 Rn. 8, § 705 Rn. 130.

135 *K. Schmidt*, NJW 2001, 993 (997); *Ulmer*, in: MüKo, § 705 Rn. 130; BGH NJW, 2001, 1056 (1058).

136 *Huber*, in: FS Lutter, 107 (126); *K. Schmidt*, Gesellschaftsrecht, S. 198; *ders.* NJW 2001, 993 (998); *Ulmer*, in: MüKo, § 718 Rn. 2, der dort jedoch einerseits von der dinglichen Zuordnung des Gesellschaftsvermögens zur Gesellschaft, andererseits davon spricht, Inhaber des Gesellschaftsvermögens seien „die Gesellschafter in ihrer gesamthänderischen Verbundenheit". Auch der BGH, nach dem die Anerkennung der Rechtssubjektivität ein „praktikables und weitgehend widerspruchsfreies Modell für die vom Gesetz (§§ 718-720 BGB) gewollte rechtliche Absonderung des Gesellschaftsvermögens vom Privatvermögen der Gesellschafter" bietet (NJW 2001, 1056 (1057)), sieht es als Vorteil an, dass mit der Anerkennung der Rechtssubjektivität die GbR selbst als Zurechnungssubjekt zur Verfügung steht (vgl. *Peifer*, NZG 2001, 296 (298)).

137 *Ulmer*, in: MüKo, § 719 Rn. 5.

138 *K. Schmidt*, Gesellschaftsrecht, S. 198.

139 *Huber*, in: FS Lutter, 107 (126); *Habersack*, BB 2001, 478 (480); *Flume*, Die Personengesellschaft, S. 73.

dass es angesichts des erreichten Diskussionsstandes künftig tunlichst vermieden werden sollte, die „Gesellschafter in ihrer gesamthänderischen Verbundenheit“ als Inhaber des Gesellschaftsvermögens zu bezeichnen, da diese „scheinbar bequeme Formel“ in Wahrheit einen „Formelkompromiss“ enthalte, „der die (...) zentrale Frage nach Einheit oder Vielheit der GbR gerade offen lässt“.[140] Die nunmehr gesicherte Annahme eines von den einzelnen Gesellschaftern losgelösten Rechtssubjekts auch bei den Gesamthandsgesellschaften führt zu einem die Gesamthandsgesellschaften und die juristischen Personen verbindenden Element: Die Gesamthandsgesellschaft steht der juristischen Person im Außenverhältnis insofern gleich, als die Gesellschaft und nicht die einzelnen Gesellschafter Träger der gesamthänderischen Rechtsbeziehungen sind.[141] Damit bleiben beim Formwechsel sämtliche Rechte und Pflichten der Gesellschaft und damit dem selben Rechtssubjekt zugeordnet, das als solches den Formwechsel überdauert und lediglich einer neuen Rechtsform unterstellt wird.[142] Die einheitliche Zuordnung des Vermögens zu einem identischen Rechtsträger bildet die Grundlage für einen den Vorstellungen des Gesetzgebers entsprechenden identitätswahrenden Formwechsel.

Dennoch vertritt namentlich *Ulmer* die Ansicht, die Identitätslösung sei insbesondere aufgrund der unterschiedlichen Vermögenszuordnung bei Gesamthand und juristischer Person als Fiktion anzusehen.[143] Beim Formwechsel von einer Kapitalgesellschaft in eine GbR werde das bisher der Kapitalgesellschaft zustehende Vermögen im Wege der Gesamtrechtsnachfolge zum Gesamthandsvermögen der GbR.[144] Dem kann nach dem oben Gesagten nicht zugestimmt werden. Das Vermögen bleibt vor und nach dem Formwechsel einem Rechtsträger zugeordnet. Dies ist nach den Vorstellungen des Gesetzgebers für einen identitätswahrenden Formwechsel ausreichend. Verbleibende Strukturunterschiede zwischen der Gesamthandsgesellschaft und der juristischen Person stehen dem identitätswahrenden Charakter des Formwechsels daher nicht entgegen. So können in der Personengesellschaft neben den vertretungsberechtigten Personen alle Gesellschafter gemeinsam über

---

[140] So *Ulmer*, AcP 198 (1998), 113 (149) im Zusammenhang mit der Mitgliedschaft einer GbR in einem anderen Personenverband. Zur Missverständlichkeit der Formel aber auch schon *Flume*, Die Personengesellschaft, S. 54.

[141] *Mülbert*, AcP 199 (1999), 38 (47 f.).

[142] *K. Schmidt*, in: FS Ulmer, 557 (565) spricht insofern von einem „in den Stand eines Rechtssubjekts erhobenen Zurechnungsendpunkt“; vgl auch *Stengel/Schwanna*, in: Semler/Stengel, UmwG, § 190 Rn. 4.

[143] *Ulmer*, in: MüKo, § 705 Rn. 8.

[144] *Ulmer*, in: MüKo, § 718 Rn. 22.

das Gesellschaftsvermögen verfügen,[145] während dieses Recht in der juristischen Person allein dieser selbst, vertreten durch ihre Organe, zusteht. Die unterschiedliche Verfügungszuständigkeit ist aber lediglich Folge der Prinzipien der Selbstorganschaft einerseits und der Fremdorganschaft andererseits. Die Selbstorganschaft ist Ausdruck des Gesamthandsprinzips und der geringeren Verselbständigung der Personengesellschaft gegenüber ihren Mitgliedern im Vergleich zur juristischen Person.[146] Auch das gemeinschaftliche Handeln der Gesellschafter einer Personengesellschaft ist aber organschaftliche Vertretung der Gesellschaft.[147] Diese allein ist Inhaberin des Gesellschaftsvermögens. Eine Vermögensübertragung ist daher beim Formwechsel nicht erforderlich. Für die hier vertretene Ansicht sprechen nicht zuletzt die Ausführungen des BGH in seinem Urteil zur Rechtsfähigkeit der (Außen-)GbR. Danach bestehe ein Vorzug der Anerkennung der Rechtsfähigkeit der GbR darin, dass damit der identitätswahrende Formwechsel zwischen den Personengesellschaften und den Kapitalgesellschaften „ohne weiteres" erklärt werden könne.[148] Dennoch ist zu betonen, dass mit der Anerkennung des identitätswahrenden Charakters des Formwechsels soll nicht einer Nivellierung der bestehenden Unterschiede zwischen Gesamthand und juristischer Person das Wort geredet werden soll. Indes hat der Gesetzgeber Maßstäbe gesetzt, die es erlauben, den Formwechsel aufgrund der bestehenden Gemeinsamkeiten zwischen Gesamthandsgesellschaften und juristischen Personen als identitätswahrenden Vorgang einzustufen.

Zuletzt verbleibt der Einwand, ein identitätswahrender Formwechsel zwischen juristischer Person und Gesamthandsgesellschaft sei nicht möglich, da in der Verbandsverfassung ein konstitutives Element zu sehen sei, ohne das die Gedankenfigur einer nichtnatürlichen Person in sich zusammenfalle.[149] Dies führt zu dem im 19. Jahrhundert geführten Theorienstreit über das Wesen der juristischen Person, der hier jedoch nicht in seinem ganzen Umfang wiedergegeben werden soll.[150] Festzuhalten ist aber: Heute besteht wohl Einigkeit darüber, dass es auch der Fiktionstheorie *Savignys* nicht darum ging, den sozialen Verband als soziale Realität zu leugnen. Die Gegensätze der

---

[145] *Huber*, in: FS Lutter, 107 (126); *Ulmer*, in: MüKo, § 705 Rn. 136.

[146] Zu weiteren, die Aufrechterhaltung der Unterscheidung in Gesamthandsgesellschaften und juristischen Personen rechtfertigenden Unterschieden vgl. noch 1. Kapitel:I.8.

[147] *Ulmer*, in: MüKo, § 714 Rn. 6 ff.

[148] BGH NJW 2001, 1056 (157).

[149] *Zöllner*, ZGR 1993, 334 (336 f.); *Reinhardt*, in: FS Bartholomeyczik, 307 (309); *Hennrichs*, Formwechsel und Gesamtrechtsfolge bei Umwandlungen, S. 33 f.

[150] Vgl. dazu *Raiser*. AcP 199 (1999), 104 (111 ff.); *Flume*, Die juristische Person, S. 15 ff; *K. Schmidt*, Gesellschaftsrecht, S. 186 ff.

Theorie der realen Verbandspersönlichkeit von *Gierke* und der Fiktionstheorie von *Savigny* beziehen sich auf die Rechtsfolgenseite. Fingiert wird nach der Fiktionstheorie lediglich die Rechtsfähigkeit der Verbände, die im Gegensatz zur vorgegebenen Rechtsfähigkeit natürlicher Personen rein auf einer positiv rechtlichen Zuweisung beruhe.[151] *Gierke* dagegen knüpft hinsichtlich der Rechtsfähigkeit an die soziale Realität der Verbände an, die er als handlungsfähige Organismen begreift, und die die Rechtsordnung als fertige Verbandsperson bereits vorfinde:[152] „Die Verbandperson ist eine wirkliche und volle Person gleich der Einzelperson, jedoch im Gegensatz zu dieser eine zusammengesetzte Person.“ [153] „Sie ist kein todtes Begriffsding (...) sondern ein lebendiges Wesen, das als solches will und handelt.“[154] Unbestritten ist demnach jedenfalls, dass hinter der juristischen Person eine real existierende, überindividuelle Wirkungseinheit steht. Hinzu kommt, dass nach heutiger richtiger Ansicht zwischen Rechtsfähigkeit einerseits und Rechtspersönlichkeit andererseits zu unterschieden ist. Rechtsfähigkeit kommt nunmehr auch den Gesamthandsgesellschaften zu. Eine eigene Rechtspersönlichkeit, die auf einer weitgehenden Verselbständigung eines Verbandes gegenüber seinen Mitgliedern beruht, weisen lediglich juristische Personen auf.[155] Gemeinsames Substrat von Gesamthandsgesellschaften und juristischen Personen ist aber ein real existierender Verband, der von der Rechtsordnung als rechtsfähiges Rechtssubjekt anerkannt wird. Dieses Substrat steckt denn auch unter dem Rechtskleid der jeweiligen Verbandsverfassung und verhindert das beschworene „Insichzusammenfallen“ der juristischen Person beim Formwechsel. Ein solcher Verband, der seine Rechte und Pflichten getrennt von denen seiner Gesellschaft begründet, muss nicht nur in seiner konkreten Rechtsform als lebend betrachtet werden.[156]

Festzuhalten bleibt folglich, dass die Fähigkeit, Träger von Rechten und Pflichten zu sein, allen an einem Formwechsel beteiligungsfähigen Rechtsträgern gleichermaßen zukommt und Garant für die erwünschte Kontinuität auch im rechtlichen Sinne ist. Für eine umfassende Anerkennung des Identitätsprinzips auch beim Formwechsel zwischen Gesamthandgesellschaften und juristischen Personen spricht letztlich, dass

---

151 *Flume*, Die juristische Person, S. 3 ff; *K. Schmidt*, Gesellschaftsrecht, S. 190 f.

152 *Raiser*, AcP 199 (1999), 104 (112 f.); *Flume*, Die juristische Person, S. 17 f; *K. Schmidt*, Gesellschaftsrecht, S. 189 f.

153 *Gierke*, Deutsches Privatrecht I, S. 470.

154 *Gierke*, Deutsches Privatrecht I, S. 472.

155 Eingehend dazu unten 1. Kapitel:I.8.

156 *Lenz*, Gesellschafter- und Gläubigerschutz bei dem Formwechsel einer OHG in eine GmbH, S. 19 f.

damit ein Schritt in Richtung einer Vereinheitlichung des Rechts in der Europäischen Union gemacht wird, in der außerhalb Deutschlands die Rechtsfigur der Gesamthand nirgends existiert.[157] Aber auch im deutschen Recht dient sie der Vereinfachung und Bereinigung der gesetzlichen Regelungen.[158]

7. Die Bedeutung des Identitätsprinzips für weitere materiell-rechtliche Fragen

Ebenso wie die Identitätskonstruktion selbst ist auch die materiell-rechtliche Bedeutung des Identitätsprinzips in der Literatur umstritten. *K. Mertens* hat dem Identitätsprinzip nach der Untersuchung seiner Auswirkung auf einige ausgewählte Probleme bei der Umwandlung jegliche Eigenschaft als Wegweiser bei der Lösung materieller Rechtsfragen abgesprochen.[159] Oft wird auch in mehr oder weniger abstrakten Ausführungen der Vorrang anderer Prinzipien des Zivil- oder Gesellschaftsrechts, wie z. B. des Gläubigerschutzes, betont.[160] Dem ist jedoch entgegenzuhalten, dass das Identitätsprinzip bei der Beantwortung materieller Rechtsfragen nicht gänzlich ausgeblendet werden darf. So kann z.B. die Frage, ob beim Formwechsel in die Kapitalgesellschaft die Einlagen in voller Höhe zu leisten sind, nicht losgelöst von der Frage beantwortet werden, ob dem Formwechsel eine Einbringung der Gesellschaft in einen neuen Rechtsträger und damit ein der Sachgründung vergleichbarer oder ein identitätswahrender Vorgang zugrunde liegt. Selbstverständlich soll hier nicht einer reinen Begriffsargumentation im Umgang mit dem Identitätsprinzip[161] das Wort geredet werden. Auch ist anzuerkennen, dass das Identitätsprinzip anders als die Prinzipien des Gläubiger- oder Anteilseignerschutzes keinen Selbstzweck genießt,[162] sondern das Mittel zur Herbeiführung eines gewollten Ergebnisses darstellt. Dennoch ist bei der Lösung einzelner Fragen die Dogmatik des Formwechsels nicht aus den Augen zu verlieren. Nicht einzusehen ist auch, warum von jeder Argumentation mit dem Identitätsprinzip die Gefahr der Benachteiligung der Gläubiger ausgehen solle.[163] Eine endgültige Antwort auf die Frage nach der Bedeutung des Identitätsprinzips bleibt an dieser Stelle

---

157 *Lutter*, ZGR 1990, 392 (396).

158 *Decher*, in: Lutter, Kölner Umwandlungsrechtstage, 201 (205); Begr. RegE, in: Ganske, Umwandlungsrecht, S. 208.

159 *K. Mertens*, Umwandlung und Universalsukzession, S. 230 ff.

160 *Lenz*, Gesellschafter- und Gläubigerschutz bei dem Formwechsel einer OHG in eine GmbH, S. 22; *Petersen*, Der Gläubigerschutz im Umwandlungsrecht, S. 98 f.

161 Hiervor hat *Zöllner*, in: FS Gernhuber, 563 (566) gewarnt.

162 Vgl. *Petersen*, Der Gläubigerschutz im Umwandlungsrecht, S. 101 ff.

163 So aber *Petersen*, Der Gläubigerschutz im Umwandlungsrecht, S. 99.

dennoch aus. Im Verlauf der Arbeit wird eine Vielzahl konkreter Probleme zu lösen sein, anhand derer sich die Argumentation mit dem Identitätsprinzip bewähren muss. Nur wenn eine Argumentation mit dem Identitätsprinzip dort nicht zu sachgerechten Lösungen führt, wird man seinen materiellen Gehalt verneinen müssen.

8. Konsequenz: Aufhebung der Unterscheidung zwischen Gesamthandsgesellschaft und juristischer Person?

Vorab sei bemerkt, dass hier auf den in der Literatur[164] bereits ausführlich diskutierten Streit über die Rechtsfähigkeit der GbR nicht mehr eingegangen wird. Auch der BGH hat inzwischen die Rechtsfähigkeit der Außen-GbR anerkannt.[165] Die Rechtsfähigkeit wird daher im Folgenden vorausgesetzt. Das Inkrafttreten des Umwandlungsgesetzes und die damit einhergehende Zulassung des identitätswahrenden Formwechsels zwischen Gesamthandsgesellschaften und juristischen Personen hat jedoch eine bisher weniger breit geführte Debatte darüber hervorgerufen, ob nicht die klassische Zweiteilung des deutschen Gesellschaftsrechts in die genannten Rechtsformen aufzuheben sei und folglich auch die GbR, die OHG und die KG als juristische Personen anzusehen seien. So hatte *Lutter* bereits zum Diskussionsentwurf, der die Dogmatik des Formwechsels noch ausdrücklich offen ließ,[166] bemerkt, dass § 266 DiskE[167], wenn er denn Gesetz werde, die Basis für eine „Uminterpretation unseres Gesellschaftsrechts" bilde.[168]

In Ansehung des neuen Umwandlungsgesetzes wurde denn auch bereits vor dessen Inkrafttreten die Forderung nach einer Gleichstellung der Gesamthandsgesellschaften mit den juristischen Personen erhoben.[169] Die Aufgabe der klassischen Zweiteilung sei eine notwendige Konsequenz aus der Anerkennung der Rechtsfähigkeit der Gesamthandsgesellschaften durch die Ermöglichung des identitätswahrenden Formwechsels in und aus der juristischen Person.[170] *Zöllner* ist dementsprechend versucht, „wissenschaftliche

---

164 Vgl. zuletzt nur einerseits *Ulmer*, AcP 198 (1998), 113 ff, andererseits *Zöllner*, in: FS Gernhuber, 564 (566 ff), *ders.*, in: FS Kraft, 701 ff.

165 BGH NJW 2001, 1056 ff.

166 Vgl. oben, 1. Kapitel:I.6.a).

167 Nunmehr § 202 UmwG.

168 *Lutter*, ZGR 1990, 392 (395).

169 Als einer der Ersten tat *Raiser*, AcP 1994, 495 ff. in Erwartung des neuen UmwG den Schritt, die Personengesellschaften, soweit ihnen Rechtsfähigkeit zukommt, den juristischen Personen zuzuordnen.

170 Raiser, AcP 194 (1994), 495 (504).

Willenserklärungen“, die besagen, dass die Gesamthandsgesellschaft einerseits fähig sei, Träger von Rechten und Pflichten zu sein, aber dennoch keine Rechtspersönlichkeit besitze, wegen ihrer „Perplexität als unbeachtlich abzutun.“[171] Dem ist *Raiser* mit der These beigetreten, Gesamthandsgesellschaften und juristische Personen ließen sich allein anhand der Rechtsfähigkeit voneinander abgrenzen.[172] Andere Kriterien seien aufgrund gesetzlicher Vorschriften, Entwicklungen in der Rechtsprechung oder der Kautelarpraxis untauglich, eine klare Unterscheidung vorzunehmen. Eine persönliche Haftung der Gesellschafter gebe es etwa nicht nur bei den Gesamthandsgesellschaften, auch die Komplementäre einer Kommanditgesellschaft auf Aktien als juristischer Person hafteten den Gesellschaftsgläubigern gem. § 278 Abs. 1 AktG persönlich. Die Mitgliedschaft selbst sei ebenfalls nicht zur Abgrenzung geeignet. Treuepflichten bestünden auch in der Kapitalgesellschaft nicht nur zwischen den Mitgliedern und dem Verband, sondern, wie vom BGH mittlerweile auch anerkannt,[173] ebenso im Verhältnis der Mitglieder untereinander.[174] Gleiches gelte für den Gegensatz zwischen Gesellschaftsvertrag (subjektive Auslegung, Änderung nur durch Vereinbarung) und Satzung (objektive Auslegung, Geltung auch gegenüber neuen Mitgliedern, Änderung durch qualifizierten Mehrheitsbeschluss), da die grundsätzlichen Unterschiede in der Vertragspraxis und Rechtsanwendung verschwömmen.[175] Auch die Prinzipien der Selbst- und Fremdorganschaft hätten keine absolute Geltung. So werde die KGaA zwingend von ihren Komplementären geleitet und vertreten (§ 278 Abs. 2 AktG). In der GmbH könnten sowohl Dritte als auch Gesellschafter zu Geschäftsführern berufen werden (§ 6 Abs. 3 GmbHG), und das Verbot der Fremdorganschaft bei den Personengesellschaften werde durch die Rechtsform der GmbH & Co. ausgehebelt.[176] Andere verlegen sich dagegen mehr auf eine begriffliche Argumentationsweise. Der vom Gesetzgeber verwendete Begriff des „Rechtsträgers“ sei gleichzusetzen mit „Rechtssubjekt“, und dieser Begriff sei wiederum synonym mit dem Begriff der „Rechtspersönlichkeit“.[177]

---

171 *Zöllner*, in: FS Gernhuber, 564 (569).
172 *Raiser*, AcP 194 (1994), 495 (503 f.).
173 BGHZ 65, 15 (ITT) für die GmbH; BGHZ 103, 184 (Linotype) für die Aktiengesellschaft.
174 *Raiser*, AcP 194 (1994), 495 (506).
175 *Raiser*, AcP 194 (1994), 495 (507).
176 *Raiser*, AcP 194 (1994), 495 (508).
177 *Timm*, NJW 1995, 3209 (3210); *Zürbig*, Der Formwechsel einer Personengesellschaft in eine Kapitalgesellschaft, S. 48 f.

Gegen die Aufhebung der Unterscheidung zwischen Gesamthandsgesellschaften und juristische Personen ist einzuwenden, dass trotz der genannten Einwände erhebliche strukturelle Unterschiede zwischen den beiden Arten von Gesellschaften festzustellen sind. Im Gegensatz zur Personengesellschaft ist die juristische Person gegenüber ihren Mitgliedern vollkommen verselbständigt.[178] Die juristische Person bedarf, um überhaupt handeln zu können, besonderer Organe (Prinzip der Fremdorganschaft). Die Mitglieder einer juristischen Person bilden nur einen funktionellen Teil des Verbandes, den sie nicht vertreten und über dessen Vermögen sie nicht verfügen können, selbst wenn sie alle zusammenwirken.[179] Aufgrund ihrer Verselbständigung besteht die juristische Person bei einem Rückgang der Mitgliederzahl auf eine Person fort.[180] Eine persönliche Haftung der Mitglieder für die Gesellschaftsverbindlichkeiten ist ausgeschlossen (§ 13 Abs. 2 GmbHG, § 1 Abs. 1 S. 2 AktG).[181] Die Anteile an der juristischen Person sind grundsätzlich frei übertragbar und können sogar von der juristischen Person selbst erworben werden.[182] Dagegen existiert die Gesamthandsgesellschaft zwar als selbständige „Wirkungseinheit", aber zugleich nur als „Gruppe" der sie bildenden Personen.[183] Sie ist, anders als die eingetragene Körperschaft, zumindest auch Schuldverhältnis der Gesellschafter untereinander.[184] Die Gesamthandsgesellschaft setzt daher einen Mindestbestand von zwei Gesellschaftern voraus.[185] Sie handelt durch ihre Mitglieder (Prinzip der Selbstorganschaft). Die Gesellschafter können daher über das Vermögen der Gesamthandsgesellschaft verfügen, in dem sie gemeinsam oder durch einen gemeinschaftlichen Vertreter handeln.[186] Die Haftung der Gesellschafter für die Verbindlichkeiten der Personengesellschaft ist eine Selbstverständlichkeit.[187] Der lange Zeit geführte Streit um die Haftung der Gesellschafter einer GbR drehte sich dementsprechend auch nicht um die Frage, ob diese haften würden, sondern nur darum, wie sich die Haftung juristisch begründen lasse.[188] Diese

---

178 *Huber*, in: FS Lutter, 107 (113 f.); *Habersack*, JuS 1990, 179 (181).
179 *Huber*, in: FS Lutter, 107 (113).
180 Das zeigt schon die Tatsache, dass sie auch durch eine einzelne Person gegründet werden kann (§ 2 AktG, § 1 GmbHG).
181 Ausnahmen gelten lediglich zum einen für die Komplementäre einer KGaA (§ 278 Abs. 1 AktG) zum anderen bei Sphärenvermischungen, bei Beherrschung der Gesellschaft oder bei Unterkapitalisierung; vgl. hierzu *K. Schmidt*, Gesellschaftsrecht, S. 233 ff.
182 *Ulmer*, ZIP 2001, 585 (588).
183 *Huber*, in: FS Lutter, 107 (113); *Habersack*, JuS 1990, 179 (181).
184 *Habersack*, BB 2001, 478 (479).
185 *Ulmer*, ZIP 2001, 585 (588).
186 *Huber*, in: FS Lutter, 107 (113 f.).
187 Vgl. dazu BGH NJW 1999, 3483 (3484 f.).
188 Der BGH hat diese Frage in NJW 2001, 1056 ff. nunmehr zugunsten einer analogen Anwendung des § 128 HGB entschieden.

und Pflichten zu sein. Dennoch sind sie keine juristischen Personen, wie die Regelungen in § 41 Abs. 1 AktG und § 11 Abs. 1 GmbHG zeigen. Nach diesen existiert die juristische Person als solche vor der Eintragung nicht. Die Gegenansicht müsste die Vorgesellschaft aber erst recht als juristische Person qualifizieren, da die Vorgesellschaft der juristischen Person noch näher steht als eine „normale" Gesamthandsgesellschaft: Nach überwiegender Ansicht ist die Vorgesellschaft Gesamthandsgemeinschaft, auf die bereits das Recht der Kapitalgesellschaft anwendbar ist, soweit dies nicht gerade die Eintragung voraussetzt.[193] Die Qualifikation der Vorgesellschaft als juristische Person würde aber dem Gesetz klar zuwiderlaufen.

Denjenigen Autoren, die die Unterscheidung von Gesamthandsgesellschaften und juristischen Personen unter Berufung auf den Willen des Gesetzgebers aufgeben wollen,[194] ist letztlich auch Folgendes entgegen zu halten: Nach der amtlichen Begründung zum Umwandlungsgesetz 1994 setzt der Entwurf die Geltung der zivil- und gesellschaftsrechtlichen Gesetze, welche die verschiedenen Rechtsformen der Unternehmensträger regeln, ausdrücklich voraus. Die Vorschriften des Entwurfs sollen in diesem System der Organisationsnormen stehen, bestehende Normen sollen möglichst wenig angetastet werden.[195] Die Vereinheitlichung von juristischer Person und Gesamthand würde folglich weit über das Regelungsziel des UmwG hinausgehen.[196] Zudem hat der Gesetzgeber durch Gesetzesänderungen aus der jüngsten Zeit zu erkennen gegeben, dass auch weiterhin zwischen Rechtspersonen und Personengesellschaften zu differenzieren ist. So kommen nach dem im Jahre 2000 eingeführten § 14 Abs. 1 BGB als Unternehmer natürliche Personen, juristische Personen und rechtsfähige Personengesellschaften in Betracht. Ähnlich verhält es sich mit der zum 1. Januar 1999 in Kraft getretenen Insolvenzordnung, wenn in deren § 19 Abs. 3 von Gesellschaften ohne Rechtspersönlichkeit die Rede ist. Die Unterscheidung in Gesamthandsgesellschaften einerseits und juristische Personen andererseits im deutschen Gesellschaftsrecht ist daher aufrechtzuerhalten.[197]

---

[193] *Ulmer*, in: Hachenburg, GmbHG, § 11 Rn. 8 ff.; *Lutter/Hommelhoff*, GmbHG, § 11 Rn. 3; *Hueck/Fastrich*, in: Baumbach/Hueck, GmbHG, § 11 Rn. 6; BGHZ 21, 242 (246); 45, 338 (347); 51, 30 (32); 72, 45 (48f.); 80, 129 (132).

[194] So ausdrücklich *Timm*, NJW 1995, 3209 (3210), der die Primärzuständigkeit des Gesetzgebers für die Festlegung der rechtlich relevanten Grundlagen der jeweiligen Gesellschaftsform hervorhebt.

[195] Begr. RegE, in: Ganske, Umwandlungsrecht, S. 41.

[196] *Ulmer*, AcP 198 (1998), 113 (120); Begr. RegE, in: Ganske, Umwandlungsrecht, S. 13; *Hueck*, in: FS Zöllner, 275 (281).

[197] Ebenso *Habersack*, BB 2001, 478 (479).

Der im Umwandlungsgesetz 1994 erstmals verwendete Begriff des Rechtsträgers setzt die Rechtsfähigkeit für eine Beteiligung an einem Umwandlungsvorgang voraus, nicht jedoch eine eigene Rechtspersönlichkeit. Dies entspricht auch dem Willen des Gesetzgebers, der den Begriff des Rechtsträgers im Umwandlungsgesetz zwar nicht definiert hat, ihn aber ausweislich der amtlichen Begründung als Vollinhaber eines Rechts verstanden wissen will.[198] Der Begriff des Rechtsträgers ist folglich nach der hier vertretenen Ansicht als Oberbegriff für natürliche und juristische Personen einerseits und rechtsfähige Gesamthandsgesellschaften ohne eigene Rechtspersönlichkeit andererseits zu verstehen. Dieser Ordnung der Begrifflichkeiten steht auch nicht der identitätswahrende Charakter des Formwechsels entgegen, da dieser, wie ausgeführt, lediglich die Rechtsfähigkeit der am Formwechsel beteiligten juristischen Einheiten, nicht dagegen deren Rechtspersönlichkeit voraussetzt.[199]

II. Zusammenfassung

Trotz der Zulassung der formwechselnden Umwandlung zwischen Gesamthandsgesellschaften und juristischen Personen im neuen Umwandlungsgesetz handelt es sich beim Formwechsel weder um eine wie auch immer geartete Neugründung noch fingiert der Gesetzgeber die Identität des Rechtsträgers vor und nach dem Formwechsel. Aufgrund der Anerkennung der Rechtsfähigkeit der Gesamthandsgesellschaften handelt es sich vielmehr auch beim Formwechsel zwischen Personen- und Kapitalgesellschaften um einen identitätswahrenden Vorgang, bei dem der Rechtsträger als Inhaber des Gesellschaftsvermögens erhalten bleibt und lediglich einer neuen rechtlichen Organisation unterstellt wird. Das dem Formwechsel zugrunde liegende Identitätsprinzip ist grundsätzlich auch bei der Beantwortung weiterer materieller Rechtsfragen zu beachten. Diese Annahmen stehen mit den bisherigen Entwicklungen im allgemeinen Gesellschaftsrecht im Einklang und zwingen daher nicht dazu, die klassische Zweiteilung des deutschen Gesellschaftsrechts in Gesamthandsgesellschaften und juristische Personen aufzugeben.

---

[198] Begr. RegE, in: Ganske, Umwandlungsrecht, S. 13.

[199] A.A. *Timm*, NJW 1995, 3209 (3211 ff.).

2. Kapitel: Wirkung des Formwechsels

Das im 2. Kapitel entwickelte Verständnis des Identitätsprinzips hat sich nun zunächst an einigen herausragenden Streitpunkten zum Formwechsel zu beweisen, um sicherzustellen, dass es als tragfähige Grundlage für die weiteren Ausführungen zum Gläubigerschutz dienen kann. Dies betrifft insbesondere die Auswirkungen des Formwechsels auf das Vermögen des Rechtsträgers und die an dem Rechtsträger bestehenden Mitgliedschaftsrechte. Zur Abrundung der Darstellung ist abschließend noch auf die sonstigen Wirkungen des Formwechsels einzugehen.

I. Vermögensidentität

Das Vermögen des formwechselnden Rechtsträgers bleibt vor und nach dem Formwechsel gleich. Der Formwechsel berührt den Vermögensbestand des Rechtsträgers nicht.[200] Für den Gesetzgeber ist dies so selbstverständlich, dass er eine ausdrückliche Regelung dieses Umstandes für entbehrlich hielt.[201] Anders als bei der im Umwandlungsgesetz 1969 geregelten übertragenden Umwandlung und der Verschmelzung, Spaltung und Vermögensübertragung findet eine Vermögensübertragung im Wege der (partiellen) Gesamtrechtsnachfolge nicht statt.[202] Sämtliche Aktiva und Passiva des formwechselnden Rechtsträgers sind nach dem Formwechsel Vermögen des Rechtsträgers neuer Rechtsform.[203] Rechte Dritter, insbesondere von Gläubigern, bestehen unverändert fort. Daher bedarf der Formwechsel auch nicht ihrer Zustimmung.

Der identitätswahrende Charakter des Formwechsels wird bisweilen in Frage gestellt, da dem Rechtsträger kurz vor oder nach dem Formwechsel größere Mengen Kapitals entzogen werden können, ohne dass das Umwandlungsrecht ein entsprechendes Korrektiv dafür böte. Ohne Sicherungsmechanismen gegen ein „wirtschaftliches Ausbluten“ des Rechtsträgers könne nur schwerlich von einer Identität des Rechtsträgers vor und nach dem Formwechsel gesprochen werden.[204] Dabei wird jedoch die Frage des identitätswahrenden Charakters des Formwechsels mit Fragen des Gläubigerschutzes vermengt. Zweck des Identitätsprinzips ist es, dem Rechtsträger den Übergang in ein anderes Organisationssystem ohne Vermögensübertragung zu ermöglichen. Dagegen ist es die Aufgabe eines maßvoll auszugestaltenden Gläubigerschutzes, zu

---

200 Vgl. Begr. RegE, in: Ganske, Umwandlungsrecht, S. 209.

201 Begr. RegE, in: Ganske, Umwandlungsrecht, S. 227.

202 *Hennrichs*, Formwechsel und Gesamtrechtsnachfolge bei Umwandlungen, S. 39.

203 *Decher*, in: Lutter, UmwG, § 202 Rn. 10.

204 *Bärwaldt/Schabacker*, ZIP 1998, 1293 (1296 f.).

verhindern, dass der Formwechsel als Deckmantel für ein die Gläubiger schädigendes Verhalten genutzt wird. Darüber hinaus wird übersehen, dass das Identitätsprinzip nur den Formwechselvorgang als solchen beschreibt. Geschehnisse, die sich auf die Phase vor oder nach dem Formwechsel beziehen, sind dagegen nicht geeignet, das Identitätsprinzip in Frage zu stellen. Umgekehrt kann dem Identitätsprinzip als solchem auch nicht die Pflicht entnommen worden, das Vermögen vor oder nach dem Formwechsel unberührt zu lassen.[205]

II. Kontinuität der Mitgliedschaft

Aufgrund des identitätswahrenden Charakters des Formwechsels setzt sich auch die Mitgliedschaft an dem Rechtsträger neuer Rechtsform fort (§ 202 Abs. 1 Nr. 2 S. 1 UmwG). Eine inhaltliche Diskontinuität kann jedoch dadurch eintreten, dass die Beteiligung an dem Rechtsträger neuer Rechtsform - wie das Gesetz selbst betont - nach den für die neue Rechtsform geltenden Regelungen fortbesteht. Es ist daher nicht ausgeschlossen, dass sich einzelne Rechte der Anteilsinhaber verschlechtern oder verbessern. In ihrem unveränderlichen Kern besteht die Mitgliedschaft jedoch fort. Wesentliche Individual- und Minderheitenrechte wie z.B. das Stimmrecht, das Gewinnrecht oder das Auskunftsrecht bleiben demnach unberührt.[206]

1. Identität der Anteilsinhaber

Immer noch heftig umstritten ist die Frage, ob sich eine Veränderung des Mitgliederbestandes beim Formwechsel mit dem Identitätsprinzip vereinbaren lässt. Die Frage wird meist im Hinblick auf den Formwechsel in die oder aus der GmbH & Co. KG und dort unter dem speziellen Gesichtspunkt der in der Regel nicht am Kapital der KG beteiligten Komplementär-GmbH diskutiert. Indessen steckt dahinter die allgemeine Frage, ob das Identitätsprinzip die Identität des Gesellschafterkreises vor und nach dem Formwechsel gebietet oder ob diese zur Disposition der Beteiligten steht. So ist es vorstellbar, dass ein Gesellschafter nicht Mitglied des Rechtsträgers neuer Rechtsform werden, aber auch nicht vorzeitig aus dem Rechtsträger alter Rechtsform ausscheiden will. Ein anderer Gesellschafter will z.B. nicht Mitglied des Rechtsträgers alter Rechtsform werden, aber an dem Rechtsträger neuer Rechtsform von Anfang an beteiligt sein. Beides kann gerade aufgrund der verschiedenen Haftungsverfassungen von

[205] Darauf weist auch *Limmer*, in: FS Widmann, 51 (60f.) hin.

[206] *Meister/Klöcker*, in: Kallmeyer, UmwG, § 202 Rn. 34 ff; *Decher*, in: Lutter, UmwG, § 202 Rn. 22 f.

Ausgangs- und Zielrechtsform für die beteiligten Gesellschafter von hohem Interesse sein.[207]

a) Der Mitgliederwechsel im Allgemeinen

Im alten Umwandlungsrecht war die Beteiligung der Mitglieder eines formwechselnden Rechtsträgers an dem Rechtsträger neuer Rechtsform nicht einheitlich geregelt. So waren im Umwandlungsgesetz von 1969 teilweise Mehrheitsumwandlungen zugelassen, bei denen die den Formwechsel ablehnende Minderheit nicht an dem Rechtsträger neuer Rechtsform beteiligt war.[208] Der Mitgliederbestand änderte sich beim Formwechsel daher von Gesetzes wegen, da die dissentierende Minderheit zwangsweise ausschied. In anderen Vorschriften des Umwandlungsgesetzes 1969 war dagegen ausdrücklich vorgeschrieben, dass an dem Rechtsträger neuer Rechtsform sämtliche Gesellschafter des übertragenden Rechtsträgers beteiligt sein mussten.[209] Bei den im Aktienrecht geregelten Fällen der formwechselnden Umwandlung waren auch die dem Formwechsel widersprechenden Gesellschafter durchgehend an dem Rechtsträger neuer Rechtsform beteiligt. Teilweise waren jedoch Abfindungsregelungen[210] vorgesehen oder die Möglichkeit, der Gesellschaft neuer Rechtsform die Anteile zur Verfügung zu stellen.[211]

Der Gesetzestext des Umwandlungsgesetzes von 1994 ist zwar weniger eindeutig als z.B. die Regelung des § 41 Abs. 1 S. 2 Nr. 1 UmwG 1969, die ausdrücklich vorschrieb, dass an der neuen Gesellschaft alle Gesellschafter beteiligt sein mussten. Ähnliches könnte jedoch aus den §§ 194 Abs. 1 Nr. 3 und 202 Abs. 1 Nr. 2 UmwG abzuleiten sein, die eine Beteiligung der bisherigen Anteilsinhaber vorsehen, soweit deren Beteiligung nicht nach den Vorschriften des fünften Buches des Umwandlungsgesetzes entfällt. Für eine zwingende Beteiligung aller Gesellschafter auch an dem Rechtsträger neuer Rechtsform scheint auch die Gesetzesbegründung zu sprechen, nach der die wirtschaftliche Kontinuität des formwechselnden Rechtsträgers neben der Vermögensidentität auf einer fast ausnahmslosen Identität der Anteilsinhaber beruhe. Der Grundsatz der Identität der Anteilsinhaber werde im Umwandlungsgesetz nur durch

---

207 *K. Schmidt*, GmbHR 1995, 693 (695); *Priester*, DB 1997, 560 (562).

208 Vgl. die §§ 9 Abs. 1, 19 Abs. 1, 20 S. 1, 22 Abs. 1, 24 Abs. 1 S. 1 UmwG 1969.

209 Vgl. die §§ 41 Abs. 1 S. 2 Nr. 1, 42 Abs. 1, 47 Abs. 1 S. 2 Nr. 1, 48 Abs. 1 UmwG 1969.

210 Vgl. § 375 AktG 1965, der auch Vorbild für die §§ 207 ff. UmwG 1994 war.

211 So § 383 AktG 1965, die Aktiengesellschaft war dann verpflichtet, die ihr zur Verfügung gestellten Anteile unverzüglich für Rechnung des Aktionärs zu verkaufen, vgl. § 365 Abs. 2 AktG 1965.

wenige Ausnahmen durchbrochen.[212] Im Übrigen solle sich der Formwechsel unter Ausschluss Dritter allein im Kreis der schon bisher beteiligten Anteilsinhaber vollziehen.[213] Aufgrund der Gesetzesbegründung und des Identitätsprinzips hält es denn auch die Mehrzahl der Stimmen in der Literatur nicht für möglich oder doch zumindest in der Praxis für nicht empfehlenswert,[214] den Mitgliederbestand einer formwechselnden Gesellschaft simultan mit dem Formwechsel zu verändern.[215] Die Rechtsprechung hat die Problematik noch nicht entschieden. Zwar hat das BayObLG geurteilt, dass der Eintragung der neuen Rechtsform nichts entgegenstehe, wenn beim Formwechsel einer GmbH in eine KG der zukünftige Komplementär erst nach Fassung des Umwandlungsbeschlusses, aber noch vor der Eintragung der neuen Rechtsform beitrete. Die Frage, ob es darüber hinaus zulässig ist, dass der Gesellschafter dem Rechtsträger im Moment des Formwechsels beitritt, hat das Gericht indes ausdrücklich offengelassen.[216] Der BGH hat jedoch in einer Reihe von Urteilen zu § 37 Abs. 2 Landwirtschaftsanpassungsgesetz (LwAnpG) 1990 und zur Nachfolgevorschrift des § 34 Abs. 3 LwAnpG 1991[217] der Eintragung der neuen Rechtsform nur unter der Voraussetzung Umwandlungswirkung beigemessen, dass ein Umwandlungsbeschluss vorliegt, der den Grundsatz der Kontinuität der Mitgliedschaft beachtet. Der BGH beruft sich hierbei

---

212 Vgl. die Sondervorschriften für die Komplementäre einer KGaA (§§ 218 Abs. 2, 221, 233 Abs. 3 S. 3, 236, 247 Abs. 3, 255 Abs. 3) und für bestimmte Mitglieder eines formwechselnden VVaG (§ 294 Abs. 1 S. 2 UmwG).

213 Begr. RegE, in: Ganske, Umwandlungsrecht, S. 209.

214 *Priester*, DB 1997, 560 (562).

215 *Decher*, in: Lutter, UmwG, § 202 Rn. 14; *ders.*, in: Lutter, Kölner Umwandlungsrechtstage, 201 (214); *Sagasser/Sickinger*, in: Sagasser, Umwandlungen, S. 696 Rn. 28; *Dehmer*, UmwG/UmwStG, § 226 Rn. 3; *Happ*, in: Kölner Umwandlungsrechtstage, 223 (225); *Priester*, in: IDW, Neuorientierung der Rechenschaftslegung, S. 423 f.; *ders.* DNotZ 1995, 427, (449); jedoch regt Priester an anderer Stelle zum Nachdenken über andere Lösungen an: DB 1997, 560 (562); *v. Osten*, GmbHR 1995, 438 (439); *Limmer*, in: Neye, Handbuch der Unternehmensumwandlung, S. 540, Rn. 1637 f.; *Meister/Klöcker*, in: Kallmeyer, UmwG, § 194 Rn. 23; *Lohlein*, ZIP 1995, 426 ff (Anmerkung zu BGH ZIP 1995, 422); *Bärwaldt/Schabacker*, ZIP 1998, 1283 (1294); *Vossius*, in: Widmann/Mayer, Umwandlungsrecht, § 202 UmwG Rn. 44 ff., § 228 UmwG Rn. 94 ff. Teils wird gar gefordert, die zukünftigen Gesellschafter müssten bereits im Zeitpunkt des Formwechselbeschlusses Gesellschafter des formwechselnden Rechtsträgers sein, vgl. *Sigel*, GmbHR 1998, 1208 (1210).

216 BayObLG, NZG 2000, 166 f.

217 § 37 Abs. 2 LwAnpG 1990 und § 34 Abs. 3 LwAnpG 1991 lauten: „Mängel der Umwandlung lassen die Wirkung der Eintragung der neuen Rechtsform in das Register unberührt." Sie entsprechen einer Vielzahl von gleichlautenden Vorschriften im Aktiengesetz 1965, dem Umwandlungsgesetz 1969 und den §§ 20 Abs. 1 Nr. 3 S. 2, 202 Abs. 3 UmwG 1994.

hauptsächlich auf den Schutz der Anteilsinhaber und den numerus clausus der Umwandlungsmöglichkeiten.[218]

In der Literatur hat dies zu Recht verstärkt Kritik hervorgerufen.[219] Spätestens seit der Reform des HGB, nach der der Austritt einzelner Gesellschafter auch bei der OHG und KG nicht mehr zur Auflösung der Gesellschaft führt (vgl. §§ 131 Abs. 3 Nr. 3, 161 Abs. 2 HGB), sollte feststehen, dass die konkrete Zusammensetzung der Mitglieder kein wesentliches Element der Identität einer Gesellschaft darstellt.[220] Bereits wesentlich früher hat der BGH entschieden, dass selbst der Austausch sämtlicher Gesellschafter einer OHG die Identität der Gesellschaft nicht berührt.[221] Auch Fälle des identitätswahrenden Formwechsels außerhalb des Umwandlungsgesetzes zeigen, dass sich der Formwechsel trotz des Hinzutritts oder des Ausscheidens von Mitgliedern unter Wahrung der Identität der Gesellschaft vollziehen kann. So wird die OHG durch den Beitritt eines begrenzt haftenden Kommanditisten zur KG, umgekehrt wird die KG zur OHG, wenn sämtliche Kommanditisten aus der Gesellschaft ausscheiden, ohne dass dies die Identität des Verbandes berührt.[222] Als problematisch erweist sich jedoch die oben zitierte Gesetzesbegründung. Sie muss aber nicht zwingend in dem Sinne verstanden werden, dass ein Mitgliederwechsel zeitgleich zum Formwechsel kategorisch ausgeschlossen sei. Die angesprochene Passage steht in den einleitenden Ausführungen des Gesetzgebers zum Formwechsel.[223] Dort wird versucht, den Formwechsel aufgrund seiner Besonderheiten von den anderen Umwandlungsarten abzugrenzen und damit die eigenständige Regelung ohne die sonst im Umwandlungsrecht üblichen Verweisungen auf das Verschmelzungsrecht zu rechtfertigen. Die Passage kann daher auch als eine mehr typologische Beschreibung des Formwechsels verstanden werden, der im Gegensatz zu Verschmelzung, Spaltung und der Vermögensübertragung das Vermögen und den Mitgliederbestand in der Regel unberührt belässt.[224] Die im Umwandlungsgesetz geregelten Fälle des Eintritts und des Ausscheidens von Mitgliedern zeitgleich mit dem Formwechsel sind folglich nicht notwendigerweise als abschließende Regelungen zu betrachten. Die Ausnahmetatbestände können auch dahingehend verstanden werden, dass sie

---

218 BGH ZIP 1998, 1161 (1162 f.); BGH ZIP 1996, 1146 (1149); BGH ZIP 1995, 422 (425).

219 Vgl. nur *K. Schmidt*, GmbHR 1995, 695 ff; *ders.* ZIP 98, 181 (186) ; *Kallmeyer*, GmbHR 1996, 80 ff.; *Priester*, DB 1997, 560 (562 ff.).

220 So auch *Wiedemann*, ZGR 1999, 568 (578); *Lenz*, Gesellschafter- und Gläubigerschutz bei dem Formwechsel einer OHG in eine GmbH, S. 17 f.

221 BGHZ 44, 229 (231 f.).

222 *Wiedemann*, ZGR 1999, 568 (578).

223 Begr. RegE, in: Ganske, Umwandlungsrecht, S. 209.

224 *Wiedemann*, ZGR 1999, 568 (579).

lediglich diejenigen Fälle betreffen, in denen der Formwechsel einen besonderen Regelungsbedarf[225] hervorruft.[226] Ein wesentlicher Grundgedanke der gesetzgeberischen Forderung nach der Identität der Mitglieder war zudem der Schutz der Anteilsinhaber des formwechselnden Rechtsträgers.[227] So ist in der Gesetzesbegründung zu lesen, dass ein Zwang zum Ausscheiden nicht mehr den heutigen Vorstellungen zum Schutz von Anteilsinhabern einer Gesellschaft entspreche.[228] Wenn der Gesetzgeber will, dass sich der Formwechsel unter Ausschluss der Beteiligung Dritter vollzieht,[229] dient auch dies dem Schutz der Anteilsinhaber, die andernfalls der Gefahr einer Verwässerung ihrer Beteiligungen ausgesetzt wären. Im Umkehrschluss kann jedoch gefolgert werden, dass eine Veränderung des Mitgliederbestandes, die sich unter Zustimmung aller Betroffenen vollzieht, nicht gegen den Grundgedanken der gesetzlichen Regelung verstößt.

Als Zwischenergebnis kann festgehalten werden: Das Umwandlungsgesetz ermöglicht zum Schutz der Anteilsinhaber den Formwechsel in der Regel nur unter Beteiligung aller Mitglieder des formwechselnden Rechtsträgers und unter Ausschluss der Beteiligung Dritter. Die Frage muss daher lauten, ob das Umwandlungsgesetz eine Veränderung des Mitgliederbestandes zeitgleich mit dem Formwechsel lediglich nicht ermöglicht oder darüber hinaus auch eine Kombination mit einem Gesellschafterwechsel kategorisch ausschließt. Für Letzteres könnte der in § 1 Abs. 2 UmwG festgeschriebene Grundsatz des numerus clausus der in § 1 Abs. 1 UmwG genannten Umwandlungsarten

---

225 Das betrifft zum einen den persönlichen haftenden Gesellschafter in der KGaA. Der in den zahlreichen Sonderregelungen (§§ 218 Abs. 2, 221, 233 Abs. 3 S. 3, 236, 247 Abs. 3, 255 Abs. 3 UmwG) zur Beteiligung bzw. zum Austritt des Komplementärs an dem formwechselnden Rechtsträger zum Ausdruck kommende Regelungsbedarf beruht auf der Sonderstellung des Komplementärs in der KGaA. Dieser ist - zumindest als solcher - nicht am Grundkapital beteiligt (§ 278 Abs. 1 AktG), hat folglich auch kein Stimmrecht in der Hauptversammlung (§ 285 Abs. 1 S. 1 AktG) und haftet den Gläubigern der Kapitalgesellschaft persönlich (§ 278 Abs. 1 AktG). Mitglieder eines VVaG, die dem VVaG im Zeitpunkt des Formwechsels nicht länger als drei Jahre angehören, können dagegen nach § 294 Abs. 1 S. 2 UmwG von der Beteiligung an der Aktiengesellschaft ausgeschlossen werden, da nicht davon auszugehen ist, dass sie in den ersten drei Jahren der Mitgliedschaft bereits einen nennenswerten Beitrag in das Vereinsvermögen geleistet haben. Eine Beteiligung am Grundkapital der Aktiengesellschaft wäre daher nicht ohne weiteres zu rechtfertigen (vgl. *Semler/Grunewald*, in: Geßler/Hefermehl, AktG, § 385e Rn. 6; *Zöllner*, in: KK, § 385e Rn. 8).

226 Ähnlich auch *Veil*, DB 1996, 2529 (2530, Fn. 16).

227 *Bayer*, ZIP 1997, 1613 (1616 f.).

228 Begr. RegE, in: Ganske, Umwandlungsrecht, S. 227 f.

229 Begr. RegE, in: Ganske, Umwandlungsrecht, S. 209.

sprechen. Dies setzt voraus, dass der Formwechsel mit zeitgleicher Veränderung des Mitgliederbestandes eine andere Art der Umwandlung eines Rechträgers i.S. der genanten Vorschriften darstellt. Das Umwandlungsgesetz sollte jedoch nach dem erklärten Willen des Gesetzgebers die allgemein im Handelsrecht bestehenden Gestaltungsmöglichkeiten unberührt lassen. Es soll sich in das bestehende Normensystem einfügen, wobei die neuen Gestaltungsmöglichkeiten neben die bereits bestehenden treten sollen.[230] Zu diesen gehört aber auch die Veränderung der Beteiligungsstruktur. Für die Möglichkeit der Kombination des Formwechsels mit dem Ein- oder Austritt von Mitgliedern nach den allgemeinen Regeln spricht darüber hinaus die Zentralfunktion des Umwandlungsrechts, Umstrukturierungen insgesamt zu erleichtern.[231] Die Verbindung eines Formwechsels nach dem Umwandlungsgesetz mit anderen gesellschaftsrechtlichen Umstrukturierungsmaßnahmen begründet daher keinen anderen Umwandlungsfall i.S. des § 1 Abs. 2 UmwG. Auch § 1 Abs. 3 UmwG, der die Privatautonomie zugunsten des Minderheitenschutzes und des Gläubigerschutzes einschränkt, steht einer Kombination mit anderen Umstrukturierungsmaßnahmen grundsätzlich nicht entgegen, solange diese beiden im Gesellschaftsrecht allgemein geltenden Prinzipien beachtet werden.[232]

Für die Zulassung eines Mitgliederwechsels zeitgleich mit dem Formwechsel spricht letztlich auch der Vergleich mit einer Strukturmaßnahme anderer Art. Ausweislich der amtlichen Begründung hat der Gesetzgeber neben der Identität der Anteilsinhaber die Vermögensidentität des Rechtsträgers vor und nach dem Formwechsel als entscheidendes Merkmal des identitätswahrenden Formwechsels gesehen.[233] Dennoch ist die Zulässigkeit der Kombination des Formwechsels mit einer Kapitalerhöhung oder Kapitalherabsetzung anerkannt. Dies gilt auch für Fälle, in denen die Kapitalmaßnahme nicht aufgrund der für den Rechtsträger neuer Rechtsform geltenden Regeln zwingend notwendig ist, sondern auf einem freien Entschluss der Gesellschafter beruht.[234] Für den

---

230 Begr. RegE, in: Ganske, Umwandlungsrecht, S. 41, 43 f.

231 *Priester*, DB 1997, 560 (563).

232 *K. Schmidt*, GmbHR 1995, 693 (695); *Priester*, DB 1997, 560 (563); *Ihrig*, in: Sudhoff, GmbH & Co. KG, § 55 Rn. 68; zu den Voraussetzungen eines Mitgliederwechsels im Einzelnen unter Beachtung des Minderheiten- und des Gläubigerschutzes vgl. noch unten 2. Kapitel:II.1.d).

233 Begr. RegE, in: Ganske, Umwandlungsrecht, S. 209.

234 So auch die Gesetzesbegründung bei Begr. RegE, in: Ganske, Umwandlungsrecht, S. 260 und die einhellige Literaturansicht sowohl zum alten, als auch zum neuen Umwandlungsrecht, vgl. *Happ*, in Lutter: UmwG, § 243 Rn. 43; *Mertens*, AG 1995, 561 f.; *K. Schmidt*, AG 1985, 150 (151 f); *Semler/Grunewald*, in: Geßler/Hefermehl, AktG, § 376 Rn. 28 ff; *Zöllner*, in: KK, § 376 Rn. 37 ff.

Formwechsel zwischen Kapitalgesellschaften ergibt sich dies unmittelbar aus dem Gesetz: Nach § 243 Abs. 2 UmwG bleiben die Vorschriften anderer Gesetze über die Änderung des Grund- oder Stammkapitals unberührt. Wenn demnach die Veränderung des Vermögens mit dem identitätswahrenden Charakter des Formwechsels vereinbar ist, ist nicht einzusehen, warum für eine Veränderung der Zusammensetzung der Mitglieder etwas anderes gelten soll. Der Eintritt und Austritt von Mitgliedern sowie die Anteilsübertragung sind daher ebenso wie Kapitalmaßnahmen zeitgleich mit dem Formwechsel möglich, wenn dabei die allgemein geltenden Vorschriften insbesondere zum Schutz der Anteilsinhaber beachtet werden. Das Umwandlungsgesetz selbst ermöglicht diese Maßnahmen zwar nicht, ihm ist aber auch kein Verbot einer Kombination des Formwechsels mit einem Mitgliederwechsel nach den allgemeinen Vorschriften zu entnehmen. Auch mit dem hier vertretenen Verständnis des Identitätsprinzips lässt sich die Veränderung der Zusammensetzung der Anteilsinhaber vereinbaren. Demnach ist das Identitätsprinzip bei dem nach Veränderung strebenden Formwechsel nicht in einem umfassenden Sinn zu verstehen, sonder zielt lediglich darauf ab, die Identität des Rechtsträgers als Zuordnungssubjekt für Rechte und Pflichten über den Formwechsel hinaus zu bewahren.

b) Der Wechsel zwischen GmbH und GmbH & Co. KG

Besondere Bedeutung erlangt das Problem des Beitritts bzw. Ausscheidens von Gesellschaftern beim Formwechsel zwischen GmbH und GmbH & Co. KG. Die Komplementär-GmbH ist am Vermögen der KG meist nicht beteiligt. Beim Formwechsel in die Kapitalgesellschaft muss die Komplementär-GmbH aber bis zuletzt Gesellschafterin der KG bleiben, da andernfalls mit dem Ausscheiden des einzigen Komplementärs eine OHG bestehend aus den Kommanditisten der KG entstünde. Das soll aber aus haftungsrechtlichen Gründen[235] vermieden werden. Auf der anderen Seite kann die Komplementär-GmbH ohne Kapitalanteil nicht Gesellschafter der Kapitalgesellschaft werden, da dies zwingend eine kapitalmäßige Beteiligung voraussetzt. Im umgekehrten Fall des Formwechsel in die KG soll die Komplementär-GmbH aus den gleichen haftungsrechtlichen Gründen zwar von Beginn an Gesellschafterin der KG sein, kann aber wiederum mangels Beteiligung am Grund- oder Stammkapital nicht Gesellschafterin der formwechselnden Kapitalgesellschaft sein.

---

[235] Das Entstehen einer OHG - sei es auch nur für eine juristische Sekunde - hätte die unangenehme Folge einer persönliche Nachhaftung der Gesellschafter für die Verbindlichkeiten der formwechselnden Gesellschaft für einen Zeitraum von fünf Jahren, vgl. § 224 UmwG.

Um die genannten haftungsrechtlichen Konsequenzen zu vermeiden, geht die Praxis derzeit folgenden kautelarjuristischen Umweg:[236] Beim Formwechsel in die GmbH & Co. KG wird die zukünftige Komplementär-GmbH zunächst mit einem Mindestanteil an der GmbH beteiligt. Um eine aufwendige Kapitalerhöhung zu vermeiden, wird der Anteil idealerweise von einem Gesellschafter der GmbH entgeltlos an die Komplementär-GmbH übertragen. Die Komplementär-GmbH erklärt sich im Gegenzug bereit, einer Festsetzung ihrer Beteiligungsquote am Rechtsträger neuer Rechtsform „auf Null" ohne Abfindungsansprüche zuzustimmen.[237] Der abtretende GmbH-Gesellschafter erhält, aufschiebend bedingt durch den Formwechsel, den Nennbetrag des Geschäftsanteils als Teil seiner Kommanditeinlage zurück.[238] Umgekehrt ist beim Formwechsel in die GmbH die Komplementär-GmbH zunächst mit einem Anteil an der Personenhandelsgesellschaft zu beteiligen, den sie nach dem Formwechsel gem. §§ 15, 17 GmbHG wieder abtritt.[239]

Solche Umgehungsvorschläge bleiben unbefriedigend, da sie künstliche Zwischenschritte erforderlich machen.[240] Dies läuft dem Zweck des Umwandlungsgesetzes, Umstrukturierungen zu erleichtern und damit die rechtlichen Rahmenbedingungen für die Tätigkeit von Unternehmen zu verbessern,[241] entgegen. Historische Gründe sprechen indes auch hier für die Zulässigkeit des Ein- und Austritts der Komplementär-GmbH zeitgleich mit dem Formwechsel. Der Formwechsel von der Kapitalgesellschaft in die GmbH & Co. KG war nach dem alten Umwandlungsgesetz noch ausdrücklich untersagt (vgl. § 1 Abs. 2 S. 1 UmwG 1969).[242] Ein derartiges Verbot findet sich dagegen im Umwandlungsgesetz 1994 nicht. Nach der Begründung zum UmwG

---

236 Vgl. dazu *Priester*, DB 1997, 560 (561 f.); *ders.*, DNotZ 1995, 427 (449); *Decher*, in: Lutter, Kölner Umwandlungsrechtstage, 201 (214); *K. Schmidt*, GmbHR 1995, 693 f.

237 Zur Zulässigkeit eines solchen quotenverschiebenden Formwechsels vgl. unten 2. Kapitel:II.2.

238 Da der Anteil der Komplementär-GmbH wirtschaftlich gesehen nicht zu eigenem Recht, sondern im Interesse der übrigen Gesellschafter abgetreten wird, hält sie diesen treuhänderisch. Da die Treuhänderstellung jedoch mit dem Formwechsel beendet wird, führt sie nicht - wie von *K. Schmidt* in GmbHR 1995, 693 (694) befürchtet - zu einer vollen persönlichen Haftung des Kommanditisten aufgrund von Ausgleichspflichten im Innenverhältnis der Treuhand gem. § 670 BGB, vgl. *Priester*, DB 1997, 560 (561 f.).

239 Zu einem Sonderweg für den Formwechsel einer beteiligungsidentischen GmbH & Co. KG vgl. *Kallmeyer*, GmbHR 2000, 418 ff. Demnach soll die GmbH mit der GmbH & Co. KG als deren integrierender Bestandteil identisch sein und eine eigene Rechtsform sui generis darstellen.

240 *Decher*, in: Lutter, UmwG, § 202 Rn. 18.

241 Begr. RegE, in: Ganske, Umwandlungsrecht, S. 13.

242 *Schilling*, in: Hachenburg, GmbHG, § 77 Anh., UmwG § 1, Rn. 6.

1994 soll der Formwechsel von der Kapitalgesellschaft in die GmbH & Co. KG ausdrücklich möglich sein. Ein Verbot sei wirkungslos, da es in der Praxis umgangen werde.[243]

c) Formwechsel aus der und in die Einmann-Kapitalgesellschaft

Ebenfalls relevant wird die Frage des Aus- und Eintritts neuer Mitglieder beim Wechsel aus der und in die Einmann-Kapitalgesellschaft. Da es eine Einmann-Personengesellschaft nach ganz überwiegender Ansicht nicht gibt, ist an sich ein Formwechsel von der Einmann-GmbH oder AG in eine Personengesellschaft und umgekehrt ausgeschlossen.[244] Dies war jedoch vom Gesetzgeber nicht beabsichtigt.[245] Nach der herkömmlichen Ansicht müsste auch hier der Einmann-Kapitalgesellschaft vor dem Formwechsel ein neues Mitglied beitreten. Ein Formwechsel in die Einmann-Kapitalgesellschaft wäre nur möglich, indem man zunächst alle Gesellschafter auch an der Kapitalgesellschaft beteiligte und die Anteile erst nach dem Formwechsel in einer Hand vereinigte.[246] Da dies jedoch unerwünschte Komplikationen[247] zur Folge hätte, ist auch hier der Mitgliederwechsel im Umwandlungszeitpunkt zuzulassen.

d) Durchführung des Ein- und Austritts von Mitgliedern und der Anteilsübertragung

Unter denjenigen Stimmen, die einen Ein- oder Austritt von Mitgliedern zeitgleich zum Formwechsel zulassen wollen, ist umstritten, wie diese Maßnahmen rechtstechnisch durchzuführen sind. Die überwiegende Zahl der Stimmen in der Literatur neigt dazu, die Veränderung des Mitgliederbestandes auf der Grundlage des Umwandlungsgesetzes herbeizuführen.[248] Der Ein- und Austritt bzw. die Anteilsübertragung seien demnach nach den Vorbildern des Ein- und Austritts eines Komplementärs KGaA beim Formwechsel gem. §§ 194 Abs. 1 Nr. 4, 218 Abs. 2 UmwG im Umwandlungsbeschluss festzusetzen. Da der Beitretende am Umwandlungsbeschluss nicht beteiligt sei, habe er darüber

---

243 Begr RegE, in: Ganske, Umwandlungsrecht, S. 92, 247.

244 *Limmer*, in: FS Widmann, 51 (58).

245 Vgl. *Bärwaldt/Schabacker*, ZIP 1998, 1293 (1298).

246 *Meister/Klöcker*, in: Kallmeyer, UmwG, § 191 Rn. 10 f.

247 So bedarf die Übertragung eines GmbH-Anteils eines Vertrages in notarieller Form, § 15 Abs. 2 GmbHG. Als Ausweichlösung zur Beteiligung neuer Gesellschafter vor dem Formwechsel bleibt eine ebenfalls aufwendige Kapitalerhöhung.

248 *Priester*, DB 1997, 560 (562 Fn. 40, 566 f.); *Veil*, DB 1996, 2529 (2530 Fn. 16); *Kallmeyer*, GmbHR 1996, 80 (82).

hinaus eine notariell beurkundete Beitrittserklärung abzugeben, § 221 UmwG.[249] Das Ausscheiden eines Gesellschafters ergebe sich mit Wirksamwerden des Formwechsels automatisch wie bei § 247 Abs. 3 UmwG. Der Ausscheidende müsse der Umwandlung aber zustimmen, da der Gesetzgeber das Hinausdrängen von Gesellschaftern durch Mehrheitsbeschluss abgelehnt habe.[250] Die Zustimmung sei nach § 193 Abs. 3 S. 1 UmwG notariell zu beurkunden.[251] Lediglich bei der beteiligungsidentischen Komplementär-GmbH einer GmbH & Co. KG sei die Zustimmung entbehrlich, da der BGH[252] hier einen Ausschluss von Stimmrechten selbst bei Eingriffen in den Kernbereich der Mitgliedschaft zugelassen habe.[253]

Dieser Ansatz erscheint jedoch nach der hier vertretenen Ansicht nicht gangbar. Das Umwandlungsgesetz selbst ermöglicht eine Veränderung des Mitgliederbestandes zeitgleich mit dem Formwechsel nicht. Es steht lediglich einer Kombination des Formwechsels mit anderen Umstrukturierungsmaßnahmen nach den allgemeinen gesellschaftsrechtlichen Regeln nicht entgegen.[254] So gesehen sollte sich jedoch auch die Durchführung des Ein- und Austritts der Mitglieder nicht nach dem Umwandlungsgesetz, sondern nach den allgemeinen gesellschaftsrechtlichen Regelungen vollziehen. Die Verknüpfung mit dem Formwechsel erfolgt dergestalt, dass der Ein- oder Austritt aufschiebend bedingt durch den Formwechsel vereinbart wird.[255] Den Rechtsfolgen des Ein- und Austritts ist bei den Festsetzung gem. § 194 Abs. 1 Nr. 3 und 4 UmwG über die Beteiligungen am Rechtsträger neuer Rechtsform im Umwandlungsbeschluss Rechnung zu tragen. Die Festsetzungen haben jedoch keinen konstitutiven Charakter, da die Rechtsfolgen durch den zeitgleich zum Formwechsel durchzuführenden Ein- oder Austritt des Mitglieds herbeigeführt werden.

Einig ist man sich dagegen bei der simultanen Anteilsübertragung, die nach den allgemein geltenden Regeln zu vollziehen ist und aufschiebend bedingt auf den

---

249 *Priester*, DB 1997, 560 (566); *Ihrig*, in: Sudhoff, GmbH & Co. KG, § 55 Rn. 69.

250 Vgl. Begr. RegE, in: Ganske, Umwandlungsrecht, S. 227 f.

251 *Kallmeyer*, GmbHR 1996, 80 (82).

252 BGH DB 1993, 1664.

253 *Priester*, DB 1997, 560 (567); *Kallmeyer*, GmbHR 1996, 80 (82).

254 Auch *Priester*, DB 1997, 560 (562) konstatiert, dass es nicht Aufgabe des Umwandlungsgesetzes ist, den Ein- oder Austritt von Gesellschaftern zu regeln und es deshalb für eine solche Zielsetzung keine Handlungsanweisung enthält. Dennoch hält auch er den Ein- und Austritt von Gesellschaftern auf des Basis des Umwandlungsgesetzes für möglich.

255 *K. Schmidt*, GmbHR 1995, 693 (695 f.).

Formwechsel erfolgen kann.[256] Zu klären ist dann lediglich die Rechtsnatur des zu übertragenden Anteils. Folgt man dem Identitätskonzept, ist davon auszugehen, dass es sich um ein und denselben Anteil an einem Rechtsträger handelt, der lediglich nach dem Formwechsel der Rechtsordnung des Rechtsträgers neuer Rechtsform untersteht. Der Zedent wird daher einen Gesellschaftsanteil der alten Rechtsform abtreten, der Zessionar aber einen Gesellschaftsanteil der neuen Rechtsform übernehmen.[257] Folglich sind bei der Übertragung auch jeweils die Form- und Zustimmungserfordernisse sowohl der Ausgangsrechtsform als auch der Zielrechtsform zu beachten.[258]

2. Identität der Beteiligungen

Für die Zulässigkeit einer Veränderung des Mitgliederbestandes beim Formwechsel spricht nicht zuletzt, dass eine Festsetzung der Beteiligungen im Umwandlungsbeschluss nach § 194 Abs. 1 Nr. 4 UmwG in Abweichung von den bisherigen Beteiligungsverhältnissen (sog. quotenverschiebender Formwechsel) nach allgemeiner Ansicht nicht im Widerspruch zum Identitätsprinzip steht.[259] Konsequenterweise wird man dann aber auch den quotenverschiebenden Formwechsel „auf Null" zulassen müssen, der zumindest beim Formwechsel in die Kapitalgesellschaft ein Ausscheiden des betroffenen Mitglieds zur Folge hat.[260]

Der quotenverschiebende Formwechsel wurde bereits unter dem Umwandlungsgesetz 1969 allgemein für zulässig erachtet, obgleich der Gesetzestext nichts darüber besagte.[261] Auch das Umwandlungsgesetz von 1994 äußert sich nicht explizit zur Zulässigkeit der abweichenden Festsetzung der Beteiligungen. Sie ergibt sich jedoch aus einem Umkehrschluss aus § 256 Abs. 1 UmwG, der lediglich für den Formwechsel einer Kapitalgesellschaft in eine Genossenschaft die Festsetzung der Geschäftsguthaben in Höhe des Wertes des bisherigen Geschäftsanteils bzw. der bisherigen Aktien ausdrücklich vorschreibt.[262]

---

[256] *K. Schmidt*, GmbHR 1995, 693 (695); *Priester*, DB 1997, 560 (567).

[257] So auch *K. Schmidt*, GmbHR 1995, 693 (695); *Priester*, DB 1997, 560 (567).

[258] *K. Schmidt*, GmbHR 1995, 693 (695).

[259] *Priester*, DB 1997, 560 (565 f.); *Bermel*, in: Goutier/Knopf/Tulloch, Umwandlungsrecht, § 1 UmwG Rn. 46; *Decher*, in: Lutter, UmwG, § 202 Rn. 21; *Veil*, DB 1996, 2529 ff; *K. Schmidt*, GmbHR 1995, 693 (694).

[260] So auch *Priester*, DB 1997, 560 (566).

[261] *Priester*, in: Scholz, GmbHG, 7. Auflage 1988, Anh. UmwG, § 47 UmwG Rn. 6, m.w.N.

[262] Zu der hier nicht näher zu diskutierenden, den Schutz der Anteilsinhaber betreffenden Frage, ob die Quotenverschiebung eine Zustimmung der Anteilsinhaber voraussetzt oder

III. Sonstige Wirkungen der Eintragung

1. Rechte Dritter an Anteilen

Rechte Dritter an Anteilen werden nach § 202 I Nr. 2 S. 2 UmwG durch den Formwechsel nicht berührt. Die Regelung gilt jedoch nur für dingliche Rechte wie insbesondere Pfand- und Nießbrauchsrechte.[263] Für schuldrechtliche Rechte folgt eine Kontinuität bereits aus dem Identitätsgrundsatz.[264] Trotz des missverständlichen Wortlautes des § 202 Abs. 1 Nr. 2 S. 2 UmwG enthält diese Vorschrift jedoch nicht, wie weithin angenommen wird, den Fall einer dinglichen Surrogation.[265] Anders als z.B. bei der Verschmelzung, bei der nach § 20 Abs. 1 Nr. 3 S. 2 UmwG Rechte Dritter an den Anteilen oder Mitgliedschaften der übertragenden Rechtsträger an den an ihre Stelle tretenden Anteilen oder Mitgliedschaften des übertragenden Rechtsträgers weiterbestehen, wird der Gegenstand des dinglichen Rechts beim Formwechsel nicht ausgetauscht, sondern bleibt aufgrund des identitätswahrenden Charakters des Formwechsels erhalten. Das dingliche Recht besteht vor und nach dem Formwechsel an ein und demselben Gegenstand fort.[266] Der betroffene Anteil an dem Rechtsträger wird nach dem Formwechsel lediglich einer anderen Rechtsordnung unterworfen.[267] Besonderer Bestellungsakte bedarf es daher auch dann nicht, wenn für die Begründung des Rechtes an dem Anteil neuer Rechtsform andere Voraussetzungen gelten wie z.B. die notarielle Beurkundung bei der Verpfändung von GmbH-Anteilen.[268]

Für die Rechte und Pflichten, die sich aus dem dinglichen Recht ergeben, sind jedoch die Bestimmungen des Rechtsträgers neuer Rechtsform maßgeblich.[269] So wirkt zwar die Pfändung eines Anteils an einer Gesamthandsgesellschaft

---

ob diese auf einen finanziellen Ausgleichsanspruch zu verweisen sind, vgl. ausführlich *Veil*, DB 1996, 2529 ff.

263 *Decher*, in: Lutter, UmwG, § 202 Rn. 28; *Meister/Klöcker*, in: Kallmeyer, UmwG, § 202 Rn. 46; *Laumann*, in: Goutier/Knopf/Tulloch, Umwandlungsrecht, § 202 UmwG Rn. 22.

264 *Decher*, in: Lutter, UmwG 1996, § 202 Rn. 28.

265 So aber *Decher*, in: Lutter, UmwG, § 202 Rn. 26; *Laumann*, in: Goutier/Knopf/Tulloch, Umwandlungsrecht, § 202 UmwG Rn. 22; *Vossius*, in: Widmann/Mayer, Umwandlungsrecht, § 202 UmwG Rn. 169; *Stratz*, in: Schmitt/Hörtnagl/Stratz, UmwG/UmwStG, § 202 UmwG Rn. 8.

266 *Kübler*, in: Semler/Stengel, UmwG, § 202 Rn. 28.

267 So auch *Semler/Grunewald*, in: Geßler/Hefermehl, AktG, § 372 Rn. 12 zum Fortbestand schuldrechtlicher Ansprüche an den Anteilen nach dem Formwechsel.

268 *Meister/Klöcker*, in: Kallmeyer, UmwG, § 202 Rn. 46; *Laumann*, in: Goutier/Knopf/Tulloch, Umwandlungsrecht, § 202 UmwG Rn. 24.

269 *Decher*, in: Lutter, UmwG, § 202 Rn. 26.

(§ 859 Abs. 1 ZPO) auch an dem Anteil an einer Kapitalgesellschaft fort, dem Gläubiger steht bei der Gesamthandsgesellschaft jedoch ein Kündigungsrecht nach § 725 Abs. 1 BGB bzw. §§ 135, 161 Abs. 2 HGB zu. Nur so kann er sein Pfandrecht verwerten. Eine Veräußerung hat der Gesetzgeber dagegen nicht vorgesehen.[270] Die Pfändung eines Anteils an einer Kapitalgesellschaft berechtigt aber nicht zur Kündigung der Gesellschaft.[271] Bei der Pfändung eines GmbH-Anteils erfolgt die Verwertung gem. § 857 Abs. 1, 5 und § 844 ZPO durch Veräußerung auf Anordnung des Gerichts[272], während die Verwertung eines Pfandrechts an Aktien nach den §§ 808, 821 ff. ZPO durch freihändigen Verkauf oder Versteigerung erfolgt.[273] Werden mehrere Anteile, von denen nur einzelne belastet sind, im Rahmen des Formwechsels zu einem Anteil zusammengelegt,[274] besteht das Pfandrecht weiterhin nur an dem entsprechenden Teil.[275]

Nicht ausdrücklich geregelt ist die Frage, ob sich dingliche Rechte auch an baren Zuzahlungen gem. § 196 UmwG oder einer Abfindung nach § 207 UmwG fortsetzen. Diese Ansprüche stellen das umwandlungsrechtliche Äquivalent zum allgemeinen Abfindungsanspruch beim Ausscheiden aus einer Gesellschaft dar, der als Bestandteil des Mitgliedschaftsrechts des Anteilsinhabers anerkannt ist.[276] Das Pfandrecht setzt sich daher auch an diesen Rechten fort.[277]

2. Unternehmensverträge, Beteiligungen, Prozessrechtsverhältnisse

Unternehmensverträge werden durch den Formwechsel einer Vertragspartei nicht berührt. Nach überwiegender Ansicht können an einem Unternehmensvertrag auf beiden Seiten Unternehmen jeder Rechtsform beteiligt

---

270 *Heuer*, ZIP 1998, 405.

271 A.A. *Laumann*, in: Goutier/Knopf/Tulloch, Umwandlungsrecht § 202 UmwG Rn. 21, der beim Formwechsel von der Personengesellschaft in die GmbH ein Kündigungsrecht auch bei dieser annimmt. Dagegen lehnt er beim Formwechsel in die Aktiengesellschaft ein Kündigungsrecht ebenfalls ab.

272 *Heuer*, ZIP 1998, 405 (406); *Lutter/Hommelhoff*, GmbHG, § 15 Rn. 51.

273 *K. Schmidt*, Gesellschaftsrecht, S. 565.

274 Vgl. dazu *Happ*, in: Lutter, UmwG, § 248 Rn. 13, 24.

275 Zur Möglichkeit der Verpfändung und Pfändung von Teilen eines Geschäftsanteils vgl. *Lutter/Hommelhoff*, GmbHG, § 17 Rn. 22.

276 *K. Schmidt*, Gesellschaftsrecht, S. 558.

277 *Meister/Klöcker*, in: Kallmeyer, UmwG, § 202 Rn. 46; *Decher*, in: Lutter, UmwG, § 202 Rn. 27; vgl. zum Pfändungspfandrecht am Anspruch auf Abfindung auch BGHZ 104, 351 ff.

sein.[278] Gleiches ist für eine Beteiligung an anderen Unternehmen der Fall. Letzteres gilt auch für den Formwechsel in eine GbR, seitdem nunmehr auch der BGH deren Beteiligungsfähigkeit an anderen Gesellschaften umfassend anerkannt hat.[279]

Auch sonstige materielle und prozessuale Rechtsverhältnisse bleiben aufgrund des Identitätsgrundsatzes bestehen. Prozesse werden mit dem Rechtsträger neuer Rechtsform fortgesetzt. Eine Unterbrechung gem. § 239 ZPO oder eine Rechtsnachfolge gem. § 265 ZPO tritt nicht ein. Auch einer Klageänderung nach § 263 ZPO bedarf es nicht. Erforderlich ist allenfalls die Berichtigung des Rubrums und eines eventuell bereits bestehenden vollstreckbaren Titels.[280] Die Parteifähigkeit der GbR hat mittlerweile auch der BGH anerkannt.[281]

3. Steuerrecht

Der Formwechsel führt handelsrechtlich zu keiner Vermögensübertragung. Er ist durch die Identität und die wirtschaftlichen Kontinuität des Rechtsträgers gekennzeichnet. Dem folgt das Umwandlungssteuerrecht nur teilweise. Für den Formwechsel einer Kapitalgesellschaft in eine Personengesellschaft ordnet § 14 S. 1 UmwStG die entsprechende Anwendung der §§ 3 bis 8 und 10 UmwStG an. Der Formwechsel einer Kapitalgesellschaft in eine Personengesellschaft wird daher wie die Verschmelzung einer Kapitalgesellschaft auf eine Personengesellschaft behandelt. Gem. § 14 S. 2 UmwStG hat die Kapitalgesellschaft zu diesem Zweck eine Übertragungsbilanz, die Personengesellschaft eine Eröffnungsbilanz auf den Zeitpunkt aufzustellen, in dem der Formwechsel steuerlich wirksam wird. Dieser Zeitpunkt kann nach § 14 S. 3 UmwStG bis zu acht Monaten vor der Anmeldung des Formwechsels zur Eintragung in das Handelsregister liegen. Der Vorgang wird umwandlungssteuerrechtlich daher so behandelt, als läge ein Veräußerungsvorgang vor: Die Gesellschafter der „übernehmenden" Personengesellschaft übernehmen das Vermögen der Kapitalgesellschaft und wenden als Gegenleistung ihre untergehenden Geschäftsanteile auf.[282] Für den umgekehrten Fall des Formwechsels einer Personengesellschaft in eine

---

278 *Emmerich*, in: Emmerich/Habersack, Aktien- und GmbH-Konzernrecht, § 297 Rn. 45; *Laumann*, in: Goutier/Knopf/Tulloch, Umwandlungsrecht, § 202 UmwG Rn. 11 ff.; *Decher*, in: Lutter, UmwG, § 202 Rn. 43.

279 BGH NJW 1998, 376 ff. und NJW 2001, 3121 ff; *Decher*, in: Lutter, UmwG, § 202 Rn. 32; a.A. noch *Vossius*, in: Widmann/Mayer, Umwandlungsrecht, § 202 Rn. 62 ff.

280 *Decher*, in: Lutter, UmwG, § 202 Rn. 41.

281 BGH NJW 2001, 1056 (1058 ff.).

282 *Schmitt*, in: Schmitt/Hörtnagl/Stratz, UmwG/UmwStG, § 14 UmwStG Rn. 8 f.

Kapitalgesellschaft verweist § 25 UmwStG auf die §§ 20 bis 23 UmwStG. Der Formwechsel von der Personengesellschaft in die Kapitalgesellschaft wird daher wie die Einbringung des Betriebsvermögens der Personengesellschaft in die Kapitalgesellschaft behandelt.[283] Zu diesem Zweck hat die übertragende Gesellschaft gem. § 25 S. 2 UmwStG eine Steuerbilanz auf den steuerlichen Übertragungsstichtag aufzustellen. Dagegen ist sowohl der Formwechsel zwischen Personengesellschaften als auch der Formwechsel zwischen Kapitalgesellschaften steuerlich irrelevant, da der Ausgangs- und der Zielrechtsform die gleichen Besteuerungskonzepte zugrunde liegen. Zu einer Aufdeckung stiller Reserven kommt es nicht.[284]

Aus den steuerrechtlichen Regelungen sollten jedoch keine Rückschlüsse auf den identitätswahrenden Charakter des Formwechsels zwischen Personen- und Kapitalgesellschaften gezogen werden. Die steuerrechtlichen Regelungen sind systembedingt. Während das Steuerrecht die Kapitalgesellschaften und deren Anteileiseigner als selbständige Steuerrechtssubjekte qualifiziert und daher das erwirtschaftete Einkommen auf Gesellschaftsebene der Körperschaftsteuer und nach Ausschüttung auf Gesellschafterebene der Einkommensteuer unterwirft, wird der von Personengesellschaften erwirtschaftete Gewinn oder Überschuss der Einnahmen über die Ausgaben unmittelbar den Gesellschaftern zugerechnet und unterliegt dort der Einkommen- oder Körperschaftsteuer. Ein Formwechsel zwischen Kapital- und Personengesellschaft führt daher stets zu einem steuerlichen Systemwechsel. Dieser erfordert für die Besteuerung des Formwechsels zwischen Kapital- und Personengesellschaften gesonderte steuerliche Vorschriften.[285] Als Nachweis für den bloßen Fiktionscharakter des identitätswahrenden Formwechsels können diese nicht herangezogen werden. Denn der Gesetzesbegründung lässt sich entnehmen, dass der Gesetzgeber gerade den steuerlichen Vermögensübergang als Fiktion betrachtet hat.[286] Wie wenig aussagekräftig dieser Systembruch ist, zeigt, dass §§ 14, 25 UmwStG nur für die Ertragsteuern Bedeutung haben.[287] Für die Umsatzsteuer und die Grunderwerbsteuer gilt dagegen das Identitätsprinzip. Dies war zwar

---

283 *Schmitt*, in: Schmitt/Hörtnagl/Stratz, UmwG/UmwStG, Vorbem. zu § 25 UmwStG Rn. 2.

284 *Schaumburg*, in: Lutter, Kölner Umwandlungsrechtstage, 329 (379 f.).

285 *Happ*, in: Lutter, Kölner Umwandlungsrechtstage, 223 (226); Begr. RegE, in: Ganske, Umwandlungsrecht, S. 456 f.

286 Begr. RegE, in: Ganske, Umwandlungsrecht, S. 456 f., 488; vgl. auch FG München EFG 2001, 32.

287 *Schaumburg*, in: Lutter, Kölner Umwandlungsrechtstage, 329 (379).

hinsichtlich der Grunderwerbsteuer anfangs umstritten,[288] wurde aber vom BFH frühzeitig anerkannt.[289]

IV. Zusammenfassung

Weder eine Veränderung des Vermögens im zeitlichen Umfeld des Formwechsels noch eine Veränderung der Zusammensetzung der Anteilsinhaber oder der Quantität ihrer Beteiligungen noch die Fiktion einer Vermögensübertragung zu steuerlichen Zwecken sind geeignet, das hier gezeichnete Bild von der Identität des Rechtsträgers beim Formwechsel in Frage zu stellen. Das Identitätsprinzip ist aufgrund des nach Veränderung strebenden Formwechsels nicht i.S. einer umfassenden Gleichheit vor und nach dem Formwechsel zu verstehen. Lediglich der Rechtsträger als solcher soll über den Formwechsel hinaus als Zuordnungssubjekt für Rechte und Pflichten erhalten bleiben. Dementsprechend handelt es sich bei § 202 Abs. 1 Nr. 2 S. 2 UmwG nicht um den Fall einer dinglichen Surrogation. Die dinglichen Rechte Dritter bestehen an der Mitgliedschaft in ein und demselben Rechtsträger fort und werden lediglich einer neuen Rechtsordnung unterstellt.

3. Kapitel: Der Verweis auf die Gründungsvorschriften

In § 197 S. 1 UmwG heißt es: „Auf den Formwechsel sind die für die neue Rechtsform geltenden Gründungsvorschriften anzuwenden, soweit sich aus diesem Buch nicht anderes ergibt.“ Die Vorschrift ist von zentraler Bedeutung für den Gläubigerschutz, da nach ihr die bei der Gründung einer Gesellschaft geltenden Vorschriften zum Schutz der Gläubiger auch beim Formwechsel zu beachten sind. Zugleich bietet sie den Kritikern der Identitätstheorie Munition, da nicht ohne weiteres ersichtlich ist, wie sich die Anwendung der Gründungsvorschriften mit dem Gedanken des identitätswahrenden Formwechsels vertragen soll.[290] Eine Neugründung sollte hier eigentlich entbehrlich sein. Im Folgenden werden daher einige Überlegungen zum

---

[288] Vgl. FinMin. Baden-Württemberg, Erlass vom 12. 12. 1994, DB 1994, 2592 f; FinMin. Bayern, Erlass vom 14. 7. 1995, DB 1995, 1685 (1686 f.).

[289] BFHE 181, 349.

[290] Nach *Zöllner*, in: FS Claussen, 423 (432), liegt aufgrund des § 197 S. 1 UmwG doch so etwas “wie eine Gründung” vor; nach *Decher*, in: Lutter, UmwG, § 197, Rn. 1 steht das Identitätsprinzip der Anwendung der Gründungsvorschriften nicht entgegen, es trete aber zurück, wenn grundlegenden Wertungsprinzipien des Gesellschaftsrechts, wie der Sicherung der Kapitalaufbringung, Geltung verschafft werden müsse.

Grundverständnis von § 197 S. 1 UmwG vorgezogen, die für alle Formwechselfälle gleichermaßen von Bedeutung sind.

I. Vorgängervorschriften

Der Verweis auf die Gründungsvorschriften ist nicht neu. § 197 S. 1 UmwG fasst zusammen, was im alten Recht über viele Vorschriften verstreut geregelt war. Das Umwandlungsgesetz 1969 sah insbesondere für die übertragende Umwandlung von Personenhandelsgesellschaften und Unternehmen eines Einzelkaufmanns in Kapitalgesellschaften eine Anwendung der Gründungsvorschriften vor.[291] Da bei der übertragenden Umwandlung jedoch eine echte Neugründung der Kapitalgesellschaft stattfand und das Umwandlungsgesetz lediglich den Vermögensübergang mittels einer Universalsukzession erleichterte, boten die Vorschriften wenig Konfliktstoff.[292] Als Vorgängervorschriften aus dem Aktiengesetz sind insbesondere die § 362 Abs. 4 AktG 1965 (Umwandlung einer AG in eine KGaA) und § 378 AktG 1965 (Umwandlung einer GmbH in eine AG) zu nennen. Im Gegensatz zu § 197 S. 1 UmwG enthielten diese Vorschriften konkrete Einzelverweisungen auf die jeweils anwendbaren Gründungsvorschriften. Dennoch wurde § 378 AktG 1965 aufgrund der unklaren Bedeutung der Verweisung im Rahmen des Formwechsels insbesondere im Hinblick auf die Verantwortlichkeit der Gründer zuweilen als rechtsstaatlich bedenklich bezeichnet.[293] Umstritten war zudem, ob der Verweis nur für den Formwechselvorgang selbst galt oder ob darüber hinaus auch der historische Gründungsvorgang der formwechselnden Gesellschaft nach den Gründungsvorschriften der neuen Rechtsform zu prüfen war.[294]

Für den Formwechsel einer KGaA in eine AG und denjenigen einer AG in eine GmbH fand sich dagegen keine Bezugnahme auf das Gründungsrecht. Begründet wurde dies damit, dass in diesen Fällen die Gläubiger bereits ausreichend durch die gleichwertigen oder gar strengeren Gründungs- und Gläubigerschutzvorschriften des Rechtsträgers alter Rechtsform geschützt seien.[295]

Trotz der zahlreichen Kritik an den Vorgängervorschriften und dem dadurch hervorgerufenen Wunsch nach einer Konkretisierung des Verweises auf die

---

291 Vgl. die §§ 41 Abs. 2, 47 Abs. 2, 51 Abs. 2 und 56b Abs. 2 UmwG 1969.

292 *Priester*, in: FS Zöllner, 449 (455).

293 *Zöllner*, in: KK, § 378 Rn. 17; *Semler/Grunewald*, in: Geßler/Hefermehl, AktG, § 378 Rn. 16.

294 *Priester*, in: FS Zöllner, 449 (455).

295 *Semler/Grunewald*, in: Geßler/Hefermehl, AktG, § 369 Rn. 64.

Gründungsvorschriften hat der Gesetzgeber im Umwandlungsgesetz von 1994 die Pauschalverweisung als die „pannensichere und flexiblere“ [296] Methode gewählt. Dies macht eine besonders intensive und kritische Auseinandersetzung mit der Bedeutung und Reichweite der Vorschrift erforderlich.

II. Methodische Bedeutung der Verweisung

Ausgangspunkt der Überlegungen zur pauschalen Verweisung von § 197 S. 1 UmwG auf die „für die neue Rechtsform geltenden Gründungsvorschriften“ bilden die allgemeinen Grundsätze der Methodenlehre zur interpretativen Verwendung von Verweisungen. Nach diesen stellt die Verweisung nichts anderes dar als eine gesetzlich angeordnete Analogie.[297] Folglich ist das Verweisungsobjekt nur in entsprechender Anwendung im Rahmen des verweisenden Gesetzes einzusetzen. In vielen Fällen ordnet der Gesetzgeber zwar ausdrücklich eine „entsprechende“ Anwendung der Vorschriften an. Aber auch ohne einen solchen klarstellenden Hinweis ergibt sich in den meisten Fällen im Wege der Auslegung, dass das Verweisungsobjekt nur in ähnlicher, das heißt in entsprechender Art und Weise anzuwenden ist. Es ist dann in gleicher Weise zu verfahren wie sonst, wenn das Gesetz lückenhaft und daher analogiebedürftig ist. Sofern auf die Rechtsfolgen einer anderen Norm verwiesen wird, sind folglich die Tatbestände des Verweisungsobjekts und des verweisenden Gesetzes zu vergleichen. Lediglich den nach ihrer Funktion und Stellung im Sinnzusammenhang des Tatbestandes sich gleichenden Tatbestandsmerkmalen sind auch die gleichen Rechtsfolgen zuzuordnen.[298]

Dieses Wertungsverfahren ist besonders problematisch bei Außenverweisungen, die sich auf Vorschriften anderer Gesetze beziehen. Da sich das Verweisungsobjekt hier in einem anderen gesetzlichen Bezugsrahmen befindet, ist besonders kritisch zu prüfen, ob die Vorschrift im Rahmen des Verweisungsgesetzes uneingeschränkt anwendbar ist oder ob sie dem Konzept und dem Regelungsziel des verweisenden Gesetzes anzupassen ist. Somit besteht gerade bei Außenverweisungen Klärungsbedarf bei der Frage, in welchem Umfang das Verweisungsobjekt in entsprechender Weise anzuwenden ist.[299]

§ 197 S. 1 UmwG verweist für den Fall des Formwechsels eines Rechtsträgers auf die Gründungsvorschriften des Rechtsträgers neuer Rechtsform. Nach der

---

296 *K. Schmidt*, ZGR 1993, 366 (369).
297 *Canaris*, Die Feststellung von Lücken im Gesetz, S. 24.
298 *Larenz*, Methodenlehre der Rechtswissenschaften, S. 261.
299 *Martens*, ZGR 1999, 549 (553 f.).

hier vertretenen Ansicht findet beim Formwechsel nach dem neuen Umwandlungsgesetz aber weder eine Neugründung eines Rechtsträgers statt noch handelt es sich um einen gründungsähnlichen Vorgang. Der fortbestehende Rechtsträger wird lediglich einem neuen Organisationsrecht unterstellt. Die vom Gesetzgeber gewählte pauschale Verweisungstechnik und der grundlegend unterschiedliche Zusammenhang, in dem die verweisende Norm einerseits und das jeweilige Verweisungsobjekt andererseits stehen, machen es im weiteren Verlauf der Untersuchung erforderlich, sowohl dass „ob" als auch das „wie" der Anwendung der in Bezug genommenen Vorschriften in jedem Einzelfall zu überprüfen. In einem ersten Schritt ist dabei jeweils festzustellen, welchen Sinn und Zweck die einzelnen Vorschriften unter Beachtung der besonderen Situation der Gründung einer Gesellschaft erfüllen. In einem zweiten Schritt gilt es dann zu prüfen, ob und in welchem Umfang für die Anwendung der Vorschrift auch beim Formwechsel Bedarf besteht. Nur wenn sich eine teleologische Übereinstimmung feststellen lässt, liegen die Voraussetzungen für eine analoge Anwendung vor.[300]

III. Das Grundverständnis von § 197 S. 1 UmwG

Um die Reichweite einer Verweisungsvorschrift richtig erfassen zu können, ist es ebenfalls erforderlich, sich das von der Verweisungsvorschrift ins Auge gefasste Ziel zu vergegenwärtigen. Die Gesetzesbegründung zu § 197 S. 1 UmwG führt dazu sinngemäß Folgendes aus: Die Möglichkeit, einen Rechtsträger durch Formwechsel einer neuen Rechtsform zuzuführen, erspare die Liquidation des Ausgangsrechtsträgers und die Neugründung eines Rechtsträgers in der gewünschten Rechtsform. Der Formwechsel gehe aber über eine bloße Änderung des Gesellschaftsvertrages, der Satzung oder des Statuts weit hinaus. Mit dem Formwechsel ändere sich das für die innere Struktur und für die Außenbeziehung maßgebliche Normensystem. Dieser Übergang in ein neues Normensystem sei insbesondere dann kritisch, wenn die für die Gründung des Rechtsträgers neuer Rechtsform maßgebenden Gründungsvorschriften strengere Anforderungen an die Gründung stellen als diejenigen des formwechselnden Rechtsträgers. Die strengeren Gründungsvorschriften des Rechtsträgers neuer Rechtsform sollten nicht durch die Gründung eines Rechtsträgers, für den mildere Gründungsvorschriften gelten, und einen anschließende Formwechsel unterlaufen werden können. Daher sehe § 197 S. 1 UmwG den allgemeinen Grundsatz vor, dass auf den Formwechsel die für die neue Rechtsform geltenden Gründungsvorschriften Anwendung fänden. Für den

---

300 So exemplarisch *Martens*, ZGR 1999, 549 (556) für die Vorschrift des § 52 AktG.

Formwechsel in eine AG sei dies größten Teils durch Art. 13 der Zweiten Richtlinie[301] vorgegeben.[302]

Andererseits ist der Formwechsel weder eine Sachgründung noch wie eine solche zu behandeln. Eine Neugründung soll durch den Formwechsel gerade vermieden werden. Die Gründungsvorschriften können daher nicht uneingeschränkt zur Anwendung gelangen. Eine Anwendung der Gründungsvorschriften muss durch den Schutzzweck des § 197 S. 1 UmwG gedeckt sein.[303] Der Grundsatz der Anwendbarkeit der Gründungsvorschriften ist daher in mehrfacher Hinsicht einzuschränken. Dies geschieht insbesondere durch die besonderen Vorschriften des zweiten Teils des fünften Buches.[304] So kann z.B. beim Formwechsel einer AG oder Kommanditgesellschaft auf Aktien in eine GmbH der Sachgründungsbericht gem. § 245 Abs. 4 UmwG entfallen, beim Formwechsel zwischen Kapitalgesellschaften sind bei der Anmeldung der neuen Rechtsform nach § 198 UmwG die bei der Gründung erforderlichen Anmeldeversicherungen (§ 8 Abs. 2 GmbHG, § 37 Abs. 1 AktG) gem. § 246 UmwG entbehrlich.

Des Weiteren erfährt § 197 S. 1 UmwG in zahlreichen besonderen Vorschriften eine Konkretisierung: Für den Formwechsel von Personengesellschaften regeln §§ 219, 220 UmwG z. B., wer als Gründer anzusehen ist; sie konkretisieren damit den Kapitalschutz. §§ 243 Abs. 1 S. 2, 3 und § 245 Abs. 1 - 3 UmwG regeln für den Formwechsel zwischen Kapitalgesellschaften den näheren Inhalt des Umwandlungsbeschlusses, bestimmen, wer als Gründer anzusehen ist und verweisen bzgl. des Kapitalschutzes wiederum auf § 220 UmwG.

IV. Vereinbarkeit des Verweises auf die Gründungsvorschriften mit dem Identitätsprinzip

Umstritten ist, ob der Verweis auf die Gründungsvorschriften mit der Ausgestaltung des Formwechsels als identitätswahrendem Vorgang vereinbar ist. Eine Reihe von Stimmen in der Literatur sieht in dem Verweis auf die Gründungsvorschriften einen Widerspruch zu dem in den Vorschriften der §§ 190 Abs. 1, 202 Abs. 1 Nr. 1 UmwG zum Ausdruck kommenden

---

301 Zweite Richtlinie des Rates vom 13. Dezember 1976 (77/91/EWG), ABl. Nr. L 26/1 v. 31.1.1977.

302 Begr. RegE, in: Ganske, Umwandlungsrecht, S. 220.

303 *Decher*, in: Lutter, UmwG, § 197 Rn. 6, 45.

304 Begr. RegE, in: Ganske, Umwandlungsrecht, S. 220.

Identitätsprinzip.[305] Wäre der formwechselnde Rechtsträger wirklich mit dem Rechtsträger neuer Rechtsform identisch, hätte man zumindest eine nur entsprechende Anwendung der Gründungsvorschriften erwarten dürfen.[306]

Zur Lösung des Widerspruchs werden verschiedene Wege vorgeschlagen. Teilweise wird aus dem Verweis auf die Gründungsvorschriften gefolgert, der Formwechsel sei eben doch wie eine Sachgründung zu behandeln[307] oder sei zumindest eine modifizierte,[308] vereinfachte oder privilegierte[309] Sachgründung.[310] Andere wollen die Identität des formwechselnden Rechtsträgers zwar grundsätzlich anerkennen, dem Identitätsgrundsatz aber keine tragende materielle Bedeutung zusprechen. Er sei kein wesentliches Wertungsprinzip des Gesellschaftsrechts.[311] Daher müsse er dort zurückstehen, wo grundlegende Prinzipien wie die Kapitalaufbringung oder der Gläubigerschutz dies erforderlich machten.[312] Der Gesetzgeber habe durch den Verweis auf die Gründungsvorschriften gezeigt, dass er einer „reinen" Identitätsthese nicht folgen wolle und habe eine Reihe spezifischer Schutzregelungen geschaffen.[313]

An dieser Sichtweise sind Zweifel angebracht. Ausweislich der Regierungsbegründung hat der Verweis auf die Gründungsvorschriften keine

305 *Zöllner*, in: FS Claussen, 423 (432); *Joost*, in: Lutter, UmwG, § 220 Rn. 5; *Bärwaldt/Schabacker*, ZIP 1998, 1293 (1295 f.); *Laumann*, in: Goutier/Knopf/Tulloch, Umwandlungsrecht, § 197 UmwG Rn 3; *Bärwaldt*, in: Semler/Stengel, § 197 Rn. 3.

306 *Bärwaldt/Schabacker*, ZIP 1998, 1293; zur entsprechenden Anwendung der Gründungsvorschriften, auch wenn dies der Gesetzgeber nicht ausdrücklich angeordnet hat vgl. oben, 3. Kapitel:II.

307 *Joost*, in: Lutter, Kölner Umwandlungsrechtstage, 245 (255); *ders.*, in: Lutter, UmwG, § 220 Rn. 6; *Zöllner*, in: FS Claussen, 423 (432).

308 *Bärwaldt/Schabacker*, ZIP 1998, 1293 (1297).

309 *Laumann*, in: Goutier/Knopf/Tulloch, Umwandlungsrecht, § 197 UmwG Rn. 2.

310 Uneinheitlich *Rieger*, in: Widmann/Mayer, Umwandlungsrecht, § 197 UmwG Rn. 89 ff., der zum einen eine restriktive Anwendung der Gründungsvorschriften befürwortet, da sie nicht dazu führen dürfe, dass der Formwechsel wie eine Sachneugründung behandelt wird (Rn. 89). Dagegen fordert er an anderer Stelle eine strenge Anwendung der Gründungsvorschriften, da der Formwechsel wie eine Sachgründung zu behandeln sei. Nur so könne dem Zweck des § 197 S. 1 UmwG entsprochen werden, die Umgehungen von strengeren Gründungsvorschriften durch den Formwechsel zu vermeiden (Rn. 91).

311 *Petersen*, Der Gläubigerschutz im Umwandlungsrecht, S. 101 f.

312 *Decher*, in: Lutter, UmwG, § 190 Rn. 9; *ders.*, in: Lutter: Kölner Umwandlungsrechtstage, 201 (205 f., 211); *Petersen*, Der Gläubigerschutz im Umwandlungsrecht, S. 106.

313 *Limmer*, in: FS Widmann, 51 (52).

uneingeschränkte Geltung, da andernfalls eine Neugründung erforderlich sei.[314] Damit hebt der Gesetzgeber die Bedeutung des Identitätsprinzips hervor. Einige Autoren räumen dementsprechend dem Identitätsprinzip den Vorrang vor dem Verweis auf die Gründungsvorschriften ein. Da der Formwechsel keine Sachgründung sei, sei die Verweisungsnorm restriktiv auszulegen. Über die einschränkenden Bestimmungen in § 197 S. 2 UmwG und in den Vorschriften des besonderen Teils hinaus sei bei der Heranziehung der Gründungsvorschriften jeweils zu fragen, ob ihre Anwendung mit dem Identitätsgedanken des Formwechsels vereinbar ist. Dieser Vorbehalt sei dem Wortlaut von § 197 S. 1 UmwG zu entnehmen. Dieser ordne die Geltung der Gründungsvorschriften nur an, „soweit sich aus diesem Buch nichts anderes ergibt". Da das Identitätsprinzip aber in den §§ 190 Abs. 1, 202 Abs. 1 Nr. 1 UmwG mehr oder minder deutlich zum Ausdruck komme, könne es nicht ohne weiteres als nachrangig bezeichnet werden.[315]

Dem ist zuzustimmen. Es ist nicht ersichtlich, warum der identitätswahrende Formwechsel eine größere Gefahr für die Gläubiger darstellen soll als eine übertragende Umwandlung. Das Identitätsprinzip muss daher auch nicht hinter den Gläubigerschutzvorschriften zurückstehen. Vielmehr ist den Überlegungen zum Gläubigerschutz die identitätswahrende Ausgestaltung des Formwechsels durch den Gesetzgeber zugrunde zu legen. Dort, wo dieses Konzept die Interessen der Gläubiger gefährdet, ist über entsprechende Schutzmechanismen und damit eine den identitätswahrenden Formwechsel begleitende Anwendung der Gründungsvorschriften nachzudenken. In diesem Lichte ist auch die Vorschrift des § 197 S. 1 UmwG zu sehen. Dessen Bedeutung liegt nicht darin, den identitätswahrenden Formwechsel in Durchbrechung des Identitätsprinzips als Neugründung auszugestalten, wenn die Gefahr einer Beeinträchtigung der Interessen der Gläubiger besteht. Auch findet das Sachgründungsrecht nicht etwa deshalb Anwendung, weil der Formwechsel in einer irgendwie gearteten Nähe zum Vorgang einer Sachgründung steht. Der Verweis auf die Gründungsvorschriften führt nur dort, wo der identitätswahrende Formwechsel eine der Sachgründung vergleichbare, tatbestandsähnliche Gefährdungslage schafft, zu einer entsprechenden Anwendung der Gründungsvorschriften.[316] Das Identitätsprinzip und der Verweis auf die Gründungsvorschriften stehen daher nicht im Widerspruch zueinander. Sie haben sich dergestalt zu ergänzen, dass es zu einem gerechten Ausgleich der Interessen des Rechtsträgers und der

---

314 Begr. RegE, in: Ganske, Umwandlungsrecht, S. 220.

315 *Meister/Klöcker*, in: Kallmeyer, UmwG, § 197 Rn. 7; *Fischer*, BB 1995, 2173 (2179).

316 Ähnlich *K. Schmidt*, ZIP 1995, 1385 (1389).

Gesellschafter einerseits und denjenigen der Gläubiger andererseits kommt. Dies ist Gegenstand der nachfolgenden Kapitel.

V. Anwendung der Gründungsvorschriften auch auf die ursprüngliche Gründung?

1. Grundsatz

Bereits zur Vorgängervorschrift zu § 197 S. 1 UmwG betreffend die formwechselnde Umwandlung einer GmbH in eine AG (§ 387 AktG 1965) war umstritten, ob der Verweis auf die aktienrechtlichen Gründungsvorschriften nur zu einer analogen Anwendung dieser Vorschriften auf den Formwechsel führte oder ob auch die historische Gründung der formwechselnden Gesellschaft nach den Gründungsvorschriften der neuen Rechtsform geprüft werden musste. Auf den ersten Blick könnte man den Streit aufgrund des klaren Wortlautes des § 197 S. 1 UmwG für obsolet erachten. Dieser spricht davon, dass die Gründungsvorschriften „auf den Formwechsel“ anzuwenden sind. Warum der Streit dennoch nicht wesentlich an Aktualität eingebüßt hat, wird erst deutlich, wenn man sich den Wortlaut des alten § 387 AktG 1965 vor Augen hält. Auch dieser sprach davon, dass die §§ 26, 27, 32 bis 35, 38, 46 bis 53 AktG „für die Umwandlung“ gelten.

Am dezidiertesten hat sich *Zöllner* zur alten Rechtslage geäußert: Da es um eine Nachholung der Gründungsprüfung gehe, sei die Seriosität der GmbH-Gründung zu überprüfen, nicht lediglich die der Umwandlung selbst.[317] Dem sind andere Autoren gefolgt.[318] Sie begründeten ihre Ansicht mit dem Defizit an Gründungssicherheit bei der GmbH im Vergleich zur AG. *Zöllner* berief sich zudem auf die Gesetzesbegründung zu § 271 AktG 1937, der Vorgängervorschrift des § 378 AktG 1965. Danach sollte die Möglichkeit der Umgehung der aktienrechtlichen Gründungsvorschriften durch Gründung einer GmbH mit anschließender Umwandlung in eine AG verhindert werden.[319] Der

---

[317] *Zöllner*, in: KK, § 378 Rn. 3.

[318] *Zimmermann*, in: Rowedder, GmbHG, 2. Auflage, § 77 Anh. Rn. 52; in diese Richtung auch *Semler/Grunewald*, in: Geßler/Hefermehl, AktG, § 378 Rn. 4, 14: Auf eine Einbeziehung der GmbH-Gründung könne nicht gänzlich verzichtet werden. Entscheidend sei vielmehr, ob sich der prüfungspflichtige Vorgang bei der Umwandlung noch auswirke. Sondervorteile und Gründungsaufwand seien daher gem. § 26 AktG in die Satzung der Aktiengesellschaft aufzunehmen, wenn zugesagte Leistungen noch nicht vollständig abgewickelt seien. Die seinerzeitig Kapitalaufbringung sei dann Prüfungsgegenstand bei der Umwandlung, wenn unzulässige Wertansätze bis zur Umwandlung fortwirken.

[319] *Zöllner*, in: KK, § 378 Rn. 2.

Umgehungsschutz hatte jedoch im Rahmen des § 378 AktG 1965 durch die 1980 erfolgte Novellierung des GmbHG, die eine Verschärfung der Gründungsvorschriften mit sich brachte, an Bedeutung verloren. Dies galt vor allem für Sacheinlagen. Während diese früher zwar bereits in der Satzung der GmbH festzusetzen waren (§ 5 Abs. 4 GmbHG a.F.), schrieb das Gesetz eine Wertprüfung nicht vor. Die überwiegend vertretene Ansicht, die den Gesellschaftern eine Bewertungsfreiheit zusprach, wurde von der Rechtsprechung erst seit einer Entscheidung des Reichsgerichts vom 20.07.1937[320] zugunsten einer registerrechtlichen Prüfung aufgegeben. Diese wurde bei der Novellierung des GmbHG in § 9c GmbHG gesetzlich verankert. Daneben sieht § 5 Abs. 4 S. 2 nunmehr die Erstellung eines Sachgründungsberichts durch die GmbH-Gründer vor. Dennoch sind Unterschiede geblieben. Dies betrifft insbesondere die obligatorische Gründungsprüfung nach § 33 Abs. 1 AktG und die Prüfung der Gründung durch unabhängige Sachverständig in den in § 33 Abs. 2 AktG genannten Fällen.[321]

Andere sprachen sich bereits unter Geltung des alten Umwandlungsrechts gegen eine Prüfung des ursprünglichen Gründungsvorgangs aus.[322] Das Ziel des Umgehungsschutzes könne auch durch die Anwendung der Gründungsvorschriften auf den Formwechsel erreicht werden. Hierfür sprach bereits der Wortlaut von § 378 Abs. 1 Hs. 1 AktG 1965. Die Gründungsvorschriften sollten „für die Umwandlung" gelten. Im Umwandlungsbericht nach § 378 Abs. 2 AktG a.F. war der Geschäftsverlauf und die Lage der GmbH darzustellen. Folglich wurde auf den Zustand der GmbH bei der Umwandlung abgestellt.[323] Hinzu kam, dass § 378 Abs. 3 AktG a.F. eine Umwandlungsprüfung durch einen unabhängigen sachverständigen Prüfer nach § 33 Abs. 2 AktG in jedem Fall verlangte. Hätte man dies auf die ursprüngliche Gründung der GmbH bezogen, hätte diese einer strengeren Prüfung als die normale Gründung einer AG unterlegen. Denn für diese sieht das Aktiengesetz eine Prüfung durch sachverständige Dritte nur in den Fällen des § 32 Abs. 2 AktG vor. Das aber wäre über die Nachholung der aktienrechtlichen Kautelen hinausgegangen.[324] Auch Gründe der Praktikabilität sprechen gegen eine Erfassung der ursprünglichen Gründung des formwechselnden Rechtsträgers durch den Verweis auf die Gründungsvorschriften. Unterlagen einer lange Zeit zurückliegenden Gründung

---

320 RGZ 155, 211 (214 ff).

321 *Priester*, AG 1986, 29 (34).

322 *Priester*, AG 1986, 29 (31).

323 So auch *Timm* für den Formwechsel einer KG in eine Aktiengesellschaft nach altem Umwandlungsrecht, BB 1990, 433 (434).

324 *Priester*, AG 1986, 29 (31).

sind möglicherweise nicht mehr vollständig vorhanden. Der wichtige Fall einer verschleierten Sacheinlage kann wahrscheinlich nicht mehr ermittelt werden. Gleiches gilt für Kapitalerhöhungen zwischen der Gründung der GmbH und dem Formwechsel, die insbesondere, wenn sie durch Sacheinlagen erfolgen, konsequenterweise in die Prüfung miteinbezogen werden müssten.[325]

Aber auch für den Formwechsel von der Personenhandelsgesellschaft in die Kapitalgesellschaft ist die Einbeziehung der ursprünglichen Gründung aus Gläubigerschutzgründen nicht erforderlich. Feststellungen über die seinerzeitige Gründung und Kapitalaufbringung in der Personengesellschaft besitzen keinerlei Aussagekraft für den Gläubigerschutz beim Formwechsel. Neugläubiger sind ausreichend durch die Anwendung der Gründungsvorschriften auf den Formwechsel geschützt, die eine ordnungsgemäße Kapitalaufbringung beim Formwechsel in die Kapitalgesellschaft sichert. Die Altgläubiger sind vorrangig durch die Fortgeltung der Haftung der Gesellschafter des formwechselnden Rechtsträgers gesichert. Diese wird lediglich durch eine Ausschlussfrist zeitlich begrenzt (§ 224 UmwG).[326] Die unbegrenzt persönlich haftenden Gesellschafter haften gem. § 128 HGB unabhängig davon, ob und in welcher Höhe sie Einlageleistungen erbracht haben. Für die Haftung des Kommanditisten (§§ 171, 172 HGB) gilt grundsätzlich nichts anderes. Sie ist lediglich durch die im Handelsregister einzutragende Haftsumme der Höhe nach begrenzt. Die Beweislast für die Erbringung einer haftungsbefreiende Einlage liegt beim Kommanditisten. Angaben über die seinerzeitige Gründung und Kapitalaufbringung haben daher im Rahmen des Formwechsels keinen Wert.[327] Die Gründungsvorschriften sind folglich nur auf den Formwechselvorgang selbst anzuwenden.[328]

2. Ausnahme bei Umgehung?

In der Literatur wird vorgeschlagen, abweichend von dem eben festgestellten Grundsatz die ursprüngliche Gründung des Rechtsträgers ausnahmsweise dann in die Prüfung beim Formwechsel miteinzubeziehen, wenn diese in einem nahen zeitlichen Zusammenhang zum Formwechsel stehe.[329] Dies sei aus

---

[325] *Priester*, AG 1986, 29 (32); *Decher*, in: Lutter, UmwG, § 197 Rn. 9.

[326] Im Umwandlungsrecht nach alten Recht erfolgte die Enthaftung dem damaligen HGB entsprechend noch über eine Sonderverjährung, vgl. § 45, 49 Abs. 4 UmwG 1969.

[327] *Timm*, BB 1990, 433 (434 f.).

[328] Ebenso *Bärwaldt*, in: Semler/Stengel, UmwG, § 197 Rn. 6.

[329] *Priester*, AG 1986, 29 (34 f.); *Decher*, in: Lutter, UmwG, § 197 Rn. 11; *Rieger*, in: Widmann/Mayer, Umwandlungsrecht, § 197 UmwG Rn. 92.

Gesichtspunkten des Umgehungsschutzes erforderlich, wenn für den Rechtsträger neuer Rechtsform strengere Gründungsvorschriften gelten würden. Das wurde auch nach der GmbH-Novelle von 1980 weiterhin für den Formwechsel von der GmbH in die AG angenommen, da trotz der weitgehenden Anpassung an das Gründungsrecht der AG gewichtige Unterschiede verblieben waren. Das gilt insbesondere hinsichtlich der Gründungsprüfung durch Vorstand und Aufsichtsrat (§ 33 Abs. 1 AktG) bzw. durch unabhängige Sachverständige nach § 33 Abs. 2 AktG.[330] Ein enger zeitlicher Zusammenhang wird angenommen, wenn der Formwechsel innerhalb von zwei Jahren vorgenommen wird. Die Frist lehnt sich an diejenige des § 52 AktG an.[331] Teilweise wird auch eine Frist von nur einem Jahr für ausreichend gehalten.[332]

Die Anwendung der Gründungsvorschriften auf den ursprünglichen Gründungsvorgang hätte zur Konsequenz, dass die Gründung und eventuell miteinzubeziehende Sachkapitalerhöhungen mit in die beim Formwechsel vorzunehmenden Berichte und Prüfungen einzubeziehen wären. Gewährte Sondervorteile, der Gründungsaufwand, Sacheinlagen und Sachübernahmen im aktienrechtlichen Sinn müssten auch außerhalb des Anwendungsbereichs des § 243 Abs. 1 S. 2 UmwG Eingang in die Satzung der zukünftigen Gesellschaft finden.[333]

Ob für die Schaffung eines solchen Umgehungstatbestandes im Wege der Rechtsfortbildung Raum ist, darf bezweifelt werden. Sie würde zu einer Art Verdachtshaftung der Anteilsinhaber führen, denen die Argumentationslast dafür auferlegt würde, dass die Umwandlung nicht mit Umgehungsabsicht erfolge. Die Umwandlungsautonomie würde hierdurch weitgehend zugunsten des Gläubigerschutzes eingeschränkt.[334] Umgehungen in dem beschriebenen Sinn zu vermeiden, ist bereits Sinn und Zweck des § 197 S. 1 UmwG.[335] Der Gesetzgeber hat den Verweis auf die Gründungsvorschriften in § 197 S. 1 UmwG zur Erreichung dieses Ziels trotz Kenntnis der in der Literatur geführten Diskussion für ausreichend erachtet. Auch aus Gläubigerschutzgesichtspunkten erscheint die Anwendung der Gründungsvorschriften auf den Formwechselvorgang nicht erforderlich. Sie sind durch die Anwendung der einschlägigen Vorschriften auf den Formwechselvorgang selbst ausreichend

330 *Priester*, AG 1986, 29 (34 f.).

331 *Priester*, AG 1986, 29 (35); *Decher*, in: Lutter, UmwG, § 197 Rn. 11; *Finken/Decher*, AG 1989, 391 (395). *Decher*, in: Lutter, UmwG, § 197 Rn. 11

332 *Rieger*, in: Widmann/Mayer, Umwandlungsrecht, § 197 UmwG Rn. 92 f.

333 *Priester*, AG 1986, 29 (36).

334 *Petersen*, Der Gläubigerschutz im Umwandlungsrecht, S. 79 f.

335 Begr. RegE, in: Ganske, Umwandlungsrecht, S. 220.

geschützt. Angesichts des gem. §§ 220 Abs. 2, 245 Abs. 1 S. 2 UmwG anwendbaren Sachgründungsrechts und der Tatsache, dass beim Formwechsel in die AG eine Prüfung nach § 33 Abs. 2 AktG in jedem Fall stattzufinden hat (vgl. §§ 220 Abs. 3 S. 1, 245 Abs. 1 S. 2 UmwG), stellt sich auch die Frage, worin der Anreiz für eine Umgehung eigentlich liegen soll. Eine Umgehung der Gründungsvorschriften der Kapitalgesellschaften durch die Gründung einer Personengesellschaft mit anschließendem Formwechsel dürfte zudem durch die gem. § 224 UmwG über den Formwechsel hinaus bestehende persönliche Haftung der Gesellschafter verleidet sein.

Auch die der nachträglichen Anwendung der Gründungsvorschriften auf den historischen Gründungsvorgang zugedachten Rechtsfolgen stimmen nachdenklich. So soll nicht etwa die Eintragung des Formwechsels unterbleiben. Die Nachholung der Gründungsprüfung soll lediglich der Offenlegung und Realisierung von Ansprüchen gegen Gesellschafter und Organe dienen.[336] Hierdurch wird jedoch das eigentliche Ziel einer Gründungsprüfung verändert. Diese dient in ihrem ursprünglichen Zusammenhang dazu, die Entstehung von Kapitalgesellschaften zu verhindern, bei denen eine den gesetzlichen Vorschriften entsprechende Kapitalausstattung nicht gewährleistet ist.[337] Folglich hat es bei dem Grundsatz, dass sich die analoge Anwendung der Gründungsvorschriften nur auf den Formwechsel selbst bezieht, sein Bewenden. Ausnahmetatbestände lassen sich nicht sinnvoll begründen.

VI. Anwendbares Recht zwischen Formwechselbeschluss und Eintragung

Mit der Beschlussfassung über den Formwechsel wird in der Regel auch der neue Gesellschaftsvertrag abgeschlossen. Dies ist zwar nicht direkt aus § 194 UmwG, der den Inhalt des Umwandlungsbeschlusses bestimmt, ersichtlich. Nach den besonderen Vorschriften der §§ 218 Abs. 1, 243 Abs. 1 S. 1 UmwG ist der Gesellschaftsvertrag der GmbH oder die Satzung der AG beim Formwechsel in eine Kapitalgesellschaft und beim Formwechsel zwischen Kapitalgesellschaften jedoch zwingender Inhalt des Umwandlungsbeschlusses. Beim Formwechsel in die Personengesellschaft ist dagegen nur die Bestimmung des Sitzes, beim Formwechsel in die KG zusätzlich die Angabe der Kommanditisten und des Betrages der Einlagen erforderlich (§ 234 UmwG). Eine vollständige Neufassung des Gesellschaftsvertrages ist dennoch zu empfehlen. Zur Information der Anteilseigner ist es zweckmäßig, diesen dem Umwandlungsbericht als Anlage beizufügen.[338] Fraglich ist, ob der Abschluss

---

336 *Priester*, AG 1986, 29 (36).
337 *Noelle*, AG 1990, 475 (478).
338 *Decher*, in: Lutter, UmwG, § 194 Rn. 35.

des Gesellschaftsvertrages das für den formwechselnden Rechtsträger geltende Recht in der Zeit bis zur endgültigen Eintragung der neuen Rechtsform beeinflusst. So wird in der Literatur auf den „Doppelcharakter“ der Gesellschaft während des Formwechsels hingewiesen. Der Rechtsträger alter Rechtsform nehme Aufgaben einer Vorgesellschaft wahr, der Rechtsträger neuer Rechtsform solche der Liquidation.[339]

Dem steht zunächst der Wortlaut des § 202 Abs. 1 Nr. 1 UmwG entgegen. Dieser bestimmt, dass der formwechselnde Rechtsträger erst ab der Eintragung in der neuen Rechtsform besteht. Hieraus ergibt sich, dass das Recht des Rechtsträgers neuer Rechtsform erst ab der Eintragung der neuen Rechtsform auf den formwechselnden Rechtsträger anwendbar ist. Dies beantwortet die gestellte Frage jedoch nur für den Formwechsel in die Personengesellschaft. Dagegen kann dem Wortlaut des § 202 Abs. 1 Nr. 1 UmwG nicht ohne weiteres entnommen werden, ob beim Formwechsel in die Kapitalgesellschaft das Recht der Vorgesellschaft bereits ab der Fassung des Umwandlungsbeschlusses anwendbar ist.

So gehen denn auch einige Autoren davon aus, dass es zwischen dem Umwandlungsbeschluss und der Eintragung der neuen Rechtsform zur Entstehung einer Vorgesellschaft komme.[340] Begründet wird dies mit dem Verweis auf die Gründungsvorschriften in § 197 S. 1 UmwG und damit, dass sich der Formwechsel in Folge dieses Verweises als vereinfachte Sachgründung darstelle.[341] Eine nicht unerhebliche Rolle dürften dabei die zur übertragenden Umwandlung nach dem Umwandlungsgesetz 1969 angestellten Überlegungen spielen. Dort fand tatsächlich eine Neugründung des Rechtsträgers neuer Rechtsform statt. Bis zur Eintragung des Formwechselbeschlusses existierte neben dem Ausgangsrechtsträger eine Vorgesellschaft.[342] Allerdings wird die Bedeutung der Vorgesellschaft im gleichen Atemzug als gering bezeichnet, da der formwechselnde Rechtsträger bereits vor der Eintragung bestehe.[343]

Dieser Ansicht ist bereits im Ansatzpunkt entgegenzutreten. Die Vorgesellschaft ist eine Besonderheit, die auf den Vorschriften zur Gründung einer juristischen

---

339 *Wiedemann*, ZGR 1999, 569 (576 f.); *Limmer*, in: FS Widmann, 51 (58 f.).

340 *Mayer/Rieger*, in: Widmann/Mayer, Umwandlungsrecht, § 197 UmwG Rn. 51, 170.

341 *Zürbig*, Der Formwechsel einer Personengesellschaft in eine Kapitalgesellschaft, S. 145.

342 *Priester*, in: Scholz, GmbHG, 7. Auflage, Anh. Umw. § 47 UmwG Rn. 24 f. für den Formwechsel in die GmbH; *Schilling*, in: Hachenburg, GmbHG, § 77 Anh. UmwG § 41 Rn. 13 f. für den Formwechsel in die Aktiengesellschaft.

343 *Zürbig*, Der Formwechsel einer Personengesellschaft in eine Kapitalgesellschaft, S. 146; *Rieger*, in: Widmann/Mayer, Umwandlungsrecht, § 197 UmwG Rn. 201 ff.

Person beruht. Diese selbst entsteht nach § 11 Abs. 1 GmbHG, § 41 Abs. 1 S. 1 AktG erst ab der Eintragung der Kapitalgesellschaft. Bereits vor der Eintragung bedarf es aber eines Zurechnungsobjekts, da z.B. Einlagen an die Gesellschaft geleistet werden müssen (§§ 7 Abs. 2 GmbHG, 36 Abs. 2 AktG). Beim identitätswahrenden Formwechsel existiert dagegen die formwechselnde Gesellschaft als Rechtsträger bereits vor der Eintragung. Der Annahme einer besonderen Vorgesellschaft bedarf es daher nicht. Die Vorstellung einer von dem formwechselnden Rechtsträger zu unterscheidenden Vorgesellschaft lässt sich auch nicht mit dem Grundgedanken eines identitätswahrenden Formwechsels vereinbaren. Für eine gesonderte Vorgesellschaft ist hier kein Raum. Auch kann das Recht der Vorgesellschaft nicht vor der Eintragung der neuen Rechtsform auf den formwechselnden Rechtsträger selbst angewandt werden. Denn die Vorgesellschaft ist zwar Gesamthandsgesellschaft, unterliegt aber bereits dem Recht der fertigen Kapitalgesellschaft, soweit dieses nicht das Bestehen einer juristischen Person voraussetzt. Die Anwendung des Rechts der Vorgesellschaft auf den formwechselnden Rechtsträger hätte daher ein teilweises Vorziehen der Rechtsfolgen des Formwechsels zur Folge, was mit dem Wortlaut von § 202 Abs. 1 Nr. 1 UmwG nicht vereinbar wäre.[344] Beim identitätswahrenden Formwechsel existiert daher weder eine gesonderte Vorgesellschaft noch ist das Recht der Vorgesellschaften auf den formwechselnden Rechtsträger vor der Eintragung der neuen Rechtsform anzuwenden.[345]

VII. Zusammenfassung

Der Verweis auf die Gründungsvorschriften in § 197 S. 1 UmwG steht mit dem Identitätsprinzip nicht in Widerspruch. Auf die Sachgründungsvorschriften ist nicht deshalb zurückzugreifen, weil es sich bei dem Formwechsel um eine Gründung oder einen gründungsähnlichen Vorgang handelt. Die Gründungsvorschriften sind nur dort analog anzuwenden, wo es aufgrund des identitätswahrenden Formwechsels zu einer der Gründung vergleichbaren Gefährdung der Gläubiger kommt. Dementsprechend gilt der Verweis auf die

---

[344] Ähnlich *Lenz*, Gesellschafter- und Gläubigerschutz bei dem Formwechsel einer OHG in eine GmbH, S. 37 ff., der durch das Vorziehen der Rechtsfolgen des Formwechsels den Minderheitenschutz gefährdet sieht.

[345] Für die formwechselnde Umwandlung nach altem Rechts bereits *K. Schmidt*, GmbHR 1987, 77 (78 f.); BGH NJW RR 1999, 1554 (1555); für den identitätswahrenden Formwechsel nach dem Umwandlungsgesetz 1994 ebenso *K. Schmidt*, in: Scholz, GmbHG, § 11 Rn. 22; *Wolf*, ZIP 1996, 1200 (1201); *Limmer*, in: FS Widmann, 51 (58); *Lenz*, Gesellschafter- und Gläubigerschutz bei dem Formwechsel einer OHG in eine GmbH, S. 36 ff.

Gründungsvorschriften auch nur für den Formwechselvorgang selbst, nicht dagegen für die historische Gründung des formwechselnden Rechtsträgers. Eines besonderen Umgehungstatbestandes bedarf es ebenso wenig wie der Anwendung des Rechts der Vorgesellschaft auf den formwechselnden Rechtsträger vor der Eintragung der neuen Rechtsform.

4. Kapitel: Gläubigerschutz beim Formwechsel von der Personengesellschaft in die Kapitalgesellschaft

Im Hinblick auf den Gläubigerschutz stellt sich der Formwechsel zwischen Personengesellschaften und Kapitalgesellschaften als besonders kritisch dar. Das liegt zum einen an den unterschiedlichen Haftungsverfassungen der beiden Gesellschaftsformen. Zum anderen muss beim Formwechsel von der Personenhandelsgesellschaft - die GbR ist als formwechselnder Rechtsträger in § 191 Abs. 1 UmwG nicht genannt - in die Kapitalgesellschaft die erstmalige Aufbringung des Garantiekapitals sichergestellt werden. Thematisch wird hierbei zwischen dem „institutionellen" und dem „individuellen" Gläubigerschutz[346] und hinsichtlich der institutionellen Schutzvorschriften weiter zwischen „materiellem" und „formellem" Institutionsschutz[347] unterschieden. Im Folgenden wird in teilweiser Abweichung von diesen Unterscheidungen zunächst auf diejenigen Vorschriften eingegangen, die das zukünftige Garantiekapital der Kapitalgesellschaften betreffen. Nachfolgend wird die Haftung der Gesellschafter dargestellt, bevor ein abschließender Blick auf die formellen Gläubigerschutzvorschriften geworfen wird.

I. Kapitalschutz

Beim Formwechsel in die Kapitalgesellschaft entsteht eine juristische Person. Bei dieser haftet den Gläubigern lediglich das Gesellschaftsvermögen (§ 13 Abs. 2 GmbHG, § 1 Abs. 1 S. 2 AktG). Auf die Vorschriften betreffend die Kapitalfestsetzung, Kapitalaufbringung und Kapitalerhaltung ist daher ein

---

346 Diese Unterscheidung geht auf *K. Schmidt*, ZGR 1993, 366 (367 f.) zurück. Der institutionelle Gläubigerschutz basiert auf rein objektivem Recht und wirkt generalpräventiv. Dagegen ist von individuellem Gläubigerschutz die Rede, wo es um Haftungs- und Sicherstellungsansprüche zugunsten individualisierbarer Unternehmensgläubiger geht.

347 Diese Differenzierung findet sich bei *Petersen*, Der Gläubigerschutz im Umwandlungsrecht, S. 19 ff. Formelle Schutzvorschriften sind danach solche, die in formeller Hinsicht Hürden zum Schutz der Gläubiger errichten, materielle dagegen insbesondere solche, die die Grundsätze der Kapitalaufbringung und Erhaltung betreffen.

besonderes Augenmerk zu richten. Eine maßgebliche Rolle spielt hier zum einen der allgemeine Verweis auf die Gründungsvorschriften in § 197 S. 1 UmwG, zum anderen die Vorschrift des § 220 UmwG.

1. Kapitalfestsetzung

a) Einführung

Nach § 220 Abs. 1 UmwG darf das zukünftige Nennkapital der Kapitalgesellschaft das nach Abzug der Schulden verbleibende Vermögen der formwechselnden Gesellschaft nicht übersteigen. Damit wird in einer etwas umständlichen Formulierung zum Ausdruck gebracht, dass das Nennkapital der zukünftigen Gesellschaft durch das Nettoaktivvermögen der formwechselnden Gesellschaft gedeckt sein muss (Gebot der Reinvermögensdeckung).

Für die übertragende Umwandlung einer Personengesellschaft in eine Kapitalgesellschaft nach altem Recht bestand eine vergleichbare Regelung nicht. Das war auch nicht erforderlich, da der Formwechsel hier gem. §§ 41 Abs. 1 S. 2 Nr. 1, 47 Abs. 1 S. 2 Nr. 1 UmwG 1969 stets mit einer Neugründung des Rechtsträgers neuer Rechtsform verbunden war. Hierbei waren gem. §§ 41 Abs. 2, 47 Abs. 2 UmwG 1969 die Gründungsvorschriften zu beachten. Das Gebot der Reinvermögensdeckung wurde dabei aus § 9 Abs. 1 GmbHG bzw. aus dem Verbot der Unterpari-Emission (§ 9 Abs. 1 AktG) abgeleitet.[348] Bei der formwechselnden Umwandlung war das Gebot der Reinvermögensdeckung lediglich für den Formwechsel eines VVaG und einer Genossenschaft in eine AG ausdrücklich in § 385d Abs. 4 S. 1 und § 385m Abs. 4 S. 2 AktG 1965 geregelt. Dem Formwechsel zwischen Kapitalgesellschaften stand dagegen nach der ganz überwiegenden Ansicht aufgrund des identitätswahrenden Charakters des Formwechsels eine bestehende Unterbilanz nicht entgegen.[349]

Um die Deckung des Stamm- oder Grundkapitals beim Formwechsel in die Kapitalgesellschaft trotz des nun auch hier möglichen identitätswahrenden Formwechsels sicherzustellen, hat der Gesetzgeber in § 220 Abs. 1 UmwG das Gebot der Reinvermögensdeckung für den Formwechsel in die

[348] *Priester*, in: Scholz, GmbHG, 7. Auflage, Anh. Umw. § 47 UmwG Rn. 4; *Trölitzsch*, Differenzhaftung für Sacheinlagen in Kapitalgesellschaften, S. 343.

[349] *Priester*, AG 1986, 29 (30 f.); *Zimmermann*, in: Rowedder, GmbHG, 2. Auflage, Anh. § 77 Rn. 52, 97; *K. Schmidt*, AG 1985, 150 (151 f.); *Semler/Grunewald*, in: Geßler/Hefermehl, AktG, § 376 Rn. 36 und § 378 Rn. 10, 14; *Zöllner*, in: KK, § 369 Rn. 77, § 376 Rn. 45 und § 378 Rn. 16; a.A. *Noelle*, AG 1990, 475 (476 f.).

Kapitalgesellschaft ausdrücklich vorgeschrieben.[350] § 220 Abs. 1 UmwG dient dabei nicht in erster Linie dem Schutz der Altgläubiger der Personenhandelsgesellschaft, da deren Forderungen bereits durch die Nachhaftung der Gesellschafter nach § 224 UmwG gesichert sind. Dennoch ist die Vorschrift auch für die Altgläubiger unter dem Gesichtspunkt der Erhaltung der Haftungsmasse nicht gänzlich unbedeutend.[351] Essentiell ist die Vorschrift dagegen für die neuen Gläubiger der aus dem Formwechsel hervorgehenden Kapitalgesellschaft, da sie ähnlich wie bei der Neugründung einer Kapitalgesellschaft darauf vertrauen können müssen, dass der Rechtsträger zum Zeitpunkt des Formwechsel ein Aktivvermögen hat, das zumindest die Verbindlichkeiten der Gesellschaft und den Betrag des Garantiekapitals wertmäßig deckt.[352]

b) Freie Kapitalfestsetzung und die Grenzen

Im Gegensatz zum Formwechsel zwischen Kapitalgesellschaften, bei dem das Nennkapital des formwechselnden Rechtsträgers nach § 247 Abs. 1 UmwG automatisch zum Nennkapital des Rechtsträgers neuer Rechtsform wird, kann das Nennkapital beim Formwechsel von der Personenhandelsgesellschaft in die Kapitalgesellschaft weitgehend frei festgesetzt werden. § 220 Abs. 1 UmwG bestimmt für den Formwechsel von der Personen- in die Kapitalgesellschaft lediglich, dass der Nennbetrag des Grund- oder Stammkapitals das Nettoaktivvermögen der formwechselnden Gesellschaft nicht übersteigen darf. Damit legt das Gesetz nur die Höchstgrenze des festzusetzenden Kapitals der Gesellschaft neuer Rechtsform fest. Eine Untergrenze ist freilich durch den Verweis in § 197 S. 1 UmwG auf die Vorschriften über das Mindestkapital bei der GmbH (§ 5 Abs. 1 GmbHG) und der AG (§ 7 AktG) vorgegeben. Zwischen diesen Höchst- und Mindestgrenzen kann die Kapitalziffer augenscheinlich frei festgesetzt werden. Zu untersuchen ist, ob dieser Freiheit aus Gläubigerschutzgründen Grenzen zu ziehen sind. Hierbei ist zu bedenken, dass anders als beim Gebot der Reinvermögensdeckung der Schutz der Neugläubiger nicht im Vordergrund steht. Diesen ist die festzusetzende Nennkapitalziffer von Anfang an bekannt. In ihrem Vertrauen enttäuscht sähen sich dagegen die Altgläubiger, denen Haftungsmasse entzogen werden könnte.

---

[350] Begr. RegE, in: Ganske, Umwandlungsrecht, S. 241.

[351] Ähnlich *Petersen*, Der Gläubigerschutz im Umwandlungsrecht, S. 84, der davon spricht, es seien „nicht so sehr die Altgläubiger", die durch die Vorschrift geschützt würden.

[352] *Joost*, in: Lutter, UmwG, § 220 Rn. 5.

(a) Einlage des Komplementärs

Das HGB kennt, was die Einlage eines persönlich haftenden Gesellschafters betrifft, keine Kapitalschutzvorschriften. Das Kapital ist frei und kann ohne weiteres entnommen werden. Die Frage der Perpetuierung von Kapitalerhaltungsvorschriften im Rechtsträger neuer Rechtsform stellt sich folglich nicht.[353] Jegliche Regelung, nach der das Nennkapital des Rechtsträgers neuer Rechtsform in gleicher Höhe festzusetzen ist wie die zuvor bestehende Einlage, wäre zudem weitgehend wirkungslos. Sie könnte umgangen werden, indem das Kapital bereits kurz vor dem Formwechsel abgezogen wird. Zwar ließen sich für diese Fälle Umgehungstatbestände konstruieren. Jedoch käme man dabei in die Not, eine willkürliche zeitliche Begrenzung des Umgehungstatbestandes festsetzen zu müssen. Auch würde die Flexibilität bei der Umwandlung in einem nicht unerheblichen Maße eingeschränkt.[354] Letztendlich erschiene ein derartiges Vorgehen auch im Hinblick auf die (zeitlich begrenzte) Forthaftung der Komplementäre nach § 224 UmwG nicht gerechtfertigt.

Daneben gilt es, eine grundsätzliche Wertung des Gesetzgebers zu beachten. Dieser hat die unbeschränkte persönlicher Haftung in der Personengesellschaft einerseits und den Schutz des Garantiekapitals in der Kapitalgesellschaft andererseits als gleichwertige Systeme des Gläubigerschutzes ausgestaltet. Mögen die beiden Systeme in der Praxis von Fall zu Fall auch unterschiedlich zu bewerten sein,[355] so sieht der Gesetzgeber beide Gläubigerschutzsysteme doch grundsätzlich als gleichwertig an. Der Übergang vom System der persönlichen Haftung in das System der Kapitalbindung setzt daher grundsätzlich nicht die Festsetzung der Einlage in einer bestimmten Höhe als „Ausgleich" für den Verlust der persönlichen Haftung voraus. Die Einlage des Komplementärs kann daher in den beschriebenen Grenzen frei festgesetzt werden.

(b) Einlage des Kommanditisten

Etwas anderes könnte indes für die Einlage des Kommanditisten gelten. Dieser haftet anders als der Komplementär bereits vor dem Formwechsel lediglich in Höhe der festgelegten Haftsumme. Die Nichtleistung oder Rückzahlung der

---

353 *Ihrig*, ZHR 160 (1996), 317 (322); *Bayer*, ZIP 1997, 1613 (1615).

354 *Hommelhoff*, in: Podiumsdiskussion zu einem Vortrag von D. Mayer, Sonderheft DNotZ 1998, 159 (208).

355 Vgl. dazu *K. Schmidt*, Gesellschaftsrecht, S. 541 ff; *Petersen*, Der Gläubigerschutz im Umwandlungsrecht, S. 35 ff.

vereinbarten Einlage ist hier durch die persönliche Haftung des Kommanditisten sanktioniert (§§ 171 Abs. 1, 172 Abs. 4 HGB). Wird die Einlage in der zukünftigen Kapitalgesellschaft niedriger festgesetzt als in der KG, kann der überschießende Betrag an den ehemaligen Kommanditisten ausgezahlt werden, ohne dass den Gläubigern ein Ausgleich für die Verminderung der ihnen zur Verfügung stehenden Haftungsmasse gewährt wird. Bevor die Entwicklung entsprechender Schutzmechanismen in Erwägung gezogen wird, ist zu überprüfen, ob das Umwandlungsgesetz diesbezüglich tatsächlich eine Schutzlücke aufweist.

Gegen eine Regelungslücke könnte sprechen, dass Gläubiger Sicherheitsleistung gem. §§ 204, 22 UmwG verlangen können, wenn die Erfüllung ihrer Forderungen aufgrund einer zu niedrigen Festsetzung des Nennkapitals gefährdet erscheint.[356] Vom weit überwiegenden Teil der Literatur wird der Schutz der Gläubiger durch § 22 UmwG jedoch für unzureichend gehalten.[357] Dies resultiert insbesondere aus einem Vergleich mit den ähnlichen Vorschriften zur Kapitalherabsetzung im GmbH- und Aktienrecht. Nach § 58 Abs. 1 Nr. 3 GmbHG darf die Kapitalherabsetzung erst erfolgen, nachdem den Gläubigern Sicherheit geleistet wurde. Der Gläubigerschutz setzt hier also im Gegensatz zu § 22 UmwG bereits im Vorfeld der eigentlichen Kapitalmaßnahme ein. Im Aktienrecht ist die Kapitalherabsetzung zwar ebenfalls nicht durch die Sicherstellung der Gläubiger bedingt, im Unterschied zu § 22 UmwG sieht § 225 Abs. 2 S. 1 AktG aber eine Sperrfrist für Ausschüttungen an Aktionäre von sechs Monaten vor. Zudem dürfen die Auszahlungen erst erfolgen, wenn den Gläubigern Sicherheit geleistet wurde.[358] Nach § 22 Abs. 1 S. 2 UmwG kann der Gläubiger darüber hinaus nur Sicherheit verlangen, wenn er glaubhaft macht, dass die Befriedigung seiner Forderungen durch den Formwechsel gefährdet wird. Dies dürfte den Gläubigern aufgrund der Identität der Haftungsmasse in der Regel schwer fallen.[359] § 22 UmwG kann daher allenfalls einen ergänzenden Rechtsbehelf im Gläubigerschutzsystem des UmwG

---

[356] So *Rodewald*, GmbHR 1997, 19 (21).

[357] *Wiedemann*, ZGR 1999, 569 (581); *Limmer*, in: FS Widmann, 51 (61 f.); für die Verschmelzung, *Naraschewski*, GmbHR 1998, 356 (358 f.); *Hommelhoff*, in: Podiumsdiskussion zu einem Vortrag von D. Mayer, Sonderheft DNotZ 1998, 159 (207 f.).

[358] Vgl. *Naraschewski*, GmbHR 1998, 356 (358 f.) zu § 22 UmwG im Zusammenhang mit Verschmelzungen.

[359] *Decher*, in: Lutter, UmwG, § 204 Rn. 13.

darstellen.[360] Demzufolge besteht eine Schutzlücke im Gesetz, die es zu schließen gilt. Der Gesetzgeber hat hier wie an anderen Stellen, auf die noch eingegangen wird, die Probleme im Zusammenhang mit der Haftung der Kommanditisten vernachlässigt.[361] In der Literatur finden sich zwei Ansätze zur Lösung des Problems.

Der eine zielt darauf ab, die Einlage des Kommanditisten in der zukünftigen Kapitalgesellschaft entsprechend der in der Kommanditgesellschaft geltenden Haftsumme festzusetzen. Als Argument ließe sich die Vorbemerkung in der Gesetzesbegründung zum Formwechsel anführen, nach der der Vermögensbestand vor und nach dem Formwechsel gleich bleiben soll.[362] Für diese Lösung scheint auch zu sprechen, dass § 174 Hs. 2 HGB das abstrakte Vertrauen der Gläubiger in die Aufrechterhaltung der Haftsumme schützt, indem er den Altgläubigern das Recht einräumt, eine Herabsetzung der Haftsumme nicht gegen sich gelten lassen zu müssen.[363]

Folgt man dem anderen Ansatz, so ist die Festsetzung der Einlage unterhalb der Haftsumme wie eine Kapitalherabsetzung zu behandeln. Vorzuziehen seien daher Lösungen, die sich an den Kapitalherabsetzungsvorschriften orientieren. Grundgedanke dieser Vorschriften sei es zunächst, die Kapitalherabsetzung publizitätspflichtig zu machen. Für den Formwechsel würde dies bedeuten, dass entsprechende Informationen zu den nach § 197 S. 1 UmwG erforderlichen Informationen hinzutreten müssten. Darüber hinaus bestünde zwar keine Pflicht, gebundenes Kapital vor und nach der Umwandlungsmaßnahme in gleicher Höhe beizubehalten. Für das freiwerdende Kapital sei aber eine Einstellung in eine Rücklage zu fordern, die in Anlehnung an § 225 Abs. 2 Satz 1 AktG einer Ausschüttungssperre von sechs Monaten wie bei der Kapitalherabsetzung unterliege.[364] So werde man sowohl dem bisherigen Status in der Kommanditgesellschaft (§ 174 HGB) als auch der Rechtsform der Kapitalgesellschaft (§§ 222 ff. AktG und §§ 58 ff. GmbHG) gerecht.[365]

---

360 So auch *Hommelhoff*, in: Podiumsdiskussion zu einem Vortrag von D. Mayer, Sonderheft DNotZ 1998, 159 (208); ähnlich *Naraschewski*, GmbHR 1998, 356 (359), der den Gläubigerschutz durch § 22 UmwG für unzureichend hält.

361 *Petersen*, Der Gläubigerschutz im Umwandlungsrecht, S. 110.

362 *Wiedemann*, ZGR 1999, 569 (582).

363 *Petersen*, Der Gläubigerschutz im Umwandlungsrecht, S. 111 f.

364 *Limmer*, in: FS Widmann, 51 (61 f.); *Hommelhoff*, in: Podiumsdiskussion zu einem Vortrag von D. Mayer, Sonderheft DNotZ 1998, 159 (208 f.).

365 *Wiedemann*, ZGR 1999, 569 (581 f.).

Ein gemeinsames Problem beider Lösungsansätze besteht darin, dass sie sich weder am Umwandlungsgesetz selbst noch an den Ausführungen des Gesetzgebers in der Begründung unmittelbar festmachen lassen. Auch wenn es in der Gesetzesbegründung heißt, das Vermögen bleibe vor und nach dem Formwechsel gleich,[366] so besagt diese Passage in den einführenden Erläuterungen zum Formwechsel doch lediglich, dass der Formwechsel als solcher das Vermögen des formwechselnden Rechtsträgers unberührt belasse. Eine Aussage darüber, in welcher Höhe die Nennkapitalziffer zum Schutz vor einer gläubigerschädigenden Verringerung der Haftungsmasse nach dem Formwechsel festzusetzen sei, enthält die Gesetzesbegründung dagegen nicht. Gegen den Zwang zur Festsetzung der Einlage in einer bestimmten Höhe ist einzuwenden, dass dies die wirtschaftliche Flexibilität, die der Gesetzgeber beim Formwechsel in die Kapitalgesellschaft gewähren wollte, erheblich einschränken würde.[367] Einen anderen Schluss lässt auch der in Bezug genommene § 174 Hs. 2 HGB nicht zu, der eine Herabsetzung der Haftsumme gerade nicht unterbinden will, sondern diese nur durch einer Regelung zum Schutz der Altgläubiger flankiert. Gleiches gilt für die Rückzahlung der haftungsbefreienden Kommanditeinlage, die das HGB an sich nicht verbietet. Was für die Komplementäre gilt, ist gewissermaßen auch hier einzuwenden: Der Zwang zur Festsetzung der Einlage in bestimmter Höhe hätte die Perpetuierung eines Zustandes zur Aufgabe, der zuvor gar nicht bestanden hat. Gegen die Publizitätslösung spricht, dass durch sie nur der Schutz von Neugläubigern gewährleistet würde. Die Altgläubiger hätten dagegen bereits mit der Gesellschaft kontrahiert und würden in ihrem Vertrauen auf die Haftsumme enttäuscht.[368]

Die unbefriedigenden Ergebnisse der bisherigen Lösungsansätze erfordern die Suche nach einem dritten Weg, der sowohl dem Verlangen der Gesellschafter nach möglichst hoher wirtschaftlicher Flexibilität als auch demjenigen der Gläubiger nach größtmöglicher Sicherheit gerecht wird. Er ist in der entsprechenden Anwendung von § 224 UmwG auf den Kommanditisten zu sehen.[369] Dieser spricht ausdrücklich nur von der persönlichen Haftung nach § 128 HGB, ist also auf den Kommanditisten nicht direkt anwendbar. Aufgrund der oben festgestellten Lücke im Gläubigerschutzsystem des Umwandlungsgesetzes ist aber über eine Analogie nachzudenken. § 224 UmwG

---

366 Begr. RegE, in: Ganske, Umwandlungsrecht, S. 209.

367 *Hommelhoff*, in: Podiumsdiskussion zu einem Vortrag von D. Mayer, Sonderheft DNotZ 1998, 159 (208).

368 *Petersen*, Der Gläubigerschutz im Umwandlungsrecht, S. 111.

369 Vgl. zur analogen Anwendung des § 224 UmwG auf den Kommanditisten und zu den einzelnen Modalitäten noch unten 4. Kapitel:III.1.

erhält die Haftung der Komplementäre zum Zeitpunkt des Formwechsels für einen gewissen Übergangszeitraum zum Schutz der Gläubiger aufrecht. Für die bis zum Formwechsel begründeten Verbindlichkeiten haften die Komplementäre für einen Übergangszeitraum von fünf Jahren weiterhin persönlich. Für eine hiervon abweichende Behandlung der Kommanditisten sind sachliche Gründe nicht ersichtlich. Die genannten Grundsätze sind daher auf den Kommanditisten entsprechend anzuwenden. Dieser haftet ebenso wie die Komplementäre für Verbindlichkeiten, die vor dem Formwechsel begründet wurden, für einen Übergangszeitraum von fünf Jahren. Der Umfang der Haftung bestimmt sich indes nach der Höhe der bereits geleisteten Einlagen (§ 171 Abs. 1 HGB) einerseits und den zurückbezahlten Einlagen andererseits (§ 172 Abs. 4 S. 1 HGB). Eine eingehende Begründung dieses Ergebnisses erfolgt im Kapitel zur Haftung des Kommanditisten. An dieser Stelle ist lediglich festzuhalten: Die Einlage des Kommanditisten kann frei festgesetzt werden. Damit ist die wirtschaftliche Flexibilität beim Formwechsel gewährleistet. Auf der anderen Seite lebt die Haftung des ehemaligen Kommanditisten auf, wenn durch Ausschüttungen sein Kapitalanteil nach einem für diese Haftungszwecke fortzuführenden Kapitalkonto unter den Betrag seiner ehemaligen Haftsumme sinkt. Diese Lösung kommt der vor dem Formwechsel bestehenden Haftungssituation am nächsten und wahrt die Gläubigerinteressen daher ausreichend. Zudem lässt sie sich aus den Vorschriften zum Formwechsel ableiten.

c) Formwechsel bei Unterbilanz

§ 220 Abs. 1 UmwG verbietet das Entstehen einer Kapitalgesellschaft mit Unterbilanz. Das Nennkapital darf das Reinvermögen nicht überschreiten. Das Problem des Formwechsels bei Unterbilanz stellt sich jedoch beim Formwechsel von der Personengesellschaft in die Kapitalgesellschaft nicht. Anders als beim Formwechsel zwischen Kapitalgesellschaften, bei dem das Nennkapital der formwechselnden Gesellschaft automatisch auch das Nennkapital des Rechtsträgers neuer Rechtsform darstellt (§ 247 Abs. 1 UmwG), kann das Nennkapital hier weitgehend frei festgesetzt werden. Übersteigen die Passiva die Aktiva, kann das Nennkapital entsprechend niedriger festgesetzt werden.[370]

Allerdings ist der Weg in die Kapitalgesellschaft versperrt, falls die gesetzlich vorgeschriebenen Mindestbeträge für das Nennkapital nicht durch das zu Zeitwerten zu ermittelnde Reinvermögen gedeckt sind. Die Deckung des gesetzlich garantierten Mindestkapitals kann hier nur durch zusätzliche Einlagen

370 *Happ*, in: Lutter, Umwandlungsrechtstage, 223 (243); *Fischer*, BB 1995, 2173 (2179).

gewährleistet werden.[371] Wird der Formwechsel trotz bestehender Unterbilanz eingetragen, ist er gem. § 203 Abs. 3 UmwG wirksam. Die Gesellschafter können jedoch aufgrund ihrer Differenzhaftung auf Ausgleichszahlung in Anspruch genommen werden.[372]

2. Kapitaldeckung

Das im Gesellschaftsvertrag der GmbH bzw. in der Satzung der AG festzusetzende Nennkapital des Rechtsträgers neuer Rechtsform muss gem. § 220 Abs. 1 UmwG. durch das Nettoaktivvermögen des formwechselnden Rechtsträgers gedeckt sein. Nähere Angaben zur Deckung des Garantiekapitals enthält das Gesetz nicht. Daraus resultiert eine Reihe von Zweifelsfragen.

a) Grundsatz der Reinvermögensdeckung

Das Gebot der Reinvermögensdeckung, aufgrund dessen das festgesetzte Nennkapital durch das Aktivreinvermögen des formwechselnden Rechtsträgers gedeckt sein muss, ist zwar selbst in § 220 Abs. 1 UmwG festgeschrieben. Wie der Wert des Reinvermögens zu ermitteln ist und welche Positionen in die Wertrechnung miteinzubeziehen sind, regelt das Umwandlungsgesetz aber nicht. Auch die Gesetzesbegründung enthält hierzu keine näheren Hinweise.[373]

(a) Methode zur Ermittlung des Reinvermögens

Bei der Ermittlung des Reinvermögens tauchen zwei grundsätzliche Fragen auf. Bei der ersten geht es darum, ob die Vermögensgegenstände einzeln zu bewerten sind, oder ob das formwechselnde Unternehmen als Einheit nach den in der Betriebswirtschaftslehre anerkannten Methoden zu bewerten ist. Die Thematik hat in der bisherigen umwandlungsrechtlichen Literatur wenig Beachtung gefunden. Bei einer Bewertung des Unternehmens nach den zukünftigen Erträgen[374] spielt die Frage, ob einzelne Vermögenspositionen überhaupt in die Bewertung miteinzubeziehen sind, keine Rolle. Ebenso wenig ist von Belang, ob diese mit den Buchwerten oder den tatsächlichen Werten

---

371 *Dirksen*, in: Kallmeyer, UmwG, § 220 Rn. 1; *Priester*, FS Zöllner, 449 (465); zum Problem der Kapitaldeckung durch zusätzliche Einlagen vgl. jedoch noch unten 4. Kapitel:I.2.d).

372 *Dirksen*, in: Kallmeyer, UmwG, § 220 Rn. 1, 7 f.; vgl. zur Differenzhaftung noch unten 4. Kapitel:II.2.d).

373 *Joost*, in: Lutter, UmwG, § 220 Rn. 13.

374 Zur Ertragswertmethode und zum Discounted Cash-flow-Verfahren vgl. *Zürbig*, Der Formwechsel einer Personengesellschaft in eine Kapitalgesellschaft, S. 132 ff.

anzusetzen sind.[375] Die Entscheidung für eine der genannten Bewertungsmethode ist daher durchaus von Bedeutung.

Diejenigen Autoren, die die Bewertungsmethode thematisieren, halten die Anwendung der Ertragswertmethode für zulässig. Weder das Identitätsprinzip noch Gründe des Gläubigerschutzes sprächen gegen die Ertragswertmethode.[376] Der BGH hat sich jüngst im Rahmen der Erstellung einer Vorbelastungsbilanz für die Anwendung des Ertragswertverfahrens ausgesprochen: „War die Ingangsetzung der Vor-GmbH erfolgreich und hat sie schon in der Zeit zwischen Aufnahme der Geschäftstätigkeit und der Eintragung der Gesellschaft zu einer Organisationseinheit geführt, die als Unternehmen anzusehen ist, das über seine einzelnen Vermögenswerte hinaus einen eigenen Vermögenswert darstellt, so hat die Bewertung des Vermögens nach der Ertragswertmethode zu erfolgen."[377] Ausgangspunkt der Entscheidung war die Frage, ob ein Geschäfts- oder Firmenwert in der Vorbelastungsbilanz zu berücksichtigen ist. Die im Rahmen des § 220 Abs. 1 UmwG anzustellende Wertnachweisrechnung hat insofern Ähnlichkeiten mit der Vorbelastungsbilanz, als es auch hier um die Deckung des Garantiekapitals einer Kapitalgesellschaft geht. Dennoch weisen beide Fallkonstellationen einen gewichtigen Unterschied auf. Aufgabe der Vorbelastungsbilanz ist es, die Höhe der aus der Aufgabe des Vorbelastungsverbotes resultierenden Vorbelastungshaftung festzustellen. Dabei ist nach erfolgter Eintragung der Kapitalgesellschaft ein gerechter Ausgleich zwischen dem Interesse der Gläubiger an einer vollständigen Aufbringung des Garantiekapitals einerseits und dem Interesse der Gesellschafter an einem möglichst geringen Haftungsrisiko andererseits zu schaffen. Dagegen handelt es sich bei der Wertnachweisrechnung nach § 220 Abs. 1 UmwG um einen rein

---

375 Vgl. *Lenz*, Gesellschafter und Gläubigerschutz bei dem Formwechsel einer OHG in eine GmbH, S. 216.

376 Lediglich *Lenz*, Gesellschafter und Gläubigerschutz bei dem Formwechsel einer OHG in eine GmbH, S. 216 ff, setzt sich mit der Thematik auseinander, hält aber im Ergebnis beide Methoden für zulässig. *Zürbig*, Der Formwechsel einer Personengesellschaft in eine Kapitalgesellschaft, S. 137 ff., spricht sich im Rahmen der Vermögensbewertung für die Ertragswertmethode aus, ohne auf die genannte Problematik gesondert einzugehen.

377 BGH NZG 1999, 70; *Habersack/Lüssow*, NZG 1999, 629 ff. halten die Anwendung der Ertragswertmethode aufgrund einer früheren Entscheidung des BGH (NJW 1998, 233 ff.), in der dieser im Rahmen der Vorbelastungsbilanz die Einzelbewertungsmethode anwendet, nicht für zwingend. In einem zweistufigen Verfahren sei das Vermögen vielmehr zunächst nach der Einzelbewertungsmethode zu bewerten. Falls der so ermittelte Vermögenswert das Garantiekapital nicht decke, stelle die Differenz zwischen festgestelltem Vermögenswert und dem Garantiekapital lediglich den Höchstbetrag der Vorbelastungshaftung dar. Dieser sei dann gegebenenfalls durch den Ansatz eines nach der Ertragswertmethode zu ermittelnden Firmenwertes herabzusetzen.

präventiven Gläubigerschutz. Ziel ist es, die Eintragung der neuen Rechtsform zum Schutz des Rechtsverkehrs zu verhindern, wenn das Garantiekapital der entstehenden Kapitalgesellschaft nicht durch entsprechende Vermögenswerte gedeckt ist. Anders als in dem erwähnten Urteil des BGH geht es nicht darum, die Haftung der Gesellschafter durch Ansatz eines in der Regel höheren Ertragswertes auf ein interessengerechtes Maß zu reduzieren. Den Gesellschaftern steht es zudem offen, die angestrebte Eintragung der neuen Rechtsform sicherzustellen, indem sie das Garantiekapital entsprechend niedriger festzusetzen oder durch zusätzliche Einlagen für die Deckung des gewünschten Garantiekapitals sorgen.[378]

Auch der Wortlaut von § 220 Abs. 1 UmwG lässt sich gegen eine Gesamtbetrachtung anführen. Danach muss die Deckung des Garantiekapitals überprüft werden, indem von dem Vermögen des formwechselnden Rechtsträgers dessen Schulden abzuziehen sind. Der hierin zum Ausdruck kommenden Gegenüberstellung der Aktiva und Passiva des formwechselnden Rechtsträgers trägt die Einzelbewertungsmethode eher Rechnung als eine Gesamtbetrachtung. Nur die Einzelbewertung setzt an konkreten Vermögenspositionen an. Dagegen orientiert sich die Wertermittlung nach der Ertragswertmethode maßgeblich an den zukünftigen Gewinnchancen.[379] Die Einzelbetrachtung erweist sich auch im Hinblick auf den durch § 220 Abs. 1 UmwG bezweckten Gläubigerschutz als die angemessenere Methode. Die Ertragswertmethode ist mit hohen Unsicherheiten behaftet. Sie mag für einen Käufer des Unternehmens angebracht sein, der es selbst in der Hand hat, die Ertragschancen des Unternehmens zu nutzen. Für den Schutz der Gläubiger ist jedoch entscheidend, dass deren Forderungen durch konkrete Vermögenswerte, nicht durch volantile Gewinnerwartungen gedeckt sind. Letztendlich darf auch nicht übersehen werden, dass § 192 Abs. 2 UmwG für den Umwandlungsbericht eine Aufstellung der einzelnen Gegenstände und der Verbindlichkeiten ausdrücklich vorschreibt. Es wäre aber wohl weder den Anteilsinhabern noch den Gläubigern vermittelbar, wenn der für den Umwandlungsbericht ermittelte Vermögenswert niedriger ausfällt als derjenige, der im Zusammenhang mit dem Gebot der Reinvermögensdeckung ermittelt wird. Daher bleibt festzuhalten, dass sich allein die Bewertung des Vermögens nach dem Einzelbewertungsverfahren mit Wortlaut und Zweck des § 220 Abs. 1 UmwG vereinbaren lässt.

---

378 Vgl. dazu noch 4. Kapitel:I.2.d).

379 Vgl. dazu *Zürbig*, Der Formwechsel einer Personengesellschaft in eine Kapitalgesellschaft, S. 134.

(b) Ansatz der Buchwerte oder der Verkehrswerte

Bei der zweiten grundsätzlichen Frage im Rahmen des Gebots der Reinvermögensdeckung geht es darum, ob bei der Bewertung des Vermögens die Buchwerte oder die Verkehrswerte anzusetzen sind. Auch hierzu schweigen sich das Gesetz und seine Begründung aus.[380] Bei der Beantwortung der Frage ist darauf zu achten, dass sie nicht mit einer anderen Problematik vermengt wird. Entscheidet man sich für den Ansatz der Verkehrswerte, so ist zu prüfen, ob die im Rahmen der Wertnachweisrechnung ermittelten Werte auch Eingang in die Bilanz des Rechtsträgers neuer Rechtsform finden dürfen. Dies ist eine bilanzrechtliche Thematik und von der hier zu behandelnden Frage der Deckung des Aktivreinvermögens als Voraussetzung für die Eintragung der neuen Rechtsform scharf zu trennen.[381]

Bei der früher in §§ 40 ff. und §§ 46 ff. UmwG 1969 geregelten Umwandlung von Personen- in Kapitalgesellschaften entsprach es allgemeiner Auffassung, dass ein Ansatz der wirklichen Werte in der Umwandlungsbilanz zulässig sei.[382] Das ließ sich jedoch damit begründen, dass die übertragende Umwandlung alten Rechts eine Sacheinlage der Gesellschaft alter Rechtsform in die Gesellschaft neuer Rechtsform beinhaltete, aufgrund derer das zu übertragende Vermögen neu bewertet werden musste.[383] Rückschlüsse auf den identitätswahrenden Formwechsel nach dem Umwandlungsgesetz 1994 lassen sich daher nicht ohne weiteres ziehen.

Diejenigen Autoren, die sich gegen einen Ansatz des Vermögens zu den wirklichen Vermögenswerten in der Wertnachweisrechnung aussprechen, berufen sich denn auch im Wesentlichen auf das Identitätsprinzip. Aufgrund des identitätswahrenden Charakters des Formwechsels finde kein Vermögenstransfer statt. Ein Realisationsmoment, das eine Neubewertung des Vermögens rechtfertigen könnte, trete bei der formwechselnden Umwandlung nicht ein. Im Hinblick auf die oft bezweifelte Vereinbarkeit des Identitätsprinzips mit dem Gläubigerschutz im Gesellschaftsrecht ist an dieser Stelle hervorzuheben, dass sich der beschworene Gegensatz von Identitätsprinzip und Gläubigerschutz hier geradezu umkehrt: Aufgrund des Identitätsgrundsatzes sollen in der Wertnachweisrechnung nur die niedrigeren

---

380 *Joost*, in: Lutter, UmwG, § 220 Rn. 13.

381 Dennoch werden die Argumente aus den beiden Fragenkreisen zum Teil in einem Zug genannt, vgl. nur *Petersen*, Der Gläubigerschutz im Umwandlungsrecht, S. 86 ff.

382 *Schilling*, in: Hachenburg, GmbHG, § 77 Anh. § 47 UmwG Rn. 4; *Priester*, in: Scholz, GmbHG, 7. Auflage, Anh. Umw. § 47 Rn. 12.

383 *Busch*, AG 1995, 555 (559).

Buchwerte angesetzt werden dürfen. Der Ansatz der niedrigeren Werte würde den Gläubigern zum Vorteil gereichen. Dennoch erweist sich diese Argumentation als nicht stichhaltig. Die Identität des Rechtsträgers beruht nicht auf der Identität des ihm zuzuordnenden Vermögens und erst recht nicht auf der identischen Bewertung desselben. Allenfalls beruht die Identität darauf, dass das Vermögen des Rechtsträgers als Einheit von dem Vermögen der Gesellschafter zu trennen ist.[384] Dem Identitätsprinzip kann daher keine Aussage über die anwendbare Bewertungsmethode entnommen werden.

Dagegen könnte gem. § 24 UmwG ein Wahlrecht zwischen dem Ansatz von Buch- und Verkehrswerten bestehen. Dieser besagt, dass bei der Verschmelzung zweier Rechtsträger als Anschaffungskosten i.S. des § 253 Abs. 1 HGB die in der Schlussbilanz des übertragenden Rechtsträgers angesetzten Werte angesetzt werden können, und eröffnet damit die Möglichkeit, höhere Zeitwerte anzusetzen. Neben dem Ansatz zu Buchwerten ist daher auch der Ansatz bis zu den Zeitwerten zulässig.[385] Jedoch ist die Anwendbarkeit des § 24 UmwG im Rahmen des Formwechsels abzulehnen, da die Vorschriften zum Formwechsel anders als diejenigen zur Spaltung und zur Vermögensübertragung gerade keine Generalverweisung auf das Recht der Verschmelzung enthalten. Dies beruht unter anderem darauf, dass der Formwechsel im Gegensatz zur Verschmelzung, der Spaltung und der Vermögensübertragung keine Vermögensübertragung beinhaltet. Nur bei erheblicher Ähnlichkeit der Sachverhalte wird in Einzelfällen die Verweisungstechnik gewählt.[386] Eine Einzelverweisung auf § 24 UmwG findet sich indes in den Formwechselvorschriften nicht.[387] Auch der Hinweis auf die Vermögensaufstellung nach § 192 Abs. 2 UmwG ist nicht überzeugend. Für diese sind die wirklichen Vermögenswerte maßgeblich.[388] Die Wertnachweisrechnung nach § 220 Abs. 1 UmwG habe sich an dieser Vermögensaufstellung zu orientieren, da eine gesonderte Schlussbilanz des formwechselnden Rechtsträgers zu Buchwerten nach dem neuen Umwandlungsgesetz nicht mehr erforderlich sei.[389] Die Vermögensaufstellung nach § 192 Abs. 2 UmwG dient jedoch allein der Information der Anteilsinhaber. Die dort anwendbare Bewertungsmethode stellt im Zusammenhang mit dem Gebot der Reinvermögensdeckung ebenfalls kein stichhaltiges Argument dar.

---

384 *Lenz*, Gesellschafter und Gläubigerschutz bei dem Formwechsel einer OHG in eine GmbH, S. 207.

385 *Priester*, in: Lutter, UmwG, § 24 Rn. 5.

386 Begr. RegE, in: Ganske, Umwandlungsrecht, S. 210.

387 *Timmermanns*, DB 1999, 948; *Priester*, DB 1995, 911.

388 *Timmermanns*, DB 1999, 948.

389 *Priester*, in: FS Zöllner, 449 (457 f.).

Für die Maßgeblichkeit der Verkehrswerte lassen sich aber eine Reihe anderer Argumente anführen. Parallelen ergeben sich aus der Rechtsprechung zur sogenannten Vorbelastungsbilanz.[390] Hier geht es ebenfalls um die Deckung der Stammkapitalziffer durch das Vermögen der Vor-GmbH zum Zeitpunkt der Eintragung. Bei der Vorbelastungsbilanz handelt es sich um einen Vermögensstatus, dessen Werte nicht nach den für Jahresbilanzen geltenden Vorschriften der §§ 252 HGB bestimmt werden, sondern nach denjenigen einer nach dem Going-concern-Prinzip erstellten Vermögensbilanz. Schließlich kommt es auf das Vorhandensein eines ausreichenden Haftungssubstrats im Gläubigerinteresse und nicht auf die Verhinderung einer Ausschüttung nichtrealisierter Gewinne an. Stille Reserven dürfen daher bis zur Höhe der Verkehrswerte ausgewiesen werden.[391] Dagegen wird zwar bei § 30 GmbHG, der ebenfalls im Dienste des Gläubigerschutzes steht, auf die Buchwerte abgestellt.[392] Dies resultiert jedoch aus der Notwendigkeit, jederzeit die Zulässigkeit einer Ausschüttung beurteilen zu können. Eine laufende Bewertung des Vermögens nach den tatsächlichen Werten kann zu diesem Zweck nicht vorgenommen werden.[393] Beim Formwechsel ist es dagegen möglich, das Vermögen einmalig zu einem bestimmten Stichtag nach den Verkehrswerten zu bewerten.[394]

Auch das Anliegen des Gesetzgebers, mit dem neuen Umwandlungsgesetz Umstrukturierungen zu erleichtern, spricht für den Ansatz der Verkehrswerte. Denn als Alternative steht weiterhin die Sachgründung einer Kapitalgesellschaft verbunden mit der Einbringung des Vermögens der Personenhandelsgesellschaft, bei der die Verkehrswerte angesetzt werden könnten, zur Verfügung. Ein solcher Umweg kann aber vom Gesetzgeber kaum gewollt sein.[395] Für den Ansatz der wirklichen Werte spricht weiter der Verweis auf die Gründungsvorschriften in § 197 S. 1 UmwG. Das dadurch begründete Erfordernis einer aufwendigen Gründungsprüfung würde wenig Sinn ergeben, wenn das Nennkapital ohnehin durch die aus einem Jahresabschluss abgeleiteten

---

390 *Fischer*, BB 1995, 2173 (2179).

391 *Priester*, ZIP 1982, 1141 (1142); *Ulmer*, in: Hachenburg, GmbHG, § 11 Rn. 89; BGH DB 1994, 570.

392 Vgl. nur *Lutter/Hommelhoff*, GmbHG, § 30 Rn. 14 ff.

393 *Joost*, in: Lutter: UmwG, § 220 Rn. 13; *Lenz*, Gesellschafter und Gläubigerschutz bei dem Formwechsel einer OHG in eine GmbH, S. 211.

394 *Lenz*, Gesellschafter und Gläubigerschutz bei dem Formwechsel einer OHG in eine GmbH, S. 211.

395 *Stratz*, in: Schmitt/Hörtnagl/Stratz, UmwG/UmwStG, § 220 UmwG Rn. 6; *Petersen*, Der Gläubigerschutz im Umwandlungsrecht, S. 87.

Buchwerte dargestellt werden müsste.[396] Schließlich wird der Ansatz der Verkehrswerte auch dem Anliegen von § 220 Abs. 1 UmwG gerecht. Denn den Interessen der Gläubiger ist Genüge geleistet, wenn das Garantiekapital durch ein zu Zeitwerten bemessenes Reinvermögen gedeckt ist.[397] Dabei ist, soweit sich im Einzelfall nichts Gegenteiliges ergibt, von der Unternehmensfortführung auszugehen (sog. Going-concern-Prinzip).[398] Allerdings wird dem Gebot der Reinvermögensdeckung auch dann Genüge geleistet, wenn sich die Deckung des Reinvermögens bereits aufgrund der aus dem letzten Jahresabschluss abgeleiteten Buchwerte[399] oder der nach § 25 S. 2 UmwStG aufzustellenden steuerlichen Einbringungsbilanz ergibt.[400]

(c) Berücksichtigung des Firmenwertes

Ob ein selbstgeschaffener Firmenwert in der Wertnachweisrechnung zur Deckung des Stamm- oder Grundkapitals der Kapitalgesellschaft herangezogen werden darf, war bereits in der Literatur zur übertragenden Umwandlung nach den §§ 46 ff. UmwG 1969 umstritten.[401] Unter Firmenwert ist der Differenzbetrag zwischen dem Wert des Unternehmens als Ganzem und dem Wert der einzelnen Vermögensgegenstände eines Unternehmens abzüglich der Schulden zu verstehen.[402] Zu unterscheiden ist zwischen einem selbstgeschaffenen (originären) und einem erworbenen (derivativen) Firmenwert.[403] Das HGB erlaubt in seinen §§ 248 Abs. 2, 255 Abs. 4 lediglich den Ansatz eines derivativen Firmenwertes. Dies hat seinen Grund in dem für den Ansatz von Werten im Jahresabschluss geltenden Vorsichtsprinzip (§ 252 Abs. 1 Nr. 4 HGB).[404] Nur der Wert eines am Markt erworbenen Firmenwerts ist das Ergebnis der widerstreitenden Interessen von Käufer und Verkäufer und damit der Objektivierungsfunktion des Marktes unterworfen. Beim selbst

---

396 *K. Schmidt*, ZIP 1995, 1385 Fn. 5; *Priester*, in: FS Zöllner, 449 (457 ff.); *Schlitt*, in: Semler/Stengel, UmwG, § 220 Rn. 13 begründet die Maßgeblichkeit der tatsächlichen Werte entgegen der hier vertretenen Ansicht damit, dass der Gesetzgeber den Formwechsel wie eine Sachgründung behandelt habe.

397 *Timmeremanns*, DB 1999, 948 (949); *Joost*, in: Lutter, UmwG, § 220 Rn. 13; *Lenz*, Gesellschafter und Gläubigerschutz bei dem Formwechsel einer OHG in eine GmbH.

398 BGH NJW 1998, 233 (234); *Priester*, in: FS Zöllner, 449 (457).

399 Zur Frage, wie lange der letzte Jahresabschluss zurückliegen darf vgl. noch unten 4. Kapitel:VI.4.b).

400 *Priester*, in: FS Zöllner, 449 (458); *Dirksen*, in: Kallmeyer, UmwG, § 220 Rn. 11.

401 Zu den gegensätzlichen Positionen vgl. einerseits *Priester*, in: FS Nirk, 893 (905), andererseits *Martens/Röttger*, DB 1990, 1097 (1099).

402 *Priester*, in: FS Nirk, 893 (898).

403 *Priester*, in: FS Nirk, 893 (903).

404 *Priester*, in: FS Nirk, 893 (903 f.).

geschaffenen Firmenwert kommt diese Objektivierungsfunktion nicht zum Tragen.[405] Er ist eine bloße Differenzgröße. Für die Annahme eines nach den Regeln des HGB bilanzierbaren Vermögensgegenstandes fehlt es ihm an der nach den handelsrechtlichen Grundsätzen ordnungsgemäßer Buchführung erforderlichen selbständigen Bewertbarkeit und Einzelverwertbarkeit.[406] Der Ansatz eines originären Firmenwertes ist daher nach den Bilanzierungsregeln des HGB nicht möglich.

Auf die im Rahmen des § 220 Abs. 1 UmwG zu erstellende Wertnachweisrechnung sind die Vorschriften des HGB über den Jahresabschluss allerdings nicht strikt anwendbar.[407] Dort, wo es zu vergleichbaren Problemlagen kommt, erscheint es dennoch angebracht, die Vorschriften des HGB zumindest analog anzuwenden. Auch der Ansatz eines originären Firmenwertes in der Wertnachweisrechnung nach § 220 Abs. 1 UmwG führt zu Bewertungsschwierigkeiten. Zwar wird der Wertansatz aufgrund des Verweises auf die Gründungsvorschriften einer registergerichtlichen Kontrolle unterzogen, aber es ist fraglich, ob diese Kontrolle die Wertfindung im Rahmen eines Verkehrsgeschäfts ersetzen kann.[408] Teilweise wird dies verneint, da die Bewertung des Firmenwertes den Registerrichter vor „nicht zu überwindende Schwierigkeiten" stelle.[409] Hiergegen ist einzuwenden, dass sich der Registerrichter beim Formwechsel in die AG/KGaA an den Ergebnissen der gem. § 220 Abs. 3 S. 1 UmwG vorzunehmenden Gründungsprüfung durch externe Prüfer (§ 33 Abs. 2 AktG) orientieren kann. Beim Formwechsel in die GmbH müssen ihm gem. § 8 Abs. 1 Nr. 5 GmbHG Unterlagen über den Wert des formwechselnden Rechtsträgers zur Verfügung gestellt werden.[410] Dem HGB kann daher für den vorliegenden Zusammenhang kein Verbot des Ansatzes eines originären Firmenwertes entnommen werden.

Gegen den Ansatz eines originären Firmenwertes in der Wertnachweisrechnung spricht aber, dass es sich hierbei nur um einen rechnerischen Wert handelt, der aus der Differenz zwischen dem Wert des Nettoaktivvermögens und demjenigen des Unternehmens als ganzem zu ermitteln ist. Für die Berechnung des Unternehmenswertes müsste wieder auf eine Gesamtbetrachtung nach betriebwirtschaftlichen Rechnungsmethoden abgestellt werden. Damit würden

---

405 *Martens/Röttger*, DB 1990, 1097 (1099).
406 *Martens/Röttger*, DB 1990, 1097 (1098).
407 *Priester*, in: FS Zöllner, 449 (458).
408 Bejahend *Priester*, in: FS Nirk, 893 (909).
409 So *Martens/Röttger*, DB 1990, 1097 (1101).
410 *Priester*, in: FS Nirk, 893 (908 f.).

die oben beschriebenen Unsicherheitsfaktoren über die Hintertür wiederum Einzug in die Wertnachweisrechnung nach § 220 Abs. 1 UmwG halten. Der Ansatz eines originären Firmenwertes ist daher im Ergebnis abzulehnen.

(d) Berücksichtigung ausstehender Einlagen

Die Frage, ob ausstehende Einlagen bei der Ermittlung des Reinvermögens beachtet werden dürfen, steht und fällt mit dem später[411] noch ausführlich zu erörternden Problem eines beim Formwechsel bestehenden Volleinzahlungsgebotes. Bejaht man die Pflicht zur Volleinzahlung der noch ausstehenden Einlagen im Rahmen des Formwechsels, kommt eine Aktivierung von Forderungen nicht in Betracht. Hält man eine Pflicht zur vollständigen Einzahlung der Einlage dagegen nicht für gegeben, bleibt es bei den Mindestkapitalaufbringungsvorschriften der § 5 Abs. 1 GmbHG, § 7 AktG. Die ausstehenden Einlagen sind gem. § 272 Abs. 1 S. 2 HGB auf der Aktivseite der Bilanz vor dem Anlagevermögen gesondert auszuweisen und entsprechend zu bezeichnen. Sie könnten daher auch in die Wertnachweisrechnung nach § 220 Abs. 1 UmwG Einzug finden.

(e) Berücksichtigung von zu leistenden Barabfindungen und baren Zuzahlungen

Gesellschaftern, die gegen den Formwechselbeschluss Widerspruch zur Niederschrift erklärt haben, ist nach § 207 UmwG von dem Rechtsträger neuer Rechtsform der Erwerb ihrer Anteile gegen eine angemessene Barabfindung anzubieten. Die Leistung solcher Abfindungszahlungen kann bei entsprechender Höhe einen Konflikt mit den Grundsätzen der Kapitalerhaltung hervorrufen. Um solche Konflikte zu vermeiden, wird zum Teil die Ansicht vertreten, die möglicherweise zu leistenden Abfindungen seien bereits bei der Vermögensbewertung zum Zweck der Kapitaldeckungskontrolle als Abzugsposten zu berücksichtigen. Wirtschaftlich gesehen mache es keinen Unterschied, ob die Abfindung erst nach dem Formwechsel oder bereits zuvor gezahlt werde. Da der Rechtsgrund der Abfindungszahlung bereits in dem Formwechselbeschluss zu sehen sei, müssten die Abfindungszahlungen bereits bei der Ermittlung des Reinvermögens Beachtung finden.[412]

Die Gesetzesbegründung besagt, dass der Leistung von Abfindungszahlungen durch die Kapitalerhaltungsregeln Schranken gezogen sind.[413] Der Gesetzgeber

---

411 Vgl. dazu unten 4. Kapitel:I.2.c).
412 So *Ihrig*, GmbHR 1995, 622 (631 f.) für die Verschmelzung.
413 Begr. RegE, in: Ganske, Umwandlungsrecht, S. 232.

hat die Barabfindung thematisch der Kapitalerhaltung, nicht der Kapitalaufbringung zugeordnet. Hierfür spricht auch, dass der schuldrechtliche Anspruch auf die Abfindungszahlung erst mit der Annahme des von dem Rechtsträger neuer Rechtsform zu unterbreitenden Angebots durch den Anteilsinhaber und damit nach Eintragung der neuen Rechtsform entsteht. Zum Zeitpunkt des Formwechsels liegt daher noch keine Verbindlichkeit vor, die bei der Wertermittlung gem. § 220 Abs. 1 UmwG in Abzug zu bringen wäre.[414]

Auch praktische Probleme sprechen gegen die Berücksichtigung der Abfindungsansprüche im Rahmen der Wertnachweisrechnung nach § 220 Abs. 1 UmwG. Bei der Erstellung derselben ist noch unsicher, wie viele Anteilsinhaber von ihrem Recht, gegen eine angemessene Abfindung aus der Gesellschaft auszuscheiden, Gebrauch machen werden. Lediglich ihre Höchstzahl lässt sich mit Hilfe des Protokolls über den Formwechselbeschluss feststellen, da die ausscheidewilligen Anteilsinhaber Widerspruch gegen den Formwechselbeschluss zur Niederschrift erklären müssen, § 207 Abs. 1 S. 1 UmwG. Müsste man bereits bei der Festlegung des Garantiekapitals immer von der höchstmöglichen Abfindungslast ausgehen, würde dies die wirtschaftliche Entscheidungsfreiheit in nicht unerheblichem Maße einschränken. Dieser Eindruck wird verstärkt, wenn zusätzlich aufgrund der §§ 207 Abs. 2, 29 Abs. 2 UmwG davon ausgegangen werden muss, dass alle nicht anwesenden Anteilsinhaber abfindungsberechtigt sind. Dies gilt nur dann nicht, wenn im Eintragungsverfahren der Nachweis gelingt, dass weder ein abwesender Anteilsinhaber zu Unrecht von der Beschlussfassung ausgeschlossen war noch die Versammlung der Anteilsinhaber nicht ordnungsgemäß einberufen oder der Formwechselbeschluss nicht als Tagesordnungspunkt bekannt gemacht wurde.[415]

Die Problematik würde dadurch verschärft, dass konsequenterweise bare Zuzahlungen nach § 196 UmwG ebenfalls in der Wertnachweisrechnung als Abzugsposten in Ansatz gebracht werden müssten. Diese erlangen zwar beim Formwechsel im Gegensatz zur Verschmelzung, bei der die Bewertung der beteiligten Unternehmen und damit die Bemessung der Anteile eine zentrale Rolle spielt, nur eine geringe praktische Bedeutung, da die Beteiligungsverhältnisse an dem Rechtsträger neuer Rechtsform meist mit denjenigen an dem Rechtsträger alter Rechtsform übereinstimmen werden. Bare Zuzahlungen können dennoch beim nicht verhältniswahrenden Formwechsel oder in Fällen erforderlich werden, in denen Sonderrechte, die an dem

---

[414] *Vossius*, in: Widmann/Mayer, Umwandlungsrecht, § 207 UmwG Rn. 10.
[415] Vgl. *Ihrig*, GmbHR 1995, 622 (632).

Rechtsträger alter Rechtsform bestanden, an dem Rechtsträger neuer Rechtsform nicht gewährt werden können.[416] Der Ansatz der baren Zuzahlungen in der Wertnachweisrechnung ist nur anhand einer Prognose über deren Höhe möglich.[417] Die bare Zuzahlung setzt aber weder voraus, dass der Anspruchsteller gegen den Formwechsel gestimmt hat noch dass er gegen diesen Widerspruch eingelegt hat.[418] Zudem kann das Spruchstellenverfahren, in dem über den Anspruch entschieden wird, bis zu zwei Monate, nachdem die Eintragung der Umwandlung als bekannt gemacht gilt, eingeleitet werden (§ 305 UmwG). Die Höhe der zu leistenden Abfindungszahlungen im Umwandlungszeitpunkt kann daher nur schwerlich bestimmt werden.

Aufgrund dieser Unwägbarkeiten sind sowohl die eventuell zu leistenden Barabfindungen als auch bare Zuzahlungen als Problem der Kapitalerhaltung einzuordnen. Sie sind in der Wertnachweisrechnung nach § 220 Abs. 1 UmwG folglich nicht als Passivposten anzusetzen.

(f) Berücksichtigung der Kosten des Formwechsels

Fraglich ist weiterhin, ob die Kosten des Formwechsels in der Wertnachweisrechnung nach § 220 Abs. 1 UmwG zu berücksichtigen sind. Dies ist nur dann der Fall, wenn die Kosten auch von dem Rechtsträger neuer Rechtsform übernommen werden müssen.

Bei der Gründung von Kapitalgesellschaften trägt die entstehende Kapitalgesellschaft den Gründungsaufwand nur bei entsprechender Festsetzung in der Satzung.[419] Dadurch soll sichergestellt werden, dass die Kapitalgesellschaft bei Eintragung in das Handelsregister tatsächlich über den öffentlich verlautbarten Haftungsfond verfügt.[420] Zur Vermeidung einer Unterbilanzhaftung der Gesellschafter kann daher der Gründungsaufwand nur bei entsprechender Festsetzung der Gründungskosten in der Vorbelastungsbilanz aktiviert und von einer Passivierung entstandener Verbindlichkeiten abgesehen werden. Keine Anwendung bei der Ermittlung der Vorbelastungshaftung finden dagegen die für den Jahresabschluss geltenden

---

416 *Decher*, in: Lutter, UmwG, § 196 Rn. 2; *Meister/Klöcker*, in: Kallmeyer, UmwG, § 196 Rn. 7 ff.

417 *Meister/Klöcker*, in: Kallmeyer, UmwG, § 196 Rn. 18.

418 *Krieger*, in: Lutter, Kölner Umwandlungsrechtstage, 275 (278).

419 Für die Aktiengesellschaft ergibt sich dies aus § 26 Abs. 2 AktG. Für die GmbH ist § 26 Abs. 2 AktG seit BGHZ 107, 1 (3 ff.) analog anzuwenden; vgl. *Hüffer*, AktG, § 26 Rn. 5 f.

420 BGH NJW 1998, 233 (234).

Regeln. Nach diesen können lediglich Aufwendungen für die Ingangsetzung des Geschäftsbetriebs als Bilanzierungshilfe angesetzt werden (§ 269 HGB). Hierunter fallen nur Betriebsaufwendungen und Kosten für den Aufbau der Unternehmensorganisation. Nicht ansatzfähig sind dagegen die Gründungskosten.[421] Diese fallen unter das Bilanzierungsverbot des § 248 Abs. 1 HGB.[422] Die Unanwendbarkeit der Regeln über den Jahresabschluss beruht darauf, dass deren Zweck darin besteht, eine Gewinnausschüttung zu unterbinden, die nicht durch eine entsprechende Erhöhung des Gesellschaftsvermögens gedeckt ist. Dagegen rechtfertigt eine Festsetzung nach § 26 Abs. 2 AktG eine Minderung der Vorbelastungshaftung, da die Gläubiger aufgrund der Festsetzung über die entsprechende Schmälerung des Haftungsfonds informiert sind. Unterbleibt die Festsetzung, sind die Gründungskosten von den Gründern zu tragen.[423] Die Aktivierung der Gründungskosten in der Vorbelastungsbilanz muss unterbleiben.[424] Dagegen wurde in der Literatur zu Recht darauf aufmerksam gemacht, dass die von der Rechtsprechung für diesen Fall geforderte Passivierung von Verbindlichkeiten[425] nicht erforderlich ist. Denn gem. § 26 Abs. 3 AktG sind die zugrunde liegenden Verträge der Gesellschaft gegenüber unwirksam.[426]

Fraglich ist, ob diese Grundsätze entsprechend auf den Formwechsel anzuwenden sind. Dafür könnte sprechen, dass § 26 Abs. 2 AktG über § 197 S. 1 UmwG auch für den Formwechsel gilt. Prinzipiell besteht auch eine vergleichbare Interessenlage, da bei der Eintragung der neuen Rechtsform die Existenz des verlautbarten Haftungsfonds sichergestellt werden muss. Der entscheidende Unterschied zur Gründung der Gesellschaft besteht jedoch darin, dass die Formwechselkosten aufgrund des Identitätsprinzips ohne weiteres dem formwechselnden Rechtsträger selbst entstehen, ohne dass es hierfür einer besonderen Regelung in der Satzung bedarf.[427] Die Formwechselkosten sind daher auf jeden Fall von dem formwechselnden Rechtsträger zu tragen und

---

421 Als solche sind z.B. zu nennen Notargebühren, Beratungskosten oder der Gründerlohn.
422 *Baumbach/Hopt*, HGB, § 248 Rn. 1, § 269 Rn. 1.
423 BGHZ 107, 1 (5 f.).
424 BGH NJW 1998, 233 (234).
425 BGH NJW 1998, 233 (234).
426 *Habersack/Lüssow*, NZG 1999, 629 (631 f.).
427 So bereits zur formwechselnden Umwandlung nach altem Recht, *Noelle*, AG 1990, 475 (479) und *Priester* AG 1986, 29 (32); nunmehr auch *Decher*, in: Lutter, UmwG, § 197 Rn. 23.

müssen daher auch Eingang in die Wertnachweisrechnung nach § 220 Abs. 1 UmwG finden.[428]

b) Vorgehen bei Abweichung des bilanziellen Eigenkapitals vom festgesetzten Nennkapital

Da der Nachweis der Reinvermögensdeckung anhand der Zeitwerte zu erbringen ist und das Nennkapital in den beschriebenen Grenzen frei festgesetzt werden kann, kann das bilanzielle Eigenkapital der Personengesellschaft das festgesetzte Nennkapital übersteigen oder unterschreiten. Nachfolgend ist zu klären, wie eine solche Abweichung bilanziell zu behandeln ist. Die Beantwortung dieser Frage hat sich an bilanzrechtlichen Grundsätzen zu orientieren und ist - dies sei nochmals betont - unabhängig von der Problematik der richtigen Wertansätze in der nach § 220 Abs. 1 UmwG erforderlichen Wertnachweisrechnung.

Keine größeren bilanzrechtlichen Schwierigkeiten ergeben sich, wenn das bilanzielle Eigenkapital das festgesetzte Nennkapital übersteigt. Der überschießende Betrag ist den übrigen Kapitalkategorien zuzuordnen, die für Kapitalgesellschaften vorgesehen sind. Das Eigenkapital der Personengesellschaft ist daher zunächst dem festgesetzten Grund- bzw. Stammkapital zuzuweisen. Der verbleibende Betrag wird den Kapital- und Gewinnrücklagen gem. § 272 Abs. 2 und 3 HGB zugeordnet.[429] Dem Vorschlag, den überschießenden Betrag als Verbindlichkeit der Gesellschaft gegenüber den Gesellschaftern auszuweisen, ist hingegen nicht zu folgen.[430] Da der formwechselnde Rechtsträger über den Formwechsel hinaus Träger des Vermögens bleibt, kann sich die Kapitalstruktur durch den Formwechselvorgang selbst nicht ändern. Eigenkapital kann daher durch den Formwechsel nicht zu Fremdkapital werden. Das den Betrag des Nennkapitals übersteigende Eigenkapital kann nur entweder bereits bei der Personengesellschaft in ein Darlehen umgewandelt[431] oder in der Kapitalgesellschaft zunächst in die Rücklagen eingestellt werden. Diese müssten dann nachfolgend aufgelöst und in Fremdkapital umgewandelt werden.[432]

---

428 Zu der hiervon zu unterscheidenden Frage, ob die Kosten aus Informationszwecken dennoch in der Satzung des Rechtsträgers neuer Rechtsform festzusetzen sind, vgl. unten 4. Kapitel:VI.1.b).

429 HFA des IDW, Wpg 1996, 507 (508); *Timmermanns*, DB 1999, 948 (949).

430 *Mayer*, in: Widmann/Mayer, Umwandlungsrecht, § 197 UmwG Rn. 36.

431 Eine solche Umwandlung führt bei der Personengesellschaft nicht zu einer Rückgewähr der Einlage i.S.v. § 172 Abs. 4 HGB, vgl. BGHZ 39, 319 (331).

432 *Rieger*, in: Widmann/Mayer, Umwandlungsrecht, § 197 UmwG Rn. 120.

Fraglich ist, wie zu verfahren ist, wenn das bilanzielle Eigenkapital nicht ausreicht, um das festgesetzte Garantiekapital zu decken. Besonders kritisch wird es, wenn das Eigenkapital nicht einmal ausreicht, um das gesetzlich vorgeschriebene Mindestkapital der Kapitalgesellschaft bilanziell darzustellen. Zwei Wege sind denkbar.

Der eine besteht in dem Ansatz eines besonderen Bilanzpostens. Vorgeschlagen wird die Aktivierung eines Verlustvortrages, soweit die Differenz auf Verluste der Personengesellschaft zurückzuführen ist.[433] Andere wollen einen Sonderposten nach § 265 Abs. 5 S. 2 HGB ansetzen.[434] Beide Bilanzpositionen wären vorrangig mit künftigen Gewinnen zu verrechnen und würden so als Ausschüttungssperre dienen.[435] Weder durch die Bildung eines Verlustvortrages noch eines Sonderpostens ist eine Gläubigergefährdung zu erkennen, soweit das festgesetzte Nennkapital zum Umwandlungszeitpunkt durch das Reinvermögens des formwechselnden Rechtsträgers gem. § 220 Abs. 1 UmwG gedeckt ist.[436]

Äußerst umstritten ist dagegen, ob der Ausgleich des Differenzbetrages auch durch eine Aufstockung der Buchwerte erfolgen darf. Ausführlich hat sich *Priester* mit dieser Frage auseinandergesetzt und die Zulässigkeit einer Aufstockung der Buchwerte bejaht. Um die Durchbrechung der Gebote der Bilanzidentität (§ 252 Abs. 1 Nr. 1 HGB) und der Bilanzkontinuität (§ 252 Abs. 1 Nr. 6 HGB) zu rechtfertigen, beruft sich *Priester* zum einen auf die Vorschrift des § 252 Abs. 2 HGB, nach der von den zuvor genannten Bilanzierungsgrundsätzen in Ausnahmefällen abgewichen werden kann. Ein solcher liege vor, da der Formwechsel zu Änderungen in der Bilanzierung führe. Das gelte sowohl für die Bilanzgliederung als auch für die Wertansätze.[437] Aber auch der Verweis auf die Gründungsvorschriften im Umwandlungsgesetz

---

433 *Vossius*, in: Widmann/Mayer, Umwandlungsrecht, § 220 UmwG Rn. 27; HFA des IDW, Wpg 1996, 507 (508); dagegen jedoch *Priester*, DB 1995, 911 (915) mit dem Argument, Verlustvorträge seien eine Folge des festen Eigenkapitals bei den Kapitalgesellschaften. Bei den Personenhandelsgesellschaften seien sie aufgrund der variablen Eigenkapitalkonten nicht denkbar. Beim Formwechsel von der Personenhandelsgesellschaft in die Kapitalgesellschaft könne ein Verlustvortrag daher nicht angesetzt werden.

434 *Stratz*, in: Schmitt/Hörtnagl/Stratz, UmwG/UmwStG, § 220 UmwG Rn. 11; *Timmermanns*, DB 1999, 948 (949 f.); HFA des IDW, Wpg 1996, 507 (508): gesonderter Abzugsposten innerhalb des Eigenkapitals, z.B. als Fehlbetrag zum gesetzlichen Mindestgrundkapital oder Mindeststammkapital.

435 HFA des IDW, Wpg 1996, 507 (508); *Stratz*, in: Schmitt/Hörtnagl/Stratz: UmwG/UmwStG, § 220 UmwG Rn. 11; *Timmermanns*, DB 1999, 948 (949 f.).

436 HFA des IDW, Wpg 1996, 507 (508 f.).

437 *Priester*, DB 1995, 911 (915 f.).

rechtfertige die Durchbrechung der Bilanzkontinuität. Die erstmalige Feststellung der Kapitalgrundlage beim Formwechsel in die Kapitalgesellschaft stelle einen Neubeginn in der Bilanzierung dar, vergleichbar mit der Gründung einer Gesellschaft.[438] Da den Interessen der Gläubiger ausreichend Rechnung getragen werde, wenn das Nennkapital durch entsprechende Vermögenswerte gedeckt sei, hält *Priester* sogar eine Wertaufstockung, die das Maß, das zur Deckung des Nennkapitals erforderlich ist, überschreitet, für möglich.[439] Nicht einmal die durch die ursprünglichen Anschaffungs- oder Herstellungskosten in § 253 Abs. 1 S. 1 HGB gezogene Grenze soll dabei einzuhalten sein. Die Buchwertaufstockung sei auch über die ursprünglichen Anschaffungs- bzw. Herstellungskosten hinaus bis zu den tatsächlichen Werten möglich.[440] Die dem Anschaffungs- oder Herstellungsvorgang für den Wertansatz eines Wirtschaftsgutes in der Bilanz zukommende Objektivierungsfunktion übernehme beim Formwechsel die Wertkontrolle durch externe Prüfer und den Registerrichter.[441]

Gegen diese sehr weitgehende Zulassung einer bilanziellen Wertaufstockung spricht der identitätswahrende Charakter des Formwechsels. Die formwechselnde Gesellschaft bleibt über den Formwechsel hinaus Träger der ihr zugeordneten Rechte und Pflichten. Sie ist daher vor und nach dem Formwechsel Träger der Buchführungs- und Bilanzierungspflichten nach dem HGB und bleibt den Grundsätzen der Bilanzidentität (§ 252 Abs. 1 Nr. 1 HGB) und Bilanzkontinuität (§ 252 Abs. 1 Nr. 6 HGB) verbunden. Gegen die Möglichkeit der Buchwertaufstockung sprechen auch systematische Gründe. Die Heraufsetzung der Eigenkapitalziffer kommt aus systematischer Sicht einer Kapitalerhöhung aus Gesellschaftsmitteln gleich. Es ist aber allgemein anerkannt, dass eine solche nur durch die Umwandlung offener Rücklagen (vgl. § 207 Abs. 1 AktG, § 57c Abs. 1 GmbHG), nicht aber durch die Aufdeckung stiller Reserven erfolgen darf.[442] Aufschluss bietet auch der Vergleich mit dem Verschmelzungsrecht. Dort hat der Gesetzgeber in § 24 UmwG ausdrücklich ein Wahlrecht zwischen dem Ansatz der Buchwerte und der tatsächlichen Werte geschaffen. Dagegen findet sich beim Formwechsel weder eine vergleichbare Vorschrift noch eine Verweisung auf § 24 UmwG.[443]

---

438 *Priester*, DB 1995, 911 (916).

439 *Priester*, DB 1995, 911 (917).

440 *Priester*, DB 1995, 911 (917).

441 *Priester*, DB 1995, 911 (916); der Auffassung Priesters haben sich *Lenz*, Gesellschafter- und Gläubigerschutz bei dem Formwechsel einer OHG in eine GmbH, S. 247 ff. und *Petersen*, Der Gläubigerschutz im Umwandlungsrecht, S. 88 ff. angeschlossen.

442 *Fischer*, BB 1995, 2173 (2179).

443 Vgl. auch *Timmermanns*, DB 1999, 948 (949).

Indes kann auch nicht von einem Ausnahmefall i.S. des § 252 Abs. 2 HGB ausgegangen werden. Weder die für die Kapitalgesellschaft geltenden besonderen Vorschriften zur Gliederung der Bilanz (§ 266 HGB) noch die strengeren Vorschriften für die Wertansätze (§§ 279 ff. HGB) rechtfertigen einen völligen Neubeginn in der Bilanzierung. Auch der Verweis auf § 197 S. 1 UmwG vermag nicht zu überzeugen. Die Vorschrift verweist nach richtigem Verständnis gerade nicht auf die Gründungsvorschriften, weil der Formwechsel eine Sachgründung darstellt oder wie eine solche zu behandeln ist. Dies wird aus der Gesetzesbegründung deutlich, die den Verweis auf die Gründungsvorschriften nur in einem eingeschränkten Sinn verstanden wissen will, da die Vorschriften zum Formwechsel eine Neugründung gerade entbehrlich machen sollen. Ein Vermögensübergang, der eine Neubewertung der Wirtschaftsgüter rechtfertigen würde, findet folglich nicht statt.[444] Aber auch wertungsmäßig überzeugt die Ansicht *Priesters* nicht. Sowohl die Überprüfung der Deckung des Garantiekapitals durch das Aktivreinvermögen nach § 220 Abs. 1 UmwG als auch der Verweis auf die Gründungsvorschriften in § 197 S. 1 UmwG haben den Schutz der Gläubiger des formwechselnden Rechtsträgers im Auge. Keine der beiden Vorschriften sollte daher herangezogen werden, um eine Ausnahme von § 252 Abs. 2 HGB zu begründen, die die Aufstockung der Buchwerte und die Erhöhung des Ausschüttungspotentials in dem Rechtsträger neuer Rechtsform zur Folge hätte.

Auch ein formaler Aspekt spricht gegen die Zulässigkeit der Aufstockung der Buchwerte. Folgt man der Ansicht *Priesters*, müsste man aufgrund der neuen Wertansätze für den Rechtsträger neuer Rechtform eine Eröffnungsbilanz nach § 242 Abs. 1 S. 1 HGB erstellen.[445] Im Gegensatz zum alten Umwandlungsrecht[446] und auch zum Diskussionsentwurf von 1988[447] sieht das neue Umwandlungsgesetz aber weder eine Umwandlungs- noch eine Eröffnungsbilanz vor.

Der Differenzbetrag zwischen festgesetztem Nennkapital und dem bilanziellen Eigenkapital ist folglich durch einen Sonderposten in der Bilanz auszugleichen, der, solange er nicht mit zukünftigen Gewinnen verrechnet wurde, als

---

444 *Stratz*, in: Schmitt/Hörtnagl/Stratz, UmwG/UmwStG, § 220 UmwG Rn. 11; *Vossius*, in: Widmann/Mayer, Umwandlungsrecht, § 220 UmwG Rn. 27.

445 Dies erkennt auch *Priester*, DB 1995, 911 (916), der die Aufstellung einer Eröffnungsbilanz entsprechend der Handhabung im Steuerrecht auf einen bis zu acht Monaten vor der Anmeldung des Formwechsels zum Handelsregister liegenden Stichtag für möglich hält.

446 §§ 43 Abs. 3 S. 2, 49 Abs. 1 S. 3 UmwG 1969.

447 Dieser sah in seinem § 256 noch die Aufstellung einer Umwandlungsbilanz vor.

Ausschüttungssperre dient. An dieser Stelle zeigt sich ein weiteres Mal: Die konsequente Anwendung des Identitätsprinzips muss keineswegs im Gegensatz zum Gläubigerschutz stehen. Sie kann sich vielmehr auch zugunsten der Gläubiger auswirken.

c) Leistung der Einlagen

In der Literatur wird die Frage diskutiert, ob beim Formwechsel die Leistung etwaig ausstehender Einlagen erforderlich ist. Teilweise wird die Ansicht vertreten, die Einlagen seien ohne weiteres vollständig erbracht. Soweit man beim Formwechsel überhaupt in der Kategorie der „Einlage“ denken könne, handle es sich jedenfalls um eine Sacheinlage, die automatisch dadurch erbracht werde, dass das Vermögen des formwechselnden Rechtsträgers mit der Eintragung Vermögen des Rechtsträgers neuer Rechtsform werde.[448] Die Gesellschafter würden danach ihre Einlagen in Gestalt ihrer bisherigen Beteiligung erbringen. Wie die Wertnachweisrechnung gem. § 220 Abs. 1 UmwG zeige, würden die Einlagen auch vollwertig erbracht.[449]

Nach anderer Ansicht sind beim Formwechsel die noch ausstehenden Einlagen der Gesellschafter in voller Höhe zu leisten. Der Formwechsel stelle ungeachtet der Identitätsthese materiell eine Sachgründung dar. Daher sei im Zusammenhang mit der Kapitaldeckung insbesondere das für die Sachgründung geltende Gebot der Erbringung der Einlage in voller Höhe zu beachten. Der Sinn des Volleinzahlungsgebots bestehe darin, Kontrolle und Leistung der Sacheinlage sicherzustellen. Dies gelte auch für den Formwechsel. Es bestehe kein Anlass, diesen unter erleichterten Bedingungen zuzulassen. Beim Formwechsel von der Personenhandelsgesellschaft in die Kapitalgesellschaft gebiete der Schutz der Gläubiger die Volleinzahlung der Einlagen, da für die Einlageleistung im Personengesellschaftsrecht wesentlich weniger strenge Vorschriften gelten würden.[450] Andernfalls würde sich der Formwechsel zur Umgehung der Sachgründungsvorschriften geradezu anbieten. Der Wechsel in

---

[448] *Rieger*, in: Widmann/Mayer, Umwandlungsrecht, § 245 UmwG Rn. 100.

[449] *Priester*, DB 1995, 611 (615); *Timmermanns*, DB 1999, 948 (949).

[450] Vgl. *Priester*, in: FS Zöllner, 449 (464 f.). Allerdings wird nicht erläutert, warum es nicht ausreichend ist, im Zuge des Formwechsel die strengeren Kapitalaufbringungsregeln der Kapitalgesellschaften nach den allgemeinen Grundsätzen anzuwenden, sondern darüber hinaus eine Volleinzahlung der Einlagen zu fordern sein soll. Ähnlich jedoch auch *Petersen*, Der Gläubigerschutz im Umwandlungsrecht, S. 101 ff., der nicht etwa die Anwendung des Volleinzahlungsgebotes, sondern die „Ausnahme“ vom Volleinzahlungsgebot für begründungsbedürftig hält. Dabei wird jedoch das Regel - Ausnahmeprinzip des Kapitalaufbringungsrechts verkehrt.

die Kapitalgesellschaftsform könne zudem nicht gestattet werden, wenn die Gesellschafter nicht einmal das Reinvermögen in Höhe des gesetzlichen Mindestkapitals aufbringen könnten.[451] Teilweise wird die Geltung des Volleinzahlungsgebotes jedoch auf Fälle beschränkt, in denen die Einlageforderung zur Deckung des Nennkapitals erforderlich ist.[452] Ist dies nicht der Fall, sollen die Ansprüche mangels Kapitalaufbringungsrelevanz auch nicht den Einlageleistungsregeln des Kapitalgesellschaftsrechts unterstellt werden.[453]

Den genannten Ansichten ist gemein, dass sie die Rechtsnatur des Formwechsels und die Bedeutung des Identitätsgrundsatzes verkennen. Zum Wesen des Formwechsels gehört es, dass er keinen Vermögensübergang zur Folge hat. Das Vermögen verbleibt bei demjenigen Rechtsträger, bei dem es sich auch vor dem Formwechsel befand.[454] Im Gegensatz zu den sonstigen Umwandlungsfällen geht es nicht um die Prüfung eines Vermögensüberganges von der Ausgangs- auf die Zielgesellschaft, sondern um die Überführung eines bestehenden und mit Vermögen ausgestatteten Rechtsträgers aus seiner bisherigen Organisationsverfassung in eine neue.[455] Im Zuge des Formwechsels werden daher nicht etwa neue Sacheinlageverpflichtungen übernommen, die durch die Einbringung des formwechselnden Rechtsträgers zu erfüllen wären. Auf die ursprünglich übernommenen Einlageverpflichtungen ist vielmehr lediglich das Recht des Rechtsträgers neuer Rechtsform anzuwenden. Bereits der Ansatzpunkt der Erbringung einer Einlage durch den automatischen Übergang des Vermögens von dem formwechselnden Rechtsträger auf den Rechtsträger neuer Rechtsform zeugt von dem Denken in den überkommenen Strukturen des übertragenden Formwechsels nach dem alten Umwandlungsgesetz. Nimmt man den Identitätsgrundsatz ernst, werden Einlagen beim Formwechsel daher weder „automatisch" erbracht noch ist eine Volleinzahlung erforderlich.[456]

---

451 *Joost*, in: Lutter, UmwG, § 220 Rn. 15; *ders.*, in: Lutter, Umwandlungsrechtstage, 245 (257 f.).

452 *Priester*, in: FS Zöllner, 449 (463 ff.); *Joost*, in: Lutter, UmwG, § 220 Rn. 14.

453 *Priester*, in: FS Zöllner, 449 (463).

454 *Meister/Klöcker*, in: Kallmeyer, UmwG, § 197 Rn. 23.

455 *Mayer*, in: Widmann/Mayer, Umwandlungsrecht, § 197 UmwG Rn. 16; *K. Schmidt*, ZIP 1995, 1385 (1386 f.).

456 Anders jedoch *K. Mertens*, Umwandlung und Universalsukzession, S. 230 ff., der aus der Unterscheidung zwischen übertragender und identitätswahrender Umwandlung keine materiell-rechtlichen Schlussfolgerungen ziehen will. Beide Konstruktionen müssten ergebnisäquivalent sein, weil sie zum gleichen, gesetzlich vorgegebenen Gestaltungsziel führen.

Bereits unter Geltung des alten Umwandlungsrechts, bei dem die übertragende Umwandlung als Überführung des von der Personengesellschaft geführten Unternehmens auf eine Kapitalgesellschaft und damit als Sachgründung angesehen wurde, konnte das Volleinzahlungsgebot nicht schlüssig erklärt werden: Sah man als Sacheinlage das Unternehmen mit allen Aktiva und Passiva an, so war die Einlage mit der Gesamtrechtsnachfolge im Ganzen bereits erbracht, unabhängig von noch ausstehenden Einlagen. Sah man dagegen die einzelnen Vermögensgegenstände als Sacheinlagen an, so ergab sich aus der Einbringung der noch offenen Einlageforderung nicht notwenig die Pflicht, die Einlagen in voller Höhe zu leisten.[457] Dagegen wurde bei der früher im Aktiengesetz geregelten formwechselnden Umwandlung zwischen AG und GmbH die Teileinzahlung als Umwandlungshindernis nicht erörtert.[458] Dies ist aber darauf zurückzuführen, dass in diesen Fällen nach allgemeiner Ansicht eine Unterbilanz kein Umwandlungshindernis darstellte[459] und die Deckung des Garantiekapitals folglich nicht problematisiert wurde. Aber auch in denjenigen Umwandlungsfällen, in denen eine Unterbilanz bereits nach altem Recht untersagt war (§ 385d Abs. 4 S. 1 AktG 1965 für die Umwandlung eines VVaG und § 385m Abs. 4 S. 2 AktG 1965 für diejenige einer Genossenschaft) wurde eine Deckung des Nennkapitals durch Einlageforderungen gegen die Gesellschafter für ausreichend erachtet, solange 25 % des Nennkapitals auf andere Weise gedeckt waren.[460]

Auch aus den Vorschriften des Umwandlungsgesetzes lässt sich keine Pflicht zur Volleinzahlung von Bareinlagen ableiten. Aus der in § 220 Abs. 1 UmwG vorgeschriebenen Reinvermögensdeckung kann ein solches Gebot nicht hergeleitet werden. Die Reinvermögensdeckung wird bilanziell festgestellt, Einlageforderungen können dabei nach den allgemeinen Grundsätzen aktiviert werden. Die Frage der Volleinzahlung hat daher mit dem Gebot der Reinvermögensdeckung nichts zu tun.[461] Hierfür spricht auch, dass sich § 220 Abs. 1 UmwG zu der Frage, wie das Reinvermögen gedeckt werden muss, nicht auslässt. Ebenso gebietet der Verweis auf die Gründungsvorschriften nicht notwendig den Schluss auf ein Volleinzahlungsgebot.[462] Der Verweis bezieht sich zwar insbesondere auf die Sachgründungsvorschriften, doch wird der

---

457 *K. Schmidt*, ZIP 1995, 1385 (1387 f.).

458 *Zöllner*, in: KK, § 369 Rn. 78; *Semler/Grunewald*, in: Geßler/Hefermehl, AktG, § 369 Rn. 50.

459 *Zöllner*, in: KK, § 369 Rn. 77, § 376 Rn. 45.

460 *Zöllner*, in: KK, § 385d Rn. 34, § 385m Rn. 33; schwankend jedoch *Semler/Grunewald*, in: Geßler/Hefermehl, AktG, § 385d Rn. 16.

461 *K. Schmidt*, ZIP 1995, 1385 (1386).

462 Ebenso *K. Schmidt*, in: FS Ulmer, 557 (566 f.).

Formwechsel dadurch nicht einem Sachgründungsvorgang gleichgestellt. Nur soweit es beim Formwechsel zu einer für die Gläubiger mit einer Sachgründung vergleichbaren Gefährdungslage kommt, findet das Sachgründungsrecht Anwendung. Die anzuwendenden Berichts- und Prüfungsvorschriften dienen nicht der Prüfung eines gar nicht stattfindenden Einbringungsvorgangs, sondern lediglich der Prüfung, ob der Vermögenszustand nach dem Formwechsel den für den neuen Rechtsträger geltenden Normativbestimmungen entspricht. Dies lässt sich auch mit der Intention des Gesetzgebers vereinbaren, durch den Verweis auf die Gründungsvorschriften ein Unterlaufen der für den Rechtsträger neuer Rechtsform geltenden Normativbestimmungen zu verhindern.[463] Unter Gläubigerschutzaspekten ist auch nicht einzusehen, warum der Formwechsel in die Kapitalgesellschaft im Hinblick auf die Leistung versprochener Bareinlagen strenger zu behandeln sein soll als die Gründung einer Kapitalgesellschaft.[464]

Legt man das identitätswahrende Konzept zugrunde, kommt es beim Formwechsel weder zur Übertragung von Vermögen noch zur Erbringung von Einlageleistungen. Im Umwandlungsbeschluss sind gem. § 194 Abs. 1 Nr. 4 UmwG lediglich Aussagen über die Zuordnung der bisherigen Kapitalkonten zum Nennkapital bzw. in die Kapitalrücklagen zu treffen.[465] Auf noch offene Einlageforderungen der Gesellschaft sind nach dem Formwechsel die §§ 7 Abs. 2, 3 GmbHG und §§ 36a, 36 Abs. 2 AktG anzuwenden. Danach sind Bareinlagen im Zuge des Formwechsels mindestens in Höhe eines Viertels des Nennbetrages zu leisten. Sacheinlagen sind vollständig zu erbringen und müssen endgültig zur freien Verfügung der Geschäftsführung bzw. des Vorstandes stehen.[466] Ein darüber hinausgehendes Leistungsgebot bringt der Formwechsel nicht mit sich.[467] Ein generelles Volleinzahlungsgebot lässt sich weder dem Umwandlungsgesetz entnehmen noch ist es aus Gläubigerschutzgründen erforderlich.

d) Erbringung zusätzlicher Einlagen

Umstritten ist, ob im Rahmen des Formwechsels zusätzliche Einlagen nach dem allgemeinen Gründungsrecht zur Deckung des Nennkapitals erbracht werden können, wenn das nach Zeitwerten zu bemessende Reinvermögen der

---

463 *K. Schmidt*, ZIP 1995, 1385 (1388 f.).
464 So auch *Schlitt*, in: Semler/Stengel, UmwG, § 220 Rn. 16.
465 *Decher*, in: Lutter, UmwG, § 194 Rn. 12.
466 *Decher*, in: Lutter, UmwG, § 197 Rn. 14.
467 Im Ergebnis ebenso: *Dirksen*, in: Kallmeyer, UmwG, § 220 Rn. 9; *Limmer*, in: FS Widmann, 51 (63 f.); *Decher*, in: Lutter, UmwG, § 197 Rn. 13.

Personengesellschaft die festzusetzende (Mindest-)Nennkapitalziffer nicht erreicht.

Für das alte Recht der übertragenden Umwandlung einer Personengesellschaft in eine Kapitalgesellschaft war unstreitig, dass das Nennkapital der neu errichteten Kapitalgesellschaft nicht ausschließlich durch Reinvermögen der bisherigen Personenhandelsgesellschaft aufgebracht werden musste. Die Zulässigkeit der Verbindung der übertragenden Umwandlung mit zusätzlichen Bareinlagen war anerkannt.[468] Dies hing mit der Ausgestaltung des Formwechsels als übertragende Umwandlung zusammen, bei der der neue Rechtsträger erst gegründet wurde. Die Zulassung neuer Einlagen war daher konsequent.[469] Aber auch zu § 385d Abs. 4 S. AktG 1965 betreffend den Formwechsel eines Versicherungsvereins auf Gegenseitigkeit in eine AG, einer der Vorgängervorschriften zu § 220 Abs. 1 UmwG, wurde die Ansicht vertreten, dass teileingezahlte Aktien ausgegeben werden konnten. Dadurch wurde für die Gesellschafter der AG mit dem Formwechsel eine neue Einlageverpflichtung begründet, die zur Deckung des Grundkapitals herangezogen werden konnte. Voraussetzung war freilich eine Zustimmung der künftigen Aktionäre.[470]

Einige Autoren gehen nunmehr unter Hinweis auf § 220 Abs. 1 UmwG von einem Verbot zusätzlicher Einlagen aus. Das Nennkapital der zukünftigen Kapitalgesellschaft müsse bereits durch das vorhandene Reinvermögen der Personengesellschaft gedeckt sein. § 220 Abs. 1 UmwG sei sonst überflüssig, da sich die Notwendigkeit der Deckung des Stamm- oder Grundkapitals durch Einlagen bereits aus dem Verweis auf die Gründungsvorschriften ergebe.[471] § 220 Abs.1 UmwG modifiziere das gem. § 197 S. 1 UmwG anzuwendende Gründungsrecht. Die Kombination des Formwechsels mit einer Bareinlage könne deshalb nur in der Weise erfolgen, dass das Aktivvermögen der Personengesellschaft vor Wirksamwerden des Formwechsels erhöht werde. Alternativ seien Sanierungsmaßnahmen - z.B. eine vereinfachte Kapitalherabsetzung mit anschließender Kapitalerhöhung - nach Wirksamwerden des Formwechsels möglich, wenn es trotz materieller

468 *Priester*, in: Scholz, GmbHG, 7. Auflage, Anh. Umw. § 47 UmwG Rn. 9; *Zimmermann*, in: Rowedder, GmbHG, 2. Auflage, Anh. § 77 Rn. 304; *Schilling*, in: Hachenburg, GmbHG, § 77 Anh. UmwG § 47 Rn. 2.

469 *Joost*, in: Lutter, UmwG, § 220 Rn. 18.

470 *Zöllner*, in: KK, § 385d Rn. 34 f.; zweifelnd jedoch *Semler/Grunewald*, in: Geßler/Hefermehl, AktG, 1993, § 385d Rn. 16, die aufgrund des Sachgründungscharakters des Formwechsels ein Volleinzahlungsgebot für möglich hielten.

471 *Joost*, in: Lutter, UmwG, § 220 Rn 18.

Unterbilanz zur Eintragung der neuen Rechtsform komme.[472] Von den Befürwortern des Gebots der Volleinzahlung wird zudem angeführt, dass es bei der Erbringung zusätzlicher Einlagen nach dem allgemeinen Gründungsrecht wiederum zu teileingezahlten Anteilen käme. Dies sei beim Formwechsel aber zu vermeiden.[473]

Den genannten Stimmen in der Literatur ist entgegenzuhalten, dass der Verweis auf die Gründungsvorschriften in § 197 S. 1 UmwG durch die Vorschrift des § 220 Abs. 1 UmwG lediglich konkretisiert wird. Die Vorschrift dürfte auf den Wunsch des Gesetzgebers zurückzuführen sein, das für den Gläubigerschutz tragende Moment einer Deckung des Nennkapitals durch eine ausdrücklich Klarzustellung hervorzuheben. Auch das Identitätsprinzip steht der Erbringung zusätzlicher Einlagen nicht entgegen.[474] Zwar soll das Vermögen des formwechselnden Rechtsträgers nach der Gesetzesbegründung durch den Formwechsel grundsätzlich unberührt bleiben.[475] Dass eine Kapitaländerung auch im Zuge des identitätswahrenden Formwechsels grundsätzlich möglich ist, kommt aber im Umwandlungsgesetz selbst zum Ausdruck. Für den Formwechsel zwischen Kapitalgesellschaften bestimmt § 243 Abs. 2 UmwG nämlich ausdrücklich, dass die allgemeinen Vorschriften zur Kapitaländerung unberührt bleiben. Konkreter Regelungsbedarf bestand beim Formwechsel zwischen Kapitalgesellschaften im Gegensatz zu anderen Arten des Formwechsels, weil hier die Nennkapitalziffer des Rechtsträgers neuer Rechtsform nicht frei festgesetzt werden kann. Die Nennkapitalziffer des Rechtsträgers neuer Rechtsform entspricht gem. § 247 Abs. 1 UmwG derjenigen des Rechtsträgers alter Rechtsform. Eine Veränderung der Nennkapitalziffer kann aber durchaus erforderlich sein, um z.B. beim Formwechsel einer GmbH in eine Aktiengesellschaft das Erreichen der Mindestkapitalziffer sicherzustellen. Aus dem Fehlen einer entsprechenden Regelung beim Formwechsel in die Kapitalgesellschaft, bei dem das Nennkapital weitgehend frei festgesetzt werden kann, sollte daher nicht auf die Unzulässigkeit einer Kapitalerhöhung durch Leistung zusätzlicher Einlagen geschlossen werden.

Hinzu kommt, dass die Erbringung zusätzlicher Einlagen früher möglich war und auch weiterhin beim Formwechsel durch Übertragung des Vermögens auf einen neu gegründeten Rechtsträger möglich ist. Da der Gesetzgeber die

---

472 *Vossius*, in: Widmann/Mayer, Umwandlungsrecht, § 220 UmwG Rn. 29 ff.

473 *Petersen*, Der Gläubigerschutz im Umwandlungsrecht, S. 107. Dabei verkennt *Petersen* nicht die rechtspolitische Fragwürdigkeit der von ihm vertretenen Ansicht.

474 Ebenso *Priester*, in: FS Zöllner, 449 (466).

475 Begr. RegE, in: Ganske, Umwandlungsrecht, S. 209.

Umstrukturierungsmöglichkeiten von Rechtsträgern im neuen Umwandlungsgesetz flexibler ausgestalten wollte, kann nicht davon ausgegangen werden, dass diese Möglichkeit nunmehr ausgeschlossen werden sollte.[476] Die Kapitaldeckung durch Leistung zusätzlicher Einlagen ist daher als zulässig anzusehen.

e) Verdeckte Sacheinlagen

Im Hinblick auf die Regeln zur verdeckten Sacheinlage in der Kapitalgesellschaft könnte beim Formwechsel folgender Fall Probleme aufwerfen: Ein Gesellschafter einer Personenhandelsgesellschaft erbringt zunächst die im Gesellschaftsvertrag vereinbarte Bareinlage. In der Folgezeit tätigt er mit der Gesellschaft Geschäfte, die den im Kapitalgesellschaftsrecht entwickelten Regeln zur verdeckten Sacheinlage unterfallen. Findet nun ein Formwechsel in eine Kapitalgesellschaft statt, stellt sich die Frage, ob nach den für verdeckte Sacheinlagen geltenden Regeln die Verpflichtung zur Leistung einer Bareinlage wieder auflebt.

Hierfür könnte sprechen, dass gemäß der hier vertretenen Ansicht nach dem Formwechsel auf die Einlagen der Gesellschafter das für den neuen Rechtsträger geltende Recht anzuwenden ist. Gegen das Wiederaufleben der Bareinlageverpflichtung nach den Regeln zur verdeckten Sacheinlage spricht jedoch, dass die für die neue Gesellschaftsform geltenden Regeln gem. § 202 Abs. 1 Nr. 1 UmwG erst ab der Eintragung der neuen Rechtsform anwendbar sind. Zu diesem Zeitpunkt sind jedoch bereits sowohl die fraglichen Rechtsgeschäfte abgewickelt als auch die Einlageverpflichtung nach dem für die Personenhandelsgesellschaft geltenden Recht durch Erfüllung gem. § 362 Abs. 1 BGB erloschen. Aber auch aus Gläubigerschutzgründen ist die Anwendung der Regeln über verdeckte Sacheinlagen auf den geschilderten Sachverhalt nicht geboten. Die Regeln zur verdeckten Sacheinlage sollen eine Umgehung der strengen Sacheinlagevorschriften verhindern. Beim Formwechsel findet aufgrund des Verweises auf die Gründungsvorschriften aber ohnehin eine dem Sachgründungsrecht entsprechende Prüfung und Bewertung des Gesellschaftsvermögens statt.

Die Bareinlageverpflichtung würde daher in dem geschilderten Fall nicht wieder aufleben. Etwas anderes hätte freilich zu gelten, wenn die Geschäfte mit der Gesellschaft erst nach dem Formwechsel getätigt würden und noch in einem

---

[476] *Lenz*, Gesellschafter und Gläubigerschutz bei dem Formwechsel einer OHG in eine GmbH, S. 230; im Ergebnis ebenso *Dirksen*, in: Kallmeyer, UmwG, § 220 Rn. 1, 8; *Stratz*, in: Schmitt/Hörtnagl/Stratz, UmwG/UmwStG, § 220 UmwG Rn. 6.

engen zeitlichen und sachlichen Zusammenhang mit der Erbringung der Bareinlage stünden. Unter Umgehungsgesichtspunkten würde ein solcher Sachverhalt die Bareinlageverpflichtung des betroffenen Gesellschafters wieder aufleben lassen.

3. Kapitalerhaltung

Konflikte mit den für die Kapitalgesellschaften geltenden Kapitalerhaltungsvorschriften können sich dann ergeben, wenn das Umwandlungsgesetz Leistungen an die Gesellschafter nach dem Formwechsel vorschreibt. Dies ist bei der Barabfindung nach §§ 207 ff. UmwG und bei der baren Zuzahlung nach § 196 UmwG der Fall. Darüber hinaus wird unter dem Aspekt der Kapitalerhaltung auch die Anwendbarkeit des Eigenkapitalersatzrechts auf Gesellschafterdarlehen angesprochen, die noch der Gesellschaft alter Rechtsform gewährt wurden.

a) Barabfindung

In § 207 UmwG ist erstmals eine umfassende Regelung einer Barabfindung für den Formwechsel enthalten. Er orientiert sich an den früheren Regelungen der §§ 369 Abs. 4, 375, 388 AktG 1965 zur formwechselnden Umwandlung einer AG/KGaA in eine GmbH.[477] Die §§ 11 Nr. 2, 24 Abs. 2 Nr. 2 lit. b) UmwG 1969 betreffend den übertragenden Formwechsel von Kapitalgesellschaften in Personengesellschaften[478] sahen ein Abfindungsangebot an diejenigen Anteilsinhaber vor, die aufgrund eines Widerspruchs gegen den Formwechsel nicht mehr an dem neuen Rechtsträger beteiligt waren. Dagegen werden nunmehr bei allen Arten des Formwechsels die ausscheidewilligen Anteilsinhaber trotz ihres Widerspruchs gegen den Formwechsel zunächst Anteilsinhaber des Rechtsträgers neuer Rechtsform. Ihnen ist nach § 207 UmwG ein Abfindungsangebot zu unterbreiten.[479] Der Unterschied beruht

---

477 Im Fall des Formwechsels einer GmbH in eine Aktiengesellschaft konnte der dem Umwandlungsbeschluss widersprechende Gesellschafter die Aktien der Gesellschaft zur Verfügung stellen. Diese hatte die Anteile unverzüglich für Rechnung des Aktionärs zu veräußern, vgl. § 383 AktG 1965.

478 Für den umgekehrten Fall des Formwechsels von der Personen- in die Kapitalgesellschaft war jeweils die Zustimmung aller Gesellschafter erforderlich, vgl. §§ 42 Abs. 1 S. 1, 48 Abs. 1 S. 1 UmwG 1969.

479 Dies übersieht *Petersen*, Der Gläubigerschutz im Umwandlungsrecht, S. 30 Fn. 137, wenn er die Mitglieder, die gegen den Formwechsel gestimmt haben, in „gewissem Sinne" ebenfalls für Gläubiger hält, da sie nicht mehr Mitglieder des neuen Rechtsträgers würden.

darauf, dass ein Zwangsausscheiden einer dissentierenden Minderheit nach neuem Umwandlungsgesetz nicht mehr möglich sein soll.[480]

Im Zusammenhang mit dem Barabfindungsangebot nach § 207 UmwG ist § 194 Abs. 1 Nr. 6 UmwG zu beachten. Demnach ist ein Barabfindungsangebot entbehrlich, wenn der Umwandlungsbeschluss zu seiner Wirksamkeit der Zustimmung aller Anteilsinhaber bedarf oder an dem formwechselnden Rechtsträger nur ein Anteilsinhaber beteiligt ist. Ein Barabfindungsgebot ist daher insbesondere beim später zu erörternden Formwechsel einer AG in eine GmbH oder KG sowie beim Formwechsel einer GmbH vorzulegen, sofern nicht ausnahmsweise der Formwechselbeschluss nach § 193 Abs. 2 UmwG von der Zustimmung aller Anteilsinhaber abhängig ist. Dagegen ist kein Barabfindungsangebot vorzulegen beim Formwechsel einer Kapitalgesellschaft in eine OHG oder GbR, da hier nach § 233 Abs. 1 UmwG ausnahmslos die Zustimmung aller Anteilsinhaber erforderlich ist. In den hier zu erörternden Fällen des Formwechsels einer OHG oder KG bedarf es in der Regel gem. § 217 Abs. 1 S. 1 UmwG ebenso der Zustimmung aller Gesellschafter. Ein Barabfindungsangebot kann jedoch in Ausnahmefällen erforderlich sein, wenn der Gesellschaftsvertrag gem. § 217 Abs. 1 S. 2 und 3 UmwG für den Formwechsel die Möglichkeit einer Mehrheitsentscheidung zulässt.[481]

Kommt es im Zusammenhang mit einem Angebot zur Barabfindung zu Konflikten mit den Kapitalerhaltungsregeln des Rechtsträgers neuer Rechtsform, stellt sich die Frage, ob dem Gläubigerschutz oder dem Schutz der zum Ausscheiden aus der Gesellschaft entschlossenen Minderheit der Vorrang einzuräumen ist. Die einschlägige Vorgängervorschrift des § 375 AktG 1965 schloss in Abs. 1 S. 4 die Geltung des § 33 GmbHG ausdrücklich aus. Diese Einschränkung des Kapitalerhaltungsrechts wurde jedoch gemeinhin für erträglich erachtet, da der Abfindungsanspruch im ungünstigsten Fall lediglich zehn Prozent des Grundkapitals betraf, vgl. § 369 Abs. 3 S. 1 AktG 1965.[482] Für das neue Umwandlungsrecht wird teilweise argumentiert, dem Gläubigerschutz sei der Vorrang einzuräumen, da dies einem allgemeinen Grundsatz des Gesellschaftsrechts entspreche.[483] Für diese Ansicht spricht, dass nach der Gesetzesbegründung die Abfindungsregelung den Schranken, die das Gesetz zur Erhaltung des Stammkapitals einer GmbH (§ 30 GmbHG) oder des

---

[480] *Decher*, in: Lutter, UmwG, § 207 Rn. 1; Begr. RegE, in: Ganske, Umwandlungsrecht, S. 231 f.

[481] *Decher*, in: Lutter, UmwG, § 207 Rn. 5 f.

[482] *Grunewald*, in: Geßler/Hefermehl, AktG, § 375 Rn. 14; *Zöllner*, in: KK, § 375 Rn. 17.

[483] *Petersen*, Der Gläubigerschutz im Umwandlungsrecht, S. 30.

Grundkapitals einer AG (§ 57 AktG) aufstellt, unterliegen soll. Diese Vorschriften sollen von § 207 UmwG unberührt bleiben. Dies zeigt die Tatsache, dass § 71 Abs. 4 S. 2 AktG anders als die einschlägigen Vorschriften in § 207 Abs. 1 S. 1 Hs. 2 UmwG ausdrücklich ausgeschlossen wird.[484] Dennoch greift die Argumentation zu kurz. Denn auf der anderen Seite bedeutet der Ausschluss des § 71 Abs. 4 S. 2 AktG, dass die Verträge, die einem unzulässigen Erwerb eigener Aktien im Rahmen der Barabfindung nach §§ 207 ff. UmwG zugrunde liegen, ausnahmsweise wirksam sind. Ausweislich der amtlichen Begründung sollen die aktienrechtlichen Sanktionen für den unzulässigen Erwerb eigener Aktien insoweit außer Kraft gesetzt werden, als diese der Erfüllung der Abfindungsverpflichtung entgegenstehen könnten.[485] Daher verwundert nicht, dass andere Autoren die Ansicht vertreten, dem Minderheitenschutz müsse der Vorrang vor dem Gläubigerschutz eingeräumt werden.[486] Da die genannte Ausnahme dem Gesetzeswortlaut nach nur für den Formwechsel in die AG/KGaA gilt, wird dieser Fall nachfolgend zunächst gesondert von dem Fall des Formwechsels in eine GmbH diskutiert.

(a) Formwechsel in eine AG/KGaA

In der AG ist jegliche Leistung an Aktionäre, die aufgrund der Mitgliedschaft erbracht wird, verboten, es sei denn die Leistung wird aus dem jeweiligen Bilanzgewinn erbracht (§ 57 Abs. 1 S. 1, Abs. 3 AktG).[487] In diesem Zusammenhang ist auch das Verbot des Erwerbs eigener Aktien zu sehen. Der Erwerb eigener Aktien stellt grundsätzlich einen Verstoß gegen § 57 Abs. 1 S. 1 AktG dar, da das Geschäft nur mit Aktionären geschlossen werden kann und die Zahlung des Kaufpreises keine Verteilung von Bilanzgewinn ist.[488] Von diesem grundsätzlichen Verbot macht § 71 Abs. 1 AktG einige Ausnahmen. Der Fall der Barabfindung im Rahmen eines Formwechsels ist ausdrücklich in § 71 Abs. 1 Nr. 3 AktG genannt. Die Ausnahme wird jedoch wiederum durch die mengenmäßige Begrenzung des § 71 Abs. 2 S. 1 AktG[489] und die Notwendigkeit der Bildung von Rücklagen für eigene Aktien gem. § 71 Abs. 2 S. 1 AktG

---

484 Begr. RegE, in: Ganske, Umwandlungsrecht, S. 232.

485 Ganske, Umwandlungsrecht, S. 232.

486 *Wiedemann*, ZGR 1999, 568 (581); *Decher*, in: Lutter, UmwG, § 207 Rn. 14.

487 *Hüffer*, AktG, § 57 Rn. 2.

488 Kritisch zum Vorliegen eines Verstoßes *Breuninger*, DStZ 1991, 420 (422), da die Gesellschaft beim Erwerb eigener Anteile einen Vermögenswert erwirbt, welcher den Mittelabfluss kompensiert.

489 Danach dürfen auf die eigenen Aktien höchstens zehn Prozent des Grundkapitals entfallen.

i.V.m. § 272 Abs. 4 HGB beschränkt.[490] Ein unerlaubter Erwerb eigener Aktien hat jedoch nicht zur Folge, dass der Erwerb der Aktien unwirksam ist (§ 74 Abs. 4 S. 1 AktG). Die AG wird daher trotz des Erwerbsverbots Inhaberin der Mitgliedschaftsrechte.[491] Dagegen ist das dem Erwerb der Aktien zugrunde liegende Kausalgeschäft gem. § 71 Abs. 4 S. 1 AktG in der Regel unwirksam. Während der Aktionär zur Rückzahlung der empfangenen Leistungen gem. § 62 Abs. 1 S. 1 AktG verpflichtet ist,[492] kann er selbst die Aktien nur aufgrund bereicherungsrechtlicher Ansprüche zurückverlangen.[493]

Fraglich ist, was für Konsequenzen daraus zu ziehen sind, dass § 207 Abs. 1 S. 1 Hs. 2 UmwG das schuldrechtliche Geschäft zum Erwerb eigener Aktien im Rahmen der Barabfindung für wirksam erklärt, auch wenn ein Verstoß gegen § 71 Abs. 1 oder Abs. 2 AktG vorliegt. Fest steht, dass dem ausscheidewilligen Gesellschafter zunächst ein wirksamer und durchsetzbarer Anspruch auf die angebotene Barabfindung zusteht. Zudem schließt die Wirksamkeit des dem Erwerb der eigenen Aktien zugrundeliegenden Rechtsgeschäfts eine bereicherungsrechtliche Rückabwicklung des Geschäfts aus. Die entscheidende Frage lautet daher, ob auch der Anspruch der Gesellschaft aus § 62 Abs. 1 S. 1 AktG auf Rückerstattung der Barabfindung ausgeschlossen ist. Das Umwandlungsgesetz erklärt diese Vorschrift nicht für unanwendbar. Im Umkehrschluss aus § 207 Abs. 1 S. 1 UmwG wird daher gefolgert, dass der Anspruch aus § 62 Abs. 1 S. 1 AktG weiterhin bestehen bleibe. Darin komme der Vorrang des Gläubigerschutzes vor dem Minderheitenschutz zum Ausdruck.[494] Dabei wird allerdings übersehen, dass dies den ausscheidenden Gesellschafter in eine äußerst missliche Lage versetzen würde. Auf der einen Seite ist er im Falle eines Verstoßes gegen § 71 Abs. 1 oder Abs. 2 AktG zur Rückerstattung der empfangenen Barabfindung verpflichtet. Im Gegenzug kann er aber nicht einmal die an die Gesellschaft übertragenen Aktien zurückverlangen, da ihm der Weg über bereicherungsrechtliche Ansprüche aufgrund der Wirksamkeit des Grundgeschäfts abgeschnitten ist. Dies kann

490 Voraussetzung ist jedoch nicht, dass die Rücklage tatsächlich gebildet wird - dies erfolgt erst im Jahresabschluss - sondern im Jahresabschluss voraussichtlich gebildet werden kann. Ist die Bildung der Rücklage im Jahresabschluss entgegen einer anzustellenden Prognose dennoch nicht möglich, macht dies den Erwerb der eigenen Anteile nicht unwirksam, vgl. *Zilias/Lanfermann*, WPg 1980, 61 (64 f.).

491 *Hüffer*, AktG, § 71 Rn. 24.

492 § 62 Abs. 1 S. 1 AktG ist nach h.M. ein von Tatbestand und Rechtsfolgen der §§ 812 ff. BGB unabhängiger Rückgewähranspruch, vgl. *Hüffer*, AktG, § 62 Rn. 2.

493 *Hüffer*, AktG, § 71 Rn. 24.

494 *Petersen*, Der Gläubigerschutz im Umwandlungsrecht, S. 32.

jedoch nicht i.S. des Umwandlungsgesetzgebers sein, der auch den Schutz der Anteilsinhaber als eines seiner zentralen Anliegen angesehen hat.[495]

Teilweise wird daher angenommen, ein Formwechsel sei unzulässig, wenn von vornherein ein Verstoß gegen § 71 Abs. 2 S. 1 AktG zu erwarten ist. Ein dennoch gefasster Formwechselbeschluss sei rechtswidrig und anfechtbar, da er auf die Herbeiführung eines Verstoßes gegen die Kapitalerhaltungsvorschriften abziele. Wird der Formwechsel dennoch durchgeführt, soll aber weder der Erwerb der eigenen Aktien unwirksam sein noch sollen die Aktionäre die gezahlte Barabfindung zurückzahlen müssen.[496] Gegen die Plausibilität dieser Lösung wird jedoch zu Recht eingewendet, dass der Gläubigerschutz dadurch in das Belieben des zur Anfechtung berechtigten Personenkreises gestellt würde.[497]

Zur Lösung des Konflikts bietet sich daher folgende Lösung an. Der Erwerb eigener Aktien stellt einen Sonderfall der Einlagenrückgewähr dar.[498] Die Regelung dieses Sonderfalls wollte der Gesetzgeber zugunsten der ausscheidewilligen Aktionäre modifizieren, indem er § 71 Abs. 4 S. 2 AktG für unanwendbar erklärte. Dieser Ausschluss ist umfassend zu verstehen, so dass auch der Erstattungsanspruch nach § 62 Abs. 1 S. 1 AktG ausgeschlossen ist. Andernfalls würde die vom Gesetzgeber vorgesehene Modifikation der Regelung zum Erwerb eigener Aktien zweckentfremdet. Sie würde sich nicht zum Vorteil, sondern zum Nachteil des Minderheitsaktionärs auswirken, und ihn im Ergebnis dazu zwingen, gegen seinen Willen in dem Rechtsträger neuer Rechtsform zu verbleiben. Für die allgemeinen Kapitalerhaltungsvorschriften, die nach der einschlägigen Passage in der Gesetzesbegründung nicht ausgeschlossen sein sollen, verbleibt dennoch ein sinnvoller Anwendungsbereich. Ihre Aufgabe ist es, zu verhindern, dass dem Aktionär eine unangemessen hohe Barabfindung gewährt wird.[499] Übersteigt die Barabfindung den Wert der zurückerworbenen Aktien, sind die ausgeschiedenen Gesellschafter verpflichtet, den überschießenden Betrag zurückzahlen.[500] Diesen

---

495 Begr. RegE, in: Ganske, Umwandlungsrecht, S. 13.

496 *Decher*, in: Lutter, UmwG, § 207 Rn. 18; *Kalss*, in: Semler/Stengel, UmwG, § 207 Rn. 10.

497 *Petersen*, Der Gläubigerschutz im Umwandlungsrecht, S. 28 f.

498 *Canaris*, in: FS Fischer, 31, (33).

499 *Westermann*, in: Scholz, GmbHG, § 33 Rn. 19.

500 Ähnlich wohl *Kalss*, in: Semler/Stengel, UmwG, § 207 Rn. 10; ob dieser Verstoß gegen die Kapitalerhaltungsvorschriften zur Nichtigkeit des Grundgeschäfts oder zu einer bloßen Wertausgleichspflicht des ausgeschiedenen Aktionärs führt, soll hier nicht weiter verfolgt werden. Zu diesem Streit im Rahmen von Verstößen gegen das Kapitalerhaltungsrecht vgl. *K. Schmidt*, Gesellschaftsrecht, S. 892 f.

Anspruch können nach § 62 Abs. 2 S. 1 AktG auch die Gläubiger geltend machen. Auf diese Weise ist sichergestellt, dass die AG für die zu leistende Barabfindung in Form der eigenen Anteile eine angemessene Gegenleistung erhält. Die Gläubiger sind darüber hinaus dadurch geschützt, dass die Gesellschaft verpflichtet ist, Anteile, die sie unter Verstoß gegen § 71 Abs. 2 AktG erworben hat, innerhalb eines Jahres zu veräußern.

Für eine solche Lösung zugunsten des Minderheitenschutzes spricht auch, dass es die Absicht des Gesetzgebers war, durch die Neufassung des § 71 Abs. 1 Nr. 3 AktG die „erforderliche Parallele" zu den Abfindungsregelungen des Umwandlungsrechts im Aktiengesetz herzustellen.[501] Auch europarechtliche Vorgaben stehen dieser Lösung nicht entgegen. In der Zweiten Richtlinie[502] wird den Mitgliedstaaten in Art. 20 Abs. 1 lit. d die Möglichkeit eingeräumt, den Erwerb eigener Aktien weitgehend ohne jegliche Begrenzung zuzulassen. Die Zweite Richtlinie schreibt lediglich Regelungen zur Verpflichtung der AG vor, eigene Aktien innerhalb einer Frist von drei Jahren zu veräußern, soweit der auf sie entfallende Nennbetrag zehn Prozent des Grundkapitals übersteigt. Auf diese europarechtlichen Vorgaben hat sich auch der Gesetzgeber des neuen Umwandlungsgesetzes ausdrücklich berufen.[503]

Der Ausschluss des Erstattungsanspruchs aus § 62 Abs. 1 S. 1 UmwG ist im Hinblick auf einen gerechten Ausgleich der Interessen von Minderheitsgesellschaftern und Gläubigern angemessen. Die Gläubiger werden ausreichend geschützt, indem zum einen über § 57 AktG sichergestellt wird, dass die ausscheidenden Gesellschafter nur eine dem Gegenwert der zurückzuerwerbenden Anteile entsprechende Abfindung erhalten, und dass zum anderen Aktien, die unter Verstoß gegen § 71 Abs. 2 AktG erworben wurden, innerhalb Jahresfrist wieder veräußert werden. Zuletzt sei noch erwähnt, dass den Gläubigern im Falle eines Verstoßes gegen § 71 Abs. 2 AktG auch die Möglichkeit offen steht, gem. § 204, 22 UmwG Sicherheiten für ihre Forderungen zu verlangen.

---

501 Begründung zu Artikel 6 (Änderung des Aktiengesetzes), Nummer 1 des Umwandlungsbereinigungsgesetzes, abgedruckt bei Widmann/Mayer, Umwandlungsrecht, Band 1, Begründung zum UmwG 1995, S. 183.

502 Zweite Richtlinie des Rates vom 13. Dezember 1976 (77/91/EWG), ABl. Nr. L 26/1 v. 31.1.1977.

503 Begründung zu Artikel 6 (Änderung des Aktiengesetzes), Nummer 1 des Umwandlungsbereinigungsgesetzes, abgedruckt bei Widmann/Mayer, Umwandlungsrecht, Band 1, Begründung zum UmwG 1995, S. 183.

(b) Formwechsel in GmbH

Auch in der GmbH sind dem Erwerb eigener Anteile Grenzen gesetzt. Nach § 33 Abs. 2 S. 1 GmbHG darf die Gesellschaft eigene Anteile nur erwerben, wenn der Erwerb aus dem über den Betrag des Stammkapitals hinausgehenden Vermögen geschehen kann. Zudem ist der Erwerb nur zulässig, wenn die Gesellschaft die nach § 272 Abs. 4 HGB vorgeschriebene Rücklage bilden kann, ohne das Stammkapital oder eine nach dem Gesellschaftsvertrag zu bildende Rücklage, die nicht zu Zahlungen an die Gesellschafter verwandt werden darf, zu mindern. Entsprechend der aktienrechtlichen Regelung bestimmt § 33 Abs. 2 S. 3 GmbHG, dass im Falle eines Verstoßes gegen Abs. 2 S. 1 zwar nicht der Erwerb der Anteile, aber das zugrundeliegende Rechtsgeschäft nichtig ist. Der Erwerb der eigenen Anteile ist daher nach den §§ 812 ff. BGB rückabzuwickeln.[504] Zugleich kann die Verletzung der aufgestellten Schranken einen Verstoß gegen § 30 Abs. 1 GmbHG darstellen.[505] Die Rückzahlungspflicht gem. § 31 GmbHG konkurriert dann mit den bereicherungsrechtlichen Erstattungsansprüchen.[506]

Bemerkenswert ist nun, dass das Umwandlungsgesetz die Regelung des § 33 Abs. 2 S. 3 GmbHG, anders als diejenige des § 71 Abs. 4 S. 2 AktG, nicht für unanwendbar erklärt. In der Folge ist in der Literatur ein Streit darüber entbrannt, ob für den Formwechsel in die GmbH § 207 Abs. 1 S. 1 Hs. 2 UmwG analog anzuwenden sei. Dies wird teilweise unter Hinweis auf die vergleichbare Schutzbedürftigkeit der Minderheitsgesellschafter beim Formwechsel in die GmbH bejaht.[507] Andernorts wird dagegen unter Hinweis auf den Wortlaut des Umwandlungsgesetzes[508] oder darauf, dass es sich bei § 207 Abs. 1 Satz 1 Hs. 2 UmwG um eine Ausnahmevorschrift handle, die als solche nicht analogiefähig sei, eine entsprechende Anwendung auf den Formwechsel in die GmbH abgelehnt.[509]

Bevor eine analoge Anwendung des § 207 Abs. 1 S. 1 Hs. 2 UmwG erwogen wird, sind jedoch zunächst die einschlägigen Regelung im GmbH-Gesetz näher

---

504 *Westermann*, in: Scholz, GmbHG, § 33 Rn. 29.

505 Zum Verhältnis von § 33 Abs. 2 zu § 30 GmbHG vgl. *Westermann*, in: Scholz, GmbHG, § 33 Rn. 18.

506 *Altmeppen*, in: Roth, GmbHG, § 33 Rn. 24.

507 *Decher*, in: Lutter, UmwG, § 207 Rn. 19; *Vollrath*, in: Widmann/Mayer, Umwandlungsrecht, § 29 UmwG Rn. 29.2.

508 *Meister/Klöcker*, in: Kallmeyer, UmwG, § 207 Rn. 38; *Kalss*, in: Semler/Stengel, UmwG, § 207 Rn. 11.

509 *Petersen*, Der Gläubigerschutz im Umwandlungsrecht, S. 33.

zu betrachten. § 33 Abs. 3 GmbHG befasst sich speziell mit dem Erwerb eigener Anteile im Rahmen der Barabfindung nach § 207 UmwG. Danach ist dem Erwerb eigener Anteile zu Zwecken der Barabfindung zunächst eine zeitliche Grenze von sechs Monaten nach dem Wirksamwerden des Formwechsels gezogen. Voraussetzung für den Erwerb ist wiederum die Möglichkeit der Bildung einer Rücklage für eigene Anteile nach § 272 Abs. 4 HGB aus freien Mitteln im Jahresabschluss. Dagegen ist anders als nach § 33 Abs. 2 HGB nicht erforderlich, dass der Erwerb der Anteile aus freiem, über den Betrag des Stammkapitals hinausgehenden Vermögen erfolgt.[510] Nach der Gesetzesbegründung sollte dadurch der Formwechsel in die GmbH auch in den Fällen ermöglicht werden, in denen die Zulässigkeit einer Barabfindung an den in § 33 Abs. 2 GmbHG aufgestellten Erfordernissen scheitern würde.[511]

Fraglich bleiben die Rechtsfolgen, wenn der Erwerb eigener Anteile im Rahmen der Barabfindung erfolgt, obwohl nach einer anzustellenden Prognose[512] die Rücklage im Jahresabschluss nicht aus freien Mitteln gebildet werden kann. In Betracht kommt die Anwendung der in § 33 Abs. 2 S. 3 GmbHG angeordneten Rechtsfolgen.[513] Hiergegen spricht jedoch zunächst die Stellung des § 33 Abs. 3 hinter dem Abs. 2 S. 3 GmbHG. Ein Verweis auf die Rechtsfolgen des Abs. 2 S. 3 findet sich nicht. Indes spricht auch die Entstehungsgeschichte des § 33 Abs. 3 GmbHG gegen die analoge Anwendung der Rechtsfolgen des § 33 Abs. 2 S. 3 GmbHG. Im Referentenentwurf wurden in § 33 Abs. 3 GmbHG die Abs. 1 und 2 mit der oben erwähnten Begründung für unanwendbar erklärt.[514] Aus der in der endgültigen Gesetzesfassung erstmals enthaltenen positiven Formulierung der Voraussetzungen für einen Erwerb eigener Anteile sollten keine inhaltlichen Konsequenzen gezogen werden. Diese Ansicht wird dadurch unterstützt, dass der Gesetzgeber die Begründung zu § 33 Abs. 3 GmbHG im Wortlaut identisch aus dem Referentenentwurf übernommen hat.[515] Der Verweis

---

510 *Hueck/Fastrich*, in: Baumbach/Hueck, GmbHG, § 33 Rn. 13b; a.A. *Altmeppen*, in: Roth, GmbHG, § 33 Rn. 33.

511 Vgl. die Gesetzesbegründung zu § 33 Abs. 3 GmbHG, abgedruckt in Widmann/Mayer, Umwandlungsrecht, Band 1, Begründung zum Umwandlungsgesetz, S. 180 f.

512 Vgl. hierzu *Westermann*, in: Scholz, GmbHG, § 33 Rn. 26.

513 So *Kalss*, in: Semler/Stengel, UmwG, § 207 Rn. 11.

514 Der im Referentenentwurf vorgesehene Abs. 3 lautete: „Die Absätze 1 und 2 gelten nicht für den Erwerb eigener Geschäftsanteile zur Abfindung von Gesellschaftern nach § 29 Abs. 1, § 205 Abs. 1 S. 1 des Umwandlungsgesetzes, sofern der Erwerb binnen sechs Monaten nach dem Wirksamwerden der Umwandlung oder nach der Rechtskraft der gerichtlichen Entscheidung erfolgt.“, vgl. Bundesanzeiger 1992, Nr. 112a, S. 182.

515 Vgl. die Begründung des Referentenentwurfs zu § 33 Abs. 3 GmbHG in Bundesanzeiger 1992, Nummer 112a, S. 182 und die Gesetzesbegründung zu § 33 Abs. 3 GmbHG, abgedruckt in Widmann/Mayer, Band 1, Begründung zum Umwandlungsgesetz,

auf § 272 Abs. 4 HGB in der endgültigen Gesetzesfassung sollte daher als Klarstellung verstanden werden, dass auch beim Rückerwerb eigener Anteile im Rahmen einer Barabfindung eine Rücklage nach § 272 Abs. 4 HGB zu bilden ist. Nicht anzuwenden ist dagegen die Rechtsfolgenregelung des § 33 Abs. 2 S. 3 GmbHG. Hierfür spricht zuletzt, dass kaum Fälle vorstellbar sind, in denen zwar die Rücklage nach § 272 Abs. 4 HGB gebildet werden könnte, aber freie Mittel zum Erwerb eigener Anteile nicht vorhanden sind. § 33 Abs. 3 GmbHG würde folglich entgegen der Gesetzesbegründung kaum eine Erleichterung des Erwerbs eigener Anteile darstellen.[516] Auch beim Formwechsel in die GmbH müssen daher die Kapitalerhaltungsvorschriften für einen begrenzten Zeitraum von sechs Monaten hinter den Minderheitenschutz zurücktreten. Indes ergibt sich dies, wie gezeigt, nicht etwa aus der analogen Anwendung des § 107 Abs. 1 S. 1 Hs. 2 UmwG, sondern aus der Entstehungsgeschichte des § 33 Abs. 3 GmbHG.

Mit Blick auf die erwähnte Entstehungsgeschichte des § 33 Abs. 3 GmbHG und dessen Stellung nach Abs. 2 ist auch der Erwerb teileingezahlter Anteile zulässig.[517] Diese Annahme läuft mit der Regelung im Aktienrecht konform (vgl. § 71 Abs. 2 S. 3 AktG) und lässt sich damit begründen, dass das Aktiengesetz im Allgemeinen strengere Regeln zum Kapitalschutz aufweist als das GmbH-Gesetz.

Für die allgemeinen Kapitalerhaltungsvorschriften, die nach der einschlägigen Passage in der Gesetzesbegründung nicht ausgeschlossen sein sollen, gilt, was zum Formwechsel in die Aktiegesellschaft gesagt wurde. Sie greifen dann ein, wenn dem Gesellschafter eine unangemessen hohe Barabfindung gewährt wird.[518] Insgesamt bleibt festzuhalten, dass die Regelung des Erwerbs eigener Anteile im Rahmen einer Barabfindung beim Formwechsel in die GmbH derjenigen beim Formwechsel in die AG entspricht. Eine unterschiedliche Behandlung der beiden Fälle wäre mit sachlichen Gründen auch nicht zu rechtfertigen.[519]

S. 180 f., sowie *Vollrath*, in: Widmann/Mayer, Umwandlungsrecht, § 29 UmwG Rn. 29.2.

516 Ähnlich *Altmeppen*, in: Roth, GmbHG, § 33 Rn. 33.

517 Ebenso *Lutter/Hommelhoff*, GmbHG, § 33 Rn. 13; *Westermann*, in: Scholz, GmbHG, § 33 Rn. 45; *Hueck/Fastrich*, in: Baumbach, GmbHG, § 33 Rn. 13 b;

518 Vgl. dazu oben 4. Kapitel:I.3.a)(a).

519 Darauf weist auch *Decher*, in: Lutter, UmwG, § 207 Rn. 20 hin.

b) Bare Zuzahlung

Auch der Anspruch auf bare Zuzahlung gem. § 196 UmwG kann in Konflikt mit den Kapitalerhaltungsvorschriften geraten. Anders als bei Verschmelzungen, bei denen bei der Bewertung der an der Verschmelzung beteiligten Rechtsträger zur Ermittlung des Umtauschverhältnisses zahlreiche Zweifelsfragen auftreten können, spielen derartige Probleme beim Formwechsel nur eine geringe Rolle.[520] Die Beteiligungsverhältnisse am Rechtsträger neuer Rechtsform werden zumeist identisch mit denjenigen am Rechtsträger alter Rechtsform sein. Problemfälle sind denkbar bei einem nicht verhältniswahrenden Formwechsel oder in Fällen, in denen Inhabern von Sonderrechten keine vergleichbare Rechtsstellung in dem Rechtsträger neuer Rechtsform eingeräumt werden kann.

Dass die zugunsten der Gläubiger aufgestellten Schranken grundsätzlich auch für den Anspruch auf bare Zuzahlungen gelten, lässt sich - anders als bei den Abfindungszahlungen - weder dem Gesetz noch der Gesetzesbegründung entnehmen.[521] Da jedoch die Kapitalerhaltungsregeln ausweislich der Gesetzesbegründung sogar bei der Barabfindung ausscheidender Anteilsinhaber zu beachten sein sollen,[522] muss Gleiches erst recht für bare Zuzahlungen an die in der Gesellschaft verbleibenden Anteilsinhaber gelten. In der Literatur werden für die Lösung des Konflikts alle denkbaren Wege vorgeschlagen. Zum einen könnte die Sicherung der Kapitalerhaltung hinter dem Schutz der Gesellschafter in der Weise zurücktreten, dass die bare Zuzahlung unabhängig von einer Gefährdung des Garantiekapitals zu erfolgen hat.[523] Im Interesse der Gläubiger könnte man die bare Zuzahlung auf Beträge beschränken, die das Garantiekapital unberührt belassen.[524] Denkbar wäre es auch, den Formwechsel dann nicht zuzulassen, wenn die volle Befriedigung der Ausgleichsansprüche zu einer Aushöhlung des Garantiekapitals führen würde. Dies ist jedoch insofern problematisch, als inzident über das Bestehen und die Höhe der Zuzahlungsansprüche entschieden werden müsste.[525] Einen Sonderweg schlagen *Meister/Klöcker* vor, die eine Kürzung des Anspruchs auf bare Zuzahlung

---

520 *Decher*, in: Lutter, UmwG, § 196 Rn. 2.

521 Entgegen *Meister/Klöcker*, in: Kallmeyer, UmwG, § 196 Rn. 18, lässt sich dies auch nicht dem Verweis auf die Gründungsvorschriften in § 197 S. 1 UmwG entnehmen, da die Kapital*erhaltungs*vorschriften nicht zu den Gründungsvorschriften zu zählen sind.

522 Begr. RegE, in: Ganske, Umwandlungsrecht, S. 232.

523 So *Grunewald* in: Geßler/Hefermehl, AktG, § 352c Rn. 25 zum Anspruch auf bare Zuzahlung bei Verschmelzungen von Aktiengesellschaften nach altem Recht.

524 *Priester*, in: Scholz, GmbHG, 7. Auflage, Anh. UmwG, § 31a KapErhG Rn. 19 und *Zimmermann*, in: Rowedder, GmbHG, 2. Auflage, § 77 Anh. Rn. 462 zum Anspruch auf bare Zuzahlung bei Verschmelzung von GmbH nach altem Recht.

525 *Meister/Klöcker*, in: Kallmeyer, UmwG, § 196 Rn. 18

ablehnen und im Falle der Aushöhlung des Garantiekapitals eine Differenzhaftung derjenigen Anteilsinhaber annehmen, deren Bevorteilung durch die bare Zuzahlung ausgeglichen werden soll.[526] Dagegen ist einzuwenden, dass der Rechtsträger neuer Rechtsform Schuldner des Anspruchs ist.[527] Für einen Durchgriff auf die bevorteilten Anteilsinhaber lässt sich im Gesetz keine Stütze finden.[528]

Der herrschenden Ansicht zu § 31a KapErhG[529] folgend, sind bare Zuzahlungen an Gesellschafter nur dann als zulässig anzusehen, wenn sie aus freiem Vermögen des Rechtsträgers neuer Rechtsform vorgenommen werden können.[530] Die von den Fällen der Barabfindung abweichende Behandlung ist aus zwei Gründen gerechtfertigt. Zum einen kann das Zurücktreten der Kapitalerhaltungsvorschriften bei der Barabfindung durch gesetzlich verankerte Ausnahmevorschriften begründet werden. Solche finden sich für die bare Zuzahlung nicht. Aber auch eine wertende Betrachtung vermag die unterschiedliche Behandlung zu rechtfertigen. Geht es in einem Fall darum, Minderheiten vor einem Zwang zum Verbleib in dem formwechselnden Rechtsträger zu schützen, geht es bei den baren Zuzahlungen „nur“ um wirtschaftliche Interessen der Anteilsinhaber, die denjenigen der Gläubiger gegenüberstehen.

c) Eigenkapitalersatz

Auf das Eigenkapitalersatzrecht wird näher erst im Zusammenhang mit dem Formwechsel in die Personengesellschaft eingegangen, da dort die unter Gläubigerschutzgesichtspunkten problematische Frage aufzuwerfen ist, ob das durch die Eigenkapitalersatzregeln gebundene Kapital aufgrund des Formwechsels frei wird. Beim Formwechsel in die Kapitalgesellschaft stellt sich dagegen die Frage, unter welchen Voraussetzungen die Eigenkapitalersatzregeln auf Gesellschafterdarlehen anzuwenden sind, die noch der Personenhandelsgesellschaft gewährt wurden. Maßgebend könnte entweder sein, dass der Gesellschafter das Darlehen ursprünglich in einer Krise gewährt

---

526 *Meister/Klöcker*, in: Kallmeyer, UmwG, § 196 Rn. 18.

527 *Decher*, in: Lutter, UmwG, § 196 Rn. 12.

528 Ähnlich *Seetzen*, WM 1999, 565 (566) für die Verschmelzung.

529 *Zimmermann*, in: Rowedder, GmbHG, 2. Auflage, Anh. § 77 Rn. 465; *Priester*, in: Scholz, GmbHG, 7. Auflage, Anh. UmwG, § 31a KapErhG Rn. 19.

530 So für die Verschmelzung, *Ihrig*, ZHR 160 (1996), 317 (336); *Bork*, in: Lutter, UmwG, § 15 Rn. 5; *Marsch-Barner*, in: Kallmeyer, UmwG, § 15 Rn. 2; a.A. *Stratz*, in: Schmitt/Hörtnagl/Stratz, UmwG/UmwStG, § 15 UmwG Rn. 15 jedoch ohne nähere Begründung.

hat (Anwendung des Eigenkapitalersatzrechts *ex tunc*), oder dass er das Darlehen nach dem Formwechsel trotz Krise stehen lässt (Anwendung *ex nunc*). Da durch den Formwechsel in die Kapitalgesellschaft aufgrund des Gebots der Reinvermögensdeckung eine eventuelle Krise der Gesellschaft behoben wird, wird das Darlehen durch den Formwechsel in jedem Fall zunächst frei.[531] Folglich kann nur das Stehenlassen in einer dann wieder eintretenden Krise maßgeblich sein. Etwas anderes kann nur für den Fall gelten, dass der Formwechsel trotz bestehender, aber unbemerkter Unterbilanz eingetragen wird. Dies ist jedoch ein Problem des Kapitalaufbringungsrechts, für das andere Lösungen - insbesondere die Differenzhaftung der Gesellschafter[532] - zur Verfügung stehen. Da das Eigenkapitalersatzrecht dem Problemfeld der Kapitalerhaltung zuzuweisen ist,[533] bleibt es dabei, dass eine Verstrickung des Darlehens nur auf dem Stehenlassen in einer nach dem Formwechsel eintretenden Krise beruhen kann. Dies entspricht auch dem in § 202 Abs. 1 Nr. 1 UmwG zum Ausdruck kommenden Grundsatz, dass das Recht der neuen Rechtsform erst ab der Eintragung des Formwechsels anwendbar ist. Abweichendes gilt freilich bei den atypischen Personenhandelsgesellschaften, bei denen das Eigenkapitalersatzrecht gem. § 129a, 172a HGB bereits vor dem Formwechsel gilt.

4. Nachgründung

Da § 197 S. 1 UmwG die analoge Anwendung der Gründungsvorschriften anordnet, stellt sich beim Formwechsel in die AG/KGaA die Frage, ob auch § 52 AktG entsprechend auf den Formwechsel anzuwenden ist. Hieran sind gerade beim Formwechsel schon seit langem existierender Gesellschaften Zweifel angemeldet worden.[534] Daneben ist insbesondere zu überprüfen, ob sich aus der Änderung des § 52 UmwG durch das Gesetz zur Namensaktie und zur Erleichterung der Stimmrechtsausübung vom 18. 1. 2001 (NaStraG)[535] Auswirkungen auf die Anwendbarkeit der Norm beim Formwechsel ergeben, da eine Abstimmung der Änderungen mit dem Umwandlungsgesetz offensichtlich nicht stattgefunden hat.

---

[531] Vgl. *Lutter/Hommelhoff*, GmbHG, § 32a/b Rn. 21.

[532] Vgl. dazu 4. Kapitel:II.2.d).

[533] *Petersen*, Der Gläubigerschutz im Umwandlungsrecht, S. 129.

[534] Vgl. neben anderen *Decher*, in: Lutter, UmwG, § 197 Rn. 43; *Martens*, ZGR 1999, 548 (551).

[535] BGBl. 2001, 123 ff.

a) Die Nachgründung und das NaStraG

§ 52 AktG befasst sich mit der sogenannten Nachgründung: Verträge, durch die eine AG in den ersten zwei Jahren nach ihrer Entstehung Vermögensgegenstände für eine Gegenleistung von mehr als 10% des Grundkapitals erwirbt, werden nur mit Zustimmung der Hauptversammlung und Eintragung in das Handelsregister wirksam. Zuvor müssen der Aufsichtsrat und ein sachverständiger Prüfer die Verträge prüfen. Ist die Gegenleistung zu hoch, hat das Gericht die Eintragung abzulehnen.[536]

Die in ihrem Ursprung auf Art. 213f ADHGB aus dem Jahr 1884 zurückgehende Norm[537] des § 52 AktG hatte lange Zeit wenig Beachtung gefunden.[538] Erst durch die Renaissance der AG im letzten Jahrzehnt des vergangenen Jahrhunderts ist die Vorschrift aus ihrem „Dornröschenschlaf"[539] erwacht.[540] Die Nachgründungsregeln wurden in der Praxis als störend empfunden[541], gar als „Arbeitsbeschaffungsmaßnahme für externe Berater" bezeichnet.[542] Nunmehr ist der Gesetzgeber aktiv geworden und hat den Anwendungsbereich des § 52 AktG durch das NaStraG erheblich eingeschränkt,[543] indem er in § 52 Abs. 1 S. 1 AktG nach „Verträge der Gesellschaft..." die Worte „...mit Gründern oder mit mehr als zehn vom Hundert des Grundkapitals an der Gesellschaft beteiligten Aktionären" eingefügt hat. Verträge mit Dritten und Kleinaktionären fallen folglich nicht mehr unter den Anwendungsbereich der Norm.[544] Darüber hinaus wurde der Ausnahmetatbestand des § 52 Abs. 9 AktG geändert.[545]

Die Nachgründungsvorschriften dienen zum einen dem Schutz vor Umgehung der Sacheinlage- und Sachübernahmeregeln des § 27 AktG.[546] Zum anderen soll sie die junge AG vor Einflussnahmen der Gründer auf den Vorstand schützen.[547]

---

536 *Priester*, DB 2001, 467.
537 *Bröcker*, ZIP 1999, 1029 (1032).
538 *Werner*, NZG 2000, 231; *ders.* ZIP 2001, 1403; *Dormann/Fromholzer*, AG 2001, 242; *Bröcker*, ZIP 1999, 1029.
539 *Lutter/Ziemons*, ZGR 1999, 479.
540 *Werner*, NZG 2000, 231; *ders.* ZIP 2001, 1403; *Dormann/Fromholzer*, AG 2001, 242; *Priester*, DB 2001, 467.
541 *Dormann/Fromholzer*, AG 2001, 242.
542 *Bröcker*, ZIP 1999, 1029.
543 *Dormann/Fromholzer*, AG 2001, 242.
544 *Priester*, DB 2001, 467.
545 vgl. *Werner*, ZIP 2001, 1403 (1405).
546 *Eckardt*, in: Geßler/Hefermehl, AktG, § 52 Rn. 2.
547 *Priester*, DB 2001, 467 (468).

b) Anwendung der Nachgründungsvorschrift beim Formwechsel

Für den Formwechsel einer Personenhandelsgesellschaft in eine AG oder KGaA ist die Anwendung der Nachgründungsregelung des § 52 AktG ausdrücklich in § 220 Abs. 3 S. 2 angesprochen, der den Zeitpunkt für den Beginn der Zweijahresfrist des § 52 Abs. 1 S. 1 AktG auf das Wirksamwerden des Formwechsels festlegt. Die Anwendung der Nachgründungsvorschriften für zwei Jahre nach dem Formwechsel in eine AG kann Belastungen mit sich bringen, die sich mit dem Umgehungsgedanken des § 197 S. 1 UmwG nicht immer rechtfertigen lassen.[548] Dieser kann z.B. dann keine Rolle spielen, wenn ein altes Familienunternehmen nach einem Formwechsel in eine AG und einem anschließenden Börsengang bei der damit oft einhergehenden Expansion durch die Nachgründungskontrolle behindert wird.[549] Da § 197 S. 1 UmwG nur eine entsprechende Anwendung des Gründungsrechts anordnet,[550] ist zu überlegen, ob der Gesetzeszweck des § 52 AktG eine uneingeschränkte Anwendung auf den Formwechsel gebietet oder ob die Anwendung der Nachgründungsvorschriften im Rahmen des Formwechsel auf bestimmt Fallkonstellationen zu beschränken ist.[551] Dabei ist jedoch Vorsicht geboten, da auf europarechtlicher Ebene Art. 13 der Zweiten Richtlinie[552] vorschreibt, dass die Mitgliedstaaten für den Fall des Formwechsels in die AG zumindest gleiche Garantien gewähren müssen, wie sie in den Art. 2 bis 12 der Zweiten Richtlinie für die Gründung vorgesehen sind. Die Schaffung der Nachgründungsregeln ist wiederum in Art. 11 der Zweiten Richtlinie vorgeschrieben.

Die Nachgründungsvorschriften sollen im Rahmen der Gründung einer AG die Umgehung der strengen Vorschriften über die Sacheinlagen und Sachübernahme des § 27 AktG verhindern. Die Vorschriften wirken der Gefahr entgegen, dass den Vertragspartnern von Sacheinlage oder Sachübernahmeverträgen von der Gesellschaft eine unangemessen hohe Vergütung[553] gewährt[554] und dadurch die Kapitalaufbringung gefährdet wird.

---

548 Diese werden jedoch nach der Gesetzesänderung eher selten werden, jedenfalls wird es sich nicht mehr um „erhebliche Belastungen" handeln, wie sie *Decher* zum alten § 52 AktG konstatiert hat, vgl. *ders.*, in: Lutter, UmwG, § 197 Rn. 43.

549 *Decher*, in: Lutter, UmwG, § 197 Rn. 43; *Martens*, ZGR 1999, 548 (551); *Priester*, DB 2001, 467 (471).

550 Vgl. oben 3. Kapitel:II.

551 Hierfür plädiert *Bröcker*, ZIP 1999, 1029 (140 f.) unter Hinweis auf die grundsätzlich fehlende Einlagepflicht bei Umwandlungen, allerdings ohne eine konkrete Lösung des Problems anzubieten.

552 Zweite Richtlinie des Rates vom 13. Dezember 1976 (77/91/EWG), ABl. Nr. L 26/1 v. 31.1.1977.

553 Bei der Sacheinlage besteht die „Vergütung" in der Gewährung von Anteilen.

Beim Formwechsel ist zu überlegen, ob und gegebenenfalls wann er zu Sachverhalten führt, die eine analoge Anwendung von § 52 AktG im Lichte seines Regelungsgehaltes rechtfertigen. Dies ist nur dort der Fall, wo Bareinlagen oder ähnliche Leistungen an die Gesellschaft erbracht werden und einen Schutz vor der Umgehung der aktienrechtlichen Sachgründungsvorschriften erforderlich machen. Zunächst ist erneut zu betonen, dass der Formwechsel - nach richtigem Verständnis - weder eine Neugründung darstellt noch wie eine solche zu behandeln ist. Einlagen werden daher im Rahmen des Formwechsels in der Regel nicht erbracht. Eine Ausnahme ist unter anderem denkbar, wenn das Reinvermögen des formwechselnden Rechtsträgers zur Deckung der festzulegenden Garantiekapitalziffer nicht ausreicht. Das kann darauf beruhen, dass die gesetzlich vorgeschriebene Mindestkapitalziffer nicht erreicht wird oder die Gesellschafter ein das bisherige Reinvermögen übersteigendes Grundkapital festsetzen wollen. In diesen Fallgruppen ist zwar auch eine analoge Anwendung der Regelung zur Kapitalerhöhung durch Sacheinlage (§ 183 AktG) denkbar. Doch erscheint eine Anwendung des § 52 AktG sachnäher, da es nicht um eine Kapitalerhöhung, sondern um die erstmalige Aufbringung des Garantiekapitals der AG/KGaA geht.[555] Ein weiterer Fall, in dem es zu einer Bareinlage kommen kann, ist der des Beitritts eines neuen Gesellschafters im Rahmen des Formwechsels.

Darüber hinaus ist die analoge Anwendung von § 52 AktG in zwei weiteren Fällen erforderlich. Kommt es trotz fehlender Reinvermögensdeckung zur Eintragung der Gesellschaft, führt dies zu einer Differenzhaftung der Gesellschafter, die durch Barzahlung auszugleichen ist. Wirtschaftlich betrachtet wird eine Bareinlage geleistet. Daher ist es angebracht, auf diese Zahlungspflicht § 52 AktG entsprechend anzuwenden.[556] Des Weiteren ist die Gefahr einer Umgehung der Nachgründungsvorschriften gegeben, wenn die Gründung des formwechselnden Rechtsträgers weniger als zwei Jahre zurückliegt.[557] Nach der hier befürworteten engen Begrenzung des Anwendungsbereichs von § 52 AktG beim Formwechsel mag es für Gründer und Gesellschafter reizvoll erscheinen, durch die Gründung einer Personengesellschaft und einen kurz darauf folgenden Formwechsel die Nachgründungsvorschriften zu umgehen. Diese sind daher auch dann anwendbar, wenn seit der historischen Gründung der Gesellschaft noch keine zwei Jahre vergangen sind. Da nach Ablauf der zwei Jahre die

---

[554] *Eckardt*, in: Geßler/Hefermehl, AktG, § 27 Rn. 39.

[555] Zum Vergleich der beiden Vorschriften vgl. *Bork/Stangier*, AG 1984, 320 (321).

[556] *Martens*, ZGR 1999, 549 (564).

[557] *Decher*, in: Lutter, § 197 Rn. 43 f.

Nachgründungsvorschriften auch in der AG bzw. KGaA nicht mehr anwendbar wären, ist eine längere Frist unter Umgehungsgesichtspunkten nicht zu rechtfertigen.

Eine derartige Korrektur des Anwendungsbereiches wird teilweise aufgrund des klaren Wortlauts des § 220 Abs. 3 S. 2 UmwG für nur schwer begründbar gehalten.[558] Dabei wird jedoch übersehen, dass § 220 Abs. 3 S. 2 UmwG die Anwendbarkeit des § 52 AktG nicht selbst begründet, sondern diese voraussetzt. Begründet wird die Anwendbarkeit durch den allgemeinen Verweis auf die Gründungsvorschriften in § 197 S. 1 UmwG. Dort wird jedoch nur eine analoge Anwendung der Gründungsvorschriften angeordnet, so dass eine teleologische Reduktion des Anwendungsbereichs durchaus möglich ist. Lediglich für Fälle, in denen § 52 AktG tatsächlich anwendbar ist, legt § 220 Abs. 3 S. 2 UmwG den Beginn der Frist von zwei Jahren auf den Zeitpunkt des Wirksamwerdens des Formwechsels fest. Diese starre Fristenregelung ist allerdings aufgrund des eindeutigen Wortlautes der Vorschrift, die unabhängig von der ursprünglichen Gründung den Fristbeginn auf das Wirksamwerden des Formwechsels festlegt, tatsächlich nicht im Wege der Auslegung korrigierbar. Daraus mögen in Einzelfällen Ungereimtheiten resultieren.[559] Diese können jedoch aufgrund des durch das NaStraG und die hier vertretene teleologische Reduktion des Verweises auf die Gründungsvorschriften eng begrenzten Anwendungsbereichs des § 52 AktG hingenommen werden.

Bleibt zuletzt ein kritischer Blick auf die einschlägigen europarechtlichen Vorschriften. Art. 13 der Zweiten Richtlinie[560] verweist für den Formwechsel in die AG auf die für die Gründung geltenden Vorschriften (Art. 2 - 12 der Richtlinie). Wie sich bereits aus dem Wortlaut der Art. 220 und 234 EG ergibt, sind auch europarechtliche Vorschriften auslegungsfähig und auslegungsbedürftig. Nach ständiger Rechtsprechung des EuGH ist bei der Auslegung von Gemeinschaftsvorschriften nicht nur der Wortlaut, sondern auch der Zusammenhang, in dem die Vorschrift steht, und das Ziel zu berücksichtigen, das mit der Regelung verfolgt wird.[561] Aufgrund der Sprachschwierigkeiten, die aus den verschiedenen Fassungen in den

---

558 *Decher*, in: Lutter, § 197 Rn. 43 f.

559 So wäre es, gerade in Bezug auf den zuletzt genannten Anwendungsfall angebracht, die Frist mit der historischen Gründung der Gesellschaft beginnen zu lassen.

560 Zweite Richtlinie des Rates vom 13. Dezember 1976 (77/91/EWG), ABl. Nr. L 26/1 v. 31.1.1977.

561 Vgl. nur EuGH 1993 I, 1739 - Findling; *Geiger*, EUV/EGV, Art. 220 EGV Rn. 11; *Borchardt*, in: Lenz, EG-Vertrag, Art. 220 Rn. 16; *Bleckmann*, Europarecht, S. 205 Rn. 548; *ders.*, NJW 1982, 1177 (1181).

Mitgliedstaaten resultieren, spielt die Auslegung nach dem Wortlaut einer Vorschrift nur eine untergeordnete Rolle.[562] Bei der Auslegung von Richtlinien kommt der teleologischen Auslegung besonderes Gewicht zu, da sie gem. Art. 249 Abs. 3 EG nur hinsichtlich ihrer Ziele verbindlich sind.[563] In diesem Zusammenhang berücksichtigt der EuGH insbesondere den Grundsatz des „effet utile", nach dem jede Norm so auszulegen sei, dass sie ihre volle Wirkung entfalten könne.[564] Bei der Ermittlung des Ziels greift der EuGH auf die in der Präambel der auszulegenden Rechtsakte aufgeführten Begründungserwägungen zurück.[565] Die im Zusammenhang mit dem Erlass der Rechtsakte ergangenen Erklärungen der Mitgliedstaaten finden dagegen nach dem EuGH keine Berücksichtigung, da es sich anders als bei völkerrechtlichen Verträgen um einseitige Rechtsakte der Organe der EU handle.[566] In der Präambel der Zweiten Richtlinie wird ausgeführt, dass die Koordinierung der einzelstaatlichen Vorschriften über die Gründung der Aktiengesellschaft sowie die Aufrechterhaltung, die Erhöhung und die Herabsetzung ihres Kapitals vor allem bedeutsam sei, um beim Schutz der Aktionäre einerseits und der Gläubiger andererseits ein Mindestmaß an Gleichwertigkeit in den einzelnen Mitgliedstaaten sicherzustellen. Die Satzung einer Aktiengesellschaft müsse daher im Gebiet der Gemeinschaft jedem Interessierten die Möglichkeit bieten, die wesentlichen Merkmale der Gesellschaft und insbesondere die genaue Zusammensetzung des Gesellschaftskapitals zu kennen.[567] Damit rückt auch bei der Auslegung der europäischen Vorschriften der Schutz der Gläubiger und der Anteilsinhaber in den Vordergrund. Wenn in Art. 13 der Zweiten Richtlinie für den Fall des Formwechsels in die AG auf die bei der Gründung einer AG geltenden Garantien verwiesen wird, dürfte es dem europäischen Gesetzgeber - ähnlich wie dem nationalen Gesetzgeber - daran gelegen haben, eine Umgehung der Gründungsvorschriften durch die Gründung einer Gesellschaft anderer Rechtsform und den anschließenden Formwechsel in die AG zu verhindern. Ebenso wie in § 197 S. 1 UmwG wird in Art. 13 der Zweiten Richtlinie hierzu die Technik der Pauschalverweisung gewählt. Damit ist auch auf der Ebene der europarechtlichen Vorschriften zu prüfen, wann der Formwechsel eine der Gründung vergleichbare Situation schafft, die es im Hinblick auf den zu gewährleistenden Gläubiger- und Anteilsinhaberschutz erfordert, gleiche

---

562 Vgl. EuGH, Slg. 1997, I-4411, Ferriere Nord/KOM; *Borchardt*, in: Lenz, EG-Vertrag, Art. 220 Rn. 14.

563 Vgl. *Kohler-Gehrig*, JA 1998, 807 (810).

564 *Borchardt*, in: Lenz, EG-Vertrag, Art. 220 Rn. 18; *Geiger*, EUV/EGV, Art. 220 EGV Rn. 12; *Bleckmann*, NJW 1982, 1177 (1180).

565 *Bleckmann*, NJW 1982, 1777 (1178).

566 *Bleckmann*, NJW 1982, 1777 (1179).

567 Amtsblatt Nr. L 026 vom 31.01.1977, S. 1.

Garantien wie bei der Gründung vorzusehen. Hierbei kann auf diejenigen Erwägungen zurückgegriffen werden, die für den Verweis auf die Gründungsvorschriften im Umwandlungsgesetz gelten. Die Einschränkung des Anwendungsbereichs der Nachgründungsvorschriften im Wege der teleologischen Reduktion der Verweisungsvorschrift lässt sich daher auch mit den europäischen Vorgaben vereinbaren.

c) Personeller Anwendungsbereich

Nach der Änderung des § 52 AktG durch das NaStraG kommen die Nachgründungsregeln nur noch bei Verträgen mit Gründern oder mit mehr als zehn vom Hundert des Grundkapitals an der Gesellschaft beteiligten Aktionären in Betracht. Für Letztere gelten beim Formwechsel keine Besonderheiten gegenüber der Gründung. Sie müssen zum Zeitpunkt des Vertragsschlusses an dem Rechtsträger mit mehr als zehn vom Hundert am Grundkapital der AG oder KGaA beteiligt sein.[568]

Problematischer ist dagegen der Begriff der „Gründer". Bereits im Grundanwendungsfall des § 52 AktG ist umstritten, ob hierfür strikt die Definition des § 28 AktG heranzuziehen ist, oder ob etwa im Falle der Vorrats-AG auch die ersten Verwender der AG unter den Anwendungsbereich der Norm fallen, der Begriff der „Gründer" also wirtschaftlich auszulegen ist.[569] Im Rahmen der analogen Anwendung der Vorschrift beim Formwechsel erscheint zunächst ein Rückgriff auf die Vorschrift des § 219 UmwG naheliegend. Danach sind Gründer grundsätzlich die an dem formwechselnden Rechtsträger beteiligten Gesellschafter, im Falle einer Mehrheitsentscheidung jedoch nur diejenigen Gesellschafter, die für den Formwechsel gestimmt haben. Fraglich ist, ob diese Definition auch für den erst nach Inkrafttreten des Umwandlungsgesetzes eingeführten Begriff der Gründer in § 52 AktG gilt. Dagegen spricht die unterschiedliche Funktion des Gründerbegriffs in den beiden Vorschriften. Die gesonderte Erwähnung der Gründer in § 52 AktG trägt dem Umstand Rechnung, dass diese in der Regel - sei es auch nur aus faktischen Gründen - mehr Einflussmöglichkeiten auf die Gesellschaft haben als die übrigen Gesellschafter. Das zeigt auch die Tatsache, dass in der Literatur überwiegend die Ansicht vertreten wird, ein Geschäft mit einem Gründer sei auch dann nachgründungspflichtig, wenn der Gründer bereits ausgeschieden ist, da trotz des Ausscheidens eine Einflussnahme auf die Gesellschaft zu

---

568 *Dormann/Fromholzer*, AG 2001, 242 (245); *Priester*, DB 2001, 467 (468).

569 Zu den gegensätzlichen Ansichten vgl. nur *Priester*, DB 2001, 467 (468) und *Dormann/Fromholzer*, AG 2001, 242 f.

befürchten steht.[570] Dagegen will § 219 UmwG vermeiden, dass denjenigen Gesellschaftern, die gegen den Formwechsel gestimmt haben, eine Gründungshaftung im Rahmen des Formwechsels aufgedrängt wird.[571] Aufgrund der unterschiedlichen Zweckbestimmungen ist der nach Inkrafttreten des Umwandlungsgesetzes in § 52 AktG eingefügte Begriff der Gründer daher nach eigenständigen Kriterien auszulegen. Unter den Gründerbegriff fallen daher auch im Rahmen des Formwechsels nur diejenigen Gesellschafter, die an der historischen Gründung des formwechselnden Rechtsträgers beteiligt waren.

5. Zusammenfassung

Die Probleme im Zusammenhang mit dem Schutz des den Gläubigern als Haftungsmasse zur Verfügung stehenden Kapitals des formwechselnden Rechtsträgers lassen sich grundsätzlich in drei Kategorien einteilen: Kapitalfestsetzung, Kapitaldeckung und Kapitalerhaltung. Die Festsetzung des Nennkapitals der Kapitalgesellschaft kann weitgehend frei erfolgen. Grenzen werden lediglich durch die gesetzlich erforderlichen Mindestnennkapitalziffern und die Summe des Nettoaktivvermögens gezogen. Auch der Anteil des Kommanditisten an der zukünftigen Kapitalgesellschaft kann frei festgesetzt werden.

Bei der Überprüfung der Kapitaldeckung im Rahmen des § 220 Abs. 1 UmwG sind die tatsächlichen Werte der einzelnen Vermögensgegenstände anzusetzen. Der Ansatz eines originären Firmenwertes ist nicht möglich. Dagegen können ausstehende Einlageforderungen Eingang in die Wertnachweisrechnung finden. Von dem Rechtsträger neuer Rechtsform zu zahlende Barabfindungen und bare Zuzahlungen brauchen dagegen - anders als die Kosten des Formwechsels - nicht berücksichtigt werden. Weicht das festgesetzte Nennkapital vom bilanziellen Eigenkapital ab, ist in der Bilanz ein besonderer Ausgleichsposten anzusetzen, der als Ausschüttungssperre dient. Ein Ausgleich der Differenz durch eine Aufstockung der Buchwerte ist dagegen unzulässig. Einlagen werden beim Formwechsel grundsätzlich nicht erbracht. Auf die noch offenen Einlageforderungen ist jedoch das Recht der Kapitalgesellschaften anwendbar. Bareinlagen sind daher mindestens zu einem Viertel, Sacheinlagen dagegen vollständig zu leisten. Soll das Eigenkapital im Zuge des Formwechsels erhöht werden, kann dies durch die Erbringung zusätzlicher Einlagen erfolgen. Die Regeln über verdeckte Sacheinlagen sind nur anwendbar, wenn der Tatbestand der verdeckten Sacheinlage nach dem Formwechsel erfüllt wird.

---

570 Vgl. *Pentz*, NZG 2000, 225 (229); *Dormann/Fromholzer*, AG 2001, 242 (243).

571 *Dirksen*, in: Kallmeyer, UmwG, § 219 Rn. 3.

Im Rahmen der Kapitalerhaltung sind die Regeln des Kapitalgesellschaftsrechts grundsätzlich uneingeschränkt auf den Rechtsträger neuer Rechtsform anwendbar. Eine Ausnahme ergibt sich lediglich bei der Zahlung von Barabfindungen an Gesellschafter, die nach den §§ 207 ff. UmwG aus dem Rechtsträger neuer Rechtsform ausscheiden. Sie sind ausnahmsweise auch zu Lasten des geschützten Eigenkapitals möglich. Dies gilt jedoch nicht für bare Zuzahlungen. Eine Verstrickung von Gesellschafterdarlehen, die dem Rechtsträger alter Rechtsform gewährt wurden, nach den Eigenkapitalersatzregeln erfolgt nur, wenn das Darlehen in einer nach dem Formwechsel eintretenden Krise stehen gelassen wird.

Die Nachgründungsregeln sind beim Formwechsel in die AG/KGaA nur anwendbar, wenn im Rahmen des Formwechsels ausnahmsweise Barleistungen an den formwechselnden Rechtsträger erbracht werden oder wenn die historische Gründung des Rechtsträgers weniger als zwei Jahre vor dem Formwechsel erfolgt ist. Die Frist von zwei Jahren beginnt dann jedoch ab der Wirksamkeit des Formwechsels erneut zu laufen. Gründer i.S. des § 52 AktG sind auch beim Formwechsel nur Personen, die an der ursprünglichen Gründung des Rechtsträgers beteiligt waren.

II. Haftung der persönlich haftenden Gesellschafter des formwechselnden Rechtsträgers

Die Haftung der Gesellschafter des formwechselnden Rechtsträgers im Rahmen des Formwechsels lässt sich in zwei Themenkomplexe aufteilen, die nachfolgend getrennt behandelt werden. Der erste betrifft die Haftung der Gesellschafter für Altverbindlichkeiten der Personenhandelsgesellschaft, der zweite die speziell auf dem Formwechselvorgang gründende Haftung.

1. Nachhaftung für Verbindlichkeiten der Personenhandelsgesellschaft

In § 224 Abs. 1 UmwG wird bestimmt, dass der Formwechsel die Forderungen der Gläubiger gegen die Gesellschafter aus § 128 HGB nicht berührt. Unklar ist der Charakter dieser Vorschrift. Die überwiegenden Stimmen in der Literatur messen der Vorschrift nur eine klarstellende Funktion bei.[572] Dabei können sie sich auf die Gesetzesbegründung stützen, die § 224 Abs. 1 UmwG als „Klarstellung“ bezeichnet, die im Hinblick auf das Konzept des

572 *Laumann*, in: Goutier/Knopf/Tulloch, Umwandlungsrecht, § 224 UmwG Rn. 2; *Joost*, in: Lutter, UmwG, § 224 Rn. 9; *Sagasser/Sickinger*, in: Sagasser, Umwandlungen, S. 726 Rn. 99.

identitätswahrenden Formwechsels zweckmäßig erscheine.[573] Auf der anderen Seite wird aber eine ausdrückliche „Regelung" für erforderlich gehalten, damit der Formwechsel nicht als besonderer Enthaftungstatbestand erscheine.[574] An der lediglich klarstellenden Wirkung des § 224 Abs. 1 UmwG hat *Petersen* berechtigte Zweifel angemeldet.[575] Die Vorschrift ist offensichtlich an § 160 HGB angelehnt, der die Nachhaftung ausscheidender Gesellschafter regelt. Dort ist anerkannt, dass eine Haftung nicht etwa begründet, sondern lediglich auf fünf Jahre nach dem Ausscheiden begrenzt wird. Denn es ist selbstverständlich, dass sich der Gesellschafter nicht durch das bloße Ausscheiden aus der Gesellschaft einer bereits begründeten Verbindlichkeit entziehen kann.[576] Beim Formwechsel in die Kapitalgesellschaft wird die Personenhandelsgesellschaft entgegen der früheren Konzeption aber weder aufgelöst noch kommt es zum Austritt der Gesellschafter. Der Formwechsel zielt vielmehr gerade auf die Veränderung der Haftungsverfassung und die Beseitigung der persönlichen Haftung der Gesellschafter ab.[577] Im Gegensatz zur Auflösung der Gesellschaft und zum Austritt eines Gesellschafters geht es beim Formwechsel in die Kapitalgesellschaft darum, ein Gläubigerschutzsystem - persönliche Haftung der Gesellschafter - durch ein anderes - Schutz eines Garantiekapitals - zu ersetzen. Aufgrund der sachlichen Diskontinuität der Verfassung des neuen Rechtsträgers ist eine persönliche Haftung nicht ohne weiteres zu begründen. Dies erklärt auch, warum der Gesetzgeber im Gegensatz zu § 160 HGB oder § 45 UmwG, die einen entsprechenden Absatz 1 nicht enthalten, einen besonderen Regelungsbedarf angenommen hat. § 224 Abs. 1 UmwG kommt daher beim Formwechsel eine haftungsbegründende Funktion zu. Obwohl mit der Eintragung der neuen Rechtsform das Gläubigerschutzsystem der persönlichen Haftung durch dasjenige des Kapitalschutzes ersetzt wird, fingiert § 224 Abs. 1 UmwG im Verhältnis zwischen Gesellschaftern und Altgläubigern den Fortbestand der Haftung nach den für die Personenhandelsgesellschaften geltenden Vorschriften für einen Übergangszeitraum.

a) Nachhaftungsbegrenzung

Die Abs. 2 - 5 des § 224 UmwG begrenzen die in Abs. 1 begründete Haftung der Gesellschafter des formwechselnden Rechtsträgers auf einen Zeitraum von fünf Jahren, um eine Endloshaftung der Gesellschafter für die

---

573 Begr. RegE, in: Ganske, Umwandlungsrecht, S. 244.

574 Begr. RegE, in: Ganske, Umwandlungsrecht, S. 244.

575 *Petersen*, Der Gläubigerschutz im Umwandlungsrecht, S. 45 f.

576 Vgl. nur *K. Schmidt*, Gesellschaftsrecht, S. 1491 ff.

577 Dies erkennt wiederum auch die Gesetzesbegründung zu § 224 Abs. 1 UmwG, vgl. Begr. RegE, in: Ganske, Umwandlungsrecht, S. 244.

Altverbindlichkeiten des formwechselnden Rechtsträgers zu vermeiden.[578] Sie sind weitgehend dem § 160 HGB nachgebildet und dienen einem gerechten Interessensausgleich zwischen dem Sicherungsinteresse der Gläubiger der Gesellschaft einerseits und dem Enthaftungsinteresse der Gesellschaft andererseits.

§ 224 UmwG gilt für die zum Zeitpunkt des Formwechsel persönlich haftenden Gesellschafter des formwechselnden Rechtsträgers. Der Rechtsgrund, auf dem die Verbindlichkeit beruht, spielt für die Haftung keine Rolle. In Betracht kommen u.a. Verbindlichkeiten aus Vertrag, Delikt oder öffentlich-rechtlichen Schuldverhältnissen. Erfasst sind sowohl Primär- als auch Sekundäransprüche.[579] Die Haftung der Gesellschafter für Altverbindlichkeiten des formwechselnden Rechtsträgers setzt Folgendes voraus: Der Rechtsgrund für die Verbindlichkeit muss zunächst vor dem Formwechsel gelegt worden sein. Das Eintreten weiterer Voraussetzungen nach dem Formwechsel schadet dagegen nicht.[580] Insbesondere muss der Anspruch zum Zeitpunkt der Eintragung der neuen Rechtsform nicht fällig sein, was sich im Umkehrschluss aus § 224 Abs. 2 UmwG entnehmen lässt.[581] Die Verbindlichkeit muss allerdings vor dem Ablauf von fünf Jahren nach dem Formwechsel fällig werden. Grundsätzlich werden Forderungen gem. § 271 Abs. 1 BGB sofort mit ihrer Entstehung fällig. Die Haftungsbegrenzung ist daher insbesondere für Dauerschuldverhältnisse relevant. Die fünfjährige Frist ist, wie § 160 HGB, keine Verjährungsfrist, sondern eine Ausschlussfrist.[582] Sie ist daher von Amts wegen zu prüfen. Die Frist beginnt nach § 224 Abs. 3 S. 1 UmwG mit dem Tage, an dem die Eintragung der neuen Rechtsform in das Register als bekannt gemacht gilt. Dieses Datum bestimmt sich nach § 201 S. 2 UmwG. Die Frist beginnt daher mit Ablauf des Tages (24 Uhr), an dem das letzte der die Bekanntmachung der Eintragung erschienen Gesellschaftsblätter erfolgt ist.[583] Sie endet gem. § 188 Abs. 2 BGB fünf Jahre später mit Ablauf desjenigen Tages (24 Uhr), der durch seine Zahl dem nach § 201 S. 2 UmwG maßgeblichen Tag entspricht. Der Anspruch muss innerhalb der Frist gegenüber dem Gesellschafter gerichtlich geltend gemacht worden sein. Eine Geltendmachung

---

578 *Dirksen*, in: Kallmeyer, UmwG, § 224 Rn. 1.

579 *Dirksen*, in: Kallmeyer, UmwG § 224 Rn. 2.

580 St. Rechtsprechung, BHGZ 55, 269; BGH NJW 1986, 1690; *Baumbach/Hopt* § 128 Rn. 29.

581 *Dirksen*, in: Kallmeyer, UmwG, § 224 Rn. 3.

582 *Laumann*, in: Goutier/Knopf/Tulloch, Umwandlungsrecht, § 224 UmwG Rn. 27.

583 Falsch insoweit *Laumann*, in: Goutier/Knopf/Tulloch, Umwandlungsrecht, § 224 UmwG Rn. 26, der auf den Beginn des nächsten Tages abstellt.

gegenüber der Gesellschaft wahrt die Frist dagegen nicht.[584] Bei öffentlich-rechtlichen Verbindlichkeiten genügt zur Geltendmachung gem. § 224 Abs. 2 UmwG der Erlass eines Verwaltungsakts. Bei schriftlicher Anerkennung bedarf es gem. § 224 Abs. 4 UmwG keiner gerichtlichen Geltendmachung. Die für die Verjährung geltenden Vorschriften des BGB gelten nur kraft der Verweisung in § 224 Abs. 3 S. 2 UmwG, da es sich bei der Frist des § 224 Abs. 2 UmwG nicht um eine Verjährungs-, sondern um eine Ausschlussfrist handelt.[585] Unklar ist, warum der Gesetzgeber nicht auch auf die Vorschrift des § 209 BGB a.F.[586] verweist. Die in § 209 Abs. 2 BGB a.F.[587] genannten Tatbestände unterbrechen nach allgemeiner Ansicht dennoch den Lauf der Frist.[588]

Die Haftungsbegrenzung gilt entgegen der früheren ständigen Rechtsprechung des BGH und BAG[589] auch dann, wenn sich der persönlich haftende Gesellschafter nicht aus der Geschäftsführung zurückzieht. Diese Rechtsprechung hat der Gesetzgeber durch das Nachhaftungsbegrenzungsgesetz vom 18. März 1994 in § 160 Abs. 3 S. 2 HGB korrigiert. Die Regelung wurde in § 224 Abs. 5 UmwG übernommen.[590]

§ 224 UmwG ist abdingbar. Die Abrede muss aber zwischen dem jeweiligen Gesellschafter und dem Gläubiger getroffen werden. Gegenstand einer Abrede kann sowohl die Verkürzung als auch die Verlängerung der Ausschlussfrist sein, da § 224 Abs. 3 S. 2 nicht auf § 225 BGB a.F. verweist.[591]

b) Einwendungen und Einreden

Dass der Gesellschafter der Inanspruchnahme eigene Einwendungen und Einreden entgegenhalten kann, bedarf keiner näheren Begründung. Das Gleiche

---

584 *Joost*, in: Lutter, UmwG, § 224 Rn. 28.

585 *Laumann*, in: Goutier/Knopf/Tulloch, Umwandlungsrecht, § 224 UmwG Rn. 27.

586 Nunmehr § 204 BGB, der keine Unterbrechung, sondern lediglich eine Hemmung der Frist bewirkt.

587 Nunmehr § 204 Abs. 1 BGB.

588 *Laumann*, in: Goutier/Knopf/Tulloch, Umwandlungsrecht, § 224 UmwG Rn. 29; *Vossius*, in: Widmann/Mayer, Umwandlungsrecht, § 224 UmwG Rn. 23; *Joost*, in: Lutter, UmwG, § 224 Rn. 21; nach der neuen Regelung im BGB ist jedoch nunmehr nicht mehr von einer Unterbrechung der Frist, sondern von einer Hemmung auszugehen.

589 BGHZ 78, 114 (118); 108, 330 (341); NJW 1983, 2256 (2258); 2940 (2941); BAGE 42, 312.

590 *Dirksen*, in: Kallmeyer, UmwG, § 224 Rn. 6.

591 *Dirksen*, in: Kallmeyer, UmwG, § 224 Rn. 12; *Joost*, in: Lutter, UmwG, § 224 Rn. 27; nunmehr sind vertragliche Absprachen auch über Verjährungsfristen und insbesondere Verlängerungen weitgehend möglich, vgl. § 202 BGB.

muss aber auch für solche Einwendungen und Einreden gelten, die der Gesellschaft zustehen, und zwar sowohl für diejenigen aus der Zeit vor als auch für diejenigen aus der Zeit nach dem Formwechsel. Obwohl dies in § 224 UmwG nicht ausdrücklich ausgesprochen ist, ergibt es sich daraus, dass der Gesetzgeber die Altgläubiger nicht besser stellen wollte, als sie stehen würden, wenn die Gesellschaft in ihrer ursprünglichen Rechtsform fortgesetzt worden wäre. Fraglich ist lediglich, worauf sich ein solches Ergebnis stützen lässt. Nach der Eintragung der neuen Rechtsform gelten die Vorschriften des HGB grundsätzlich nicht mehr. Ab diesem Zeitpunkt sind gem. § 202 Abs. 1 Nr. 1 UmwG die für den Rechtsträger neuer Rechtsform geltenden Vorschriften anwendbar. In der Literatur wird teilweise dennoch eine direkte,[592] teilweise auch nur eine analoge[593] Anwendung des § 129 HGB vorgeschlagen. Eine direkte Anwendung scheidet nach dem Formwechsel aus, da die Personenhandelsgesellschaft und damit auch das Akzessorietätsverhältnis zwischen Gesellschaftshaftung und Gesellschafterhaftung, das § 129 HGB regelt, nicht mehr besteht. Die analoge Anwendung setzt eine Regelungslücke voraus.[594]

Denkbar wäre aber eine Lösung des Problems nach den Regeln der Gesamtschuld, da auch der Rechtsträger neuer Rechtsform nach dem Formwechsel weiterhin für die Verbindlichkeiten des formwechselnden Rechtsträgers haftet.[595] Dies ergibt sich zwar nicht aus § 224 UmwG, ist aber selbstverständliche Folge des Identitätsprinzips. Die Regeln über die Gesamtschuld sind jedoch für die Lösung der anstehenden Fragen weitgehend ungeeignet: Nach § 425 Abs. 1 BGB wirken Tatsachen grundsätzlich nur für und gegen den Gesamtschuldner, in dessen Person sie eintreten. Der Gesellschafter könnte sich daher auf Einreden der Gesellschaft nicht berufen. Das gilt gem. § 425 Abs. 2 BGB insbesondere auch für die Verjährung, die unabhängig von der Frist des § 224 Abs. 2 UmwG läuft.[596] Da die Haftungssituation der Gläubiger der Gesellschaft innerhalb der Frist des § 224 Abs. 2 UmwG auf der anderen Seite nicht verschlechtert werden soll, muss zur Unterbrechung der Verjährung gegenüber dem Gesellschafter auch weiterhin die Klageerhebung gegen die Gesellschaft genügen. Die Gestaltungsrechte der Anfechtbarkeit und Aufrechenbarkeit sind im Gesamtschuldverhältnis dagegen

---

592 *Laumann*, in: Goutier/Knopf/Tulloch, Umwandlungsrecht, § 224 UmwG Rn. 13.

593 *Vossius*, in: Widmann/Mayer, Umwandlungsrecht, § 224 UmwG Rn. 49.

594 *Larenz*, Methodenlehre der Rechtswissenschaft, S. 370 ff.

595 Für eine Gesamtschuldverhältnis *Vossius*, in: Widmann/Mayer, Umwandlungsrecht, § 224 UmwG Rn. 47 f., inkonsequent in der analogen Anwendung von § 129 HGB dann aber unter Rn. 49.

596 *Joost*, in: Lutter, UmwG, § 224 Rn. 28.

grundsätzlich von allen Gesamtschuldnern gemeinschaftlich auszuüben.[597] Nach den HGB-Regeln konnte die Gesellschaft diese Rechte alleine ausüben, während dem Gesellschafter nach § 129 HGB Abs. 2 und 3 hier nur ein Leistungsverweigerungsrecht zustand. Abweichende Ergebnisse könnten zwar nach § 425 Abs. 1 BGB jeweils mit der Eigenart des Schuldverhältnisses begründet werden. Das würde aber dazu führen, dass das gesetzliche Modell des Gesamtschuldverhältnisses geradezu umgekehrt würde. Eine Regelungslücke, die durch eine analoge Anwendung von § 129 HGB zu schließen ist, kann daher angenommen werden. Dies entspricht auch dem Grundgedanken des § 224 UmwG, der im Verhältnis zu den Altgläubigern den Fortbestand der in der Personenhandelsgesellschaft geltenden Haftungsregeln fingiert.

c) Regressmöglichkeiten des in Anspruch genommenen Gesellschafters

Vor dem Formwechsel konnte der in Anspruch genommene Gesellschafter bei der Gesellschaft gem. § 110 HGB Regress nehmen. Fraglich ist, worauf sich ein solcher Regress nach dem Formwechsel stützen lässt. § 110 HGB ist mangels Bestehens einer Personengesellschaft grundsätzlich nicht mehr anwendbar. Darüber hilft auch - anders als bei § 129 HGB - § 224 UmwG nicht hinweg, da dieser nur das Haftungsverhältnis zwischen den Gesellschaftern und den Gläubigern betrifft. Im Falle der Inanspruchnahme eines aus der Personenhandelsgesellschaft ausgeschiedenen Gesellschafters wird der Regressanspruch teilweise aus § 426 Abs. 1 BGB,[598] teilweise auf § 105 Abs. 2 HGB, § 738 Abs. 1 S. 2 BGB gestützt.[599] Gegen Ersteres ist einzuwenden, dass eine Anwendung der Gesamtschuldregeln auf die weiterhin akzessorische Haftung des ausgeschiedenen Gesellschafters nicht schlüssig erscheint. Dagegen mag sich im Falle der Inanspruchnahme des ausgeschiedenen Gesellschafters der Freistellungsanspruch aus § 738 Abs. 1 S. 2 BGB in einem Regressanspruch fortsetzen. Als Grundlage für den Regressanspruch des Gesellschafters nach einem Formwechsel kann die Vorschrift jedoch nicht dienen, da der Gesellschafter hier nicht aus der Gesellschaft ausscheidet, das Gesellschaftsverhältnis vielmehr fortbesteht. Der Regressanspruch nach dem Formwechsel ist daher auf eine Analogie zu § 110 HGB zu stützen, da diese

---

[597] Gestaltungsrechte sind im Gesamtschuldverhältnis grundsätzlich von allen Gesamtschuldnern gemeinschaftlich auszuüben, vgl. *Ehmann*, in: Erman, BGB, § 425 Rn. 11.

[598] So die wohl h.M. vgl. BGHZ 39, 319 (323 ff.); weitere Nachweise bei *K. Schmidt*, in: Schlegelberger, HGB, § 128 HGB Rn. 62.

[599] *Habersack*, in: Staub, HGB, § 128 En. 45;

Vorschrift der nach dem Formwechsel bestehenden Interessenlage am nächsten kommt.[600]

Ob es neben dem Regressanspruch im Wege der cessio legis zu einem Übergang der Forderung gegen die Gesellschaft auf den Gesellschafter kommt und auf welche Rechtsgrundlage dies gestützt werden kann, ist ebenfalls unsicher. Eine Analogie zu § 426 Abs. 2 BGB ist aus den eben genannten Gründen abzulehnen. Dagegen kommt in den §§ 774 Abs. 1, 1143 Abs. 1, 1225 BGB das allgemeine Prinzip zum Ausdruck, dass die Hauptforderung auf den akzessorisch haftenden Schuldner übergeht. Eine cessio legis ist daher in analoger Anwendung des § 774 Abs. 1 BGB zu bejahen.[601] Da dies auch für den Regress bei bestehender Mitgliedschaft angenommen wird, gilt das Gleiche auch nach dem Formwechsel.

Vor dem Formwechsel konnte der in Anspruch genommene Gesellschafter neben der Gesellschaft auch die Mitgesellschafter nach den Gesamtschuldregeln in Regress nehmen, freilich nur subsidiär, pro rata und unter Abzug seines eigenen Verlustanteils.[602] Nach dem Formwechsel kann der Gesellschafter, der eine Gesellschaftsschuld erfüllt, diejenigen Mitgesellschafter, die den Forthaftungsregeln der § 224 UmwG oder § 160 HGB unterfallen, auch weiterhin als Gesamtschuldner nach § 426 Abs. 1 BGB auf Ausgleich in Anspruch nehmen.[603] Auch nach dem Formwechsel gelten jedoch die genannten Einschränkungen. Für eine cessio legis nach § 426 Abs. 2 BGB ist dagegen sowohl vor als auch nach dem Formwechsel kein Raum. Der Übergang der Forderung gegen die Mitgesellschafter ergibt sich bereits aus §§ 412, 401 BGB, da diese akzessorisch zu der Forderung gegen die Gesellschaft sind, die nach den oben beschriebenen Grundsätzen auf den in Anspruch genommenen Gesellschafter übergegangenen ist.[604]

d) Verhältnis zur Sicherheitsleistung

Problematisch ist das Verhältnis der Nachhaftungsbegrenzung zur Sicherheitsleistung nach den §§ 204, 22 UmwG. Der Anspruch auf Sicherheitsleistung setzt nach § 22 Abs. 1 S. 2 UmwG voraus, dass der

---

600 So im Ergebnis auch *Joost*, in: Lutter, UmwG, § 224 Rn. 30; *Dirksen*, in: Kallmeyer, UmwG, § 224 Rn. 15; *Laumann*, in: Goutier/Knopf/Tulloch, Umwandlungsrecht, § 224 UmwG Rn. 14.

601 Vgl. dazu *Habersack*, in: Staub, HGB, § 128 Rn. 43, 46.

602 Näher hierzu *Baumbach/Hopt*, HGB, § 128 Rn. 27.

603 *Schlitt*, in: Semler/Stengel, UmwG, § 224 Rn. 39.

604 Vgl. *Habersack*, in: Staub, HGB, § 128 Rn. 48, 50.

Gläubiger innerhalb der Frist des § 22 Abs. 1 S. 1 UmwG eine Gefährdung seiner Forderung durch den Formwechsel glaubhaft macht. Nach einigen Autoren soll hierfür bereits ausreichend sein, dass die Forderung des Gläubigers erst nach Ablauf der Nachhaftungsfrist von fünf Jahren fällig wird.[605] Dem ist entgegengehalten worden, dass hierdurch das gesetzliche Enthaftungskonzept konterkariert würde.[606] Dabei wird indes verkannt, dass Schuldner des Sicherheitsleistungsanspruchs nicht die Gesellschafter, sondern die Gesellschaft selbst ist.[607] Der Enthaftung des Gesellschafters steht die Sicherheitsleistung daher nicht entgegen. Dennoch müssen neben dem Enthaftungskonzept weitere Umstände hinzukommen, die die Erfüllung der Forderung gefährden, wie etwa eine Unterkapitalisierung des Rechtsträgers neuer Rechtsform. Die Glaubhaftmachung der Gefährdung würde sonst zu einer reinen Formalie. Allein der Verweis auf die Gesetzeslage kann daher nicht ausreichen.

2. Haftung aufgrund des Verweises auf die Gründungsvorschriften

Neben der Nachhaftung für Altverbindlichkeiten des formwechselnden Rechtsträgers können dem ehemals persönlich haftenden Gesellschafter trotz des oben beschriebenen Enthaftungskonzepts beim Formwechsel von der Personen- in die Kapitalgesellschaft aufgrund des Verweises auf die Gründungsvorschriften in § 197 S. 1 UmwG erhebliche Haftungsrisiken entstehen.

Der Verweis auf die Gründungsvorschriften wird durch die Vorschrift des § 219 UmwG ergänzt, der für den Formwechsel in die Kapitalgesellschaft bestimmt, wer als Gründer anzusehen ist. Da diese Vorschrift von zentraler Bedeutung für alle in Betracht kommenden Haftungstatbestände ist, soll der Begriff des „Gründers" vorab kritisch betrachtet werden. Anschließend ist, da es sich bei der Heranziehung der Gründungsvorschriften - wie oben festgestellt - um eine analoge Anwendung der jeweiligen Vorschriften handelt, jeweils zu prüfen, ob die in Bezug genommenen Vorschriften ausgehend von ihrem Zweck in ihrem eigentlichen Sinnzusammenhang auch auf den Formwechsel anzuwenden sind.

---

605 So *Vossius*, in: Widmann/Mayer, Umwandlungsrecht, § 204 UmwG Rn. 19 sowie § 22 Rn. 28; *Decher*, in: Lutter, UmwG, § 204 Rn. 14; *Meister/Klöcker*, in: Kallmeyer, UmwG, § 204 Rn. 6; *Fischer*, BB 1995, 2173 (2174).

606 *Zürbig*, Der Formwechsel einer Personengesellschaft in eine Kapitalgesellschaft, S. 127; ähnlich auch *K. Schmidt*, ZGR 1993, 366 (383).

607 *Fischer*, BB 1995, 2173 (2174).

a) Der Begriff des „Gründers"

Bei der Anwendung der Gründungsvorschriften stehen gem. § 219 S. 1 UmwG den Gründern die Gesellschafter der formwechselnden Gesellschaft gleich. Der Formwechsel von der Personengesellschaft in die Kapitalgesellschaft bedarf gem. § 217 Abs. 1 S. 1 UmwG in der Regel der Zustimmung aller Gesellschafter. Sieht der Gesellschaftsvertrag dagegen zulässigerweise eine Mehrheitsentscheidung von mindestens drei Viertel der abgegebenen Stimmen vor (§ 217 Abs. 1 S. 2 und 3), treten gem. § 219 S. 2 UmwG an die Stelle der Gründer diejenigen Gesellschafter, die für den Formwechsel gestimmt haben. Um eine nachträgliche Feststellung zu ermöglichen, sind diese Gesellschafter gem. § 217 Abs. 2 UmwG in der Niederschrift über den Umwandlungsbeschluss namentlich aufzuführen.

Nach § 219 S. 2 UmwG haften diejenigen Gesellschafter, die gegen den Formwechsel gestimmt haben, nicht wie Gründer. Der Grund dafür wird darin gesehen, dass die Haftung allein auf der Zustimmung zum Formwechsel und der damit verbundenen Kapitalfestsetzung beruht. Die bloße Hinnahme des Beschlusses soll dagegen die Gründerhaftung nicht auslösen können. Die dissentierende Minderheit beteilige sich weder an dem „Wertversprechen", das im Zuge des Formwechsels aufgrund des Gebots der Reinvermögensdeckung abgegeben wird, noch war sie mit dem Formwechsel als solchem einverstanden.[608] An dieser Privilegierung der Minderheit wurde in der Literatur Kritik geübt. Mehrheitsbeschlüsse seien im Gesellschaftsrecht allgemein anerkannt. Die abweichende Minderheit könne sich den negativen Folgen einer solchen Mehrheitsentscheidung nicht entziehen. Eine dahingehende Restriktion des § 219 S. 2 UmwG sei jedoch nicht möglich, da dieser sonst jeglichen Anwendungsbereich verlieren würde. Daher müsse hier der Gesetzgeber tätig werden.[609]

Andere Autoren halten den Haftungsausschluss ebenfalls für problematisch und versuchen das Problem über eine restriktive Auslegung des Wortlautes von § 219 S. 2 UmwG zu lösen, der lediglich definiere, wer als „Gründer" i.S. der Gründungsvorschriften des Rechtsträgers neuer Rechtsform anzusehen sei. Danach soll die Einschränkung des § 219 S. 2 UmwG nur für die spezielle Gründerhaftung nach § 9a GmbHG, § 46 AktG gelten. Bei den anderen in

---

608 *Trölitzsch*, Differenzhaftung für Sacheinlagen in Kapitalgesellschaften, S. 358 f; im Ergebnis auch *Joost*, in: Lutter, Kölner Umwandlungsrechtstage, 245 (256); *Dirksen*, in: Kallmeyer, UmwG, § 219 Rn. 6.

609 *Lenz*, Gesellschafter- und Gläubigerschutz bei dem Formwechsel einer OHG in eine GmbH, S. 145 ff.

Betracht kommenden Haftungstatbeständen (i.F. auch „Gründungshaftung" genannt) werde dagegen nicht an die Eigenschaft als Gründer sondern an diejenige als Gesellschafter (insbesondere bei der Differenzhaftung) bzw. als Handelnder (Handelndenhaftung) angeknüpft. Für diese Haftungstatbestände gelte die Einschränkung des § 219 S. 2 UmwG nicht.[610] Allein die verwendete Terminologie in § 219 UmwG kann eine solche Differenzierung allerdings nicht tragen. [611] Der Gesellschafter, der gegen den Formwechsel stimmt, unterläge dann nicht der Gründerhaftung nach § 9a GmbHG oder § 46 AktG. Dagegen käme die als reine Garantiehaftung ausgestaltete, noch strengere Differenzhaftung zur Geltung. Das vermag nicht zu überzeugen.[612]

Dennoch sind die grundsätzlichen Bedenken gegen den Haftungsausschluss in § 219 S. 2 UmwG gerechtfertigt. Die Haftung der Gründer dient der Sicherstellung der Deckung des Garantiekapitals beim Formwechsel in die Kapitalgesellschaft und ist damit zentrales Element des Gläubigerschutzes. Dieser darf nicht der Willkür der Gesellschafter unterstellt werden. Es kann daher nicht in der Hand der Gesellschafter liegen, bestimmte Anteilsinhaber von der Haftung frei zu stellen.[613] Genau diese Möglichkeit eröffnet aber § 219 S. 2 UmwG. Die Gesellschafter können die Vorschrift instrumentalisieren, indem sie z.B. erst anlässlich des geplanten Formwechsels die Möglichkeit einer Mehrheitsumwandlung im Gesellschaftsvertrag vorsehen, um dadurch gewissen Gesellschaftern eine Freistellung von der Gründerhaftung zu gewähren.[614]

Die Reichweite des § 219 S. 2 UmwG stellt sich damit als Konflikt zwischen dem Schutz von Minderheiten und den Interessen der Gläubiger des formwechselnden Rechtsträgers dar. Beide müssen nach dem Willen des

---

610 *Vossius*, in: Widmann/Mayer, Umwandlungsrecht, § 219 UmwG Rn. 21 ff., 28 ff.; *Decher*, in: Lutter, UmwG, § 197 Rn. 38; *Mayer*, in: Widmann/Mayer, Umwandlungsrecht, § 197 UmwG Rn. 64.

611 *Lenz*, Gesellschafter- und Gläubigerschutz bei dem Formwechsel einer OHG in eine GmbH, S. 144.

612 Gegen eine solche Differenzierung auch *Zürbig*, Der Formwechsel einer Personengesellschaft in eine Kapitalgesellschaft, S. 150 f. Dieser möchte die in § 219 S. 2 UmwG genannten Gesellschafter aber als Konsequenz von jeglicher Haftung freistellen, da andernfalls die Haftungsfreistellung, die nach § 219 S. 2 UmwG erreicht werden soll, nicht praktikabel sei.

613 *Laumann*, in: Goutier/Knopf/Tulloch, Umwandlungsrecht, § 219 UmwG Rn. 9, § 245 UmwG Rn. 3.

614 *Dirksen*, in: Kallmeyer, UmwG, § 219 Rn. 3 sowie § 217 Rn. 1; *Joost*, in: Lutter, UmwG, § 219 Rn. 6; diese Vorgehensweise ausdrücklich empfehlend *Schlitt*, in: Semler/Stengel, UmwG, § 219 Rn. 7.

Gesetzgebers in angemessener Weise berücksichtigt werden.[615] Dabei darf nicht verkannt werden, dass Mehrheitsentscheidungen in der Gesellschaft grundsätzlich auch von Minderheiten zu tragen sind, die gegen die Entscheidung gestimmt haben. Insbesondere ist es in der Regel nicht möglich, sich den Folgen solcher Entscheidungen zu Lasten außenstehender Dritter zu entziehen. Strukturmaßnahmen, wie sie das Umwandlungsgesetz ermöglicht, berühren die Rechte von Gesellschaftern aber in besonderem Maß. Der Gesetzgeber hat daher im Umwandlungsgesetz dem Schutz von Minderheiten einen hohen Stellenwert eingeräumt. Vor diesem Hintergrund ist auch die Haftungsfreistellung des § 219 S. 2 UmwG zu sehen. Die Notwendigkeit dieser Regelung ergibt sich auch daraus, dass der Gesetzgeber die ausscheidewilligen Gesellschafter dadurch privilegieren wollte, dass sie - im Gegensatz zur früheren Regelung - nicht automatisch mit dem Formwechsel aus der Gesellschaft ausscheiden, sondern zunächst Gesellschafter des Rechtsträgers neuer Rechtsform werden. Aus diesem Umstand sollten den ausscheidenden Gesellschaftern keine Nachteile erwachsen. Die Haftungsfreistellung erscheint insoweit konsequent.

Auf der anderen Seite ist nicht einzusehen, warum dieses Privileg Gesellschaftern zukommen sollte, die zwar zunächst gegen den Formwechsel stimmen, sich dann aber für ein Verbleiben in dem Rechtsträger neuer Rechtsform entscheiden. Da sie auch an den wirtschaftlichen Vorteilen des Formwechsels partizipieren und im Übrigen auch von der durch den Formwechsel angestrebten Enthaftung profitieren, erscheint es gerechtfertigt, sie der Gründerhaftung zu unterwerfen. § 219 S. 2 UmwG ist daher teleologisch zu reduzieren. Sein Wortlaut ist dahingehend auszulegen, dass nur diejenigen Gesellschafter nicht als Gründer anzusehen sind, die gegen den Formwechsel gestimmt haben und in der Konsequenz auch aus dem Rechtsträger neuer Rechtsform ausscheiden.

b) Verlustdeckungshaftung

(a) Verlustdeckungshaftung bei der Gründung

Die genauen Haftungsmodalitäten in der Vorgesellschaft sind noch immer umstritten. Der Streit ist bestimmt von dem Interessenkonflikt zwischen Gläubigern und Gesellschaftern der Vorgesellschaft. Während den Gläubigern aufgrund der noch ausstehenden Registerkontrolle noch kein geprüftes Garantiekapital zur Verfügung steht und die Kapitalsicherungsvorschriften noch nicht umfänglich gelten, haben die Gründer mit der Wahl der Rechtsform der Kapitalgesellschaft ihren Willen zum Ausdruck gebracht, ihre Haftung auf die

---

[615] Begr. RegE, in: Ganske, Umwandlungsrecht, S. 13.

zu leistenden Einlagen zu beschränken. Weder das GmbH-Gesetz noch das Aktiengesetz enthalten eine Lösung des Problems. Der Rückgriff auf die Haftungsverhältnisse in den Personengesellschaften führt aufgrund der Eigenständigkeit der Vorgesellschaft nicht unmittelbar weiter.[616]

Der BGH hatte zunächst auch nach Ersetzung des Vorbelastungsverbots durch die Vorbelastungshaftung[617] im Stadium der Vorgesellschaft an der Verlustdeckungshaftung als Außenhaftung, beschränkt auf die noch ausstehenden Einlagen, festgehalten.[618] Nach Kritik der Literatur, insbesondere an dem Wertungswiderspruch zwischen beschränkter Außenhaftung vor und unbeschränkter Innenhaftung nach der Eintragung (vgl. dazu die Ausführungen zur Differenzhaftung) hat der BGH ein neues Haftungskonzept entwickelt.[619] Danach unterliegen die Gesellschafter für Verluste der Vorgesellschaft einer unbeschränkten anteiligen Innenhaftung. Diese soll erst mit Scheitern der Eintragung entstehen.[620] Auch dieses Haftungskonzept hat in der Literatur Kritik erfahren, auf die hier jedoch nicht näher eingegangen wird.[621] Das vom BGH aufgestellte Haftungsmodell ist auch für die AG übernommen worden.[622]

(b) Verlustdeckungshaftung beim Formwechsel

Fraglich ist, ob es auch beim Formwechsel zu einer Verlustdeckungshaftung der beteiligten Gesellschafter kommen kann. Dafür hat sich *Zürbig* ausgesprochen.[623] *Zürbig* geht jedoch an gleicher Stelle von der Existenz einer Vorgesellschaft beim Formwechsel in die Kapitalgesellschaft aus. Abgesehen davon, dass nach der hier vertretenen Auffassung für eine Vorgesellschaft beim identitätswahrenden Formwechsel kein Raum ist, kann die Annahme einer Verlustdeckungshaftung im Rahmen des Formwechsels zu keinem stimmigen Ergebnis führen. Nach dem Konzept des BGH käme sie dann zum Tragen, wenn die Eintragung des Formwechsels scheitert. Würde man in diesem Fall die Gesellschafter für Verluste, die seit dem Formwechselbeschluss entstanden sind, nur anteilig im Innenverhältnis haften lassen, würde dies ihre Position in

---

616 *Ulmer*, in: Hachenburg, GmbHG, § 11 Rn. 50 f.

617 Vgl. hierzu BGHZ 80, 129.

618 Vgl. nur BGHZ 80, 182.

619 Vgl. BGHZ 134, 333 ff.

620 BGHZ 134, 333 (341).

621 Vgl. insbesondere *K. Schmidt*, Gesellschaftsrecht, S. 1021 f. mit zahlreichen weiteren Hinweisen.

622 OLG Karlsruhe, ZIP 1998, 1981; *Hüffer*, AktG, § 41 Rn. 9a f.

623 *Zürbig*, Der Formwechsel einer Personengesellschaft in eine Kapitalgesellschaft, S. 144 ff.

Anbetracht der sonst in der Personenhandelsgesellschaft geltenden Haftungsregeln deutlich verbessern. Der Formwechselbeschluss, in dem die Gesellschafter ihren Willen äußern, in Zukunft nur noch beschränkt haften zu wollen, kann dies nicht rechtfertigen. Anders als bei der Gründung einer Kapitalgesellschaft, bei der die Gesellschafter ihren Willen zu einer nur begrenzten Haftung von Anfang an zum Ausdruck bringen, haben sich die Gesellschafter beim Formwechsel in die Kapitalgesellschaft zunächst für eine Gesellschaftsform mit unbegrenzter Haftung entschieden. Die für die neue Rechtsform geltenden Vorschriften sollen nach der Konzeption des UmwG erst ab der Eintragung der neuen Rechtsform anwendbar sein (§ 202 Abs. 1 Nr. 1 UmwG). Auch mit der nach § 224 UmwG zunächst noch fünf Jahre fortdauernden persönlichen (Außen-)Haftung der Gesellschafter ist die vom BGH für Verluste der Vorgesellschaft entwickelte anteilige Haftung im Innenverhältnis kaum in Einklang zu bringen. Bis zur Eintragung des Formwechsels ist daher uneingeschränkt das Haftungssystem des formwechselnden Rechtsträgers anzuwenden. Für eine Verlustdeckungshaftung ist auch im Falle des Scheiterns des Formwechsels kein Raum.

c) Vorbelastungshaftung

(a) Vorbelastungshaftung bei der Gründung

Die früher vertretene Lehre vom Vorbelastungsverbot und von der Beschränkung der Vorgesellschaft auf die „notwendigen" Gründungsgeschäfte war auf der Annahme begründet, dass den Gläubigern vor der Eintragung der Kapitalgesellschaft kein Haftungssubjekt zur Verfügung stehe, da gem. § 11 Abs. 1 GmbHG und § 41 Abs. 1 S. 1 AktG die GmbH bzw. die AG als solche noch nicht bestehe. Sie hatte den Zweck, die Kapitalgesellschaft zum Zeitpunkt der Eintragung mit unversehrtem Garantiekapital, d.h. ohne Vorbelastungen aus der Gründungsphase zur Entstehung kommen zu lassen. Diese Lehre ist seit dem Grundsatzurteil BGHZ 80, 129 überholt.[624] Auslöser für ein Umdenken in der Problematik war das Recht der Sachgründung. Insbesondere wenn ein bereits bestehendes Handelsgeschäft in die neu zu gründende Kapitalgesellschaft eingebracht wurde, waren dessen Geschäfte in der Phase bis zur Eintragung fortzuführen. Nunmehr steht fest, dass sowohl bei Bar- als auch bei Sachgründungen die Vorgesellschaft fähig und befugt ist, als Rechtssubjekt am Geschäftsleben teilzunehmen.[625] Dem Grundsatz der Unversehrtheit des Garantiekapitals bei Eintragung der Kapitalgesellschaft wird durch die

---

[624] *Ulmer*, in: Hachenburg, GmbHG, § 11 Rn. 51 f.

[625] *K. Schmidt*, Gesellschaftsrecht, S. 301.

Vorbelastungshaftung[626] Rechnung getragen. Sachlich handelt es sich um eine nicht auf die Höhe des Stammkapitals beschränkte, unverzichtbare anteilige Haftung der einzelnen Gesellschafter gegenüber der GmbH, die durch die Eintragung zur Entstehung kommt[627] und für die die Mitgesellschafter die Ausfallhaftung nach § 24 GmbHG trifft.[628]

Problematisch ist die Abgrenzung zur Differenzhaftung.[629] Nach der vorherrschenden Ansicht in der Literatur[630] und der Rechtsprechung[631] ist jede auf den Eintragungsstichtag errechnete Unterbilanz im Rahmen der Vorbelastungshaftung auszugleichen. Dadurch soll sichergestellt werden, dass das satzungsmäßige Garantiekapital im Eintragungszeitpunkt vollständig vorhanden ist.[632] Die Differenzhaftung für die Werthaltigkeit einer Sacheinlage ist jedoch auf den Zeitpunkt der Anmeldung zur Eintragung begrenzt, vgl. § 9 Abs. 1 GmbHG.[633] Folglich ist zu differenzieren: Nur wenn die Wertminderung auf der Aufnahme der Geschäfte vor der Eintragung beruht, erfasst die Vorbelastungshaftung auch den Wertverlust der Sacheinlage nach der Anmeldung. Hat die Sacheinlage dagegen an Wert eingebüßt, ohne dass dies auf der Geschäftstätigkeit beruht, haften die Gesellschafter für diese Wertminderung nur bis zum Zeitpunkt der Anmeldung.[634] Für vor der Anmeldung eintretende Wertverluste von Sacheinlagen hat die Differenzhaftung nach § 9 GmbHG Vorrang vor der Vorbelastungshaftung. Denn die aus der Differenzhaftung

---

626 Sie wird auch als „allgemeine Differenzhaftung" oder als „Unterbilanzhaftung" bezeichnet.

627 A.A. *K. Schmidt*, in: Scholz, GmbHG, § 11 Rn. 127, nach dem der Anspruch bereits mit der Anmeldung entsteht, was der Beseitigung der Vorbelastung als Eintragungshindernis dienen soll. Der Registerrichter kann demnach, wenn er eine Vorbelastung feststellt, durch Zwischenverfügung auf deren Beseitigung drängen.

628 *Ulmer*, in: Hachenburg, GmbHG, § 11 Rn. 84.

629 Näher zu dieser unten, 4. Kapitel:II.2.d).

630 *Hueck/Fastrich*, in: Baumbach/Hueck, GmbHG, § 11 Rn. 58; *Lutter/Hommelhoff*, GmbHG, § 11 Rn. 20; *Roth*, in: Roth, GmbHG, § 11 Rn. 12.

631 BGHZ 80, 129 (141); 182 (184).

632 *K. Schmidt*, in: Scholz, GmbHG, § 11 Rn. 126.

633 Ebenso *Ulmer*, in: Hachenburg, GmbHG, § 11 Rn. 89; *Heinrich*, Die Haftung des GmbH-Gesellschafters für mangelhafte Sacheinlagen, S. 51.

634 Ebenso *Ulmer*, in: Hachenburg, GmbHG, § 11 Rn. 89; *Heinrich*, Die Haftung des GmbH-Gesellschafters für mangelhafte Sacheinlagen, S. 45 ff; *K. Schmidt*, in: Scholz, GmbHG, § 9a Rn. 25, § 11 Rn. 126 unterscheidet daher zwischen der strengen *Unterbilanzhaftung* für jegliche Wertverluste, die nur im Zeitpunkt der Anmeldung eingreife und der *Vorbelastungshaftung* für operative Verluste bis zur Eintragung der Gesellschaft.

resultierende Bareinlagepflicht des Sacheinlegers ist zu aktivieren und beseitigt eine eventuell bestehende Unterbilanz.[635]

Trotz der Vorbelastungshaftung stellt die Vorbelastung des Nennkapitals bis zur Anmeldung der Eintragung nach der herrschenden Ansicht in der Literatur[636] ein Eintragungshindernis dar. Auch der BGH hatte bereits in seinem das Vorbelastungsverbot aufgebenden Urteil in einem eigenen Leitsatz klargestellt, dass die bei Anmeldung abzugebende Versicherung über Einlageleistungen und die entsprechende Prüfung durch das Registergericht berücksichtigen müsse, inwieweit das Anfangskapital bereits durch Schulden vorbelastet sei.[637] In der Urteilsbegründung führt der BGH weiter aus, dass es nicht Sinn der Vorbelastungshaftung sei, die Eintragung trotz unzureichender Kapitalausstattung zu ermöglichen.[638] Vorbelastungen, die dagegen erst in der Phase zwischen Anmeldung und Eintragung eintreten, stellen nach der überwiegenden Ansicht allerdings kein Eintragungshindernis dar.[639]

(b) Vorbelastungshaftung beim Formwechsel

Gegen die Anwendung der Grundsätze zur Vorbelastungshaftung auf den Formwechsel wird in der Literatur eingewendet, dass bis zum Formwechsel der noch bestehende Ausgangsrechtsträger Schuldner eingegangener Verpflichtungen werde. Dies gelte auch bei Falschbezeichnungen der vertragsschließenden Gesellschaft als künftige Kapitalgesellschaft. Mangels möglicher Vorbelastungen komme daher auch keine Vorbelastungshaftung im neuen Rechtsträger in Betracht.[640] Diese Argumentation widerspricht schon im Ansatzpunkt dem Identitätsprinzip. Geschäfte, die vor dem Formwechsel

---

635 *K. Schmidt*, in: Scholz, GmbHG, § 11 Rn. 130; i.E. ebenso *Schmidt-Leithoff*, in: Rowedder, GmbHG, § 11 Rn 32.

636 *Hueck/Fastrich*, in: Baumbach/Hueck, GmbHG, § 9c Rn. 8; *Winter*, in: Scholz, GmbHG, § 9c Rn. 32 ff.; *Schmidt-Leithoff*, in: Rowedder, GmbHG, § 9c Rn. 30; *Ulmer*, in Hachenburg, GmbHG, § 9c Rn. 32; *Hüffer*, AktG, § 41 Rn. 9; *Ihrig*, Die endgültig freie Verfügung über die Einlage von Kapitalgesellschaften, S. 102 ff.

637 BGHZ 80, 129 (130).

638 BGHZ 80, 129 (143).

639 *Hueck/Fastrich*, in: Baumbach/Hueck, GmbHG, § 9c Rn. 8; *Winter*, in: Scholz, GmbHG, § 9c Rn. 28 f.; *Schmidt-Leithoff*, in: Rowedder, GmbHG, § 9c Rn. 30; *Ulmer*, in Hachenburg, GmbHG, § 9c Rn. 32; *Hüffer*, AktG, § 41 Rn. 9; *Ihrig*, Die endgültig freie Verfügung über die Einlage von Kapitalgesellschaften, S. 102 f.

640 *Mayer*, in: Widmann/Mayer, Umwandlungsrecht, § 197 UmwG Rn. 76; ähnlich *Zürbig*, Der Formwechsel einer Personengesellschaft in eine Kapitalgesellschaft, S. 148, der aus den gleichen Gründen zumindest die praktische Relevanz der Unterbilanzhaftung beim Formwechsel für gering hält.

getätigt werden, verpflichten und berechtigen auch den Rechtsträger neuer Rechtsform, da dieser mit dem Ausgangsrechtsträger identisch ist. Für die Annahme einer von dem formwechselnden Rechtsträger zu unterscheidenden Vorgesellschaft besteht kein Raum. Jeder im Vorfeld des Formwechsels eintretende Verlust belastet auch das Vermögen des Rechtsträgers in seiner neuen Rechtsform. Das statutarisch festgesetzte Nennkapital kann daher durch Geschäfte vor dem Formwechsel ebenso belastet werden wie bei der Gründung einer Kapitalgesellschaft.

Andere lehnen eine Vorbelastungshaftung beim Formwechsel ab, da im Unterschied zur Gründung einer Kapitalgesellschaft nach § 224 UmwG auch nach Eintragung der neuen Rechtsform eine unmittelbare Haftung der Gesellschafter im Außenverhältnis besteht. Einer besonderen Sicherung der Kapitalaufbringung zum Zeitpunkt der Eintragung durch eine Haftung der Gesellschafter bedürfe es daher nicht.[641] Dabei wird jedoch der eingeschränkte Wirkungsbereich des § 224 UmwG verkannt. Die Forthaftung der Gesellschafter für die Altverbindlichkeiten kann naturgemäß nur dem Schutz der Altgläubiger dienen. Die Vorbelastungshaftung stellt demgegenüber die Deckung des Garantiekapitals des Rechtsträgers neuer Rechtsform sicher. Sie ist daher zentrales und unverzichtbares Element des Schutzes der Neugläubiger der Kapitalgesellschaft.

Sowohl das früher geltende Vorbelastungsverbot als auch die Vorbelastungshaftung sollen die Unversehrtheit des Garantiekapitals im Entstehungszeitpunkt der Kapitalgesellschaft sicherstellen. Beim Formwechsel muss das Garantiekapital ebenfalls gem. § 220 Abs. 1 UmwG vom Aktivreinvermögen der Gesellschaft gedeckt sein. Das Nennkapital des Rechtsträgers neuer Rechtsform ist in dem neu zu fassenden Gesellschaftsvertrag bzw. der Satzung und damit gem. § 218 Abs. 1 S. 1 UmwG bereits im Umwandlungsbeschluss festzusetzen. Der Vermögensstatus nach § 220 Abs. 1 UmwG wird zu diesem Zeitpunkt in der Regel bereits vorliegen. Treten bis zur Anmeldung der Eintragung Wertverluste bzw. bis zur Eintragung operative Verluste ein und kommt es trotz der Nichtdeckung des Garantiekapitals zur Eintragung, so ist der Formwechsel wirksam (§ 202 Abs. 3 UmwG). Im Gegenzug muss es wie bei der Eintragung einer neugegründeten Kapitalgesellschaft trotz fehlender Kapitaldeckung zu einer Vorbelastungshaftung kommen. Andernfalls bliebe ein Verstoß gegen das die Gläubiger schützende Gebot der Reinvermögensdeckung ohne Konsequenz.

641 *Lenz*, Gesellschafter- und Gläubigerschutz bei dem Formwechsel einer OHG in eine GmbH, S. 142 f.

Dem Gebot der Reinvermögensdeckung kommt eine ähnlich zentrale Bedeutung zu wie dem Gebot der realen Kapitalaufbringung bei der Gründung einer Kapitalgesellschaft. Der Verweis auf die Gründungsvorschriften erfasst daher auch die von der Literatur und der Rechtsprechung entwickelte Vorbelastungshaftung.[642] Der Identitätsgrundsatz steht dem nicht entgegen, da die Vorbelastungshaftung nicht notwendig Folge eines Vermögensüberganges von einer Vorgesellschaft auf die juristische Person ist.[643] Sie beruht alleine auf einer rechnerisch zu ermittelnden Wertdifferenz zwischen dem tatsächlich vorhandenen Vermögen und dem festgesetzten Garantiekapital zum Zeitpunkt der Eintragung.[644]

Die Feststellung der Anspruchshöhe aus der Vorbelastungshaftung orientiert sich wie bei der Gründung einer Kapitalgesellschaft an einem Vermögensstatus, der nicht den Regeln über den Jahresabschluss unterliegt.[645] Für diesen Zweck ist eine Vermögensaufstellung auf den Eintragungsstichtag anzufertigen. Nicht herangezogen werden kann der für den Nachweis der Kapitaldeckung nach § 220 UmwG erforderliche Vermögensstatus, da dieser bereits auf einen bestimmten Stichtag vor dem Formwechsel erstellt wird.[646] Ist bereits aus diesem eine Unterbilanz ersichtlich, wird es aufgrund der Prüfung der Reinvermögensdeckung durch das Registergericht (vgl. § 197 S. 1 UmwG i.V.m. §§ 9c GmbHG, 38 Abs. 1 AktG) zu einer Eintragung des Formwechsels von vornherein nicht kommen.[647] Bei der Haftung handelt es sich wie im Rahmen der Gründung um eine anteilige Innenhaftung, die nicht auf den Betrag der übernommen Anteile begrenzt ist. Bei der Berechnung der Höhe des Ausgleichsanspruchs sind jedoch diejenigen Anteile außer Betracht zu lassen, die auf Gesellschafter entfallen, die nicht als Gründer gelten. Da diese einer Haftung im Rahmen des Formwechsels nicht unterliegen, käme es andernfalls zu Deckungslücken.

---

642 *K. Schmidt*, ZGR 1990, 580 (584).

643 Das zeigt sich schon daran, dass umstritten ist, ob das Vermögen der Vorgesellschaft im Wege der Universalsukzession auf die Kapitalgesellschaft übergeht, oder ob es sich hier ebenfalls um einen identitätswahrenden Vorgang handelt. Zum Streitstand vgl. *K. Schmidt*, in: Scholz, GmbHG, § 11 Rn. 25.

644 Im Ergebnis ebenso *Trölitzsch*, Differenzhaftung für Sacheinlagen in Kapitalgesellschaften, S. 356 f.

645 Vgl. dazu *K. Schmidt*, in: Scholz, GmbHG, § 11 Rn. 129; *Lutter Hommelhoff*, GmbHG, § 11 Rn. 20.

646 Vgl. unten 4. Kapitel:VI.4.b).

647 *Joost*, in: Lutter, UmwG, § 220 Rn. 20; *Laumann*, in: Goutier/Knopf/Tulloch, Umwandlungsrecht, § 220 UmwG Rn. 2.

d) Differenzhaftung

(a) Differenzhaftung bei Gründung

Im GmbH-Gesetz ist die verschuldensunabhängige Haftung für eine Differenz des Wertes einer Sacheinlage und der hierfür übernommenen Stammeinlage im Anmeldungszeitpunkt in § 9 Abs. 1 GmbHG ausdrücklich vorgesehen. Danach hat der Sacheinleger für die Differenz zwischen objektivem Wert der Sacheinlage und dem Nennbetrag der dafür übernommenen Stammeinlage eine Einlage in Geld zu leisten. Ob die Wertdifferenz auf einer Überbewertung der Sacheinlage oder einer Wertminderung nach der Einbringung in die Gesellschaft beruht, ist unerheblich.[648] Für die AG existiert zwar keine vergleichbare Vorschrift, eine Differenzhaftung wird jedoch auch hier angenommen. Die Rechtsprechung hat dies auf eine Kapitaldeckungszusage begründet, die im Hinblick auf das Verbot der Unterpari-Emission (§ 9 Abs. 1 AktG) mit der Sacheinlageverpflichtung abgegeben wird.[649] In der Literatur wird das Ergebnis seit der GmbH-Novelle 1980 auf eine analoge Anwendung von § 9 Abs. 1 GmbHG gestützt.[650] Während bei der GmbH ein vereinbartes Aufgeld (Agio) bei der Berechnung der Differenzhaftung außer Ansatz bleibt,[651] muss die Sacheinlage bei der AG gem. § 36a Abs. 2 S. 3 AktG auch dieses abdecken. Maßgeblicher Zeitpunkt für die Feststellung der Differenzhaftung ist jeweils der Zeitpunkt der Anmeldung, vgl. § 9 Abs. 1 GmbHG. Dies stellt einen angemessenen Kompromiss zwischen dem Interesse des Einlegers an einer Berechnung der Ausgleichspflicht zum Einbringungszeitpunkt und dem Grundsatz der vollen Kapitalaufbringung zum Zeitpunkt der Entstehung der juristischen Person, also der Eintragung, dar.[652]

Gem. § 9c Abs. 1 S. 2 GmbHG stellt die Überbewertung von Sacheinlagen trotz der Differenzhaftung der Gesellschafter ein Eintragungshindernis dar. Für die AG ergibt sich dies aus § 38 Abs. 2 S. 2 AktG. Maßgeblicher Zeitpunkt für die Kontrolle der Werthaltigkeit durch das Registergericht ist nach herrschender Meinung derjenige der Eintragung.[653]

---

648 *K. Schmidt*, in: Scholz, GmbHG, § 9 Rn. 10; *Lutter/Hommelhoff*, GmbHG, § 9 Rn. 3.

649 BGHZ 64, 52 (62).

650 *Hüffer*, AktG, § 9 Rn. 6; *Priester*, DB 1995, 911 (914); *Hoffmann-Becking*, in: Münchener Handbuch des Gesellschaftsrechts, § 4 Rn. 28.

651 *Winter*, in: Scholz, GmbHG, § 9 Rn. 7; *Ulmer*, in Hachenburg, GmbHG, § 9 Rn. 12.

652 *Ulmer*, in: Hachenburg, GmbHG, § 9 Rn. 1.

653 BGHZ 80, 129 (136f.); *Ulmer*, in: Hachenburg, GmbHG, § 9c Rn. 37 f.; *Lutter/Hommelhoff*, GmbHG, § 9c Rn. 17; a.A. *Winter*, in: Scholz, GmbHG, § 9c Rn. 33 und *Schmidt-Leithoff*, in: Rowedder, GmbHG, § 9c Rn. 26 die in Anlehnung an § 9 Abs. 1 GmbHG den Zeitpunkt der Anmeldung für maßgeblich halten.

Der Differenzhaftungsanspruch ist gem. § 9 Abs. 1 GmbHG ein auf Wertminderungen einzelner konkretisierbarer Sacheinlagen begrenzter Geldeinlageanspruch der Gesellschaft. Der Anspruch ist begrenzt auf Wertminderungen, die am Stichtag der Anmeldung vorhanden waren und auf einer zu großzügigen oder falschen Wertschätzung bzw. einer Entwertung der Sacheinlage beruhen. Der Stammeinlagebetrag bildet daher grundsätzlich die Grenze der Ausgleichspflicht.[654] Anders als bei der anteiligen Vorbelastungshaftung trifft den Sacheinleger selbst das volle Risiko für die Vollwertigkeit der von ihm geleisteten Sacheinlage. Die Mitgesellschafter trifft nur die Ausfallhaftung nach § 24 GmbHG.[655]

(b) Differenzhaftung beim Formwechsel

Für die frühere übertragende Umwandlung war die Geltung der Differenzhaftung aufgrund des Verweises auf die ergänzend anwendbaren Gründungsvorschriften in §§ 41 Abs. 2, 47 Abs. 2, UmwG 1969 anerkannt.[656] Jede Umwandlung war hier notwendig Sachgründung, da das Kapital der künftigen Kapitalgesellschaft nicht in Geld, sondern in Sachwerten, nämlich durch das Nettovermögen der Personenhandelsgesellschaft aufgebracht wurde.[657] Dagegen wurde bei der formwechselnden Umwandlung nach dem Aktiengesetz 1965 eine Differenzhaftung im Rahmen des Formwechsels nur für möglich gehalten, wenn aus Anlass der Umwandlung eine Kapitalerhöhung gegen Sacheinlagen vorgenommen wurde oder die Haftung auf einer Sacheinlage in der formwechselnden Gesellschaft beruhte, deren Unterbewertung sich noch beim Formwechsel auswirkt.[658] Im Übrigen sei mangels Sacheinlagen oder Sachübernahmen für eine Differenzhaftung bei der Umwandlung kein Raum.[659]

Zweifel an der Anwendbarkeit der Differenzhaftung könnten sich auch beim identitätswahrenden Formwechsel nach dem neuen Umwandlungsrecht ergeben. Anders als die Vorbelastungshaftung steht die Differenzhaftung in einem

---

654 *Heinrich*, Die Haftung des GmbH-Gesellschafters für mangelhafte Sacheinlagen, S. 47; zur Ausnahme bei der Einlage eines überschuldeten Unternehmens vgl. *Lutter/Hommelhoff*, GmbHG, § 9 Rn. 3.

655 *K. Schmidt*, in: Scholz, GmbHG, § 9 Rn. 3.

656 Vgl. *Ulmer*, in: Hachenburg, GmbHG, § 9 Rn. 6; *Schilling*, in: Hachenburg, GmbHG, Anh. § 77, § 47 UmwG Rn. 6; *Priester*, in: Scholz, GmbHG, 7. Auflage, Anh. Umw., § 47 UmwG Rn. 15 ff.

657 *Priester*, in: Scholz, GmbHG, 7. Auflage, Anh. Umw. § 47 UmwG Rn. 15.

658 *Semler/Grunewald*, in: Geßler/Hefermehl, AktG, § 378 Rn. 16.

659 *Semler/Grunewald*, in: Geßler/Hefermehl, AktG, § 378 Rn. 16; *Godin/Wilhelmi*, AktG, § 378 Anm. 3

notwendigen Zusammenhang mit der Erbringung von Sacheinlagen. Einlagen werden beim Formwechsel aber nicht erbracht, der Rechtsträger erhält lediglich eine neue Organisations- und Haftungsverfassung.[660] Eine Differenzhaftung wird daher auch von Teilen der Literatur zum neuen Umwandlungsrecht abgelehnt.[661] Der Identitätsgrundsatz vertrage sich nicht mit einem angeblichen Sachgründungscharakter des Formwechsels, der alleine eine Differenzhaftung rechtfertigen könne. Die Differenzhaftung sei eine spezielle Haftung bei Sachkapitalaufbringung. Mit dieser lasse sich der Formwechsel nicht vergleichen, da ihm weder individuelle Sacheinlagevereinbarungen noch überhaupt Einlagepflichten zugrunde liegen.

Diese Ansicht verkennt, dass das Sachgründungsrecht nicht deshalb anzuwenden ist, weil es sich beim Formwechsel um eine Sachgründung oder zumindest um einen der Sacheinlage ähnlichen Vorgang handelt.[662] Das Sachgründungsrecht ist vielmehr dann anwendbar, wenn es beim Formwechsel zu einer Gefährdung der Gläubiger kommt, die derjenigen bei der Erbringung von Sacheinlagen bei der Gründung vergleichbar ist.[663] Bei der Sachgründung besteht aus der Sicht der Gläubiger die Gefahr einer Überbewertung der Sacheinlagen durch die Gründer. Dieser Gefahr soll die Differenzhaftung entgegenwirken. Die Bewertung des Gesellschaftsvermögens im Rahmen des § 220 Abs. 1 UmwG führt aus der Sicht der Gläubiger zu einer vergleichbaren Risikolage. Auch hier ist die Gefahr einer Überbewertung des Gesellschaftsvermögens des formwechselnden Rechtsträgers naheliegend. Dies unterscheidet den Formwechsel in die Kapitalgesellschaft von den identitätswahrenden Umwandlungen zwischen Kapitalgesellschaften nach dem Aktiengesetz 1965, bei der eine Deckung des Garantiekapitals des Rechtsträgers neuer Rechtsform nicht vorgeschrieben war. Das nunmehr geltende Gebot der Reinvermögensdeckung rechtfertigt die Geltung der Differenzhaftung.[664] Der überwiegende Teil der Literatur spricht sich denn auch für eine analoge Anwendung der Differenzhaftung beim Formwechsel aus.[665]

---

660 *Priester*, DNotZ 1995, 427 (452); *K. Schmidt*, ZIP 1995, 1385 (1387).

661 Vgl. zum Folgenden *Trölitzsch*, Differenzhaftung für Sacheinlagen in Kapitalgesellschaften, S. 351 ff.

662 So aber *Schulze-Osterloh*, ZGR 1993, 420 (445); *Zürbig*, Der Formwechsel einer Personengesellschaft in eine Kapitalgesellschaft, S. 148.

663 *K. Schmidt*, ZIP 1995, 1385 (1387).

664 Nach *Lenz*, Gesellschafter und Gläubigerschutz bei dem Formwechsel einer OHG in eine GmbH, S. 141, beruht die Differenzhaftung auf einem „Deckungsversprechen" der Gesellschafter.

665 *Priester*, DNotZ 1995, 427 (452); *ders.*, DB 1995, 911 (914); *Kallmeyer*, GmbHR 1995, 888 (890); *Joost*, in: Lutter, Kölner Umwandlungsrechtstage, 245 (256); *Decher*, in:

Die Differenzhaftung ist bei einer Überbewertung des Gesellschaftsvermögens gegenüber der Vorbelastungshaftung der speziellere Haftungstatbestand. Der Zweck der Vorbelastungshaftung besteht primär darin, Verluste auszugleichen, die im Rahmen des Geschäftsverlaufes zwischen dem Formwechselbeschluss und der Eintragung der neuen Rechtsform eintreten, nicht dagegen darin, Bewertungsfehler auszugleichen. Darüber hinaus sind auch beim Formwechsel eventuell bestehende Ansprüche aus einer Differenzhaftung in der Vermögensaufstellung zur Feststellung der Vorbelastungshaftung zu aktivieren. Zu einer Vorbelastungshaftung kann es daher nicht mehr kommen.

Umstritten ist der maßgebliche Zeitpunkt für die Bestimmung der Höhe der Differenzhaftung. Beim übertragenden Formwechsel nach dem Umwandlungsgesetz 1969 sollte die Differenzhaftung mit der Maßgabe analog angewendet werden, dass der Stichtag für die Bestimmung der Höhe des Anspruchs nicht der Tag der Anmeldung, sondern der Stichtag der Umwandlungsbilanz war.[666] Die §§ 43 Abs. 4, 49 Abs. 1 S. 3 UmwG 1969 erlaubten es, den Stichtag der Umwandlungsbilanz bis zu sechs Monate vor die Anmeldung des Formwechsels zur Eintragung in das Handelsregister zu legen.[667] Von diesem Stichtag an gingen Gewinn und Verlust auf das Konto der neuen Gesellschaft.[668] Dies wurde schon früher als problematisch angesehen,[669] hat aber unter der Regie des neuen Umwandlungsgesetzes seine Rechtfertigung gänzlich verloren. Eine Umwandlungsbilanz ist aufgrund des Identitätsprinzips nicht mehr aufzustellen. Der Formwechsel wird mit der Eintragung der neuen Rechtsform wirksam, § 202 Abs. 1 UmwG. Ein hiervon abweichender Stichtag für den Formwechsel ist nicht mehr vorgesehen. Dennoch wird teilweise - offensichtlich in Anlehnung an die alte Rechtslage - für die Feststellung der Differenzhaftung nicht der Tag der Anmeldung des Formwechsels zum Handelsregister als maßgeblich erachtet, sondern der Stichtag der Vermögensaufstellung nach § 192 Abs. 2 UmwG. Falls diese entfällt, soll der Tag der Eintragung in das zuständige Register maßgeblich sein.[670] Dem ist zu widersprechen. Die Vermögensaufstellung dient allein dem Informationsbedürfnis der Anteilsinhaber. Eine Anknüpfung an diesen

---

Lutter, UmwG, § 197 Rn. 37; *Bula/Schlösser*, in: Sagasser, Umwandlungen, S. 758 Rn. 13; *Winter*, in: Scholz, GmbHG, § 9 Rn. 2.

666 Vgl. *Ulmer*, in: Hachenburg, GmbHG, § 9 Rn. 6; *Schilling*, in: Hachenburg, GmbHG, Anh. § 77, § 47 UmwG Rn. 4, 6; *Priester*, in: Scholz, GmbHG, 7. Auflage, Anh. Umw., § 47 UmwG Rn. 19 f.

667 *Priester*, in: Scholz, GmbHG, 7. Auflage, Anh. Umw., § 47 UmwG Rn. 20.

668 *Schilling*, in: Hachenburg, GmbHG, Anh. § 77, § 47 UmwG Rn. 4.

669 *Priester*, in: Scholz, GmbHG, 7. Auflage, Anh. Umw., § 47 UmwG Rn. 20.

670 *Laumann*, in: Goutier/Knopf/Tulloch, Umwandlungsrecht, § 197 UmwG Rn. 17.

Zeitpunkt im Rahmen der dem Gläubigerschutz dienenden Differenzhaftung erscheint wenig sachgerecht.[671] Daher ist auf den Zeitpunkt der Anmeldung der neuen Rechtsform zum Handelsregister abzustellen. Dies stellt ähnlich wie bei der Differenzhaftung im Rahmen der Gründung einen angemessenen Kompromiss zwischen den Interessen der Gesellschafter und denen der Gläubiger dar.[672]

Problematisch ist auch der genaue Inhalt der Haftung. Im Rahmen der Gründung hat der Sacheinleger gem. § 9 Abs. 1 GmbHG die Differenz des Wertes seiner Einlage zum Zeitpunkt der Anmeldung und des Nennwertes der von ihm übernommenen Einlageverpflichtung in bar auszugleichen. Beim Formwechsel gibt es dagegen keine individuellen Einlageverpflichtungen. Im Umwandlungsbeschluss werden die Beteiligungen der Anteilsinhaber an dem Rechtsträger neuer Rechtsform festgelegt (§ 194 Abs. 1 Nr. 4 UmwG). Daneben ist in der ebenfalls festzustellenden Satzung des Rechtsträgers neuer Rechtsform (§ 218 Abs. 1 S. 1 UmwG) das zukünftige Nennkapital zu bestimmen. Durch den Beschluss des Formwechsels geben die als Gründer zu behandelnden Anteilsinhaber ein Wertdeckungsversprechen bezüglich ihres jeweiligen Anteils ab. Sie haften daher anteilig nach dem Wert ihrer Beteiligungen für die Differenz zwischen dem festgesetzten Nennkapital und dem Wert des Aktivreinvermögens.[673] Bei der Berechnung der anteiligen Haftsumme sind die Anteile derjenigen Gesellschafter, die nicht als Gründer zu behandeln sind, nicht mitzuzählen. Die Gegenansicht, die für eine gesamtschuldnerische Haftung eintritt,[674] verkennt, dass dem Formwechselbeschluss nicht entnommen werden kann, dass jeder Gesellschafter für den gesamten Fehlbetrag aufkommen will. Im Übrigen wäre der Rechtsträger neuer Rechtsform aufgrund des in den § 19 Abs. 1 GmbHG, § 53a AktG festgeschriebenen Gleichbehandlungsgrundsatzes ohnehin gehindert, einzelne Anteilsinhaber in der vollen Höhe der Differenz in Anspruch zu nehmen.[675]

---

671 I.E. auch *Zürbig*, Der Formwechsel einer Personengesellschaft in eine Kapitalgesellschaft, S. 148; *Mayer*, in: Widmann/Mayer, Umwandlungsrecht, § 197 UmwG Rn. 62; *Decher*, in: Lutter, UmwG, § 197 Rn. 37.

672 *Ulmer*, in: Hachenburg, GmbHG, § 9 Rn. 1.

673 *Winter*, in: Scholz, GmbHG, § 9 Rn. 2.

674 *Mayer*, in: Widmann/Mayer, Umwandlungsrecht, § 197 UmwG Rn. 63 und *Dirksen*, in: Kallmeyer, UmwG, § 219 Rn. 6.

675 Ebenso *Trölitzsch*, Differenzhaftung für Sacheinlagen in Kapitalgesellschaften, S. 325.

e) Mängelhaftung bei Sacheinlagen

Bei der Leistung von Sacheinlagen kommt neben der Mängelhaftung grundsätzlich auch eine Haftung für Unmöglichkeit und Verzug in Betracht. Da beim Formwechsel nach der gesetzlichen Konzeption das Vermögen des formwechselnden Rechtsträgers mit der Eintragung ohne weiteres zum Vermögen des Rechtsträgers neuer Rechtsform wird,[676] sind Unmöglichkeit und Verzug hier nicht denkbar. Sie bleiben daher bei den folgenden Betrachtungen außen vor.

(a) Mängelhaftung bei Gründung

Nach der überwiegenden Ansicht in Rechtsprechung und Literatur fand bei der Erbringung von Sacheinlagen das Gewährleistungsrecht des Kaufvertrages in der Fassung des BGB vor dem 1.1.2002 Anwendung. Es wurde lediglich dort modifiziert, wo es allgemeinen Grundsätzen des Gesellschaftsrechts widersprach.[677] So wurden insbesondere die Rechtsfolgen der Wandelung und Minderung mit Rücksicht auf den Kapitalerhaltungsgrundsatz dahingehend abgeändert, dass im Falle der Wandelung der Gesellschafter die gesamte Einlage in bar und im Falle der Minderung eine zusätzliche Geldeinlage in Höhe des nach § 472 BGB a.F. zu errechnenden Minderbetrages zu erbringen hatte.[678]

Die Gegenansicht wollte das kaufrechtliche Gewährleistungsrecht weder direkt noch analog heranziehen, da die Sacheinlagevereinbarung als körperschaftlicher Satzungsbestandteil weder ein Kaufvertrag noch ein kaufähnliches Geschäft sei und auch die Rechtsfolgen des kaufrechtlichen Gewährleistungsrechts mit den Kapitalaufbringungs- und Kapitalerhaltungsgrundsätzen nicht vereinbar seien.[679] Sie wollten die Lösung daher aus den allgemeinen schuldrechtlichen Grundsätzen ableiten. Der Einbringungsanspruch bestehe bei Leistung einer vertretbaren, mangelhaften Einlage nach § 243 Abs. 1 BGB fort.[680] Der Gesellschaft bei jedem Sachmangel ein Recht auf Wandelung zuzugestehen, reiße ein einheitliches Rechtsgeschäft auseinander, da die Sacheinlagevereinbarung Teil der Beitrittserklärung sei. Dadurch würden berechtigte Interessen des Sacheinlegers übergangen. Die Gesellschaft könne

---

676 Begr. RegE, in: Ganske, Umwandlungsrecht, S. 227.

677 BGHZ 86, 210 (213 ff.); 141, 204 (208); *Hueck/Fastrich*, in: Baumbach/Hueck, GmbHG, § 5 Rn. 39; *Lutter/Hommelhoff*, GmbHG, § 5 Rn. 26; *Schmidt-Leithoff*, in: Rowedder, GmbHG, § 5 Rn. 39 ff.; *Winter*, in: Scholz, GmbHG, § 5 Rn. 65 ff.

678 *Winter*, in: Scholz, GmbHG, § 5 Rn. 65 ff.

679 *K. Schmidt*, Gesellschaftsrecht, S. 583 f.; *Ulmer*, in: Hachenburg, GmbHG, § 5 Rn. 81.

680 *Ulmer*, in: Hachenburg, GmbHG, § 5 Rn. 94.

die Teilerfüllung der Sacheinlageverpflichtung daher nur ablehnen, wenn der Sacheinlagegegenstand für die Zwecke der Gesellschaft ungeeignet war.[681]

Den genannten Bedenken kommt das seit 1. Januar 2002 geltende kaufrechtliche Gewährleistungsrecht entgegen. Das Recht des Käufers, bei Mängeln des Kaufgegenstandes vom Kaufvertrag zurückzutreten[682] oder den Kaufpreis zu mindern,[683] ist nunmehr gem. §§ 437 Nr. 2, 440, 441 BGB subsidiär. Der Käufer hat gem. §§ 437 Nr. 1, 439 BGB primär einen Anspruch auf Nacherfüllung. Er kann gem. § 439 Abs. 1 BGB nach seiner Wahl Beseitigung des Mangels oder Lieferung einer mangelfreien Sache verlangen. Es ist zu erwarten, dass dies die Akzeptanz der Anwendung des kaufrechtlichen Gewährleistungsrechts auf die Erbringung von Sacheinlagen erhöhen wird.

Das Leistungsstörungsrecht ist trotz Bestehens der Differenzhaftung insbesondere für die neu gegründete GmbH von Interesse. Die Differenzhaftung deckt hier ein vereinbartes Aufgeld nach herrschender Ansicht nicht ab.[684] Die GmbH kann aufgrund der Sacheinlagevereinbarung für die Differenz jedoch einen Ausgleich in bar nach dem Gewährleistungsrecht verlangen.[685] Im Übrigen steht der Gesellschaft nach allgemeiner Ansicht ein Wahlrecht hinsichtlich ihres Vorgehens zu.[686]

(b) Mängelhaftung beim Formwechsel

Zweifel an der Geltung des Gewährleistungsrechts im Rahmen des Formwechsels ergeben sich ähnlich wie bei der Anwendbarkeit der Differenzhaftung daraus, dass beim Formwechsel keine Einlagen geleistet werden. Es gibt im Gegensatz zur Gründung keine Sacheinlagevereinbarungen mit den einzelnen Gesellschaftern, aus denen sich Gewährleistungsrechte ableiten ließen. Bereits bei der Gründung ist das Gewährleistungsrecht allenfalls analog anwendbar.[687] Beim Formwechsel fehlt jedoch ein irgendwie geartetes Austauschverhältnis gänzlich. Die Gesellschafter erhalten nicht etwa für die Einbringung ihrer Anteile an dem formwechselnden Rechtsträger Anteile des

---

681 *Ulmer*, in: Hachenburg, GmbHG, § 5 Rn. 95 f.

682 Das Rücktrittsrecht entspricht der früher vorgesehenen Wandelung.

683 Sowohl das Rücktritts- als auch das Minderungsrecht sind nunmehr einseitige Gestaltungsrechte.

684 Vgl. oben 4. Kapitel:II.2.d)(a).

685 *Ulmer*, in: Hachenburg, GmbHG, § 5 Rn. 83; *Winter*, in: Scholz, GmbHG, § 9 Rn. 23.

686 *Trölitzsch*, Differenzhaftung bei Sacheinlagen in Kapitalgesellschaften, S. 277 f.; *Winter*, in: Scholz, GmbHG, § 5 Rn. 68; *Ulmer*, in: Hachenburg, GmbHG, § 5 Rn. 83.

687 *Trölitzsch*, Differenzhaftung bei Sacheinlagen in Kapitalgesellschaften, S. 275.

Rechtsträgers neuer Rechtsform. Die Anteilsinhaber bleiben aufgrund des Identitätsprinzips vielmehr an ein und demselben Rechtsträger beteiligt, der lediglich einer neuen Rechtsordnung unterstellt wird.

Grundsätzlich wäre die Anwendbarkeit des Gewährleistungsrechts dennoch denkbar, wenn durch den Formwechsel hinsichtlich der Mängelgewährleistung ein der Gründung vergleichbarer Sachverhalt geschaffen würde. Bei der Gründung einer Gesellschaft besteht ein schützenswertes Interesse nicht nur an der Werthaltigkeit der vereinbarten Sacheinlage, sondern auch an der Tauglichkeit der Sacheinlage zu dem vereinbarten Zweck. Die Sacheinlage ist meist dazu bestimmt, dem Betrieb der Gesellschaft zu dienen. Mängel der Sacheinlage können erhebliche Betriebsablaufstörungen hervorrufen. Fehler i.S. des Gewährleistungsrechts ist dabei die negative Abweichung der Ist-Beschaffenheit von der Soll-Beschaffenheit.[688] Beim Formwechsel geht es dagegen alleine darum, das zukünftige Garantiekapital wertmäßig abzudecken. Die dem Formwechsel zustimmenden Gesellschafter erbringen weder Leistungen an die Gesellschaft noch geben sie ein irgendwie geartetes Tauglichkeitsversprechen ab. Lediglich die Werthaltigkeit des Vermögens des formwechselnden Rechtsträgers wird im Hinblick auf die Deckung des zukünftigen Garantiekapitals garantiert. Der Wert selbst ist aber gerade keine Beschaffenheit einer Sache bzw. eines Unternehmens. In dem Formwechselbeschluss kann deshalb weder eine ausdrückliche noch eine inzidente Zusage der Mängelfreiheit der einzelnen Vermögensgegenstände des formwechselnden Rechtsträgers oder des Unternehmens als Ganzem gesehen werden.[689] Auch geht es beim Formwechsel nicht um einen Schutz der Gesellschaft vor mangelhaften Sacheinlagen der Gesellschafter, denn solche werden gerade nicht erbracht. Des Schutzes bedarf hier einzig und allein das Interesse der Gläubiger an der Deckung des Garantiekapitals durch entsprechende Vermögenswerte. Diesem Interesse wird bereits durch die Differenzhaftung Rechnung getragen.

Hinzuweisen ist jedoch darauf, dass im Rahmen der Differenzhaftung auch für Wertdifferenzen gehaftet wird, die auf einem Mangel einzelner Vermögensgegenstände oder des Unternehmens als ganzem beruhen. Hintergrund hierfür ist aber allein das Werthaltigkeitsinteresse der Gläubiger.

---

688 Vgl. nunmehr ausdrücklich § 434 Abs. 1 S. 1 BGB.

689 Zwischen dem „Wertinteresse" und dem „Tauglichkeitsinteresse" differenzieren auch *Trölitzsch*, Differenzhaftung bei Sacheinlagen in Kapitalgesellschaften, S. 277 und *Heinrich*, Die Haftung des GmbH-Gesellschafters für mangelhafte Sacheinlagen, S. 53 ff.

Für eine auf das Tauglichkeitsinteresse der Gesellschaft abzielende Gewährleistungshaftung der Gesellschafter besteht darüber hinaus kein Raum.

f) Gründerhaftung

(a) Gründerhaftung in ihrem ursprünglichen Zusammenhang

Die Vorschriften der §§ 46, 48 AktG, die eine Schadensersatzpflicht der Gründer und Organe gegenüber der AG begründen, gehen in ihrem Kern bereits auf eine Aktienrechtsnovelle des Jahres 1884 zurück.[690] Im GmbH-Gesetz wurde durch § 9a GmbHG, der dem § 46 AktG nachgebildet ist, erst mit der GmbH-Rechts-Novelle von 1980 eine umfassende Gründerhaftung eingeführt.[691]

Nach § 9a Abs. 1 GmbHG, § 46 Abs. 1 AktG haften die Gründer für falsche Angaben, die sie zum Zwecke der Gründung einer GmbH bzw. AG machen, als Gesamtschuldner. Daneben haften die Gründer nach § 9a Abs. 2, GmbHG, § 46 Abs. 1 AktG ebenfalls gesamtschuldnerisch für vorsätzlich oder grob fahrlässig verursachte Schäden, die der Gesellschaft durch Einlagen, Sachübernahmen (bei der AG) und überhöhten Gründungsaufwand entstehen. Die strenge Mithaftung der Gründer im Rahmen der Gesamtschuld wird lediglich über das Verschuldenserfordernis der § 9a Abs. 3 GmbHG, § 46 Abs. 3 AktG gemildert.[692] Die Beweislast wird diesbezüglich jedoch zu Lasten der Gründer umgekehrt.[693] In gleicher Weise haften Personen, für deren Rechnung die Gesellschafter Stammeinlagen bzw. Aktien übernommen haben (§ 9a Abs. 4 S. 1 GmbHG, § 46 Abs. 5 S. 1 AktG). Sie haften gem. § 9a Abs. 4 S. 2 GmbHG, § 46 Abs. 5 S. 2 AktG sowohl für eigene Kenntnis als auch für die Kenntnis derjenigen Personen, von denen die Anteile gehalten werden.

Zweck der Vorschriften ist die ordnungsgemäße Aufbringung des Garantiekapitals im Gläubigerinteresse.[694] Dieses Ziel soll durch die Sanktionierung der Verletzung von Gründungsvorschriften erreicht werden.[695] Anspruchsberechtigt ist allerdings lediglich die Gesellschaft, nicht dagegen die Gläubiger.[696] Diese können den Anspruch allenfalls pfänden und sich zur

---

690 *Eckardt*, in: Geßler/Hefermehl, AktG, Vor §§ 46 - 51 Rn. 1.

691 *Lutter/Hommelhoff*, GmbHG, § 9a vor Rn. 1.

692 *Winter*, in: Scholz, GmbHG, § 9a Rn. 10; *Lutter/Hommelhoff*, GmbHG, § 9a Rn. 3.

693 *Lutter/Hommelhoff*, GmbHG, § 9a Rn. 5; *Eckardt*, in: Geßler/Hefermehl, AktG, § 46 Rn. 30.

694 *Ulmer*, in: Hachenburg, GmbHG, § 9a Rn. 1.

695 *Trölitzsch*, Differenzhaftung für Sacheinlagen in Kapitalgesellschaften, S. 351.

696 *Eckardt*, in: Geßler/Hefermehl, AktG, Vor §§ 46 - 51 Rn. 8.

Einziehung überweisen lassen.[697] Die Vorschriften über die Gründerhaftung sind auch keine Schutzgesetze i.S.d. § 823 II BGB zugunsten der Gläubiger, da sonst entgegen der Konzeption der Vorschriften eine unmittelbare Haftung im Außenverhältnis ohne weiteres zu begründen wäre.[698] Die Gläubiger können sich allenfalls auf § 823 Abs. 2 BGB i.V.m. den Straftatbeständen der § 82 Abs. 1 Nr. 1, 2 GmbHG und § 399 Abs. 1 Nr. 1, 2 AktG berufen.[699]

Was die Rechtsnatur der Gründerhaftung betrifft, herrscht im Detail Uneinigkeit. Während sie teils für eine deliktische oder doch deliktsähnliche[700] Haftung gehalten wird, wird sie andernorts als spezifisch gesellschaftsrechtlicher Haftungstatbestand qualifiziert.[701] Für Letzteres spricht, dass es um die Verletzung korporationsrechtlicher Pflichten rechtsgeschäftlichen Ursprungs geht.[702] Umstritten ist auch, ob es sich um einen Schadensersatzanspruch[703] oder um eine Differenzhaftung handelt, die ihrer Natur nach eine Einlageschuld darstellt.[704] Richtigerweise wird man hier nach dem der Haftung im Einzelfall zugrunde liegenden Sachverhalt zu differenzieren haben. Um eine Differenzhaftung handelt es sich demnach nur dann, wenn die haftungsauslösende Handlung zu einer Schmälerung der Einlageleistung geführt hat.

Die Ansprüche verjähren nach § 9b Abs. 2 GmbHG, § 51 AktG in fünf Jahren ab der Eintragung bzw. ab Vornahme einer nach der Eintragung vorgenommenen schädigenden Handlung.

(b) Die Gründerhaftung beim Formwechsel

Für den Formwechsel von der Personenhandelsgesellschaft in die Kapitalgesellschaft fand sich im alten Umwandlungsrecht in den § 41 Abs. 2 und § 47 Abs. 2 UmwG 1969 ein allgemeiner Verweis auf die Gründungsvorschriften des Aktien- und der GmbH-Rechts, der auch die Gründerhaftung umfasste. Dagegen war für den Formwechsel von der GmbH in

---

697 *Ulmer*, in: Hachenburg, GmbHG, § 9a Rn. 7.
698 *Eckardt*, in: Geßler/Hefermehl, AktG, Vor §§ 46 - 51 Rn. 8.
699 *Ulmer*, in: Hachenburg, GmbHG, § 9a Rn. 52 f.
700 *Winter*, in: Scholz, GmbHG, § 9a Rn. 6; *Eckardt*, in: Geßler/Hefermehl, AktG, Vor §§ 46 - 51 Rn. 2.
701 *Ulmer*, in: Hachenburg, GmbHG, § 9a Rn. 11; *Raiser*, Recht der Kapitalgesellschaften, § 26 Rn. 142.
702 *Hüffer*, AktG, § 46 Rn. 2.
703 *Winter*, in: Scholz, GmbHG, § 9a Rn. 6; *Ulmer*, in: Hachenburg, GmbHG, § 9a Rn. 11.
704 *Lutter/Hommelhoff*, GmbHG, § 9a Rn. 6.

die AG in § 378 AktG 1965 die Gründerhaftung nach § 46 AktG ausdrücklich erwähnt. Hierzu wurde zuweilen angemerkt, dieser Verweis sei in seiner Reichweite „ganz und gar unklar" und daher rechtsstaatlich bedenklich.[705] Nach dem Inkrafttreten des Umwandlungsgesetzes 1994 wurde bedauert, dass der Gesetzgeber trotz Kenntnis des Problems die Verweisung nicht konkretisiert habe.[706]

Teilweise wird in der Literatur zum neuen Umwandlungsrecht eine Gründerhaftung gänzlich abgelehnt. Zur Begründung wird das Fehlen einer Vorgesellschaft beim Formwechsel angeführt.[707] Die Gründerhaftung ist jedoch keine spezifische Folge des Bestehens einer Vorgesellschaft, sondern dient der ordnungsgemäßen Kapitalaufbringung. Da beim Formwechsel in die Kapitalgesellschaft die Deckung des zukünftigen Garantiekapitals der Kapitalgesellschaft durch das Vermögen des formwechselnden Rechtsträgers ebenfalls gesichert sein muss, ist eine analoge Anwendung der Vorschrift auch hier grundsätzlich denkbar.

In der Literatur bisher noch nicht ausführlich diskutiert und daher ungeklärt ist das Konkurrenzverhältnis zu § 205 UmwG.[708] Dieser begründet eine Schadensersatzpflicht für Mitglieder der Vertretungs- und Aufsichtsorgane der formwechselnden Gesellschaft und sieht damit erstmals und für alle Formwechselfälle eine Organhaftung vor.[709] Im alten Recht fanden sich vergleichbare Vorschriften nur zur Verschmelzung von Kapitalgesellschaften in §§ 349 ff. AktG und §§ 28 ff. KapErhG. § 205 UmwG ist insofern weiter als die allgemeinen Organhaftungsvorschriften, als er neben der Gesellschaft auch den Anteilsinhabern und Gläubigern einen Schadensersatzanspruch einräumt. Diese verschärfte Haftung der Leitungs- und Aufsichtsorgane ist nach Ansicht des Gesetzgebers geboten, da etwaige Mängel des Formwechsels gem. § 202 Abs. 1 Nr. 3, Abs. 3 UmwG durch die Eintragung der neuen Rechtsform in das Handelsregister geheilt werden.[710] Als Schuldner des Anspruchs nennt § 205

---

705 *Zöllner*, in: KK, § 378 Rn. 17; *Semler/Grunewald*, in: Geßler/Hefermehl, AktG, § 378 Rn 16.

706 Zur Kritik vgl. *Happ*, in: Lutter, Kölner Umwandlungsrechtstage, 223 (241 f.).

707 *Wolf*, ZIP 96, 1202 (1203)

708 *Petersen*, Der Gläubigerschutz im Umwandlungsrecht, S. 81, weist für den Formwechsel von der GmbH in die Aktiengesellschaft/KGaA hinsichtlich der Haftung der Geschäftsführer auf den abschließenden Charakter des § 205 UmwG hin; nach *Bärwaldt*, in: Semler/Stengel, UmwG, § 197 Rn. 34 sind die Vorschriften zum Gründungsrecht subsidiär anwendbar.

709 *Decher*, in: Lutter, UmwG, § 205 Rn. 1.

710 Begr. RegE, in: Ganske, Umwandlungsrecht, S. 230.

UmwG die „Mitglieder des Vertretungsorgans". Da es ein solches bei der Personenhandelsgesellschaft nicht gibt, werden darunter die organschaftlich vertretungsberechtigten Gesellschafter der formwechselnden Personenhandelsgesellschaft verstanden.[711] Voraussetzung für eine Haftung ist eine Pflichtverletzung. Der Kreis der möglichen Pflichtverletzungen wird durch den Verweis auf § 25 Abs. 1 S. 2 UmwG in § 205 Abs. 1 S. 2 UmwG eingeschränkt. Die dort genannten Sorgfaltspflichten im Rahmen der Prüfung der Vermögenslage und des Abschlusses des Verschmelzungsvertrages spielen jedoch beim Formwechsel keine Rolle. Beim Formwechsel steht die Prüfung der Vermögenslage weit weniger im Vordergrund als bei einer Verschmelzung, bei der die Bewertung des Vermögens als Grundlage der Bemessung der neuen Anteile dient. Der Abschluss eines Vertrages fehlt beim Formwechsel gänzlich.[712] Eine vergleichbare Pflichtverletzung kommt beim Formwechsel allenfalls bei der Verfassung des Umwandlungsberichts nach § 192 Abs. 1 UmwG, der Vermögensaufstellung nach § 192 Abs. 2 UmwG, des Entwurfs des Umwandlungsbeschlusses nach § 194 UmwG und bei der Prüfung der Reinvermögensdeckung nach § 220 Abs. 1 UmwG in Betracht.[713] Ein Schadensersatzanspruch nach § 205 UmwG setzt des Weiteren ein Verschulden des Verwaltungsträgers voraus. Die Beweislast ist zu Lasten des Schuldners umgekehrt. Dieser kann sich nach § 205 Abs. 1 S. 2 i.V.m. § 25 Abs. 1 S. 2 UmwG exkulpieren. Der jeweilige Schaden muss kausal auf den in Betracht kommenden Pflichtverletzungen beruhen.[714] Bezüglich der Verjährung ist die fünfjährige Frist des § 205 Abs. 2 UmwG zu beachten.

Im Rahmen des Gläubigerschutzes dürfte der Vorschrift des § 205 UmwG nur geringe praktische Bedeutung zukommen. In Betracht kommen nur Pflichtverletzungen bei der Überprüfung der Deckung des zukünftigen Garantiekapitals durch das Vermögen der formwechselnden Gesellschaft nach § 220 Abs. 1 UmwG. Das Gebot der Reinvermögensdeckung dient jedoch überwiegend dem Schutz der Neugläubiger. Dagegen soll § 205 UmwG Gläubiger schützen, die durch den Formwechselvorgang einen Schaden erleiden. Dies können naturgemäß nur die Altgläubiger der Gesellschaft sein. Eine konkrete Schädigung der Altgläubiger durch den Formwechsel ist indes

---

[711] *Decher*, in: Lutter, UmwG, § 205 Rn. 2; *Meister/Klöcker*, in: Kallmeyer, UmwG, § 205 Rn. 6.

[712] *Decher*, in: Lutter, UmwG, § 205 Rn. 14; ferner *Veil*, Umwandlung einer Aktiengesellschaft in eine Gesellschaft mit beschränkter Haftung, S. 237 ff.

[713] *Meister/Klöcker*, in: Kallmeyer, UmwG, § 205 Rn. 15 f.; *Decher*, in: Lutter, UmwG, § 205 Rn. 14 ff.

[714] *Meister/Klöcker*, in: Kallmeyer, UmwG, § 205 Rn. 13; *Decher*, in: Lutter, UmwG, § 205 Rn. 21.

nur schwer vorstellbar, da beim Formwechsel der Rechtsträger als solcher erhalten bleibt. Die Altgläubiger sind zudem über die Nachhaftungsregelung des § 224 UmwG geschützt. Darüber hinaus kann der Anspruch nur geltend gemacht werden, wenn die Altgläubiger von dem Rechtsträger neuer Rechtsform keine Befriedigung erlangen können (§ 206 Abs. 1 S. 3 i.V.m. § 26 Abs. 1 S. 3 UmwG).[715]

Das Verhältnis der Vorschrift zur Gründerhaftung nach § 9a GmbHG, § 46 AktG ist unklar. Nach einer in der Literatur vertretenen Ansicht bleibt es für Pflichtverletzungen außerhalb des von § 205 UmwG erfassten Pflichtenkreises bei der allgemeinen Organhaftung.[716] Hierfür könnte zunächst auch die Gesetzesbegründung sprechen. Nach dieser sollen neben § 205 UmwG die „allgemeinen haftungsrechtlichen Vorschriften“ nicht ausgeschlossen[717] und „die für Kapitalgesellschaften wichtigen Vorschriften (...) über die Verantwortlichkeit der Gründer“ durch § 197 S. 1 UmwG in das Umwandlungsrecht einbezogen werden.[718] Der Wortlaut der Gesetzesbegründung ist jedoch nicht eindeutig, da offen bleibt, ob unter den „allgemeinen haftungsrechtlichen Vorschriften“ auch die Gründerhaftung nach dem GmbH- und Aktiengesetz gemeint ist. Unklar ist auch, ob unter den Vorschriften „über die Verantwortlichkeit der Gründer“ die Gründerhaftung nach § 9a GmbHG, § 46 AktG im Speziellen oder die Haftung der Gründer im Allgemeinen zu verstehen ist.

Die besseren Argumente sprechen denn auch für einen abschließenden Charakter des § 205 UmwG. So verweist § 197 S. 1 UmwG nur insoweit auf die Gründungsvorschriften, als sich aus den übrigen Vorschriften zum Formwechsel nichts anderes ergibt. Da § 205 UmwG die Schadensersatzpflicht der an dem Formwechselvorgang beteiligten Personen betrifft, ist für die Heranziehung der allgemeinen gesellschaftsrechtlichen Gründerhaftung kein Raum. Auch die Gesetzesbegründung spricht davon, dass es sich bei § 205 Abs. 1 S. 1 UmwG um einen speziellen umwandlungsrechtlichen Haftungstatbestand handle, der die Gläubiger davor schütze, durch pflichtwidriges Verhalten der Unternehmensorgane bei der Vorbereitung und Durchführung des

---

[715] Zur Kritik an der Vorschrift vgl. auch *Decher*, in: Lutter, UmwG, § 205 Rn. 12; *Meister/Klöcker*, in: Kallmeyer, UmwG, § 205 Rn. 12, Handelsrechtsausschuss des Deutschen Anwaltsvereins (DAV) WM 1993, Sonderbeil. 2, Rn. 170; *Petersen*, Der Gläubigerschutz im Umwandlungsrecht, S. 57 ff.

[716] *Decher*, in: Lutter, UmwG, § 205 Rn. 13; *Grunewald*, in: Lutter, UmwG, § 25 Rn. 9, 12; *Meister/Klöcker*, in: Kallmeyer, UmwG, § 205 Rn. 14.

[717] Begr. RegE, in: Ganske, Umwandlungsrecht, S. 230.

[718] Begr. RegE, in: Ganske, Umwandlungsrecht, S. 220.

Formwechsels Schäden zu erleiden.[719] § 205 UmwG ist daher im Rahmen der Haftung der Gesellschafter als abschließende Sonderregelung gegenüber den Vorschriften über die Gründerhaftung anzusehen. Die §§ 9a GmbHG und 46 AktG sind lediglich auf Personen anwendbar, die nicht Gesellschafter der formwechselnden Personenhandelsgesellschaft sind, aber dem Vertretungsorgan des Rechtsträgers neuer Rechtsform angehören und in dieser Funktion an dem Formwechsel mitgewirkt haben.

g) Handelndenhaftung

(a) Handelndenhaftung bei Gründung

Die stetige Entwicklung des Bildes von der Vorgesellschaft, insbesondere ihrer Haftungsverfassung, brachte auch eine Veränderung der Bedeutung und Funktion der Handelndenhaftung nach § 11 Abs. 2 GmbHG, § 41 Abs. 1 S. 2 AktG mit sich. Ursprünglich als strafähnliche Sanktion für ein grundsätzlich missbilligtes Handeln im Namen der künftigen Kapitalgesellschaft gedacht, rückte bald der Gedanke der Sicherung der Gläubiger, denen vor der Eintragung der Kapitalgesellschaft nach der damaligen Ansicht noch kein Haftungssubjekt zur Verfügung stand, in den Vordergrund.[720] Mit der Anerkennung der rechtsfähigen Vorgesellschaft, der Haftung dieser Vorgesellschaft und ihrer Gesellschafter und der Aufgabe des Vorbelastungsverbots zugunsten einer Vorbelastungshaftung durch die Rechtsprechung trat jedoch auch diese Funktion wieder in den Hintergrund, freilich ohne ihre Bedeutung gänzlich zu verlieren. Heute stellt die Handelndenhaftung einen Ausgleich dafür dar, dass vor der Eintragung der Kapitalgesellschaft ihre Kapitalgrundlage noch nicht geprüft ist.[721] Beim Scheitern der Eintragung dient sie der Sicherung der Gläubiger.[722] Daneben soll sie die Geschäftsführer zu einer zügigen Betreibung der Eintragung anhalten.[723] Einer völligen Abschaffung der Handelndenhaftung steht jedenfalls Art. 7 der Ersten Richtlinie[724] entgegen,[725] der eine Handelndenhaftung für das Gründungsstadium ausdrücklich vorschreibt. Auch der personelle Anwendungsbereich der Handelndenhaftung hat sich im Laufe der Zeit verengt. In der älteren Rechtsprechung unterfielen der Handelndenhaftung nicht nur die für die Vorgesellschaft handelnden Personen,

---

719 Begr. RegE, in: Ganske, Umwandlungsrecht, S. 230.

720 BGH AG 1961, 355 f; BGHZ 47, 25 (29); 53, 210 (214); 80, 182 (183).

721 BGHZ 80, 182 (184); *Schmidt-Leithoff*, in: Rowedder, GmbHG, § 11 Rn. 107; *Ulmer*, in: Hachenburg, GmbHG, § 11 Rn. 98.

722 *Sandberger*, FS Fikentscher, 389 (415).

723 *K. Schmidt*, Gesellschaftsrecht, S. 1026.

724 Erste Richtlinie vom 9. März 1968 (68/151/EWG), ABl. Nr. L 65/8.

725 *Sandberger*, FS Fikentscher, 389 (417).

sondern auch diejenigen Gründer, die der Aufnahme des Geschäftsbetriebes vor der Eintragung zugestimmt hatten.[726] Nach der neueren Rechtsprechung trifft die Handelndenhaftung nur noch Geschäftsführer und wie Geschäftsführer tätig werdende Personen.[727] Voraussetzung für eine Haftung war nach der früher herrschenden Meinung ein Handeln im Namen der „künftigen" GmbH. Seit Aufgabe des Vorbelastungsverbotes ist auch dies überholt.[728] Mit der neueren Literatur ist nicht zuletzt aufgrund tatbestandlicher Differenzierungsprobleme jegliches Handeln für die künftige Gesellschaft oder die Vorgesellschaft als haftungsauslösend anzusehen.[729] Mit der Eintragung der Gesellschaft erlischt die Handelndenhaftung, da kein Anlass besteht, die Altgläubiger aus der Zeit vor der Eintragung besser zu stellen als die Neugläubiger.[730] Die Haftung besteht lediglich fort, wenn die Geschäftsführer ihre Vertretungsmacht überschritten haben, wenn Personen ohne Vertretungsmacht gehandelt haben[731] oder wenn es nicht zur Eintragung der Gesellschaft kommt.[732]

(b) Handelndenhaftung beim Formwechsel

Im bisherigen Umwandlungsrecht war die Handelndenhaftung zwar bei der errichtenden Umwandlung von einer Personen- in eine Kapitalgesellschaft anwendbar (§§ 41 Abs. 2, 47 Abs. 2 UmwG 1969), nicht jedoch bei der formwechselnden Umwandlung von der GmbH oder KGaA in die AG (§§ 362 Abs. 4 S. 1, 378 Abs. 1 Hs. 1 AktG a.F.).[733] Bereits unter der Regie des alten Umwandlungsrechts wurde auf die geringe praktische Bedeutung des Verweises auf die Handelndenhaftung hingewiesen.[734] Gleiches gilt für das neue Umwandlungsrecht.[735] Bevor man sich zur praktischen Relevanz der Handelndenhaftung beim Formwechsel äußert, sollte jedoch entschieden

726 RGZ 55, 302 (304 f.); BGH JZ 1955, 614.

727 BGHZ 66, 359 (360 f.); 80, 129 (135).

728 *K. Schmidt*, in: Scholz, GmbHG, § 11 Rn. 107.

729 *Hueck/Fastrich*, in: Baumbach/Hueck, GmbHG, § 11 Rn. 44; *Ulmer*, in: Hachenburg, GmbHG, § 11 Rn. 109; *Schmidt-Leithoff*, in: Rowedder, GmbHG, § 11 Rn. 118; *K. Schmidt*, Gesellschaftsrecht, S. 1019.

730 *K. Schmidt*, Gesellschaftsrecht, S. 1029.

731 Für ein Erlöschen der Handelndenhaftung und eine Haftung nach § 179 BGB in diesen Fällen *K. Schmidt*, in: Scholz, GmbHG, § 11 Rn. 120, dagegen *Ulmer*, in: Hachenburg, § 11 Rn. 101, der § 11 Abs. 2 GmbHG in diesem Fall als lex specialis betrachtet.

732 *Hueck/Fastrich*, in: Baumbach/Hueck, GmbHG, § 11 Rn. 49.

733 *Rieger*, in: Widmann/Mayer, Umwandlungsrecht, § 197 UmwG Rn. 195.

734 *Schilling*, in: Hachenburg, GmbHG, § 77 Anh., § 41 UmwG Rn. 13, § 47 UmwG Rn. 11.

735 *K. Schmidt*, in: Scholz, GmbHG, § 11 Rn. 100; *Mayer*, in: Widmann/Mayer, Umwandlungsrecht, § 197 UmwG Rn. 73 ff.

werden, ob diese aus systematischen Gründen überhaupt zur Anwendung gelangen kann.

Ein gänzlicher Ausschluss der Handelndenhaftung soll nach einer in der Literatur vertretenen Ansicht im Widerspruch zur Generalverweisungsnorm des § 197 S. 1 UmwG stehen. Hinzu komme, dass die Handelndenhaftung einen angemessenen Ausgleich für den Vertrauensvorschuss darstelle, der durch das Auftreten im Rechtsverkehr für eine zukünftige Kapitalgesellschaft, deren Garantiekapital noch nicht geprüft wurde, in Anspruch genommen werde. Aus den selben Gründen sei auch beim Formwechsel eine Handelndenhaftung gerechtfertigt. Wegen der besonderen Umstände sollten jedoch strengere Anforderungen gelten. So genüge nicht ein Handeln im Namen der Vorgesellschaft, da hierdurch der bereits existierende formwechselnde Rechtsträger verpflichtet werde. Es müsse ausdrücklich im Namen der künftigen Gesellschaft gehandelt werden.[736] Teilweise wird eine Handelndenhaftung auch in Fällen angenommen, in denen nach dem Umwandlungsbeschluss, aber noch vor Eintragung der neuen Rechtsform durch ein bereits bestelltes Vertretungsorgan im Namen der künftigen Kapitalgesellschaft gehandelt wird. Ein Handeln für die Kapitalgesellschaft i.G. solle hierfür ausreichen. Zweck der Haftung sei der Schutz des Geschäftspartners davor, dass die Gesellschaft, in deren Namen gehandelt werde, noch nicht besteht.[737]

Gegen die Anwendung der Handelndenhaftung im Rahmen des Formwechsels wird angeführt, hierfür bestehe kein Bedürfnis, weil - anders als bei der Gründung einer Kapitalgesellschaft - bereits vor der Eintragung eine Gesellschaft existiere.[738] Dieses Argument hat aber mit der seit längerem anerkannten Rechtsfähigkeit der Vorgesellschaft[739] an Schlagkraft verloren. Auch das formale Argument, dass beim nunmehr identitätswahrenden Formwechsel keine Vorgesellschaft existiere und daher kein Raum für eine Handelndenhaftung bestehe,[740] kann nicht überzeugen, da bei der analogen Anwendung der Handelndenhaftung auf deren Schutzzweck abzustellen ist. Der Geschäftspartner einer formwechselnden Gesellschaft ist jedoch weit weniger

---

736 *Mayer*, in: Widmann/Mayer, Umwandlungsrecht, § 197 UmwG Rn. 74 f.; *Rieger*, in: Widmann/Mayer, Umwandlungsrecht, § 197 UmwG Rn. 195 ff; ähnlich *Decher*, in: Lutter, UmwG, § 197 Rn. 41.

737 *Mayer*, in: Widmann/Mayer, Umwandlungsrecht, § 197 UmwG Rn. 73 ff.

738 *Laumann*, in: Goutier/Knopf/Tulloch, Umwandlungsrecht, § 197 UmwG Rn. 18 f.; *Rieger*, in: Widmann/Mayer, Umwandlungsrecht, § 197 UmwG Rn. 195 ff.

739 *K. Schmidt*, Gesellschaftsrecht, S. 298 m.w.N.

740 *Bärwaldt/Schabacker*, ZIP 1998, 1293 (1297 f.); *Joost*, in: Lutter, UmwG, § 219 Rn. 4; *K. Schmidt*, in: Scholz, GmbHG, § 11 Rn. 100.

schutzwürdig als derjenige einer Vorgesellschaft. Die formwechselnde Gesellschaft existiert in der Regel bereits seit längerem und ist im Geschäftsleben erprobt. Das Kapital ist bereits aufgebracht. Ein Stadium der Rechtsunsicherheit, das es durch die Druckfunktion der Handelndenhaftung zu verkürzen gilt, existiert nicht.

Zudem ist für die Handelndenhaftung neben der im Recht der Personenhandelsgesellschaft bestehenden persönlichen Haftung der Gesellschafter kein Raum. Für Verpflichtungen, die bis zur Eintragung der neuen Rechtsform eingegangen werden, haften die Gesellschafter ohnehin gem. §128 HGB persönlich.[741] Sollte tatsächlich einmal ausdrücklich im Namen des Rechtsträgers neuer Rechtsform gehandelt werden, bewirkt dies lediglich einen Vertragsabschluss unter der aufschiebenden Bedingung der Eintragung der neuen Rechtsform.[742] Besondere haftungsrechtliche Probleme ruft dies nicht hervor. Da der Vertrag erst mit der Eintragung und damit nach der Prüfung der Deckung des Garantiekapitals wirksam wird, wird auch kein gesteigertes Vertrauen beansprucht, dass eine Handelndenhaftung rechtfertigen könnte. Personen, die als Geschäftsführer oder Vorstände für die künftige Kapitalgesellschaft bestellt sind, kommt anders als in der Vorgesellschaft vor der Eintragung der neuen Rechtsform in Ermangelung abweichender Vereinbarung noch keine Vertretungsmacht für die bereits existierende Gesellschaft zu. Treten sie dennoch bereits vor dem Formwechsel im Rechtsverkehr für den formwechselnden Rechtsträger auf, greifen die allgemeinen Regeln für das Handeln von Vertretern ohne Vertretungsmacht (§§ 177 ff. BGB). Auch in diesen Fällen bedarf es folglich keiner Handelndenhaftung.

Europarechtliche Regelungen stehen der hier vertretenen Ansicht nicht im Wege. Art. 7 der Ersten Richtlinie[743] ist auf die vorliegende Fallkonstellation nicht anwendbar, da er die Handelndenhaftung im Gründungsstadium einer Kapitalgesellschaft betrifft. Art. 13 der Zweiten Richtlinie[744] ordnet zwar an, dass beim Formwechsel in eine AG die in Art. 2 bis 12 der Zweiten Richtlinie beschriebenen Garantien zu gelten haben, eine der Handelndenhaftung

---

741 Auch *Laumann*, in: Goutier/Knopf/Tulloch, Umwandlungsrecht, § 197 UmwG Rn. 18 f. betont, dass die Haftungsgrundsätze der Ausgangsrechtsform bis zur Eintragung der neuen Rechtsform anwendbar sind.

742 So auch *K. Schmidt*, Gesellschaftsrecht, S. 1019 für den Fall der Gründung einer Kapitalgesellschaft.

743 Erste Richtlinie des Rates vom 9. März 1968 (69/151/EWG), ABl. Nr. L 65/8.

744 Zweite Richtlinie des Rates vom 13. Dezember 1976 (77/91/EWG), ABl. Nr. L 26/1 v. 31.1.1977.

vergleichbare Regelung lässt sich dort aber nicht finden. Auch aus europarechtlicher Sicht ist daher eine Handelndenhaftung im Rahmen des Formwechsels zum Schutz der Gläubiger nicht erforderlich.

h) Ausfallhaftung

(a) Ausfallhaftung bei Gründung

Die Ausfallhaftung nach § 24 GmbHG dient der Kapitalaufbringung und ist Ausgleich für die gegenüber dem Aktienrecht geringere Gläubigersicherung.[745] Sie ist gem. § 25 GmbHG zwingend. Die Ausfallhaftung bezieht sich aufgrund ihrer Stellung in den §§ 21 ff. GmbHG nur auf Bareinlagen und diesen gleichzustellende Verbindlichkeiten. Hierunter fallen z.B. Verbindlichkeiten aus Differenz- und Vorbelastungshaftung sowie Verpflichtungen zu Geldzahlungen, die an die Stelle einer Sacheinlage treten. Dagegen greift sie weder bei Sacheinlagen noch bei sonstigen Geldleistungen (Zinsen, Vertragsstrafen), Nebenleistungen oder Nachschüssen.[746] Die Ausfallhaftung kann im Einzelfall erheblich sein, etwa bei einer Differenzhaftung aufgrund der Einbringung eines überschuldeten Unternehmens. Ein Teil der Literatur plädiert in diesen Fällen dafür, die Haftung auf die Summe der Stammeinlage des kaduzierten Gesellschafters zu reduzieren, um eine sachgerechte Begrenzung zu erreichen.[747] Es haften alle übrigen Gesellschafter, auch Sacheinleger.[748] Der maßgebende Zeitpunkt für die haftungsbegründende Gesellschafterstellung ist umstritten. Zum Teil wird auf den Zeitpunkt abgestellt, in dem erstmals die Voraussetzungen des § 24 GmbHG erfüllt sind.[749] Der überwiegende Teil der Literatur[750] und die Rechtsprechung[751] stellen auf den Zeitpunkt der Fälligkeit der betroffenen Stammeinlagerate, d.h. auf die Einforderung der entsprechenden Einzahlung durch die Gesellschafter (§ 46 Nr. 2 GmbHG) ab.[752] Die Ausfallhaftung entstehe bereits zu diesem Zeitpunkt, aufschiebend bedingt

---

745 *Hueck/Fastrich*, in: Baumbach/Hueck, GmbHG, § 24 Rn. 1; *K. Schmidt*, in: Scholz, GmbHG, § 24 Rn. 1.

746 *K. Schmidt*, in: Scholz, GmbHG, § 24 Rn. 3; *Hueck/Fastrich*, in: Baumbach/Hueck, GmbHG, § 24 Rn. 2.

747 Vgl. *K. Schmidt*, in: Scholz, GmbHG, § 24 Rn. 3a.

748 *Hueck/Fastrich*, in: Baumbach/Hueck, GmbHG, § 24 Rn. 4; *K. Schmidt*, in: Scholz, GmbHG, § 24 Rn. 10.

749 *Müller*, in: Hachenburg, GmbHG, § 24 Rn. 28.

750 *K. Schmidt*, in: Scholz, GmbHG, § 24 Rn. 15; *Hueck/Fastrich*, in: Baumbach/Hueck, GmbHG, § 24 Rn. 6; *Lutter/Hommelhoff*, GmbHG, § 24 Rn. 6; *Pentz*, in: Rowedder, GmbHG, § 24 Rn. 17.

751 BGH ZIP 1996, 1248; OLG Köln ZIP 1993, 1389.

752 *Hueck/Fastrich*, in: Baumbach/Hueck, GmbHG, § 19 Rn. 6.

durch den Eintritt der Voraussetzungen der §§ 21 bis 24 GmbHG.[753] Hierfür spricht, dass sich die Gesellschafter andernfalls durch Veräußerung ihres Anteils der Haftung entziehen könnten.[754] Die Gesellschafter haften anteilig, nicht gesamtschuldnerisch.[755] Die Haftung besteht nur gegenüber der Gesellschaft, ist also eine Innenhaftung.[756] Die Geltendmachung obliegt dem Geschäftsführer.[757] § 24 GmbHG ist in der Vorgesellschaft nicht analog anwendbar, da die vorrangige Beitreibung nach den §§ 21 - 23 GmbHG hier nicht möglich ist.[758]

(b) Ausfallhaftung beim Formwechsel

Die Ausfallhaftung ist keine Haftung, die unmittelbar mit der Gründung in Zusammenhang steht. Sie ist daher beim Formwechsel in die GmbH ohne weiteres, das heißt unabhängig von dem Verweis auf die Gründungsvorschriften anwendbar. Das ergibt sich bereits aus ihrer systematischen Stellung in den §§ 13 ff. GmbHG, also außerhalb der Vorschriften, die die Gründung der GmbH betreffen. Auch ihr unmittelbarer Grund findet sich nicht im Vorgang der Gründung. Sie dient nicht der Aufbringung der Mindestkapitaleinlagen, sondern greift im Fall der Nichteinbringlichkeit bestimmter Forderungen im Zeitraum nach der Eintragung der GmbH ein. Dennoch soll sie hier der Vollständigkeit halber kurz erwähnt werden, da sie im Einzelfall zu erheblichen Belastungen führen kann und sich die Gesellschafter gerade über die Ausfallhaftung nur selten im Klaren sind.[759] Da der Formwechsel die Anwendung des GmbH-Rechts auf die bei der historischen Gründung abgegebenen Einlageversprechungen bedingt, kann die Ausfallhaftung bei der Einforderung noch ausstehender Einlageleistungen nach dem Formwechsel relevant werden. Daneben greift sie auch bei Ansprüchen aus einer Vorbelastungs- oder Differenzhaftung ein.

Fraglich ist, wen die Ausfallhaftung in der GmbH nach dem Formwechsel trifft. Nachdem die Ausfallhaftung nicht an die Eigenschaft als Gründer einer GmbH, sondern an diejenige des Gesellschafters anknüpft, erscheint es zunächst konsequent, alle Gesellschafter der GmbH in die Ausfallhaftung miteinzubeziehen. Die Ausfallhaftung trifft dann jedoch auch diejenigen Gesellschafter, die gegen den Formwechsel gestimmt haben. Auch das

---

[753] *K. Schmidt*, in: Scholz, GmbHG, § 24 Rn. 13.
[754] Vgl. *Pentz*, in: Rowedder, GmbHG, § 24 Rn. 17.
[755] *K. Schmidt*, in: Scholz, GmbHG, § 24 Rn. 18.
[756] *K. Schmidt*, in: Scholz, GmbHG, § 24 Rn. 19.
[757] *Hueck/Fastrich*, in: Baumbach/Hueck, GmbHG, § 24 Rn. 9.
[758] *K. Schmidt*, in: Scholz, GmbHG, § 24 Rn. 2a.
[759] Vgl. *Wolf*, ZIP 1996, 1200 (1201).

Ausscheiden gegen Annahme eines Barabfindungsangebotes nach §§ 207 - 212 UmwG würde hierüber nicht hinweghelfen, da der Gesellschafter auch in diesem Fall zunächst Gesellschafter der neuen Rechtsform wird.[760] Daher wird vorgeschlagen, der Ausfallhaftung nur diejenigen Gesellschafter zu unterwerfen, die für den Formwechsel gestimmt haben.[761] Es erscheint auch hier angemessen, den für die Gründungshaftungstatbestände eingeschlagenen Mittelweg zu gehen. Demnach sind diejenigen Gesellschafter, die zwar gegen den Formwechsel stimmen, sich dann aber für einen Verbleib in dem Rechtsträger neuer Rechtsform entscheiden, mit in die Ausfallhaftung einzubeziehen. Gesellschafter, die tatsächlich nach dem Formwechsel ausscheiden, unterliegen dagegen nicht der Ausfallhaftung. Dadurch, dass sie nach der Konzeption des Umwandlungsgesetzes 1994 nicht mehr zwangsweise mit dem Formwechsel ausscheiden, sondern zunächst Gesellschafter des Rechtsträgers neuer Rechtsform werden, sollten ihnen keine Nachteile entstehen.

3. Zusammenfassung

Die persönlich haftenden Gesellschafter haften beim Formwechsel in die Kapitalgesellschaft für Altverbindlichkeiten des formwechselnden Rechtsträgers gem. § 224 UmwG für eine Übergangsfrist von fünf Jahren weiterhin persönlich. Die Haftung wird durch § 224 Abs. 1 UmwG begründet. Es handelt sich nicht lediglich um eine deklaratorische Vorschrift. Einwendungen und Einreden der Gesellschaft können ebenso wie vor dem Formwechsel von den Gesellschaftern geltend gemacht werden. Eine Regress des in Anspruch genommenen Gesellschafters gegenüber der Gesellschaft ist weiterhin zum einen nach § 110 HGB, zum anderen auf Grund der gem. § 774 Abs. 1 BGB analog auf den Gesellschafter übergehenden Forderung gegen die Gesellschaft möglich. Der Regress gegenüber den Mitgesellschaftern kann auf § 426 Abs. 1 BGB gestützt werden, aber auch auf die Forderung des Gläubigers gegen die Mitgesellschafter, die aufgrund ihrer Akzessorietät gem. §§ 412, 401 BGB auf den in Anspruch genommenen Gesellschafter übergeht. Auch Gesellschafter, die aus dem Rechtsträger neuer Rechtsform ausscheiden, haften weiterhin in dem in § 224 Abs. 2 UmwG bestimmten Zeitraum persönlich. Die Gläubiger können Sicherheitsleistung nach §§ 204, 22 UmwG nicht allein aufgrund der Tatsache verlangen, dass ihre Forderung erst nach dem Ablauf der Frist des § 224 Abs. 2 UmwG fällig wird.

[760] So *Vossius*, in: Widmann/Mayer, Umwandlungsrecht, § 219 UmwG Rn. 23.
[761] *Dirksen*, in: Kallmeyer, UmwG, § 219 Rn. 6.

Als Gründer i.S. der durch § 197 S. 1 UmwG in Bezug genommenen Gründungsvorschriften gelten grundsätzlich alle Gesellschafter der formwechselnden Personenhandelsgesellschaft (§ 219 S. 1 UmwG). Sollte der Gesellschaftsvertrag ausnahmsweise eine Mehrheitsentscheidung über den Formwechsel zulassen, ist § 219 S. 2 UmwG dahingehend teleologisch zu reduzieren, dass nur diejenigen Gesellschafter nicht der Gründungshaftung unterliegen, die nach dem Formwechsel aufgrund der Annahme eines Barabfindungsangebots nach den §§ 207 ff. UmwG aus der Gesellschaft ausscheiden. Als einschlägige Haftungstatbestände kommen lediglich die Vorbelastungshaftung und die Differenzhaftung in Betracht. Die Gründerhaftung nach § 9a GmbHG, § 46 AktG wird von der Organhaftung nach § 205 UmwG verdrängt. Von der grundsätzlich anwendbaren Ausfallhaftung nach § 24 GmbHG sind die aufgrund eines Barabfindungsangebots ausscheidenden Gesellschafter ebenfalls auszunehmen.

III. Haftung des Kommanditisten

Der Kommanditist haftet den Gläubigern der Kommanditgesellschaft nur bis zur Höhe der im Handelsregister eingetragenen Haftsumme persönlich. Erbringt der Kommanditist die im Gesellschaftsvertrag vereinbarte Einlageleistung, erlischt gem. § 171 Abs. 1 und § 172 Abs. 1 HGB auch diese Haftung. Die Haftung ist dann vergleichbar mit derjenigen des Gesellschafters einer Kapitalgesellschaft. Die Haftung des Kommanditisten lebt jedoch gem. § 172 Abs. 4 S. 1 HGB i.V.m. § 171 Abs. 1 Hs. 2 HGB wieder auf, wenn und soweit die Einlage wieder an den Kommanditisten zurückgezahlt wird. Diese besondere haftungsrechtliche Situation bringt beim Formwechsel in die Kapitalgesellschaft einige Besonderheiten im Vergleich mit den persönlich haftenden Gesellschaftern mit sich, die nachfolgend behandelt werden.

1. Nachhaftung für Verbindlichkeiten der KG

§ 224 Abs. 1 UmwG spricht lediglich davon, dass die zum Zeitpunkt des Formwechsels bestehenden Ansprüche der Gläubiger gegen die Gesellschafter aus der Haftung nach § 128 HGB für die Verbindlichkeiten der Gesellschaft durch den Formwechsel unberührt bleiben. Für den Kommanditisten, gegen den sich aus § 128 HGB keine Ansprüche herleiten lassen, scheint dies nicht zu gelten. Der Kommanditist scheidet beim Formwechsel ebenso wenig wie der Komplementär aus dem formwechselnden Rechtsträger aus, so dass sich eine Nachhaftung für Altverbindlichkeiten auch nicht auf § 160 HGB stützen lässt.[762]

[762] A.A. *Laumann*, in: Goutier/Knopf/Tulloch, Umwandlungsrecht, § 224 UmwG Rn. 9, der auf den Kommanditisten § 160 HGB anwenden möchte.

Somit könnte man zu dem Schluss gelangen, dass die persönliche Haftung des Kommanditisten mit dem Formwechsel erlischt.[763]

Zu einem anderen Ergebnis gelangen allerdings diejenigen Autoren, die in § 224 Abs. 1 UmwG keine haftungsbegründende Norm, sondern lediglich einen klarstellenden Hinweis erblicken. Nach ihnen würde ohne diesen Hinweis nichts anderes gelten. Der Kommanditist hafte daher auch nach dem Formwechsel ohne weiteres für diejenigen Verbindlichkeiten persönlich, für die er zum Zeitpunkt des Formwechsels nach den Vorschriften des HGB gehaftet hat.[764]

Folgt man dagegen der hier vertretenen Ansicht, nach der es sich bei § 224 Abs. 1 UmwG um eine haftungsbegründende Norm handelt, kann sich die Haftung des Kommanditisten nach dem Formwechsel nur aus einer analogen Anwendung der Vorschrift ergeben.[765] Eine unbewusste Regelungslücke ist anzunehmen, da sich weder aus dem Gesetz selbst noch aus den Gesetzesmaterialien ergibt, dass der Gesetzgeber den Kommanditisten von der Nachhaftung für Altverbindlichkeiten freistellen wollte. Vielmehr ist zu vermuten, dass der Gesetzgeber vom Regelfall ausging, dass der Kommanditist seine Einlage bereits erbracht hat und daher eine persönliche Haftung zum Zeitpunkt des Formwechsels nicht besteht. Die Analogie ist auch unter Wertungsgesichtspunkten gerechtfertigt, da nicht ersichtlich ist, warum die Kommanditisten durch den Formwechsel von ihrer persönlichen Haftung befreit und damit gegenüber den nach § 224 Abs. 1 UmwG weiterhin haftenden Komplementären bevorzugt werden sollten. Auf eine zum Zeitpunkt des Formwechsels bestehende persönliche Haftung des Kommanditisten ist daher § 224 Abs. 1 UmwG analog anzuwenden.

a) Zeitliche Begrenzung der Nachhaftung

Auch die Abs. 2 bis 5 des § 224 UmwG sind zumindest nicht unmittelbar auf die Haftung des Kommanditisten anwendbar, da sich § 224 Abs. 2 UmwG seinem Wortlaut nach auf die in Abs. 1 beschriebenen Verbindlichkeiten bezieht. Ebenso wenig wie eine Privilegierung der Kommanditisten gerechtfertigt wäre, ist ersichtlich, warum sie schärfer als die Komplementäre haften sollten. Die Nachhaftungsbegrenzungsregelungen sind daher ebenfalls analog

---

[763] So in der Tat *Schulze zur Wiesche*, DB 1996, 1539 (1544) und *Wolf*, ZIP 1996, 1200 (1205); mit Einschränkungen auch *Fischer*, BB 1995, 2173 (2175, 2178).

[764] *Joost*, in: Lutter, UmwG, § 224 Rn. 2, 9; *Laumann*, in: Goutier/Knopf/Tulloch, Umwandlungsrecht, § 224 UmwG Rn. 2, 9.

[765] Ebenso *Zürbig*, Der Formwechsel einer Personengesellschaft in eine Kapitalgesellschaft, S. 122 f.

anzuwenden.[766] Hierfür spricht auch, dass der Gesetzgeber in den § 224 Abs. 2 bis 5 die Haftungsbegrenzungsregelung des alten Umwandlungsrechts (§§ 45, 49 Abs. 4 UmwG 1969) weitestgehend übernehmen wollte.[767] Diese galt ebenfalls sowohl für persönlich haftende Gesellschafter als auch für Kommanditisten.[768]

Dagegen ist der in der Literatur gemachte Vorschlag, die Begrenzung der Nachhaftung des Kommanditisten aus den §§ 161 Abs. 2, 160 HGB abzuleiten, abzulehnen.[769] Die Regelung in § 224 UmwG kommt dem Sachverhalt des identitätswahrenden Formwechsels, bei dem der Kommanditist Gesellschafter ein und desselben Rechtsträgers bleibt, wesentlich näher als diejenige des § 160 HGB. Es wäre auch nicht zu erklären, warum der Beginn der Ausschlussfrist für die Kommanditisten gem. § 160 Abs. 1 S. 2 HGB analog bereits mit der Eintragung des Formwechsel beginnen sollte, derjenige der Komplementäre dagegen erst, wenn die Eintragung gem. § 201 S. 2 UmwG als bekannt gemacht gilt.

b) Haftungsumfang

In der Kommanditgesellschaft hängt der Umfang der Haftung des Kommanditisten davon ab, in welcher Höhe der Kommanditist seine versprochene Einlage geleistet hat, inwieweit die geleistete Einlage an den Kommanditisten wieder zurückgezahlt worden ist und ob der Kommanditist Gewinne entnommen hat, die sein Einlagenkonto unter den Betrag der von ihm geschuldeten Einlage sinken lassen (§§ 171 Abs. 1, 172 Abs. 4 HGB). Fraglich ist, ob sich dieses variable Haftungssystem auch nach dem Formwechsel fortsetzt, oder ob der Haftungsumfang hier in der Höhe „eingefroren" wird, in der er zum Zeitpunkt des Formwechsels besteht.

Die Frage ist bislang lediglich unter dem Aspekt des Ausscheidens des Kommanditisten aus dem Rechtsträger neuer Rechtsform gegen Rückgewähr seiner Einlage diskutiert worden. Der Kommanditist, der gegen den Umwandlungsbeschluss Widerspruch zur Niederschrift erklärt hat, kann gegen Annahme einer ihm von der Gesellschaft anzubietenden Barabfindung gem. §§ 207 bis 209 UmwG aus der Gesellschaft ausscheiden. Er wird jedoch zunächst Gesellschafter des Rechtsträgers neuer Rechtsform. Gemeinhin wird

---

766 *Joost*, in: Lutter, UmwG, § 224 Rn. 16; *ders.*, in: Lutter, Kölner Umwandlungsrechtstage, 245 (259 f.); *Dirksen*, in: Kallmeyer, UmwG, § 224 Rn. 13.

767 Begr. RegE, in: Ganske, Umwandlungsrecht, S. 245.

768 *Schilling*, in: Hachenburg, GmbHG, § 77 Anh. UmwG § 45 Rn. 1.

769 *Laumann*, in: Goutier/Knopf/Tulloch, Umwandlungsrecht, § 224 UmwG Rn. 9.

angenommen, dass die Rückgewähr der geleisteten Einlage nach dem Formwechsel nicht mehr zu einem Wiederaufleben der Haftung des Kommanditisten führt, da der Kommanditist im Ergebnis nicht als solcher, sondern als Gesellschafter einer Kapitalgesellschaft ausscheide.[770] Für eine persönliche Haftung, die an die Rückzahlung der Kommanditeinlagen anknüpfe, sei in der Kapitalgesellschaft kein Raum.[771] § 224 Abs. 1 UmwG sei zwar grundsätzlich auch auf den Kommanditisten anwendbar, setze aber eine persönliche Haftung zum Zeitpunkt des Formwechsels als Anknüpfungspunkt voraus.[772] Das Ergebnis wird auch mit einem Vorrang des Minderheitenschutzes gegenüber dem Gläubigerschutz begründet, da die §§ 207 ff. UmwG ausdrücklich die Möglichkeit eines einvernehmlichen Ausscheidens gegen Barabfindung vorsähen und diese Spezialregelung Vorrang vor dem allgemeinen Gläubigerschutzgedanken genieße.[773] Brächte das Ausscheiden des Kommanditisten gegen Barabfindung stets die Gefahr einer persönlichen Haftung mit sich, wäre der dem Kommanditisten vom Gesetzgeber eingeräumten Handlungsspielraum erheblich eingeschränkt.[774]

Eine wortlautgetreue Anwendung des § 224 Abs. 1 UmwG auf den Kommanditisten bedeutete andererseits, die Haftung dem zufälligen Umstand zu überlassen, in welcher Höhe der Kommanditist zum Zeitpunkt des Formwechsels seine Einlage erbracht hat. Es läge in der Hand des Kommanditisten, jegliche Nachhaftung auszuschließen, indem er kurz vor dem Formwechsel seine Einlageleistung in voller Höhe erbringt. Zu einer Nachhaftung käme es auch dann nicht, wenn die Einlage bereits kurz nach dem Formwechsel wieder an den Kommanditisten zurückgezahlt würde. Die Frage, ob der Kommanditist nach seinem Ausscheiden gegen Gewähr einer Abfindung einer Nachhaftung unterliegt, würde damit von dem aus wirtschaftlicher Sicht zufälligen Umstand abhängen, ob der Kommanditist kurz vor oder kurz nach

---

770 *Bärwaldt/Schabacker*, NJW 1998, 1909; *Schlitt*, in: Semler/Stengel, UmwG, § 244 Rn. 9; *Dirksen*, in: Kallmeyer, UmwG, § 224 Rn. 13; *Joost*, in: Lutter, UmwG, § 224 Rn. 8.

771 So *Petersen*, Der Gläubigerschutz im Umwandlungsrecht, S. 108; *Wiedemann*, ZGR 1999, 569 (581).

772 *Petersen*, Der Gläubigerschutz im Umwandlungsrecht, S. 108; *Wiedemann*, ZGR 1999, 569 (581); *Bärwaldt/Schabacker*, ZIP 1998, 1293 (1296); *Joost*, in: Lutter, UmwG, § 224 Rn. 8; *ders.* in: Lutter: Kölner Umwandlungsrechtstage, 245 (254); *Dirksen*, in: Kallmeyer, UmwG, § 224 Rn. 13.

773 *Limmer*, in: FS Widmann, 51 (62); ebenso *Petersen*, Der Gläubigerschutz im Umwandlungsrecht, S. 114 ff., der hier ausnahmsweise dem Minderheitenschutz Vorrang vor dem Gläubigerschutz einräumen will.

774 *Petersen*, Der Gläubigerschutz im Umwandlungsrecht, S. 115.

dem Formwechsel aus dem Rechtsträger ausscheidet.[775] Der von § 224 Abs. 1 UmwG bezweckte Schutz der Altgläubiger wäre weitgehend in das Belieben der Gesellschafter gestellt.

Die Vorschrift ist daher im Rahmen ihrer Anwendung auf den Kommanditisten ihrem Schutzzweck entsprechend zu modifizieren. Rechtstechnisch ist dies möglich, da es sich nach der hier vertretenen Ansicht um eine haftungsbegründende Norm handelt, die auf den Kommanditisten nur analog anwendbar ist. Um die Wirksamkeit der Norm im Hinblick auf ihren Schutzzweck sicherzustellen, sind Korrekturen folglich möglich.

§ 224 UmwG soll zugunsten der Altgläubiger den in der Personenhandelsgesellschaft bestehenden Haftungszustand für einen Übergangszeitraum von fünf Jahren aufrecht erhalten.[776] Seinem Wortlaut nach setzt § 224 Abs. 1 UmwG zwar in der Tat voraus, dass die persönliche Haftung zum Zeitpunkt des Formwechsels bereits bestand. Auch ist den Befürwortern einer wortlautgetreuen Anwendung der Vorschrift auf die Haftung des Kommanditisten zuzugeben, dass für eine persönliche Haftung, die an die Rückgewähr von Kommanditeinlagen anknüpft, in der Kapitalgesellschaft grundsätzlich kein Raum ist. Aber auch die Fortdauer der persönlichen Haftung der ehemaligen Komplementäre ist in der Kapitalgesellschaft nicht unbedingt systemkonform. Dennoch hat sie der Gesetzgeber zum Schutz der Altgläubiger angeordnet. Während bei den Komplementären der Wegfall der persönlichen Haftung die systemwidrige persönliche Forthaftung rechtfertigt, lässt sich die persönliche Haftung der Kommanditisten mit dem Abzug von geschütztem Kapital begründen. Für eine Nachhaftung des Kommanditisten sollte es daher - in Anlehnung an die Regelung des § 160 Abs. 1 HGB oder auch des § 45 Abs. 1 UmwG - als ausreichend angesehen werden, dass die Forderung des Altgläubigers zum Zeitpunkt des Formwechsels begründet war. Dies setzt anerkanntermaßen nicht voraus, dass die Forderung des Gläubigers zum Zeitpunkt des Formwechsels gegen den Kommanditisten bereits bestand. Es ist vielmehr ausreichend, dass dem Kommanditisten während des Zeitraums seiner Nachhaftung seine Einlage zurückgewährt wird.[777] Um den durch § 224 UmwG zu gewährleistenden Gläubigerschutz nicht auszuhöhlen, muss dies auch für

---

775 Hierauf weisen auch *Bärwaldt/Schabacker*, NJW 1998, 1909 (1910) hin.

776 *K. Schmidt*, in: FS Ulmer, 557 (568) weist insoweit auf den Charakter der Haftung des Kommanditisten als „kontinuierliche Außenhaftung“ hin.

777 Vgl. für den Fall des Ausscheidens des Kommanditisten aus der Kommanditgesellschaft *Strohn*, in: Ebenroth, HGB, § 172 Rn. 39, § 173 Rn. 20 m.w.N; *K. Schmidt*, in: Schlegelberger, HGB, §§ 171, 172 Rn. 73; *von Gerkan*, in: Westphalen, HGB, § 172 Rn. 33.

vergleichbare Leistungen an den ehemaligen Kommanditisten gelten, selbst wenn es sich der Sache nach nicht um die Rückgewähr einer „Kommanditeinlage“ handelt. Die Nachhaftung des Kommanditisten für Altverbindlichkeiten des formwechselnden Rechtsträgers bei der Rückzahlung seiner Einlage nach dem Formwechsel beruht daher nicht auf einem nur schwer zu begründenden Umgehungstatbestand,[778] sondern auf der analogen Anwendung des § 224 Abs. 1 UmwG auf den Kommanditisten.

Der Umfang der Haftung richtet sich danach, in welcher Höhe der ehemalige Kommanditist zum Zeitpunkt der Inanspruchnahme durch den Gläubiger seine ursprünglich in der Kommanditgesellschaft geschuldete Einlageleistung erbracht hat bzw. in welcher Höhe diese an ihn zurückgewährt wurde.[779] Die Haftung ist jedoch der Höhe nach durch die ursprünglich vereinbarte Haftsumme begrenzt.[780] Darüber hinausgehende Rückzahlungen an den Kommanditisten führen nicht zu einer über diese Haftsumme hinausgehende Haftung des Kommanditisten.[781]

Dieses Ergebnis stimmt auch mit dem Enthaftungskonzept des § 160 HGB überein, an das die Regelung des § 224 UmwG anknüpft. Auch dort lebt die Haftung des Kommanditisten wieder auf, wenn dem Kommanditisten seine Einlage innerhalb der Ausschlussfrist zurückgewährt wird.[782] Auch für den Kommanditisten ist die hier gefundene Lösung tragbar. Er muss sich, wie der Komplementär, für die Frist des § 224 Abs. 2 UmwG an einem Haftungsstatut festhalten lassen, dem er sich freiwillig unterworfen hat. An dem Ausscheiden aus dem Rechtsträger neuer Rechtsform wird der Kommanditist nicht gehindert. Es steht ihm frei, der Gesellschaft die Abfindungszahlung bis zum Ablauf der Frist des § 224 Abs. 2 UmwG zu stunden und dadurch dem Aufleben seiner Haftung zu entgehen.[783] Auch führt nicht jede Leistung an den Kommanditisten

---

778 Kritisch zu einem solchen Umgehungstatbestand *Petersen*, Der Gläubigerschutz im Umwandlungsrecht, S. 108, der zu Recht darauf hinweist, dass es das umgangene Regelungssystem mit der Eintragung des Formwechsels nicht mehr gilt.

779 Im Ergebnis ebenso, jedoch ohne Begründung *Laumann*, in: Goutier/Knopf/Tulloch, Umwandlungsrecht, § 224 UmwG Rn. 10; deutlicher *Vossius*, in: Widmann/Mayer, Umwandlungsrecht, § 224 UmwG Rn. 42, § 45 UmwG Rn. 244; wohl auch *Fischer*, BB 1995, 2173 (2178).

780 Vgl. auch *K. Schmidt*, in: FS Ulmer, 557 (568).

781 *K. Schmidt*, in: Schlegelberger, HGB, §§ 171, 172 Rn. 65 m.w.N.

782 *Strohn*, in: Ebenroth, HGB, § 172 Rn. 39, § 173 Rn. 20 m.w.N; *K. Schmidt*, in: Schlegelberger, HGB, §§ 171, 172 Rn. 73; *von Gerkan*, in: Westphalen, HGB, § 172 Rn. 33.

783 So die h.M. für die Stundung der Abfindungszahlung beim Ausscheiden des Kommanditisten aus der KG, vgl. BGHZ 39, 319 (331); *Baumbach/Hopt*, HGB, § 172

zum Wiederaufleben seiner Haftung. Die Haftung lebt nur dann wieder auf, wenn die Rückzahlungen die bislang erbrachten Einlageleistungen unter den Betrag der Haftsumme herabmindern.[784]

In einem Punkt gereicht die gefundene Lösung dem Kommanditisten sogar zum Vorteil. Da das für ihn geltende Haftungssystem insgesamt aufrecht erhalten bleibt, steht es ihm frei, eine drohende Inanspruchnahme auch noch nach dem Formwechsel abzuwenden, indem er die ursprünglich versprochene Einlageleistung in voller Höhe an den Rechtsträger neuer Rechtsform leistet. Ähnliches hat der BGH für den Fall des Ausscheidens des Kommanditisten aus der Personenhandelsgesellschaft gegen Rückgewähr seiner Einlage entschieden. Auch hier sei die persönliche Haftung nur so lange gerechtfertigt, wie die den Gläubigern zur Verfügung stehende Haftungsmasse durch Leistungen an den Kommanditisten geschmälert ist.[785]

2. Haftung aufgrund des Verweises auf die Gründungsvorschriften

Der Kommanditist haftet gem. § 171 Abs. 1 HGB bereits vor dem Formwechsel nur begrenzt. In der Kapitalgesellschaft ist nach § 13 Abs. 2 GmbHG, § 1 Abs. 1 S. 2 AktG eine persönliche Haftung gänzlich ausgeschlossen. In der Literatur werden daher Zweifel an der Gründungshaftung des Kommanditisten im Rahmen des Formwechsels geäußert. Diese könne zu einer Haftung führen, die noch nicht einmal auf die für den Kommanditisten eingetragene Haftsumme begrenzt ist.[786] Der Wortlaut des § 219 UmwG scheint indes keine Wahl zu lassen, da er einheitlich „die Gesellschafter" des formwechselnden Rechtsträgers der Gründerhaftung unterwirft. Bedenkt man hingegen, dass der Gesetzgeber die besondere Situation des Kommanditisten auch im Übrigen vernachlässigt hat, erscheint eine Modifikation der Vorschrift im Rahmen der Anwendung auf den Kommanditisten grundsätzlich möglich.

Rn. 7; *von Gerkan*, in: Westphalen, HGB, § 172 Rn. 29 da die Kapitalmittel in der Gesellschaft verbleiben und damit weiter dem Zugriff der Gläubiger unterliegen; a.A. *K. Schmidt*, in: Schlegelberger, HGB, §§ 171, 172 Rn. 73. Zu beachten ist jedoch, dass der Kommanditist die Abfindungssumme dadurch auch den Neugläubigern als Haftungsmasse zur Verfügung stellt.

784 So die h.M., vgl. BGHZ 84, 383 (387); *von Gerkan*, in: Westphalen, HGB, § 172 Rn. 32 m.w.N.; a.A. wiederum *K. Schmidt*, in: Schlegelberger, HGB, §§ 171, 172 Rn. 64.

785 So BGHZ 39, 319 (329 f.) für den Fall des Ausscheidens des Kommanditisten aus der Kommanditgesellschaft.

786 Auf diesen Gesichtspunkt weist insbesondere *Joost*, in: Lutter, Kölner Umwandlungsrechtstage, 245 (256) hin.

a) Meinungsstand

Teilweise wird in der Literatur die Ansicht vertreten, § 219 UmwG sei teleologisch zu reduzieren. Das Identitätsprinzip spreche gegen eine Gründungshaftung der Kommanditisten.[787] Dieses beinhalte eine wertungsmäßige Fortgeltung der Haftungsverhältnisse. Die Haftungsverhältnisse der formwechselnden Kommanditgesellschaft müssten daher bis zur vollständigen Geltung der Haftungsbestimmungen der neuen Rechtsform weitergelten. Der Formwechsel ändere nur den rechtlichen Charakter der Gesellschaft, die Identität einschließlich der Haftungsverhältnisse bleibe gewahrt.[788] Auch das Anliegen des Gläubigerschutzes gebiete keine Haftung der Kommanditisten. Die Grundsätze der ordnungsgemäßen Kapitalaufbringung seien nicht geeignet, die Gläubiger effektiv zu schützen. Das Nennkapital biete kein Mindestmaß an Gläubigerschutz. Es verhindere nicht, dass unmittelbar nach der Eintragung der neuen Rechtsform eine Unterbilanz oder Überschuldung eintrete.[789] Auch habe das Prinzip der Kapitalaufbringung beim Formwechsel weniger Bedeutung, da das Unternehmen des formwechselnde Rechtsträgers schon länger bestehe und sich im Rechtsverkehr bereits einen Ruf erworben habe. Die Aufzehrung des Stammkapitals während der durch § 197 S. 1 UmwG fingierten Gründungsphase sei daher nicht schlimmer als zu jedem anderen Zeitpunkt einer bestehenden Gesellschaft.[790] Effektiver individueller Gläubigerschutz werde durch das Recht auf Sicherheitsleistung (§§ 204, 22 UmwG)[791] und die Nachhaftung gem. § 224 UmwG gewährleistet.[792] Der Gesetzgeber habe darüber hinaus in der Gesetzesbegründung selbst darauf hingewiesen, dass eine umfassende Geltung der Gründungsvorschriften abzulehnen ist. Einschränkungen seien unter anderem aufgrund der Eigenart des jeweiligen formwechselnden Rechtsträgers geboten.[793] Dies sei jedoch bei der Fassung des § 219 UmwG nicht berücksichtigt worden. Die uneingeschränkte Anwendung von § 219 UmwG führe dazu, dass der Kommanditist, der seine Einlage voll erbracht hat, weder

---

787 So auch *Zürbig*, Der Formwechsel einer Personengesellschaft in eine Kapitalgesellschaft, S. 152, der sich im Ergebnis jedoch gegen eine teleologische Reduktion des § 219 UmwG ausspricht.

788 *Wolf*, ZIP 96, 1200, (1203).

789 *Wolf*, ZIP 96, 1200, (1204).

790 *Wolf*, ZIP 96, 1200, (1204).

791 Zur Kritik an der Ausgestaltung des Anspruchs auf Sicherheitsleistung vgl. *Naraschewski*, GmbHR 1998, 356 (359).

792 *Wolf*, ZIP 96, 1200, (1204 f.); auch *Zürbig*, Der Formwechsel von der Personengesellschaft in die Kapitalgesellschaft, S. 153, hält die Kommanditistenhaftung für die Gewährleistung des individuellen Gläubigerschutzes nicht für erforderlich.

793 Begr. RegE, in: Ganske, Umwandlungsrecht, S. 220.

vor dem Umwandlungsbeschluss noch nach der Eintragung des Formwechsels einer persönlichen Haftung unterliege, wohl aber in Bezug auf den Umwandlungsvorgang. Ein berechtigtes Interesse der Gläubiger an dieser speziellen Haftung sei nicht erkennbar.[794] Beim Formwechsel einer Kommanditgesellschaft seien „Gründer" i.S. des § 219 UmwG demnach nur die persönlich haftenden Gesellschafter.[795]

Die überwiegende Anzahl der Stimmen in der Literatur will dagegen den Kommanditisten nicht von der Gründungshaftung ausnehmen.[796] Dies sei nicht erforderlich, da dem Kommanditisten in der Regel die Möglichkeit offen stehe, den Formwechsel durch seinen Widerspruch gegen den Formwechselbeschluss zu verhindern (§ 217 Abs. 1 S. 1 UmwG). Aber auch wenn der Gesellschaftsvertrag gem. § 217 Abs. 1 S. 2 und 3 UmwG eine Mehrheitsentscheidung zulasse, könne der Kommanditist der Gründerhaftung entgehen, indem er gegen den Formwechsel stimme (§ 219 S. 2 UmwG).[797]

b) Grundsätzliche Rechtfertigung der Haftung des Kommanditisten

Dem zuletzt genannten Argument kann nach dem oben entwickelten Begriff der „Gründer" i.S. des § 219 UmwG[798] nicht zugestimmt werden. Gelingt es dem Kommanditisten nicht, den Formwechsel durch seinen Widerspruch zu verhindern, so kann er sich der Gründerhaftung allenfalls entziehen, indem er aus dem Rechtsträger neuer Rechtsform ausscheidet. Verbleibt er dagegen auch nach dem Formwechsel in der Gesellschaft, ist auch der Kommanditist möglicherweise als Gründer i.S. der Gründungsvorschriften anzusehen. Nachfolgend ist daher die strittige Frage zu beantworten, ob eine Haftung des Kommanditisten als Gründer grundsätzlich zu rechtfertigen ist.

Zunächst sei noch einmal an den Grund der analogen Anwendung der Gründungsvorschriften erinnert. Nach der Gesetzesbegründung erfolgte der Verweis aufgrund des besonders kritischen Übergangs von dem Normensystem

---

[794] *Joost*, in: Lutter, UmwG, § 219 Rn. 5.

[795] *Wolf*, ZIP 96, 1200, (1203 ff.); *Joost*, in: Lutter, UmwG, § 219 Rn. 5; *ders.*, in: Lutter, Kölner Umwandlungsrechtstage, 245 (256 f.).

[796] *Zürbig*, Der Formwechsel von der Personengesellschaft in die Kapitalgesellschaft, S. 153 ff; *Priester*, DNotZ 1995, 427 (452); *Stratz*, in: Schmitt/Hörtnagl/Stratz, UmwG/UmwStG, § 219 UmwG Rn. 3; *Meister/Klöcker*, in: Kallmeyer, UmwG, § 197 Rn. 26; *Dirksen*, in: Kallmeyer, UmwG, § 219 Rn. 2; *Decher*, in: Lutter, UmwG, § 197 Rn. 38; *Petersen*, Der Gläubigerschutz im Umwandlungsrecht, S. 76 ff.

[797] *Zürbig*, Der Formwechsel von der Personengesellschaft in die Kapitalgesellschaft, S. 154 f.; *Petersen*, Der Gläubigerschutz im Umwandlungsrecht, S. 77.

[798] Vgl. 4. Kapitel:II.2.a).

eines Rechtsträgers in das eines anderen. Dies gilt insbesondere, wenn die maßgebenden Gründungsvorschriften des Rechtsträgers neuer Rechtsform schärfere Anforderungen an den Gründungsvorgang stellen.[799] Eine Umgehung der dem Gläubigerschutz dienenden Kapitalaufbringungsvorschriften kann nur durch eine weitgehende Anwendung der Vorschriften auf den Formwechsel verhindert werden. Der Kommanditist, der den Formwechsel durch seine Zustimmung ermöglicht, muss sich daher ebenso wie der Komplementär den Gründungsvorschriften unterwerfen. Derjenige Kommanditist, der zwar gegen den Formwechsel stimmt, aber dennoch in der Gesellschaft verbleibt, muss sich die Mehrheitsentscheidung der übrigen Gesellschafter zurechnen lassen. Er haftet wie diese für den Formwechselvorgang, da auch er die Chancen des Formwechsels nutzen kann. Lediglich derjenige Kommanditist, der gegen den Formwechsel stimmt und nachfolgend aus dem Rechtsträger ausscheidet, kann von der Gründerhaftung freigestellt werden. Einer teleologischen Reduktion des § 219 UmwG in dem Sinne, dass die Vorschrift auf Kommanditisten nicht anwendbar ist, steht die zentrale Bedeutung der Anwendung der Gründungsvorschriften für den Gläubigerschutz entgegen.

Der Verweis auf die Gründungsvorschriften dient vorwiegend dem Schutz der Neugläubiger. Während die Altgläubiger durch die Nachhaftung gem. § 224 UmwG und den Anspruch auf Sicherheitsleistung aus §§ 202, 24 UmwG geschützt sind, sind die Neugläubiger wie bei einer Neugründung darauf angewiesen, dass das Garantiekapital gemäß den gesetzlichen Vorschriften durch entsprechende Vermögenswerte gedeckt ist. Für die Neugläubiger kann es keine Rolle spielen, ob die Kapitalgesellschaft durch eine Neugründung oder einen Formwechsel aus einer Personenhandelsgesellschaft entsteht. Aus Gläubigersicht muss es daher auch einerlei sein, ob der Gesellschafter in dem Rechtsträger alter Rechtsform die Stellung eines Komplementärs oder diejenigen eines Kommanditisten innehatte.[800]

Entgegen der oben zitierten Ansicht kann das Identitätsprinzip nicht gegen die Haftung des Kommanditisten als Gründer ins Feld geführt werden. Die Identität bezieht sich auf den Rechtsträger als solchen. Dagegen ändert sich das für ihn geltende Normensystem und damit auch die Haftungsverfassung. Von einer Notwendigkeit der Kontinuität der Haftungsverfassung kann daher nicht die Rede sein. Oft ist es sogar gerade Ziel des Formwechsels, die

---

[799] Begr. RegE, in: Ganske, Umwandlungsrecht, S. 220.
[800] Ähnlich *Petersen*, Der Gläubigerschutz im Umwandlungsrecht, S. 77.

Haftungsverfassung zu ändern.[801] Zudem ist zu betonen, dass die Kommanditisten, die ihre Einlagen erbracht haben, weder im Rechtsträger alter noch in demjenigen neuer Rechtsform für die Verbindlichkeiten der Gesellschaft persönlich haften. Die Haftung als Gründer beruht ausschließlich auf dem Vorgang des Formwechsels. Sie stellt auch für den Komplementär eine zusätzliche Belastung neben seiner „normalen" Haftung für die Verbindlichkeiten der Gesellschaft dar. Ein sachlicher Grund dafür, dass diese zusätzliche Haftung dem an dem Formwechsel partizipierenden Kommanditisten erspart bleiben muss, ist nicht ersichtlich.

Ebenso wenig sprechen grundsätzliche Zweifel an dem Nutzen der Kapitalaufbringungsvorschriften - mögen sie auch berechtigt sein - gegen die Haftung der Kommanditisten. Erstens müsste Gleiches auch für die Komplementäre des formwechselnden Rechtsträgers gelten, was nicht ernstlich gewollt sein kann. Zweitens macht es wenig Sinn, speziell im Rahmen des Formwechsels an einer der Grundfesten des Kapitalgesellschaftsrechts zu rütteln.

c) Anwendung der einzelnen Haftungstatbestände

Folglich ist eine Gründungshaftung der Kommanditisten im Rahmen des Formwechsels grundsätzlich zu bejahen. Zu überprüfen bleibt jedoch, ob aufgrund ihrer besonderen Stellung im Ausgangsrechtsträger die Anwendung einzelner Haftungstatbestände einzuschränken ist. Eine solche Einschränkung ließe sich auf die Gesetzesbegründung stützen, nach der die Anwendbarkeit der Gründungsvorschriften aufgrund der Eigenart des formwechselnden Rechtsträgers im Einzelfall zu beschränken ist.[802] Bei der folgenden Erörterung bleiben von vornherein diejenigen Haftungstatbestände außer Betracht, die bereits auf den Komplementär keine Anwendung finden. Sie sind aus den dort jeweils genannten Gründen auch auf den Kommanditisten nicht anwendbar.

(a) Vorbelastungshaftung

Grund für die Vorbelastungshaftung ist die Gefahr des Eintritts einer Unterbilanz durch die Aufnahme der Geschäfte vor Eintragung der Kapitalgesellschaft. Beim Formwechsel ist sie anwendbar, da zwischen dem Formwechselbeschluss und der Eintragung der neuen Rechtsform durch die Weiterführung der Geschäfte Verluste eintreten können, die zu einem Verstoß

---

[801] Was *Wolf*, ZIP 1996, 1200 (1203) unter einer „wertungsmäßigen Weitergeltung der Haftungsverhältnisse" versteht, bleibt daher unklar.

[802] Begr. RegE, in: Ganske, Umwandlungsrecht, S. 220.

gegen das in § 220 Abs. 1 UmwG normierte Gebot der Reinvermögensdeckung führen.[803] Einschränkungen für den Kommanditisten könnten sich daraus ergeben, dass er in der Regel von der Geschäftsführung ausgeschlossen ist. Dem Kommanditisten steht weder eine organschaftliche Geschäftführungsbefugnis zu noch treffen ihn entsprechende Pflichten. Solange nur Geschäfte getätigt werden, die über den gewöhnlichen Betrieb nicht hinausgehen, hat der Kommanditisten auch kein Widerspruchsrecht (§ 164 S. 1 HGB). Die Vorbelastungshaftung ist jedoch - anders als die Handelndenhaftung nach § 11 Abs. 2 GmbHG, 41 Abs. 1 S. 2 AktG - keine Haftung für die Vornahme einzelner Handlungen im Namen der Gesellschaft. Die Gesellschafter der zukünftigen Kapitalgesellschaft haften vielmehr kollektiv dafür, dass sie der Aufnahme der Geschäftstätigkeit durch die zukünftigen Vertretungsorgane zustimmen. Die Komplementäre sind im Vorfeld des Formwechsels nach dem bis zur Eintragung geltenden Recht der Personenhandelsgesellschaft zur Fortführung der Geschäfte verpflichtet. Die Fortführung der Geschäfte ist in der Regel auch im Interesse der Kommanditisten. Auch sie unterliegen daher der Vorbelastungshaftung.

(b) Differenzhaftung

Die Differenzhaftung soll beim Formwechsel insbesondere einer falschen Bewertung des Vermögens des formwechselnden Rechtsträgers im Rahmen der Wertnachweisrechnung nach § 220 Abs. 1 UmwG entgegenwirken. Da der Kommanditist aufgrund seines Ausschlusses von der Geschäftsführung in der Regel nicht aktiv an der Bewertung des Vermögens teilnehmen wird, sind Zweifel an seiner Einbeziehung in die Differenzhaftung angebracht. Diese werden noch dadurch verstärkt, dass dem Kommanditisten auch nur sehr eingeschränkte Informationsrechte zustehen. Ein ordentliches Einsichts- und Prüfungsrecht besteht gem. § 166 Abs. 1 HGB lediglich hinsichtlich des Jahresabschlusses. Auch die darüber hinausgehenden Kontrollrechte eines von der Geschäftsführung ausgeschlossenen Komplementärs nach § 118 HGB bleiben ihm gem. § 166 Abs. 2 HGB verwehrt. Bei Vorliegen eines wichtigen Grundes hat der Kommanditist zwar ein außerordentliches Informationsrecht, bedarf zur Geltendmachung aber gem. § 166 Abs. 3 HGB, § 145 FGG einer gerichtlichen Anordnung.[804] Daraus ließe sich das Argument ableiten, der Kommanditist könne mangels entsprechender Kontrollrechte die Richtigkeit der Vermögensbewertung ebenso wenig beurteilen wie außenstehende Dritte. Eine Einbeziehung des Kommanditisten in die Differenzhaftung könnte daher

---

[803] Vgl. oben 4. Kapitel:II.2.c)(b).

[804] Zur Kritik an diesen nur sehr begrenzten Informationsrechten vgl. *K. Schmidt*, Gesellschaftsrecht, S. 1540 ff.

unsachgemäß sein. Im Rahmen des nach § 192 UmwG zu erstellenden Umwandlungsberichts, der auch eine Vermögensaufstellung enthält (§ 192 Abs. 2 UmwG), werden die Kommanditisten jedoch ausführlich über die Vermögenslage des formwechselnden Rechtsträgers informiert.[805] Ein Verzicht auf den Umwandlungsbericht kann gem. § 192 Abs. 3 UmwG nur durch einstimmigen Beschluss aller Gesellschafter erfolgen. Der Bericht ermöglicht es dem Kommanditisten, sich ein schlüssiges Bild von der Vermögenssituation der Gesellschaft zu machen, und rechtfertigt daher die Haftung für die wertmäßige Differenz zwischen dem festgesetzten Nennkapital und dem tatsächlichen Vermögen der Gesellschaft.

(c) Gründerhaftung

Der Komplementär unterliegt im Rahmen des Formwechsels nicht der Gründerhaftung nach § 9a GmbHG, § 46 AktG, da diese Normen von der Organhaftung nach § 205 UmwG verdrängt werden.[806] § 205 UmwG ist allerdings auf den von der organschaftlichen Geschäftsführung ausgeschlossenen Kommanditisten nicht anzuwenden, da er kein „Mitglied des Vertretungsorgans" i.S. dieser Vorschrift ist.[807] Folglich könnten über den Verweis auf die Gründungsvorschriften für den Kommanditisten die Vorschriften über die Gründerhaftung Anwendung finden. Die strenge gesamtschuldnerische Gründerhaftung nach diesen Vorschriften soll die an der Gründung bzw. dem Formwechsel beteiligten Personen zur ordnungsgemäßen Erfüllung ihrer Pflichten anhalten.[808] Sie trifft daher typischerweise den aktiv an der Gründung beteiligten Personenkreis. Bei der GmbH sind dies die Gesellschafter und Geschäftsführer (vgl. § 9a GmbHG), bei der AG die Gründer, die Mitglieder von Vorstand und Aufsichtsrat sowie die Gründungsprüfer (vgl. § 46 ff. AktG). Die Rolle des Kommanditisten beschränkt sich beim Formwechsel jedoch im Wesentlichen auf seine Beteiligung an der Abstimmung über die Umwandlungsmaßnahme. Allerdings hat der Kommanditist nach der gesetzlichen Konzeption als Gründer i.S.d. § 219 UmwG an der Erstellung des (Sach-)Gründungsberichts mitzuwirken. Es erscheint jedoch ein weiteres Mal fraglich, ob der Gesetzgeber hier die besondere Rolle des Kommanditisten bedacht hat. In dem Bericht über den Formwechsel ist gem. § 220 Abs. 2 UmwG unter anderem der bisherige

---

805 Der Umwandlungsbericht soll gerade dem Informationsbedürfnis der Anteilsinhaber dienen, vgl. *Decher*, in: Lutter, UmwG, § 192 Rn. 56.

806 Vgl. oben 4. Kapitel:II.2.f)(b).

807 *Meister/Klöcker*, in: Kallmeyer, UmwG, § 205 Rn. 6; *Decher*, in: Lutter, UmwG, § 205 Rn. 2.

808 *Winter*, in: Scholz, GmbHG, § 9a Rn. 1.

Geschäftsverlauf und die Lage der formwechselnden Gesellschaft zu beschreiben. Dem auf wenige Kontrollrechte beschränkten Kommanditisten dürfte eine aktive Beteiligung an der Erstellung des Berichts kaum möglich sein. Er ist daher von der Verpflichtung zur Mitwirkung an der Erstellung des Berichts auszunehmen. Als Konsequenz ist aber auch eine Gründerhaftung des Kommanditisten abzulehnen. Die rein passive Rolle des Kommanditisten rechtfertigt eine solche Haftung nicht. Die Vorschriften zur Gründerhaftung sind daher auf den Kommanditisten in der Regel nicht anzuwenden.[809]

Lediglich der rechtsgeschäftlich zur Geschäftsführung befugte Kommanditist muss sich im Ergebnis wie ein Komplementär der formwechselnden Gesellschaft behandeln lassen. Eine Anwendung des § 205 UmwG kommt nicht in Betracht, da er kein Organ der Gesellschaft ist. Eine Analogie ließe sich zwar grundsätzlich wiederum mit dem Argument rechtfertigen, dass es der Gesetzgeber versäumt habe, in den Regelungen zum Formwechsel auf die besondere Situation des Kommanditisten einzugehen. Da sich eine Schadensersatzpflicht jedoch über die Verweisung in § 197 S. 1 UmwG auf die § 9a GmbHG, § 46 AktG begründen lässt, fehlt es an einer Regelungslücke. Der geschäftsführende Kommanditist haftet daher gem. § 9a GmbHG, § 46 AktG für Schäden, die dem formwechselnden Rechtsträger durch falsche oder unvollständige Angaben bei der Durchführung des Formwechsels entstehen.

(d) Ausfallhaftung

Die Ausfallhaftung nach § 24 GmbHG knüpft nicht an den Gründungs- bzw. Formwechselvorgang selbst an, sondern an die Eigenschaft als Gesellschafter der GmbH. Den Gesellschafter trifft das Risiko der Zahlungsunfähigkeit oder -unwilligkeit seiner Mitgesellschafter. Die Haftung ist daher auf den GmbH-Gesellschafter unabhängig davon anwendbar, ob dieser im formwechselnden Rechtsträger die Stellung eines Komplementärs oder eines Kommanditisten innehatte.

3. Zusammenfassung

Der Umwandlungsgesetzgeber hat es versäumt, spezielle Vorschriften für die Haftung des Kommanditisten vorzusehen und damit dessen besonderer haftungsrechtlicher Situation gerecht zu werden. Auch der Kommanditist haftet für die Altverbindlichkeiten des formwechselnden Rechtsträgers. Die Haftung

---

[809] Weitergehend *Joost*, in: Lutter, UmwG, § 219 Rn. 5 und *Wolf*, ZIP 1996, 1200 (1203), die den Kommanditisten gänzlich von der Haftung im Rahmen des Formwechsels ausnehmen wollen.

beruht auf einer analogen Anwendung des § 224 UmwG. Der Umfang der Haftung bestimmt sich nicht allein nach der zum Zeitpunkt der Eintragung der neuen Rechtsform bestehenden Haftung. Da § 224 UmwG zugunsten der Altgläubiger das Haftungssystem des formwechselnden Rechtsträgers für einen Übergangszeitraum von fünf Jahren aufrecht erhalten soll, bestimmt sich der Umfang der Haftung des Kommanditisten auch weiterhin nach der Höhe der bereits erbrachten Einlagen und stehen gelassenen Gewinne einerseits und den von der Gesellschaft erhaltenen Zahlungen andererseits.

Wie der Komplementär haftet der Kommanditist grundsätzlich auch als Gründer im Rahmen der Gründungsvorschriften. Das gilt zumindest für die Vorbelastungshaftung, die Differenzhaftung und die Ausfallhaftung. Dagegen unterliegt der Kommanditist in der Regel weder der Organhaftung nach § 205 UmwG noch der Gründerhaftung nach § 9a GmbHG, § 46 AktG.

IV. Haftung beim Formwechsel in die KGaA

Nach den §§ 191, 214 Abs. 1 UmwG kann eine Personenhandelsgesellschaft auch in eine KGaA umgewandelt werden. Diese Gesellschaftsform setzt gem. § 278 Abs. 1 AktG zwingend voraus, dass mindestens ein Gesellschafter den Gläubigern persönlich haftet. Der Umwandlungsbeschluss muss daher gem. § 218 Abs. 2 UmwG vorsehen, dass sich mindestens ein Gesellschafter des formwechselnden Rechtsträgers als persönlich haftender Gesellschafter an dem Rechtsträger neuer Rechtsform beteiligt oder ein persönlich haftender Gesellschafter beitritt. Für die in § 218 Abs. 2 UmwG anklingende Alternativität der beiden Möglichkeiten gibt es keinen teleologischen Grund. Der Umwandlungsbeschluss kann den Beitritt eines persönlich haftenden Gesellschafters daher anstelle oder neben der Beteiligung eines Gesellschafters der Personenhandelsgesellschaft als persönlich haftender Gesellschafter vorsehen.[810] Die Position des persönlich haftenden Gesellschafters kann auch von einer juristischen Person eingenommen werden.[811] Dies ist insbesondere für den Formwechsel der GmbH & Co. KG in die KGaA von Bedeutung. Der Beitritt eines persönlich haftenden Gesellschafters ist gem. § 221 S. 1 UmwG notariell zu beurkunden. Zudem hat der beitretende Gesellschafter die Satzung der KGaA gem. § 221 S. 2 UmwG zu genehmigen. Der persönlich haftende

---

810 *Joost*, in: Lutter, UmwG, § 218 Rn. 35.

811 Dies war lange Zeit umstritten, da nach h.M. der persönlich haftende Gesellschafter die Vorstandsqualifikation des § 76 Abs. 3 AktG erfüllen muss. Der BGH hatte diese Gestaltung jedoch anerkannt (BGH ZIP 1997, 1027 f.), der Gesetzgeber ist ihm in § 279 Abs. 2 AktG gefolgt, vgl. *Dirksen*, in: Kallmeyer, UmwG, § 218 Rn. 28; *Joost*, in: Lutter, UmwG, § 218 Rn. 36.

Gesellschafter kann mit einer Kapitaleinlage beteiligt sein, muss dies aber nicht.[812] Wenn Vermögenseinlagen nicht auf das Grundkapital geleistet werden, müssen sie gem. § 281 Abs. 2 AktG nach Höhe und Art in der Satzung festgesetzt werden.

Sowohl die persönliche Haftung des Komplementärs in der den Kapitalgesellschaften zuzuordnenden KGaA als auch der mögliche Beitritt eines persönlich haftenden Gesellschafters führen zu einigen Besonderheiten, die im Folgenden dargestellt werden.

1. Nachhaftung für die Altverbindlichkeiten des formwechselnden Rechtsträgers

a) Komplementäre der formwechselnden Gesellschaft

Der Komplementär der Personenhandelsgesellschaft, der auch in der KGaA die Rolle eines persönlich haftenden Gesellschafters übernimmt, haftet den Gläubigern gem. § 278 Abs. 2 AktG i.V.m. §§ 161 Abs. 2, 128 HGB für deren Forderungen gegen die Gesellschaft. Dennoch macht § 224 UmwG für die Komplementäre einer KGaA keine Ausnahme von der Enthaftungsregelung. Dem Gesetz zufolge haftet der Komplementär daher für die Altverbindlichkeiten des formwechselnden Rechtsträger nur innerhalb der in § 224 Abs. 2 UmwG genannten Frist. Der Grund hierfür könnte in der unterschiedlichen Funktion der persönlichen Haftung in der KGaA einerseits und der Personenhandlesgesellschaft andererseits gesehen werden. Nach Teilen der Literatur dient die persönliche Haftung in der KGaA nicht primär dem Schutz der Gläubiger. Denn das Privatvermögen des persönlich haftenden Komplementärs habe in der Regel im Vergleich zum Vermögen der Gesellschaft für den Gläubigerschutz keine wesentliche Bedeutung. Die persönliche Haftung übernehme nur die Aufgabe einer objektiven Verhaltenskontrolle, da sie der Disziplinierung und Motivierung der geschäftsführenden Komplementäre diene.[813] Dieser Funktionsunterschied kann jedoch die zeitliche Begrenzung der persönlichen Haftung nicht rechtfertigen. § 224 UmwG und vergleichbare Normen wie § 160 HGB oder auch § 45 UmwG tragen dem Entfallen einer persönlichen Haftung Rechnung. Erklärt sich der Komplementär dagegen bereit, auch in dem Rechtsträger neuer Rechtsform die Stellung eines persönlich haftenden Gesellschafters zu übernehmen, muss auch die Haftung für Verbindlichkeiten, die vor dem Formwechsel begründet wurden, zeitlich unbegrenzt fortbestehen. Da es sich vor und nach dem Formwechsel um ein und

---

812 *Dirksen*, in: Kallmeyer, UmwG, § 218 Rn. 29.

813 *Wiesener*, ZHR 148 (1984), 56 (60 ff.).

denselben Rechtsträger handelt und der Gesellschafter sowohl vor als auch nach dem Formwechsel persönlich für dessen Verbindlichkeiten haftet, widerspräche es dem Identitätsprinzip, die Haftung für Altverbindlichkeiten auf einen Zeitraum von fünf Jahren nach dem Formwechsel zu begrenzen. Daher ist § 224 UmwG teleologisch dahingehend zu reduzieren, dass er für die Haftung weiterhin persönlich haftender Gesellschafter nicht gilt.[814] Hierfür spricht auch, dass § 237 UmwG für den umgekehrten Fall des Formwechsels von einer KGaA in eine KG die Enthaftungsregeln des § 224 UmwG ebenfalls nur dann für analog anwendbar erklärt, wenn der persönlich haftende Gesellschafter die Stellung eines Kommanditisten erlangt.

b) Kommanditisten der formwechselnden Gesellschaft

Gleiches muss für den Kommanditisten einer formwechselnden Kommanditgesellschaft gelten, der in der KGaA die Stellung als Kommanditist beibehält. Auf seine Nachhaftung für Altverbindlichkeiten der Kommanditgesellschaft ist § 224 UmwG ebenfalls nicht anwendbar.

Fraglich ist der Umfang der Haftung für die Altverbindlichkeiten, wenn der Kommanditist der formwechselnden Gesellschaft im Rechtsträger neuer Rechtsform die Stellung eines persönlich haftenden Gesellschafters übernimmt. Theoretisch käme eine auf die ehemals für den Kommanditisten eingetragene Haftsumme begrenzte Haftung für die Altverbindlichkeiten in Betracht. Dies widerspräche jedoch dem Rechtsgedanken des § 130 Abs. 1 HGB, der über die § 278 Abs. 2 AktG i.V.m. § 161 Abs. 2 HGB auch in der KGaA gilt. Zwar tritt der Kommanditist der KGaA nicht bei, da er Mitglied eines vor und nach dem Formwechsel identischen Rechtsträgers ist, die Übernahme der persönlichen Haftung ist jedoch haftungsrechtlich mit dem Beitritt eines persönlich haftenden Gesellschafters vergleichbar. Was für diesen gilt, muss für den Gesellschafter, der aus der Stellung eines begrenzt haftenden Gesellschafters in diejenige eines persönlich haftenden Gesellschafters wechselt, erst recht gelten.

c) Beitretende persönlich haftende Gesellschafter

Die der Gesellschaft im Zuge des Formwechsels beitretenden persönlich haftenden Gesellschafter haften auch für die Altverbindlichkeiten der Gesellschaft. Dies ist anders als in den früheren Vorschriften zur formwechselnden Umwandlung in eine KGaA (§§ 391 S. 4, 365 S. 2 AktG a.F.) im neuen Umwandlungsgesetz nicht mehr ausdrücklich geregelt. Dies hat jedoch keine Abkehr von den bisher geltenden Grundsätzen zur Folge. Vielmehr

---

[814] Ebenso *Joost*, in: Lutter, UmwG, § 224 Rn. 14.

sollte eine überflüssige Doppelregelung vermieden werden,[815] da sich die Haftung für Altverbindlichkeiten bereits aus § 278 Abs. 2 AktG i.V.m. §§ 161 Abs. 2, 130, 128 HGB ergibt.[816]

2. Haftung der beitretenden Komplementäre aufgrund des Verweises auf die Gründungsvorschriften

Die der Gesellschaft im Zuge des Formwechsels beitretenden persönlich haftenden Gesellschafter werden hinsichtlich der Anwendung der Gründungsvorschriften gem. § 219 S. 2 Alt. 2 UmwG den Gründern gleichgestellt. Der Wortlaut der Norm und die Gesetzesbegründung[817] lassen zunächst vermuten, dass dies nur für den Fall des Formwechsels aufgrund einer Mehrheitsentscheidung gilt.[818] Ein solches Ergebnis ließe sich indes teleologisch kaum rechtfertigen, da die Gründerverantwortlichkeit auf dem Beitritt und der damit einhergehenden Genehmigung der Satzung (§ 221 S. 2 UmwG), nicht auf der Art des Zustandekommens des Umwandlungsbeschlusses beruht.[819] Richtigerweise sind die beiden in § 219 S. 2 UmwG geregelten Fälle als getrennte Alternativen zu betrachten. Die Regelung des § 219 S. 2 Alt. 2 UmwG gilt daher für den beitretenden persönlich haftenden Gesellschafter unabhängig von der Art des Umwandlungsbeschlusses. Diese Auslegung entspricht auch der Parallelvorschrift des § 389 Abs. 4 S. 2 aus dem Aktiengesetz von 1965, auf die sich der Gesetzgeber in der Gesetzesbegründung ausdrücklich bezieht. Die beitretenden Komplementäre gelten daher als Gründer i.S. der Gründungsvorschriften. Welche Haftungstatbestände im Einzelnen anwendbar sind, wird nachfolgend diskutiert.

a) Vorbelastungs- und Differenzhaftung

Vorbelastungs- und Differenzhaftung beruhen auf Verlusten, die zwischen dem Formwechselbeschluss und der Eintragung des Formwechsels bzw. auf einer überhöhten Bewertung des Gesellschaftsvermögens beruhen. Auf den ersten

---

815 Begr. RegE, in: Ganske, Umwandlungsrecht, S. 240.

816 *Dirksen*, in: Kallmeyer, UmwG, § 221 Rn. 4; *Joost*, in: Lutter, UmwG, § 221 Rn. 5.

817 „Soweit der Entwurf jedoch eine Mehrheitsentscheidung zulässt, sollen wie schon bisher bei der formwechselnden Umwandlung einer GmbH in eine Aktiengesellschaft oder in eine KGaA nur die zustimmenden Gesellschafter sowie beitretende Komplementäre nach den Gründungsvorschriften verantwortlich sein (vgl. § 378 Abs.1 Hs. 2, § 389 Abs. 4 S. 2 AktG 1965)." Vgl. Begr. RegE, in: Ganske, Umwandlungsrecht, S. 241.

818 So in der Tat *Laumann*, in: Goutier/Knopf/Tulloch, Umwandlungsrecht, § 219 UmwG Rn. 4, der von § 219 S. 2 UmwG nur den Spezialfall der Mehrheitsumwandlung erfasst sieht.

819 *Joost*, in: Lutter, UmwG, § 219 Rn. 7.

Blick mag es befremdlich erscheinen, dass der erst zum Zeitpunkt des Formwechsels beitretende Gesellschafter für Vorgänge haftbar gemacht werden kann, die sich bereits vor dem Wirksamwerden seines Beitritts abgespielt haben. Die Beteiligung des beitretenden Gesellschafters wird aber bereits im Umwandlungsbeschluss festgelegt (§ 194 Abs. 1 Nr. 4 UmwG). Außerdem beteiligt sich der Gesellschafter durch seinen Beitritt an dem im Rahmen der Wertnachweisrechnung nach § 220 Abs. 1 UmwG gegebenen Werthaltigkeitsversprechen, indem er die Satzung der KGaA mit der darin enthaltenen Festlegung des Grundkapitals genehmigt (§ 221 S. 2 UmwG). Auch wenn ihm vor dem Formwechsel mangels Stellung als Gesellschafter keine gesetzlichen Ansprüche auf Informationen zustehen, die ihm die Beurteilung der Werthaltigkeit des Gesellschaftsvermögens ermöglichen, liegt es an ihm, sich im Rahmen der Beitrittsverhandlungen entsprechende Informations- und Einsichtsrechte einräumen zu lassen. Der beitretende Komplementär unterliegt daher sowohl der Vorbelastungs- als auch der Differenzhaftung.

b) Gründerhaftung

Die Frage der Abgrenzung der Gründerhaftung nach § 46 AktG und der Organhaftung nach § 205 UmwG stellt sich beim beitretenden Komplementär der KGaA nicht, da dieser weder Mitglied des Vertretungsorgans des formwechselnden Rechtsträgers ist noch eine ähnliche Stellung innehat. Die Gründerhaftung des beitretenden Gesellschafters richtet sich daher nach § 197 S. 1 UmwG i.V.m. § 46 AktG. Anders als beim Kommanditisten des formwechselnden Rechtsträgers ist die Gründerhaftung hier gerechtfertigt, da sich der beitretende Komplementär aufgrund der Stellung als vertretungs- und geschäftsführungsbefugtes Organ des Rechtsträgers neuer Rechtsform und der Übernahme persönlicher Haftung in der Regel aktiv an der Umwandlung beteiligt.

V. Haftung ein- und austretender Gesellschafter

Neben dem soeben erörterten Fall des Beitritts eines Komplementärs beim Formwechsel in die KGaA ist auch der Ein- oder Austritt weiterer Gesellschafter oder die Übertragung von Anteilen im Zuge des Formwechsels nach den allgemeinen gesellschaftsrechtlichen Regelungen möglich. Als Konsequenz stellt sich die Frage, ob Gesellschafter, die im Zuge des Formwechsel aus dem Rechtsträger ausscheiden, in diesen eintreten oder einen Anteil an dem formwechselnden Rechtsträger abtreten oder erwerben, als Gründer i.S. der analog anwendbaren Gründungsvorschriften haften. Zu unterscheiden ist dabei jeweils, ob sich die Veränderung der Zusammensetzung der Anteilsinhaber bereits vor, nach oder - was nach der hier vertretenen Ansicht möglich ist[820] - simultan zum Formwechsel vollzieht.

1. Eintritt und Ausscheiden vor Eintragung des Formwechsels

Da der vor der Eintragung der neuen Rechtsform beitretende Gesellschafter noch Mitglied der Personenhandelsgesellschaft wird und infolgedessen nach §§ 130, 128 HGB für deren (Alt-) Verbindlichkeiten persönlich haftet, unterliegt er auch der Nachhaftung für Altverbindlichkeiten gem. § 224 UmwG. Der beitretende Gesellschafter unterliegt nach den für die übrigen Gesellschafter geltenden Regeln auch der Gründungshaftung, da er am Formwechsel in gleicher Weise wie diese beteiligt ist. Dies gilt auch, wenn er der Gesellschaft erst nach der Fassung des Formwechselbeschlusses beitritt. Der Umwandlungsbeschluss ist in diesen Fällen den neuen Beteiligungsverhältnissen anzupassen oder neu zu fassen.[821]

Gesellschafter, die bereits vor dem Formwechselbeschluss ausscheiden, haften für die Verbindlichkeiten des formwechselnden Rechtsträgers nach Maßgabe des § 160 HGB. Einer Gründungshaftung unterliegen sie nicht.

Wenn der Gesellschafter nach dem Formwechselbeschluss aus dem Rechtsträger ausscheidet, trifft ihn ebenfalls die Nachhaftung nach § 160 HGB. Weniger eindeutig ist in diesem Fall die Haftung als Gründer. Denn § 219 UmwG stellt hinsichtlich der Haftung im Rahmen der Gründungsvorschriften maßgeblich darauf ab, ob der Gesellschafter im Rahmen des Formwechselbeschlusses für den Formwechsel gestimmt hat. Ein Gesellschafter, der zunächst für den Formwechsel stimmt, dann aber noch vor der Eintragung des Formwechsels aus der Gesellschaft ausscheidet, könnte folglich der Gründungshaftung unterliegen, da er den Formwechsel mit veranlasst und im Rahmen des Formwechselbeschlusses auch der Satzung des Rechtsträgers neuer Rechtsform zugestimmt hat (§ 218 Abs. 1 UmwG). Die im Rahmen der Gründungshaftung in Betracht kommenden Haftungstatbestände setzen jedoch die Eintragung des Formwechsels voraus. Unterbleibt die Eintragung, gilt weiterhin das Haftungssystem der Personenhandelsgesellschaften. Zu einer besonderen Verlustdeckungshaftung, wie sie bei der Gründung einer juristischen Person im Falle des Scheiterns der Eintragung angenommen wird, kommt es beim Formwechsel nicht.[822] Der vor der Eintragung ausscheidende Gesellschafter

---

820 Vgl. oben 2. Kapitel:II.1.a).

821 *Meister/Klöcker*, in: Kallmeyer, UmwG, § 194 Rn. 25.

822 Vgl. oben 4. Kapitel:II.2.b)(b).

haftet daher nicht als Gründer, da die Tatbestandsvoraussetzungen zum Zeitpunkt seines Ausscheidens noch nicht erfüllt sind.[823]

2. Eintritt und Ausscheiden nach Eintragung des Formwechsels

Wer der Gesellschaft erst nach dem Formwechsel beitritt, haftet weder für Altverbindlichkeiten des formwechselnden Rechtsträgers noch als Gründer i.S. der Gründungsvorschriften, da er am Formwechsel nicht beteiligt war. Der neu beitretende Gesellschafter haftet von Anfang an alleine nach den für den Rechtsträger neuer Rechtsform geltenden Vorschriften.

Im Gesetz nicht ausdrücklich geregelt ist die Frage, ob ein Gesellschafter für Altverbindlichkeiten des formwechselnden Rechtsträgers haftet, wenn er entweder aufgrund der Annahme des ihm unterbreiteten Barabfindungsgebots oder sonst während der fünfjährigen Frist des § 224 Abs. 2 UmwG aus dem Rechtsträger neuer Rechtsform ausscheidet. § 160 HGB ist in diesem Fall nicht einschlägig, da der Gesellschafter nicht aus der Personenhandelsgesellschaft, sondern aus der Kapitalgesellschaft ausscheidet. Auch § 224 UmwG selbst regelt diesen Fall nicht, da er nur die unmittelbaren Folgen des Formwechsels betrifft. Denkbar wäre es daher, dass die Haftung mit dem Ausscheiden aus der Kapitalgesellschaft erlischt. Dies würde jedoch dem Zweck des § 224 UmwG widersprechen, zum Schutz der Gläubiger des formwechselnden Rechtsträgers die Haftung der Gesellschafter für Altverbindlichkeiten volle fünf Jahre aufrecht zu erhalten. Dem kann sich der haftende Gesellschafter nicht durch seinen Austritt entziehen. Ein anderes Ergebnis würde dem Grundgedanken der § 160 HGB, § 224 UmwG widersprechen. Zur Klarstellung sei jedoch angemerkt, dass das Ausscheiden nicht wie bei § 160 HGB den erneuten Lauf einer Frist in Gang setzt. Die Haftung endet auf jeden Fall nach Ablauf der in § 224 Abs. 2 UmwG bestimmten Frist.

Der Gründungshaftung unterliegen Gesellschafter, die gegen den Formwechsel gestimmt haben und gegen eine Barabfindung nach §§ 207 ff. UmwG aus dem Rechtsträger ausscheiden, nicht.[824] Gleiches wird gelten müssen, wenn sich der Gesellschafter, nachdem er sich gegen den Formwechsel ausgesprochen hat, nicht für das Barabfindungsangebot, sondern für eine gegebenenfalls vorteilhaftere satzungsmäßige Abfindung entscheidet, da eine Ungleichbehandlung nicht gerechtfertigt ist.[825] Freilich muss das Ausscheiden

---

[823] Im Ergebnis ebenso *Vossius*, in: Widmann/Mayer, Umwandlungsrecht, § 219 UmwG Rn. 9.

[824] Dazu 4. Kapitel:II.2.a).

[825] *Bärwaldt/Schabacker*, NJW 1998, 1909 (1911).

aufgrund der satzungsmäßigen Abfindung ebenfalls innerhalb der Frist des § 209 UmwG erfolgen, da andernfalls ein Zusammenhang des Ausscheidens mit dem Formwechsel nicht gewährleistet ist. Scheidet der Gesellschafter erst nach Ablauf dieser Frist aus, kann er sich der Gründungshaftung nicht entziehen, auch wenn er gegen den Formwechsel gestimmt hat.

Hat der Gesellschafter dagegen für den Formwechsel gestimmt, ist umstritten, ob sich ihm überhaupt die Möglichkeit eröffnet, gegen eine Barabfindung nach den §§ 207 ff. UmwG aus dem Rechtsträger auszuscheiden.

Teilweise wird dies befürwortet, da der Gesellschafter andernfalls nur die Wahl hätte, den Formwechsel zu verhindern oder auf die Möglichkeit des Ausscheidens gegen Barabfindung zu verzichten. Es sei aber weder rechtsmissbräuchlich noch treuwidrig, sondern Ausdruck der Rücksichtnahme auf die Interessen der übrigen Gesellschafter, wenn ein Gesellschafter, der an dem Rechtsträger neuer Rechtsform nicht beteiligt sein will, den Formwechsel dennoch durch seine Zustimmung ermöglicht, um alsbald gegen Barabfindung aus dem Rechtsträger neuer Rechtsform auszuscheiden. Auch der Gesetzeswortlaut oder die Entstehungsgeschichte stünden dem nicht entgegen, da die Erklärung des Widerspruchs zur Niederschrift nach § 207 UmwG nicht voraussetze, dass der Anteilsinhaber bei der Beschlussfassung gegen den Formwechsel gestimmt hat.[826] Die Gegenansicht verweist auf gesetzessystematische Gründe. Insbesondere sei nach § 194 Abs. 1 Nr. 6 UmwG ein Barabfindungsangebot entbehrlich, wenn der Formwechsel der Zustimmung aller Gesellschafter bedarf.[827] Dies mache deutlich, dass der Gesetzgeber davon ausging, dass ein Ausscheiden gegen Barabfindung im Falle der Zustimmung zum Formwechsel nicht möglich ist. Auch könne es ruinöse Folgen für den Rechtsträger neuer Rechtsform haben, wenn sämtlichen Gesellschaftern die Möglichkeit des Ausscheidens gegen Barabfindung ermöglicht werde.[828]

Dem ist zuzustimmen. Nach der hier vertretenen Ansicht hat der Gesetzgeber im Rahmen der Barabfindung dem Minderheitenschutz Vorrang vor dem Gläubigerschutz eingeräumt.[829] In der Folge wird durch die Barabfindungen unter Umständen auch das Garantiekapital des Rechtsträgers neuer Rechtsform in Mitleidenschaft gezogen. Daher ist davon auszugehen, dass der Gesetzgeber

---

826 *Meister/Klöcker*, in: Kallmeyer, UmwG, § 207 Rn. 15; *Decher*, in: Lutter, UmwG, § 207 Rn. 10 f.(abweichend noch in der Vorauflage, Rn. 7 f.).

827 *Zürbig*, Der Formwechsel einer Personengesellschaft in eine Kapitalgesellschaft, S. 159 f.

828 *Vollrath*, in: Widmann/Mayer, Umwandlungsrecht, § 207 UmwG Rn. 7, § 29 Rn. 24.

829 Vgl. oben 4. Kapitel:I.3.a).

darum bemüht war, den Kreis der Barabfindungsberechtigten durch das Widerspruchserfordernis möglichst gering zu halten, um zu verhindern, dass Abfindungsforderungen in nicht kalkulierbarer Höhe auf den Rechtsträger neuer Rechtsform zukommen.[830] Dies lässt sich im Umkehrschluss auch daraus entnehmen, dass der Gesetzgeber in § 233 Abs. 3 S. 3 ausdrücklich jedem Komplementär einer formwechselnden KGaA das Recht eingeräumt hat, seinen Austritt aus der Gesellschaft zu erklären, auch wenn er seine gem. § 233 Abs. 3 S. 1 erforderliche Zustimmung zum Formwechsel erteilt hat. Auch haftungsrechtliche Gründe sprechen für die hier vertretene Ansicht: Ein Anteilsinhaber, der nach seiner Zustimmung zum Formwechsel gegen Barabfindung aus der Gesellschaft ausscheidet, würde trotz seines Ausscheidens im Rahmen der anzuwendenden Gründungsvorschriften gem. § 219 S. 2 UmwG der vollen Haftung im Rahmen der Gründungsvorschriften unterliegen.[831] Dies dürfte jedoch nicht im Interesse der Beteiligten sein. Das Ausscheiden gegen Barabfindung ist jedoch ausnahmsweise dann zuzulassen, wenn der Gesellschafter aufgrund seiner Treuepflicht gehalten war, für den Formwechsel zu stimmen.[832]

Festzuhalten bleibt, dass Gesellschafter, die dem Formwechsel zustimmen, allenfalls aufgrund einer satzungsgemäßen Abfindung aus dem Rechtsträger neuer Rechtsform ausscheiden können. Der Gründungshaftung unterliegen sie in jedem Fall.

3. Eintritt und Ausscheiden simultan zum Formwechsel

Ein simultan beitretender Gesellschafter haftet nicht für die Altverbindlichkeiten des formwechselnden Rechtsträgers, da er zu keinem Zeitpunkt Mitglied des formwechselnden Rechtsträgers wird.

Im Hinblick auf die Gründungshaftung könnte der simultan zum Formwechsel erfolgende Beitritt mit dem Beitritt des persönlich haftenden Gesellschafters beim Formwechsel in die KGaA verglichen werden. Demnach würde der beitretende Gesellschafter in analoger Anwendung des § 219 S. 2 Alt. 2 UmwG als Gründer haften. Zwischen den beiden Sachverhalten besteht jedoch ein gewichtiger Unterschied. Der Beitritt vollzieht sich anders als beim

---

830 *Grunewald*, in: Lutter, UmwG, § 29 Rn. 10; *Schaub*, NZG 1998, 626 (627 f.), beide für die vergleichbare Regelung des § 29 UmwG bei der Verschmelzung.

831 Darauf weist auch *Zürbig*, Der Formwechsel einer Personengesellschaft in eine Kapitalgesellschaft, S. 160, hin.

832 *Zürbig*, Der Formwechsel einer Personengesellschaft in eine Kapitalgesellschaft, S. 160; *Grunewald*, in: Lutter, UmwG, § 29 Rn. 10.

Komplementär der KGaA nicht nach dem Umwandlungsgesetz, sondern nach den allgemeinen gesellschaftsrechtlichen Regelungen.[833] Der Beitritt eines neuen Gesellschafters setzt daher eine simultane Kapitalerhöhung voraus.[834] Für diese greifen aber eigene Schutzmechanismen, die eine Einbeziehung des Eintretenden in die Gründungshaftung aufgrund des Formwechsels überflüssig machen. Gegen eine Einbeziehung des beitretenden Gesellschafters in die Gründungshaftung spricht auch, dass dieser weder an dem die Satzung des Rechtsträgers neuer Rechtsform feststellenden Umwandlungsbeschluss (vgl. § 218 S. 1 UmwG) beteiligt ist noch wie der beitretende Komplementär beim Formwechsel in die KGaA[835] die Satzung des Rechträgers neuer Rechtsform genehmigt. Er ist daher auch nicht Gründer i.S. der umwandlungsrechtlichen Vorschriften.

Die Nachhaftung eines mit der Eintragung der neuen Rechtsform ausscheidenden Gesellschafters für die Verbindlichkeiten des formwechselnden Rechtsträgers bestimmt sich alleine nach § 160 HGB, da der Gesellschafter nicht Mitglied des Rechtsträgers neuer Rechtsform wird. Raum für die Anwendung von § 224 UmwG besteht daher nicht.

Der simultan zum Formwechsel erfolgende Austritt soll nach einer in der Literatur vertretenen Ansicht die Gründungshaftung nicht berühren.[836] Der Austritt dürfe dem Gesellschafter nicht die Möglichkeit eröffnen, sich aus seiner Verantwortlichkeit als Gründer „davon zu stehlen."[837] Die Einbeziehung des ausscheidenden Gesellschafters wäre indes nicht sachgerecht. Der austretende Gesellschafter hält an dem Rechtsträger neuer Rechtsform keinen Kapitalanteil. Dies geht - wenn der Austritt von vornherein feststeht - aus dem Formwechselbeschluss von Anfang an hervor, andernfalls ist der Beschluss entsprechend anzupassen. Der ausscheidende Gesellschafter beteiligt sich folglich auch nicht an dem in dem Formwechselbeschluss enthaltenen Versprechen, dass das zukünftige Garantiekapital durch das Vermögen des formwechselnden Rechtsträgers gedeckt ist. Folglich kann er für eventuelle Deckungslücken nicht haftbar gemacht werden. Dies ergibt sich für die Vorbelastungs-, Differenz- und Ausfallhaftung im Übrigen auch daraus, dass es sich hierbei jeweils um eine anteilige Haftung handelt, die sich nach der Größe des an der Gesellschaft neuer Rechtsform gehaltenen Anteils richtet. Den

---

833 Vgl. oben 2. Kapitel:II.1.d).

834 Vgl. *K. Schmidt*, GmbHR 1995, 693 (696).

835 Für diesen gilt § 221 S. 2 UmwG.

836 *Joost*, in: Lutter, UmwG, § 219 Rn. 3.

837 *K. Schmidt*, GmbHR 1995, 693 (695).

Gesellschafter, der nach dem Formwechsel keinen Anteil mehr hält, trifft die Haftung daher ohnehin nicht.

4. Anteilsübertragung

Die Anteilsübertragung darf nicht mit der bloßen Kombination eines Austritts eines Gesellschafters mit dem Eintritt eines anderen Gesellschafters verwechselt werden. Bei ihr handelt es sich um den Fall einer Rechtsnachfolge.[838]

a) Anteilsübertragung im Vorfeld des Formwechsels

Wird der Anteil vor dem Formwechsel übertragen, so scheidet der übertragende Gesellschafter aus der Personenhandelsgesellschaft aus, haftet aber weiterhin gem. § 160 HGB für die bis dahin begründeten Verbindlichkeiten.[839] Der übernehmende Gesellschafter haftet gem. § 130 HGB ebenfalls für die Altverbindlichkeiten. Eine Gründungshaftungshaftung für die Formwechselvorgänge entsteht erst mit Eintragung des Formwechsels und trifft daher nur den übernehmenden Gesellschafter, auch wenn die Anteilsübertragung zwischen Fassung des Formwechselbeschlusses und Eintragung des Formwechsels stattfindet.[840]

b) Anteilsübertragung nach dem Formwechsel

Wird der Anteil nach dem Formwechsel übertragen, scheidet der übertragende Gesellschafter aus der Kapitalgesellschaft aus. Jedoch trifft auch ihn die Haftung nach § 224 UmwG für Altverbindlichkeiten aus der Personenhandelsgesellschaft. Diese Haftung ist nicht Bestandteil der Mitgliedschaft. Sie wird durch ein selbständiges Rechtsverhältnis zwischen dem Gesellschafter und dem Gläubiger begründet. Die Mitgliedschaft ist lediglich ein Tatbestandsmerkmal der Außenhaftung.[841] Die Unabhängigkeit der Außenhaftung gegenüber der Stellung als Mitglied zeigt auch die Nachhaftung gem. § 160 HGB.[842] Die Haftung für Altverbindlichkeiten geht daher nicht auf den Erwerber des Anteils über. Da es sich um eine Außenhaftung gegenüber den Gläubigern der Gesellschaft handelt, sprechen auch allgemeine Gläubigerschutzgründe gegen einen Übergang der Nachhaftung auf den

---

838 *K. Schmidt*, Gesellschaftsrecht, S. 1320; *Habersack*, Die Mitgliedschaft, S. 106.

839 *Hillmann*, in: Ebenroth, HGB, § 128 Rn. 43.

840 Ebenso *Vossius*, in: Widmann/Mayer, Umwandlungsrecht, § 219 UmwG Rn. 5 f; *Rieger*, in: Widmann/Mayer, Umwandlungsrecht, § 245 UmwG Rn. 31.

841 Vgl. dazu *Habersack*, Die Mitgliedschaft, S. 93 f.

842 *Lenz*, Gesellschafter und Gläubigerschutz bei dem Formwechsel einer OHG in eine GmbH, S. 270.

Anteilserwerber. Es würde sich um einen Schuldnerwechsel handeln, auf den der Gläubiger entgegen den allgemeinen Regeln keinerlei Einfluss hätte.[843] Entgegen der in der Personenhandelsgesellschaft geltenden Rechtslage - hier haftet auch der beitretende Gesellschafter für die Altverbindlichkeiten, vgl. § 130 HGB - haftet der Anteilserwerber nicht persönlich für die Altverbindlichkeiten. Er erwirbt einen Anteil an einer Kapitalgesellschaft, der keine persönliche Haftung vermittelt. Eine Anwendung von § 130 HGB nach dem Formwechsel scheidet aus.[844]

Die Gründungshaftung ist dagegen eine Folge der Beitragspflichten der Mitglieder.[845] Die Beitragspflicht ist unabdingbarer Bestandteil der Mitgliedschaft, da sie Voraussetzung für die Schaffung des Verbandes und damit auch für den gemeinschaftlich zu verwirklichenden Gesellschaftszweck ist.[846] Die bereits mit der Eintragung entstandene Gründungshaftungshaftung stellt daher einen Bestandteil der Mitgliedschaft als subjektives Recht dar und geht mit der Übertragung der Mitgliedschaft auf den übernehmenden Gesellschafter über.[847] Ausgenommen ist die Haftung nach § 205 UmwG, die die spezielle Gründerhaftung nach § 9a GmbHG, § 46 AktG nach der hier vertretenen Ansicht verdrängt: Sie ist wie die Gründerhaftung nicht Folge der mitgliedschaftlichen Beitragspflicht, sondern resultiert aus einem persönlichen Fehlverhalten. Das wird auch aufgrund der Haftung der Mitglieder der Vertretungsorgane deutlich. Die Organhaftung nach § 205 UmwG geht daher nicht auf den neuen Gesellschafter über.

c) Anteilsübertragung simultan zum Formwechsel

Weiter oben wurde bereits der Frage nachgegangen, ob bei einer simultan zum Formwechsel erfolgenden Anteilsübertragung der Anteil an einer Personenhandelsgesellschaft oder an einer Kapitalgesellschaft übertragen wird. Dabei wurde festgestellt, dass in Folge des identitätswahrenden Charakters des Formwechsels der abtretende Gesellschafter den Anteil an einer

843 *Lenz*, Gesellschafter und Gläubigerschutz bei dem Formwechsel einer OHG in eine GmbH, S. 270.

844 Im Ergebnis ebenso *Lenz*, Gesellschafter und Gläubigerschutz bei dem Formwechsel einer OHG in eine GmbH, S. 271 ff.

845 Vgl. *K. Schmidt*, Gesellschaftsrecht, S. 584 ff.

846 Vgl. dazu *Habersack*, Die Mitgliedschaft, S. 96 f.

847 *Habersack*, Die Mitgliedschaft, S. 106; für eine Rechtsnachfolge in die Haftung als Gründer auch *Laumann*, in: Goutier/Knopf/Tulloch, Umwandlungsrecht, § 219 UmwG Rn. 6; a.A. *Vossius*, in: Widmann/Mayer, Umwandlungsrecht, § 219 UmwG Rn. 13 f., nach dem die Gründerhaftung beim Zedenten verbleibt.

Personenhandelsgesellschaft abtritt, der übernehmende Gesellschafter den Anteil einer Kapitalgesellschaft übernimmt.[848]

Da der übertragende Gesellschafter noch aus der Personenhandelsgesellschaft ausscheidet, bestimmt sich seine Nachhaftung für die Verbindlichkeiten des formwechselnden Rechtsträgers alleine nach § 160 HGB.[849] Der übernehmende Gesellschafter wird dagegen Mitglied der Kapitalgesellschaft und haftet daher nicht persönlich für die Altverbindlichkeiten des formwechselnden Rechtsträgers. Die mit der Eintragung der neuen Rechtsform entstehende Gründungshaftung trifft hier wiederum nur den übernehmenden Gesellschafter aufgrund der Rechtsnachfolge in die Mitgliedschaft.

VI. Formelle Gläubigerschutzvorschriften

Neben den bislang geschilderten materiellen Vorschriften zum Schutz des Kapitals des formwechselnden Rechtsträgers und zur Haftung der Gesellschafter sind beim Formwechsel in die Kapitalgesellschaft auch formelle Vorschriften zu beachten, die dem Schutz der Gläubiger dienen. Teilweise handelt es sich dabei um Regelungen im Umwandlungsgesetz selbst, teilweise um Verweisungen auf das Gründungsrecht der Kapitalgesellschaften.

1. Festsetzungen in der Satzung

a) Sacheinlagen

Erfolgt im Rahmen der Gründung einer Kapitalgesellschaft die Aufbringung des Garantiekapitals nicht durch Bareinlagen, sondern durch Sacheinlagen, so sind im Gesellschaftsvertrag der GmbH (§ 5 Abs. 4 S. 1 GmbHG) bzw. in der Satzung der AG (§ 27 Abs. 1 S. 1) die Person des Sacheinlegers, der Sacheinlagegegenstand und der Betrag der Stammeinlage bzw. der Nennbetrag (Nennbetragsaktie, § 8 Abs. 2 AktG) oder die Anzahl (Stückaktien, § 8 Abs. 3 AktG) der übernommenen Aktie anzugeben, auf die sich die Sacheinlage bezieht.[850] Die Festsetzungen dürfen bei der AG erst nach 30 Jahren (§§ 27 Abs. 5, 26 Abs. 5), bei der GmbH erst nach fünf Jahren beseitigt werden.[851] Sie

---

848 Vgl. oben 2. Kapitel:II.1.d).

849 A.A. anscheinend *K. Schmidt*, GmbHR 1995, 693 (695), der zwar ebenfalls betont, dass der übertragende Gesellschafter zu keinem Zeitpunkt Mitglied des Rechtsträgers neuer Rechtsform wird, die Nachhaftung aber auf § 224 UmwG stützt.

850 *Winter*, in: Scholz, GmbHG, § 5 Rn. 86 ff.; *Hüffer*, AktG, § 27 Rn. 16.

851 Bei der GmbH ergibt sich dies zwar nicht aus dem Gesetz, wird aber allgemein, teils unter Berufung auf eine analoge Anwendung der aktienrechtlichen Vorschriften,

sollen die Form der Kapitalaufbringung offen legen, potentielle Gläubiger über die Art der Aufbringung des Garantiekapitals informieren und dem Registerrichter die Ausübung seiner Kontrollfunktion bei Sachgründungen ermöglichen.[852] Aber auch die übrigen Gesellschafter sollen vor einer unzureichenden Kapitalaufbringung geschützt werden.[853]

Teilweise wird die Ansicht vertreten, auch beim Formwechsel in die Kapitalgesellschaft habe eine Festsetzung der auf die Einlage anzurechnenden Sacheinlagen im Gesellschaftsvertrag bzw. der Satzung gem. § 197 S. 1 UmwG i.V.m. § 5 Abs. 4 GmbHG, § 27 Abs. 1 AktG zu erfolgen. Dies gelte unabhängig davon, ob die ursprüngliche Gründung der Personenhandelsgesellschaft im Wege einer Sachgründung erfolgt sei. Beim Formwechsel sei als Sacheinlage das Vermögen des formwechselnden Rechtsträgers zu verstehen. Demzufolge müsse der Gesellschaftsvertrag bzw. die Satzung Festsetzungen über den Gegenstand der Sacheinlage, also das Vermögen des formwechselnden Ausgangrechtsträgers und den Wert, mit dem die Sacheinlage auf das übernommene Nennkapital angerechnet wird, enthalten.[854]

Dem ist entgegenzuhalten, dass beim identitätswahrenden Formwechsel, nimmt man die Konzeption des Gesetzgebers ernst, weder etwas übertragen noch etwas eingebracht wird.[855] Der Formwechselvorgang beinhaltet im Gegensatz zum früheren übertragenden Formwechsel keine Sacheinlagen. Das Sachgründungsrecht findet nicht Anwendung, weil der Formwechsel einer Sachgründung gleicht, sondern weil und soweit das Umwandlungsrecht einen sacheinlageähnlichen Zustand schafft.[856] Die Tatsache, dass die Kapitalgesellschaft durch einen Formwechsel aus einer Personenhandelsgesellschaft entstanden ist, lässt sich aufgrund der Publizität dem Handelsregister entnehmen. Dass das Garantiekapital nicht durch Bareinlagen, sondern durch das Vermögen des formwechselnden Rechtsträgers gedeckt ist, ergibt sich bereits aus § 220 Abs. 1 UmwG. Die Festsetzung der Sacheinlage verliert daher im Rahmen des Formwechsels ihren Sinn. Hier bedarf es weder einer Information der Gläubiger noch des Registergerichts noch

angenommen, vgl. *Ulmer*, in: Hachenburg, GmbHG, § 5 Rn. 114; *Winter*, in: Scholz, GmbHG, § 5 Rn. 86; *Hueck/Fastrich*, in: Baumbach/Hueck, GmbHG, § 5 Rn. 49.

852 *Ulmer*, in: Hachenburg, GmbHG, § 5 Rn. 112; *Winter*, in: Scholz, GmbHG, § 5 Rn. 86.

853 *Hüffer*, AktG, § 27 Rn. 16.

854 *Mayer*, in: Widmann/Mayer, Umwandlungsrecht, § 197 UmwG Rn. 42 ff.; ähnlich *Rieger*, in: Widmann/Mayer, Umwandlungsrecht, § 197 UmwG Rn. 146.

855 *K. Schmidt*, ZIP 1995, 1385 (1387).

856 *K. Schmidt*, ZIP 1995, 1385 (1389).

der Mitgesellschafter darüber, dass das Garantiekapital durch das Reinvermögen des formwechselnden Rechtsträgers aufgebracht wird.[857]

Fraglich ist, ob hiervon eine Ausnahme zu machen ist, wenn im Rahmen der ursprünglichen Gründung der Personenhandelsgesellschaft Sacheinlagen erbracht wurden.[858] Hierfür könnte sprechen, dass auf die Einlageverpflichtungen der Gesellschafter aufgrund des Formwechsels das Recht der Kapitalgesellschaften anwendbar ist. Dies gilt jedoch nur für noch offene Einlageverpflichtungen.[859] Beim Formwechsel in die Kapitalgesellschaft ist nach § 220 Abs. 1 UmwG allein entscheidend, dass das Garantiekapital des Rechtsträgers neuer Rechtsform durch das Vermögen des formwechselnden Rechtsträgers gedeckt ist. Ob dieses Vermögen ursprünglich durch Bar- oder Sachleistungen aufgebracht wurde, spielt beim Formwechsel keine Rolle mehr. Hier geht es ausschließlich um die Frage, ob und in welcher Höhe die einmal erbrachten Werte noch vorhanden sind. Entsprechende Festsetzungen im Gesellschaftsvertrag bzw. in der Satzung sind daher grundsätzlich nicht erforderlich. Etwas anderes hat freilich dann zu gelten, wenn im Rahmen des Formwechsels zusätzliche Sacheinlagen zur Deckung des im Umwandlungsbeschluss festgesetzten Garantiekapitals erbracht werden. Da hier neues Kapital aufgebracht wird, ist die Anwendung der Regelungen über die Festsetzung der Sacheinlagen im Gesellschaftsvertrag bzw. in der Satzung angebracht.

b) Gründungsaufwand, Sondervorteile

In der Satzung einer AG sind gem. § 26 Abs. 1 und 2 AktG der von der Gesellschaft zu tragende Gründungsaufwand und alle im Rahmen der Gründung gewährten Sondervorteile aufzuführen. Für die GmbH gelten die Vorschriften sinngemäß.[860] Der durch den Formwechsel verursachte Aufwand erfordert nicht zwingend eine Festsetzung im Gesellschaftsvertrag oder der Satzung, da es sich um Aufwand handelt, der dem formwechselnden Rechtsträger selbst entsteht und dieser die Kosten daher ohnehin zu tragen hat.[861] Gleichwohl rechtfertigt das Informationsbedürfnis der Anteilsinhaber und der Gläubiger eine

---

857 *Priester*, AG 1986, 29 (33).

858 *Decher*, in: Lutter, UmwG, § 197 Rn. 16; *Meister/Klöcker*, in: Kallmeyer, UmwG, § 197 Rn. 18.

859 Vgl. dazu oben 4. Kapitel:I.2.c).

860 *Winter*, in: Scholz, GmbHG, § 5 Rn. 112 ff; *Ulmer*, in: Hachenburg, GmbHG, § 5 Rn. 178, 185.

861 So bereits *Priester*, AG 1986, 29 (32) zur formwechselnden Umwandlung nach altem Recht.

Offenlegung in der Satzung.[862] Aus dem selben Grund sind auch im Rahmen des Formwechsels gewährte Sondervorteile sowohl in der Satzung als auch gem. § 194 Abs. 1 Nr. 5 UmwG im Umwandlungsbeschluss aufzuführen. Dabei handelt es sich etwa um Leistungen an Inhaber von Sonderrechten zum Ausgleich dafür, dass diese Rechte beim Rechtsträger neuer Rechtsform untergehen.[863] Bei der ursprünglichen Gründung angefallene Kosten und gewährte Sondervorteile brauchen dagegen nicht in die Satzung aufgenommen zu werden, da sie das Vermögen der Personenhandelsgesellschaft zum Zeitpunkt des Formwechsels nicht mehr beeinflussen.[864] Hierfür spricht auch der Umkehrschluss aus der Regelung des § 243 Abs. 1 S. 2 UmwG für den Formwechsel zwischen Kapitalgesellschaften, der die Übernahme vorhandener Festsetzungen ausdrücklich regelt.

2. Gründungsbericht, Gründungsprüfung

Bei der GmbH ist nur im Falle der Sachgründung die Erstattung eines Gründungsberichts erforderlich (§ 5 Abs. 4 S. 2 GmbHG). Die Gründer einer AG haben dagegen gem. § 32 AktG stets einen Gründungsbericht zu erstellen. Aufgrund der Verweisung des § 197 S. 1 UmwG ist dies für den Fall des Formwechsel in eine Kapitalgesellschaft ebenfalls nötig.[865] Der Formwechselvorgang selbst beinhaltet zwar im Gegensatz zum früheren übertragenden Formwechsel keine Sacheinlagen,[866] die Erstellung eines Gründungsberichts macht aber auch beim identitätswahrenden Formwechsel in eine Kapitalgesellschaft Sinn. Da die Deckung des Garantiekapitals durch das Reinvermögen der Personengesellschaft gem. § 220 Abs. 1 UmwG zum Schutze der Gläubiger gewährleistet sein muss und dies gegebenenfalls vom Registergericht im Rahmen seiner Amtsermittlung nach § 12 FGG zu überprüfen ist, sind in einem Gründungsbericht die für die Bewertung des Reinvermögens wesentlichen Umstände und die Jahresergebnisse der beiden letzten Geschäftsjahre darzulegen (§ 5 Abs. 4 S. 2 GmbHG, § 32 Abs. 2 AktG). Gem. § 220 Abs. 2 UmwG hat der Gründungsbericht darüber hinaus Angaben

---

862 *Noelle*, AG 1990, 475 (479) für den Fall der formwechselnden Umwandlung einer GmbH in eine Aktiengesellschaft nach §§ 376 ff. AktG a.F.; *Decher*, in: Lutter, UmwG, § 197 Rn. 21, 23; *Mayer*, in: Widmann/Mayer, Umwandlungsrecht, § 197 UmwG Rn. 27; *Rieger*, in: Widmann/Mayer, Umwandlungsrecht, § 197 UmwG Rn. 142 f.; *Meister/Klöcker*, in: Kallmeyer, UmwG, § 197 Rn. 18.

863 *Decher*, in: Lutter, UmwG, § 197 Rn. 21; *Mayer*, in: Widmann/Mayer, Umwandlungsrecht, § 197 UmwG Rn. 27.

864 *Decher*, in: Lutter, UmwG, § 197 Rn. 22.

865 *Decher*, in: Lutter, UmwG, § 197 Rn. 24.

866 *K. Schmidt*, ZIP 1995, 1385 (1389).

über den bisherigen Geschäftsverlauf und die Lage der formwechselnden Gesellschaft zu enthalten.[867] Ferner sind Angaben über den Hergang des Formwechsels, insbesondere über den Inhalt der Beschlussfassung nach § 194 UmwG und die Durchführung der Versammlung der Anteilsinhaber zu machen.[868] Beim Formwechsel in eine AG oder KGaA ist darüber hinaus den Erfordernissen des § 32 Abs. 2 S. 2 Nr. 1 - 3 und Abs. 3 AktG Rechnung zu tragen. Anders als auf den Umwandlungsbericht nach § 192 Abs. 1 UmwG kann auf den Gründungsbericht aufgrund seines Informationszwecks zugunsten der Gläubiger und des Registergerichts auch nicht durch einstimmigen Beschluss der Gesellschafter verzichtet werden.[869]

Gem. § 33, 34 AktG haben die Mitglieder des Vorstandes und des Aufsichtsrates sowie ein vom Gericht bestellter Gründungsprüfer bei der Gründung einer AG oder KGaA eine Gründungsprüfung durchzuführen und hierüber zu berichten. Beim Formwechsel in die AG/KGaA sind aufgrund des Verweises in § 197 S. 1 UmwG alle tatsächlichen und rechtlichen Vorgänge, die mit dem Formwechsel zusammenhängen, zu prüfen: die rechtlichen Verhältnisse des formwechselnden Rechtsträgers, der Hergang und die Ordnungsmäßigkeit des Formwechsels sowie die Vollständigkeit und Richtigkeit des Gründungsberichts. Wesentlicher Prüfungsgegenstand ist schließlich die Frage, ob der Nennbetrag des Grundkapitals durch das Reinvermögen der Gesellschaft gem. § 220 Abs. 1 UmwG gedeckt ist.[870]

3. Anmeldeversicherung

Umstritten ist, ob aufgrund des Verweises auf die Gründungsvorschriften beim Formwechsel gem. § 8 Abs. 2 GmbHG, § 37 Abs. 1 AktG eine Erklärung des Inhalts abzugeben ist, dass die Leistungen auf die Einlagen bewirkt sind und sich ihr Gegenstand endgültig in der freien Verfügung der Geschäftsführer bzw. des Vorstandes befindet. Dies rührt wiederum daher, dass beim Formwechsel grundsätzlich keine Einlageleistungen zu erbringen sind.[871] Nach einer in der Literatur vertretenen Auffassung ist die Anmeldeversicherung daher entbehrlich. Die unter Umständen weit zurückliegenden Einlageleistung an die

---

867 *Rieger*, in: Widmann/Mayer, Umwandlungsrecht, § 197 UmwG Rn. 182; *Mayer*, in: Widmann/Mayer, Umwandlungsrecht, § 197 UmwG Rn. 45, *Decher*, in: Lutter, UmwG, § 197 Rn. 25; *Stratz*, in: Schmitt/Hörtnagl/Stratz, Umwandlungsrecht, § 197 UmwG Rn. 23.

868 *Decher*, in: Lutter, UmwG, § 197 Rn. 25.

869 *Decher*, in: Lutter, UmwG, § 197 Rn. 24.

870 *Decher*, in: Lutter, UmwG, § 197 Rn. 29.

871 *Priester*, in: FS Zöllner, 449 (467); *Joost*, in: Lutter, UmwG, § 220 Rn. 20.

Personengesellschaft sei in diesem Zusammenhang nicht relevant, da es um die Kapitaldeckung zum Zeitpunkt des Formwechsels gehe.[872]

Dabei wird jedoch übersehen, dass aufgrund des Formwechsels auf die Einlageverpflichtungen das Recht der Kapitalgesellschaften anzuwenden ist. Folglich muss gewährleistet sein, dass die Anforderungen des Kapitalgesellschaftsrechts an die Erbringung von Einlagen erfüllt sind. Sollte ein Gesellschafter seine Einlage noch nicht oder nur teilweise erbracht haben, muss er sie nunmehr entsprechend den für die GmbH und die AG geltenden Regeln leisten. Die Anmeldeversicherung dient dazu, dies sicherzustellen. Sie ist daher auch beim Formwechsel in die Kapitalgesellschaft abzugeben. Hierfür spricht auch, dass in § 246 Abs. 3 UmwG für den Formwechsel zwischen Kapitalgesellschaften ausdrücklich auf die Anmeldeversicherung verzichtet wird. Nur hier ist bereits vor dem Formwechsel sichergestellt, dass die kapitalgesellschaftsrechtlichen Anforderungen an die Erbringung von Einlageleistungen erfüllt sind.[873]

Einigkeit besteht indes darüber, dass die Anmeldeversicherung im Falle der Verpflichtung zur Erbringung zusätzlicher Einlagen im Rahmen des Formwechsel erforderlich ist.[874]

4. Registerkontrolle

Nach § 197 S. 1 UmwG i.V.m. § 9c GmbHG, § 38 AktG hat das zuständige Registergericht die Ordnungsmäßigkeit der Gründung zu prüfen. Beim Formwechsel in die Kapitalgesellschaft ist neben der Prüfung der Vollständigkeit der Anlagen der Anmeldung nach § 199 UmwG, der Prüfung des (Sach-)Gründungsberichts und der Berichte der Gründungsprüfer insbesondere zu prüfen, ob der Nennbetrag des Garantiekapitals des Rechtsträgers neuer Rechtsform gemäß § 220 Abs. 1 UmwG werthaltig ist. Auf welchen Stichtag diese Prüfung zu erfolgen hat, ist umstritten.

---

872 *Priester*, in: FS Zöllner, 449 (467); *Laumann*, in: Goutier/Knopf/Tulloch, Umwandlungsrecht, § 246 UmwG Rn. 12 hält die Versicherung in allen Fällen des Formwechsels ebenfalls für überflüssig.

873 *K. Schmidt*, ZIP 1995, 1385 (1391); *Mayer*, in: Widmann/Mayer, Umwandlungsrecht, § 197 UmwG Rn. 59.

874 *Joost*, in: Lutter, UmwG, § 220 Rn. 20; *Priester*, in: FS Zöllner, 449 (468).

a) Stichtag für die Wertfeststellung

Anders als Verschmelzung und Spaltung, die jeweils mit festem Stichtag arbeiten (§§ 5 Abs. 1 Nr. 6, 126 Abs. 1 Nr. 6 UmwG), gibt es einen solchen beim Formwechsel nicht. Der Formwechsel wird gem. § 202 UmwG mit der Eintragung wirksam, also an einem beliebigen, von den Beteiligten nicht zu steuernden Tag. Daraus wird teilweise gefolgert, der Registerrichter habe die Werthaltigkeit des Vermögens des formwechselnden Rechtsträgers lediglich zum Zeitpunkt der Anmeldung zu prüfen. Da die Gesellschafter für die Werthaltigkeit des Vermögens nur bis zu diesem Zeitpunkt haften würden, solle eine Prüfung durch den Registerrichter ebenfalls nur bezogen auf diesen Zeitpunkt stattfinden (§ 197 S. 1 UmwG i.V.m. § 9 GmbHG).[875]

Die Problematik ist aus dem Gründungsrecht hinlänglich bekannt. Auch dort wird die Werthaltigkeit einer Sacheinlage im Hinblick auf die Regelung des § 9 GmbHG zum Zeitpunkt der Anmeldung teilweise für ausreichend erachtet.[876] Überwiegend wird indes die Ansicht vertreten, dass die Prüfung grundsätzlich anhand der eingereichten Unterlagen und damit auf den Anmeldungszeitpunkt bezogen stattfinde. Aufgrund des Verbots der Unterpari-Emission[877] muss die Einlage jedoch auch zum Zeitpunkt des Entstehens der Kapitalgesellschaft werthaltig sein. Hat der Richter Zweifel an der Wertdeckung zum Zeitpunkt der Eintragung, hat er entsprechende Unterlagen nachzufordern und die Eintragung im Ernstfall abzulehnen.[878] Die Gesellschafter haften zwar im Falle der Eintragung der Gesellschaft nur für Wertverluste bis zum Zeitpunkt der Anmeldung, § 9 Abs. 1 GmbHG, davon unabhängig hat der Registerrichter aber aus Verkehrsschutzgründen die Eintragung der Gesellschaft abzulehnen, wenn die Deckung des Garantiekapitals zum Zeitpunkt des Entstehens der Gesellschaft nicht gesichert ist. Gleiches hat für den Formwechsel zu gelten, da es ebenfalls um die Prüfung der Deckung des festgesetzten Garantiekapitals durch das Vermögen des formwechselnden Rechtsträgers geht.[879]

Die Frage, ob sich die registergerichtliche Prüfung auch auf ein eventuell vereinbartes Agio bezieht, wird für das GmbH- und das Aktienrecht

---

875 *Priester*, in: FS Zöllner, 449 (458 f.); *Decher*, in: Kallmeyer, UmwG, § 220 Rn. 5.

876 *Winter*, in: Scholz, GmbHG § 9c Rn. 33.

877 Dieses ergibt sich im Aktienrecht ausdrücklich aus § 9 Abs. 1 AktG, ist im für die GmbH aber ebenso unstreitig anerkannt, vgl. *Hueck/Fastrich*, in: Baumbach/Hueck, GmbHG, § 5 Rn. 9 a. E.

878 *Ulmer*, in Hachenburg, GmbHG, § 9c Rn. 37 f.; *Hüffer*, AktG, § 38 Rn. 4; *Kraft*, in: KK, § 38 Rn. 12; BGHZ 80, 129 (136 f.).

879 Im Ergebnis ebenso *Ihrig*, GmbHR 1995, 622 (627 ff.) für die Verschmelzung.

unterschiedlich beantwortet.[880] Während sie bei der GmbH verneint wird,[881] hat der Registerrichter bei der Aktiengesellschaft aufgrund von § 36a Abs. 2 S. 3 AktG auch die Deckung eines vereinbarten Aufgelds zu prüfen.[882] In § 220 Abs. 1 UmwG könnte man eine Spezialregelung sehen, nach der beim Formwechsel in die AG lediglich der Nennbetrag des Grundkapitals gedeckt sein muss. Hiergegen spricht aber der Wille des Gesetzgebers, der durch den Verweis auf die Gründungsvorschriften (§ 197 S. 1 UmwG) eine Umgehung der Gründungsvorschriften ausschließen wollte. Die Regelung des § 220 Abs. 1 UmwG wird daher beim Formwechsel in die AG durch § 197 S. 1 UmwG i.V.m. § 36a Abs. 2 S. 3 AktG ergänzt. Hierfür sprechen auch europarechtliche Gründe. Art. 13 der Zweiten Richtlinie[883] schreibt vor, dass die in den Art. 2 bis 12 der Richtlinie aufgestellten Anforderungen zur Gründung einer AG auch beim Formwechsel in die AG gelten. In Art. 10 Abs. 2 der Zweiten Richtlinie ist festgelegt, dass Einlagen gegebenenfalls auch den Mehrwert der auszugebenden Aktien decken müssen.

b) Wertnachweisrechnung

Der Anmeldung ist ein Werthaltigkeitsnachweis beizufügen. Dieser ist zwar in § 199 UmwG nicht ausdrücklich genannt, doch handelt es sich bei dem Katalog des § 199 UmwG um eine nicht abschließende Aufzählung. § 199 UmwG verweist ergänzend auf die „sonst erforderlichen Unterlagen“. Eine Wertnachweisrechnung ist erforderlich, da der Registerrichter die Deckung des zukünftigen Garantiekapitals durch das Vermögens des formwechselnden Rechtsträgers überprüfen muss.[884] Da beim identitätswahrenden Formwechsel ein Vermögensübergang nicht stattfindet, ist konsequenterweise auch die - nach dem alten Umwandlungsrecht teilweise erforderliche - Aufstellung einer Umwandlungsbilanz nicht notwendig.[885] Es stellt sich daher die Frage, ob als Wertnachweisrechnung der letzte Jahresabschluss verwendet werden kann, wenn sich aus ihm eine entsprechende Werthaltigkeit ergibt. Dies wird zum Teil angezweifelt. Da das Garantiekapital zum Zeitpunkt der Eintragung des

---

880 *Ihrig*, GmbHR 1995, 622 (626).

881 *Ulmer*, in: Hachenburg, GmbHG, § 9c Rn. 33; *Hueck/Fastrich*, in: Baumbach/Hueck, GmbHG, § 9c Rn. 5; *Winter*, in: Scholz, GmbHG, § 9c Rn. 32; LG Augsburg, GmbHR 1996, 216 (217).

882 *Hüffer*, AktG, § 183 Rn. 21.

883 Zweite Richtlinie des Rates vom 13. Dezember 1976 (77/91/EWG), ABl. Nr. L 26/1 v. 31.1.1977.

884 *Zimmermann*, in: Kallmeyer, UmwG, § 199 Rn. 6; *Decher*, in: Lutter, UmwG, § 199 Rn. 7.

885 *Schmitt*, in: Schmitt/Hörtnagl/Stratz, UmwG/UmwStG, § 25 UmwStG Rn. 37.

Formwechsels gedeckt sein muss, sei eine Wertnachweisrechnung erforderlich, die nur kurze Zeit (4 - 6 Wochen) vor der Anmeldung des Formwechsels zum Handelsregister erstellt wurde.[886] Die Gegenansicht hält die Heranziehung des letzten Jahresabschlusses für möglich, solange dieser - gemäß der sonst im Umwandlungsgesetz geltenden Frist des § 17 Abs. 2 S. 4 UmwG - nicht älter als acht Monate ist.[887] Hierfür spricht zum einen, dass es keinen Grund für eine strengere Behandlung des Formwechsels im Vergleich zu den sonstigen Umwandlungsfällen gibt. Aber auch Gläubigerschutzgründe sprechen nicht gegen die Heranziehung des letzten Jahresabschlusses. Der Jahresabschluss stellt das Vermögen des formwechselnden Rechtsträgers zu Buchwerten dar. Diese liegen in der Regel nicht unerheblich unter den tatsächlichen Werten. Das Gebot der Reinvermögensdeckung ist bereits dann erfüllt, wenn das Nennkapital des Rechtsträgers neuer Rechtsform durch die tatsächlichen Vermögenswerte gedeckt ist.[888] Ergibt sich die Deckung des Nennkapitals bereits aus einem Jahresabschluss, der nicht älter als acht Monate ist, kann in der Regel davon ausgegangen werden, dass das Nennkapital auch noch zum Zeitpunkt der Eintragung der neuen Rechtsform durch das Vermögen des formwechselnden Rechtsträgers zu den tatsächlichen Werten gedeckt ist. Sollte der tatsächliche Wert des Reinvermögen dennoch in dem Zeitraum zwischen dem letzten Jahresabschluss und dem Formwechsel unter die Garantiekapitalziffer gefallen sein, sind die Gläubiger zusätzlich durch die Differenzhaftung bzw. Vorbelastungshaftung abgesichert. Die Heranziehung eines Jahresabschlusses, der nicht älter als acht Monate ist, sollte daher als Wertnachweis anerkannt werden.

5. Kapitel: Gläubigerschutz beim Formwechsel von der Kapitalgesellschaft in die Personengesellschaft

Während der Formwechsel einer GbR in eine Kapitalgesellschaft nicht möglich ist, kann umgekehrt eine Kapitalgesellschaft gem. § 191 UmwG sowohl in eine OHG oder KG als auch in eine GbR umgewandelt werden. Nachfolgend wird zunächst zur Bedeutung des Verweises auf die Gründungsvorschriften beim Formwechsel in die Personengesellschaft Stellung genommen. Die anschließenden Ausführungen sind wie im vorangehenden Kapitel gegliedert:

---

886 *Rieger*, in: Widmann/Mayer, Umwandlungsrecht, § 245 UmwG Rn. 59; auch *Ulmer*, in: Hachenburg, GmbHG, § 5 Rn. 74 hält bei der Einbringung eines Unternehmens im Rahmen der Gründung einer GmbH eine erst nach Abschluss des Gesellschaftsvertrages zu erstellende Einbringungsbilanz für vorzugswürdig, da sie für zeitnähere Werte sorge.

887 *Priester*, in: FS Zöllner, 449 (458 f.).

888 Vgl. oben 4. Kapitel:I.2.a)(b).

Der erste Abschnitt handelt vom Schutz des Vermögens des formwechselnden Rechtsträgers, der zweite von der Haftung der Gesellschafter. Ausführungen zum formellen Gläubigerschutz erübrigen sich dagegen, da entsprechende Vorschriften für die Gründung einer Personengesellschaft nicht existieren.

I. Anwendung der Gründungsvorschriften

Die Gründung einer Personengesellschaft unterliegt wesentlich weniger strengen Vorschriften als diejenige einer Kapitalgesellschaft. Das liegt maßgeblich daran, dass die Gesellschafter einer Personengsellschaft - mit Ausnahme der Kommanditisten in einer KG, die ihre Einlagen geleistet haben - den Gesellschaftern für die Vebindlichkeiten der Gesellschaft persönlich haften. Infolgedessen ist die Sicherung der Aufbringung eines bestimmten Garantiekapitals nicht erforderlich. Dem Wortlaut von § 197 S. 1 UmwG nach gilt der Verweis auf die Gründungsvorschriften dennoch auch für den Formwechsel in die Personengesellschaft. Bereits die Gesetzesbegründung lässt jedoch die geringere Bedeutung der Vorschrift in diesen Fällen erahnen. Sie betont die Funktion des Verweises auf die Gründungsvorschriften als Umgehungsschutz. Der Übergang in das Normensystem des Rechtsträgers neuer Rechtsform sei vor allem dann kritisch, wenn für dessen Gründung - insbesondere im Rahmen der Kapitalaufbringungsvorschriften - strengere Anforderungen gelten als für die Gründung des formwechselnden Rechtsträgers.[889] Da das Gesetz für die Gründung einer Personengesellschaft abgesehen von dem Abschluss eines Gesellschaftsvertrages keine besonderen Anforderungen stellt, bedarf es hier eines solchen Umgehungsschutzes nicht. Dementsprechend soll der Verweis auf die Gründungsvorschriften für den Formwechsel in die Personengesellschaft generell nicht gelten.[890]

Die Vorschrift ist indes nicht gänzlich überflüsig. Sowohl das GmbH-Gesetz (§ 1 GmbHG) als auch das Aktiengesetz (§ 2 AktG) ermöglichen die Gründung einer Kapitalgesellschaft durch nur eine Person. Dagegen bedarf es zur Gründung einer Personengesellschaft nach allgemeiner Ansicht mindestens zweier Gesellschafter.[891] Teilweise wird dies mit dem Wesen der Gesamthand begründet. Anders als die juristische Person sei sie keine gegenüber den

---

[889] Begr. RegE, in: Ganske, Umwandlungsrecht, S. 220.

[890] *Decher*, in: Lutter, UmwG, § 197 Rn. 7.

[891] *Meister/Klöcker*, in: Kallmeyer, UmwG, § 197 Rn. 54 f; *Flume*, Die Personengesellschaft, S. 99; *K. Schmidt*, Gesellschaftsrecht, S. 209; *Kübler*, Gesellschaftsrecht, § 6 IV 2 d; *Ulmer*, in: MüKo, Vor § 723 Rn. 9, 17; zweifelnd jedoch *Baumann*, BB 1998, S. 225 ff.; *Weimar*, ZIP 1997, 1769 ff.

Gesellschaftern unabhängige Rechtspersönlichkeit.[892] Nach anderer Ansicht ist dies jedoch nicht begriffsnotwendige Folge des Gesamthandsprinzips, sondern beruht auf der Sozietätskonstruktion des Personengesellschaft.[893] Die Personengesellschaft fällt in sich zusammen, wenn der vorletzte Gesellschafter aus der Gesellschaft ausscheidet. Dieser Grundsatz ist aufgrund des § 197 S. 1 UmwG auch beim Formwechsel in die Personengesellschaft zu beachten. Auch durch einen Formwechsel kann daher keine Ein-Mann-Personengesellschaft entstehen. Etwas anderes ergibt sich auch nicht aus § 197 S. 2 UmwG.[894] Dieser besagt, dass Vorschriften über die Mindestzahl von Gründern nicht anzuwenden sind. Ausweislich der amtlichen Begründung soll sich diese Regelung aber nur auf Vorschriften besziehen, die ausdrücklich eine Mindestanzahl von Gründern vorsehen. Gennant werden die § 2 AktG a.F., § 280 AktG sowie § 4 GenG.[895]

Darüber hinaus ist zu beachten, dass der Formwechsel in eine OHG oder KG den Betrieb eines Handelsgewerbes (§§ 105 Abs. 1, 161 Abs. 2 HGB) oder die Eintragung der Firma im Handelsregister voraussetzt (§§ 105 Abs. 2, 161 Abs. 2 HGB). Der Zweck einer GbR darf dagegen nicht auf den Betrieb eines Handelsgewerbes gerichtet sein.[896] Auch die besonderen Vorschriften über die Firma einer OHG und einer KG (§§ 6 Abs. 1, 19 Abs. 1 Nr. 1 und 2, Abs. 2 HGB) sind beim Formwechsel in die Personenhandelsgesellschaft zu beachten.[897]

II. Kapitalschutz

Wenig Beachtung in der Literatur hat bisher die Frage gefunden, ob es beim Formwechsel in die Personengesellschaft eines besonderen Kapitalschutzes bedarf. Das Kapital wird durch den Formwechsel in die Personengesellschaft frei. Eine Ausnhame bilden lediglich die Einlagen der Kommanditisten beim Formwechsel in die KG, deren Auszahlung ein Wiederaufleben der persönlichen Haftung der Kommanditisten nach sich zieht (§ 172 Abs. 4 S. 1 HGB). Eine Festsetzung der Kommanditeinlagen in einer bestimmten Höhe sieht das UmwG jedoch nicht vor.

---

892 *Ulmer*, in: MüKo, Vor § 705 Rn. 8.

893 *K. Schmidt*, Gesellschaftsrecht, S. 209.

894 *Meister/Klöcker*, in: Kallmeyer, UmwG, § 197 Rn. 54 f.; *Bärwaldt*, in: Semler/Stengel, UmwG, § 197 Rn. 10.

895 Begr. RegE, in: Ganske, Umwandlungsrecht, S. 220 f.

896 *Meister/Klöcker*, in: Kallmeyer, UmwG, § 197 Rn. 54; in Zweifelsfällen kann nach § 228 Abs. 2 UmwG ein Hilfsbeschluss gefasst werden.

897 Vgl. hierzu auch § 200 UmwG.

An die Stelle des Systems von Kapitalaufbringung und Kapitalerhaltung in der Kapitalgesellschaft tritt in der Pesonengesellschaft die persönliche Haftung der Gesellschafter. Beide Gläubigerschutzsysteme stehen im deutschen Gesellschaftsrecht grundsätzlich gleichwertig nebeneinander. Dennoch hat der Gesetzgeber für den Fall des Formwechsels in die Kapitalgesellschaft in § 224 UmwG eine Übergangslösung vorgesehen, nach der die persönliche Haftung für Altverbindlichkeiten des formwechselnden Rechtsträgers für einen Zeitraum von fünf Jahren aufrecht erhalten bleibt. Für den Formwechsel in die Personengesellschaft existiert eine Übergangsregelung nicht. Zunächst stellt sich daher die Frage, ob im Wege der Rechtsfortbildung auch für den Fall des Formwechsels in die Personengesellschaft eine Übergangslösung gefunden werden kann, nach der die Kapitalerhaltungsregeln auch nach Eintragung der neuen Rechtsform für einen gewissen Zeitraum weitergelten. Nachfolgend ist darüber hinaus zu untersuchen, welche Auswirkung der Formwechsel in die Personengesellschaft auf Einlageansprüche der Gesellschaft hat, die auf verdeckten Sacheinlagen oder auf eigenkapitalersetzenden Darlehen beruhen.

1. Kapitalerhaltung

a) Getrennte Vermögensverwaltung nach dem alten Umwandlungsgesetz

Das Umwandlungsgesetz von 1956 enthielt neben dem Anspruch auf Sicherheitsleistung gem. § 7 UmwG 1956 in § 8 Abs. 1 UmwG 1956 eine Regelung, nach der das Vermögen der übertragenden Kapitalgesellschaft[898] zunächst getrennt von demjenigen der Gesellschaft neuer Rechtsform zu verwalten war. Das Vermögen der Kapitalgesellschaft und der Personengesellschaft durfte erst nach Ablauf einer Frist von sechs Monaten nach Bekanntmachung der Eintragung des Umwandlungsbeschlusses und nachdem den Gläubigern gem. § 7 UmwG 1956 Sicherheit geleistet worden war, vereinigt werden.[899] Für die Dauer der Vermögenstrennung galt das auf die Personengesellschaft übergegangene Vermögen der Kapitalgesellschaft zugunsten der Altgläubiger gegenüber der Personengesellschaft, den übrigen Gläubigern der Personengesellschaft und den Privatgläubigern der Gesellschafter weiterhin als Vermögen der Kapitalgesellschaft (§ 8 Abs. 4 S. 1 UmwG 1956). Es wurde als Sondervermögen behandelt, das ausschließlich der

---

[898] § 8 UmwG 1965 galt gem. § 24 Abs. 1 S. 1 UmwG 1956 auch für die übertragende Umwandlung einer GmbH in eine Personengesellschaft.

[899] *Schilling*, in: Hachenburg, GmbHG, Anh. § 77, § 8 UmwG Rn. 3; *Meyer-Landrut*, in: Großkommentar AktG, § 393 Anh., § 8 UmwG Anm. 1.

Befriedigung der Altgläubiger der übertragenden Kapitalgesellschaft diente.[900] Zahlungen aus dem übernommenen Vermögen an die Gesellschafter oder Entnahmen, die zu Lasten des Kapitalanteils oder des Reingewinns erfolgten oder eine Verteilung des Gesellschaftsvermögens enthielten, waren unzulässig (§ 8 Abs. 4 S. 2 UmwG 1956). Die Vorschrift sollte für die Dauer der getrennten Vermögensverwaltung die kapitalgesellschaftsrechtliche Kapitalbindung ersetzen.[901]

Eine vergleichbare Regelung war im Umwandlungsgesetz bereits seit der ersten Fassung vom 5. Juli 1934 enthalten. Sie entsprach einer durch das Aktiengesetz 1937 aufgehobenen Bestimmung in § 306 Abs. 2 - 5 HGB, nach der bei Verschmelzungen eine vorübergehende Vermögenstrennung ebenfalls vorgeschrieben war.[902] Auch im UmwG 1969 wurde die Regelung übernommen.[903]

b) Kapitalschutz nach neuem Umwandlungsgesetz

Die getrennte Vermögensverwaltung beim Formwechsel in die Personengesellschaft wurde im neuen Umwandlungsgesetz nicht übernommen. Auch sonstige Übergangsregelungen zum Schutz der Gläubiger sieht das Umwandlungsgesetz 1994 nicht vor. Der Gläubigerschutz beim Formwechsel aus der Kapitalgesellschaft ist daher vergleichsweise bescheiden ausgestaltet.[904] Hinzu kommen allgemeine Zweifel an der gläubigerschützenden Funktion der persönlichen Haftung der Gesellschafter.[905] Dies zeigt sich besonders deutlich bei der Diskussion um die Bedeutung der persönlichen Haftung in der KGaA. So hat der BGH in seinem KGaA-Beschluss[906] die Zuläsigkeit der Kapitalgesellschaft & Co. KGaA unter anderem damit begründet, dass die eigentliche Haftungsgrundlage für die Gesellschaftsgläubiger nicht die persönliche Haftung der Komplementäre, sondern das nach den aktienrechtlichen Vorschriften aufgebrachte und geschützte Grundkapital darstelle. Die Bedeutung der persönliche Haftung der Komplementäre sei demgegenüber im Krisenfall vergleichsweise gering.[907] *Priester* hat diesen

---

900 *Schilling*, in: Hachenburg, GmbHG, Anh. § 77, § 8 UmwG Rn. 5; *Zimmermann*, in: Rowedder, GmbHG, 2. Auflage, Anh 77 Rn. 206.
901 *Schilling*, in: Hachenburg, GmbHG, Anh. § 77, § 8 UmwG Rn. 6
902 *Meyer-Landrut*, in: Großkommentar AktG, § 393 Anh., § 8 UmwG Anm. 1.
903 *Schilling*, in: Hachenburg, GmbHG, Anh. § 77, § 8 UmwG Rn. 1.
904 So auch *Petersen*, Der Gläubigerschutz im Umwandlungsrecht, S. 56 f.
905 *K. Schmidt*, ZHR 160 (196), 265 (277 f.).
906 BGHZ 134, 392 ff.
907 BGHZ 134, 392 (397).

Zweifeln mit dem Hinweis Nachdruck verliehen, dass eine Kapitalgesellschaft "weder Spielleidenschaften noch eine kostspielige Freundin" haben könne.[908] Das Defizit an Gläubigerschutz wird auch nicht durch den Anspruch der Gläubiger auf Sicherheitsleistung (§§ 204, 24 UmwG) ausgeglichen, da dieser in der Praxis nur schwer durchzusetzen ist.[909]

In der Literatur wurde daher vereinzelt angedacht, die Sperrwirkung der Kapitalerhaltungsregeln in die neue Gesellschaftsform ausstrahlen zu lassen. Möglich sei die Entwicklung entsprechender Rücklagen, die in der Personengesellschaft für einen gewissen Übergangszeitraum einer Entnahmesperre unterliegen. Dabei wird jedoch nicht verkannt, dass die Bildung von Rücklagen zumindest dann problematisch ist, wenn der Rechtsträger in der neuen Rechtsform keiner Buchführungs- und Bilanzierungspflicht unterliegt (so die GbR).[910]

c) Stellungnahme

Die getrennte Verwaltung der Vermögensmassen der Rechtsträger alter und neuer Rechtsform nach dem Umwandlungsgesetz 1969 wurde kritisiert, da sie den Gläubigerschutz übertreibe.[911] Die Vorschrift verursachte in der Tat einen nicht unerheblichen Aufwand. Die Vermögenstrennung erforderte neben einer getrennten Buchführung getrennte Konten und Kassen sowie unter Umständen gar eine getrennte Lagerhaltung.[912] Zudem wurde die Benachteiligung der Gläubiger der übernehmenden Personengesellschaft als nicht begründbar kritisiert.[913] Als Alternative wurde ein relatives Pfändungsverbot gegenüber den Gläubigern der umgewandelten Kapitalgesellschaft vorgeschlagen.[914] Der Gesetzgeber des neuen Umwandlungsrechts hat das System der gesonderten Vermögensverwaltung neben § 22 UmwG nicht für erforderlich gehalten. Im Verschmelzungsrecht sei die getrennte Vermögensverwaltung aufgrund ihrer Schwerfälligkeit und ihrer geringen Praktikabilität aufgegeben worden.[915] Gegen sie spricht aber auch das Identitätsprinzip. Konnte man früher noch vom

---

908 *Priester*, ZHR 160 (1996), 250 (258).

909 *Petersen*, Der Gläubigerschutz im Umwandlungsrecht, S. 56.

910 *Priester*, in: Podiumsdiskussion zu einem Vortrag von D. Mayer, Sonderheft DNotZ 1998, 159 (213).

911 *Schilling*, in: Hachenburg, GmbHG, Anh. § 77, § 8 UmwG Rn. 1.

912 *Kreifels*, GmbHR 1957, 17 (19); *Zimmermann*, in: Rowedder, GmbHG, 2. Auflage, Anh § 77 Rn. 206; *Schilling*, in: Hachenburg, GmbHG, Anh. § 77, § 8 UmwG Rn. 2.

913 *Kreifels*, GmbHR 1957, 17 (19); *Schilling*, in: Hachenburg, GmbHG, Anh. § 77, § 8 UmwG Rn. 1.

914 *Kreifels*, GmbHR 1957, 17 (19).

915 Begr. RegE, in: Ganske, Umwandlungsrecht, S. 76.

Vermögen des alten Rechtsträgers einerseits und des neuen Rechtsträgers andererseits sprechen, so gibt es heute nur noch eine Vermögensmasse des formwechselnden Rechtsträgers. Diese lässt sich nicht in eine Vermögensmasse des Rechtsträgers vor und nach dem Formwechsel aufspalten.

Der Gesetzgeber hat sich bewusst und ausdrücklich dafür entschieden, das System der gesonderten Vermögensverwaltung ersatzlos zu streichen, da er die Ausgestaltung des Individualschutzes durch den Anspruch auf Sicherheitsleistung nach §§ 204, 22 UmwG für ausreichend erachtete.[916] Eine Ergänzung des Gläubigerschutzes beim Formwechsel in die Personengesellschaft im Wege der Rechtsfortbildung ist daher mangels unbewusster Regelungslücke ausgeschlossen. Auch eine Sanktionierung von Verstößen wäre bei den persönlich haftenden Gesellschaftern nur schwer vorstellbar, will man nicht auf strafrechtliche Sanktionen zurückgreifen.[917] Daneben ist die dem deutschen Gesellschaftsrecht zugrunde liegende Gleichwertigkeit des Gläubigerschutzes durch die persönliche Haftung der Gesellschafter in den Personengesellschaften und des Kapitalschutzes in den Kapitalgesellschaften zu achten.[918] Gedanken wird man sich indes dort machen müssen, wo der Wegfall der Kapitalerhaltungsvorschriften nicht durch eine unbeschränkte persönliche Haftung kompensiert wird. Dies ist beim Formwechsel in die Kommanditgesellschaft im Hinblick auf die Kommanditisten der Fall. Sie haften lediglich begrenzt in der Höhe der für sie eingetragenen Haftsumme. Auch diese Haftung entfällt gem. § 172 Abs. 1 HGB, wenn der Kommanditist die geschuldete Einlage erbringt. Hinzu kommt, dass die Haftsumme für den Kommanditisten beim Formwechsel in die KG nach der gesetzlichen Konzeption in beliebiger Höhe festgesetzt werden kann. Der Wegfall der Kapitalerhaltungsvorschriften wird daher bezüglich der Kommanditisten nicht durch eine gleichwertige persönliche Haftung kompensiert. Eine solche isolierte Betrachtung der Haftung der einzelnen Gesellschafter mag bei dem wertenden Vergleich der Gläubigerschutzsysteme zunächst verwundern. Schließlich haftet den Gläubigern zumindest ein Gesellschafter persönlich. Bei diesem kann es sich aber auch um eine Kapitalgesellschaft handeln, die lediglich mit dem gesetzlichen Mindestkapital ausgestattet ist. Die isolierte Betrachtungsweise ist aber auch aufgrund des folgenden Beispiels gerechtfertigt: Nach dem Umwandlungsgesetz ist es denkbar, dass eine Aktiengesellschaft mit einem Grundkapital von

[916] Begr. RegE, in: Ganske, Umwandlungsrecht, S. 76.

[917] *Rödder*, in: Podiumsdiskussion zu einem Vortrag von D. Mayer, Sonderheft DNotZ 1998, 159 (212 f.).

[918] Vgl. hierzu auch *Petersen*, Der Gläubigerschutz im Umwandlungsrecht, S. 33 ff.

EUR 1.000.000, an der 1.000 Aktionäre beteiligt sind, in eine Kommanditgesellschaft mit nur einem einzigen persönlich haftenden Gesellschafter und 999 Kommanditisten umgewandelt wird, für die lediglich eine Haftsumme in Höhe von EUR 1 vereinbart wird. Da dies berechtigte Gläubigerinteressen verletzen würde, ist auf die Haftung des Kommanditisten zu einem späteren Zeitpunkt erneut zurückzukommen.[919]

2. Verdeckte Sacheinlagen

a) Grundsätze

Bei der Gründung von Kapitalgesellschaften wird oftmals versucht, die geltenden Regeln für Sacheinlagen zu umgehen, um eine Offenlegung, Bewertung und Kontrolle durch das Registergericht und die damit verbundenen Kosten sowie die Differenzhaftung nach § 9 GmbHG zu vermeiden. Eine verdeckte Sacheinlage liegt dann vor, wenn Bareinlagen mit Verkehrsgeschäften derart verkoppelt werden, dass wirtschaftlich betrachtet im Ergebnis eine Bareinlage vorliegt.[920] Der Tatbestand einer verdeckten Sacheinlage ist nicht gänzlich geklärt. Während Einigkeit darüber besteht, dass ein sachlicher und zeitlicher Zusammenhang (objektives Kriterium) zwischen dem Erwerbsgeschäft einerseits und der Einlageleistung andererseits bestehen muss,[921] ist die Notwendigkeit eines subjektiven Kriteriums weiterhin umstritten.[922] Der BGH setzt eine - wenn auch unwirksame - Abrede des Einlageschuldners mit den Mitgesellschaftern oder den Geschäftsführern voraus. Das Vorliegen einer solchen Abrede sei zu vermuten, wenn ein enger zeitlicher und sachlicher Zusammenhang zwischen Leistung der Einlage und Erfüllung des zwischen Gesellschafter und Gesellschaft vereinbarten Rechtsgeschäfts bestehe.[923] Liegt der Tatbestand einer verdeckten Sacheinlage vor, tritt trotz erbrachter Bareinlageleistung keine Erfüllungswirkung ein. Der Gesellschafter hat die Bareinlage erneut zu leisten. Dem Gesellschafter steht aufgrund der unwirksamen Sacheinlagevereinbarung ein bereicherungsrechtlicher Rückgewähranspruch zu, mit dem er nicht gegen die Bareinlageverpflichtung aufrechnen kann (§ 19 Abs. 2 S. 2 GmbHG, § 66 Abs. 1 S. 2 AktG). Eine Heilung ist nunmehr auch nach der Rechtsprechung des BGH durch einen

---

919 Vgl. noch unten, 5. Kapitel:IV.

920 *K. Schmidt*, Gesellschaftsrecht, S. 887.

921 *Lutter/Hommelhoff*, GmbHG, § 5 Rn. 40 f.

922 Vgl. die zahlreichen Nachweise bei *Lutter/Hommelhoff*, GmbHG, § 5 Rn. 43.

923 BGHZ 132, 133.

satzungsändernden Mehrheitsbeschluss und Nachholung der Sacheinlagekautelen möglich.[924]

b) Einlageansprüche nach dem Formwechsel

Lebt die Bareinlageverpflichtung eines Gesellschafters aufgrund eines Umgehungsgeschäftes wieder auf, fragt sich, welchen Einfluss der Formwechsel in eine Personengesellschaft auf den entsprechenden Anspruch der Gesellschaft hat. In der Literatur finden sich bislang nur wenige Stellungnahmen zu dieser Frage.[925] Folgt man der Ansicht von *Petersen*, kommt eine Heilung der verdeckten Sacheinlage unter der Geltung des Personengesellschaftsrechts nicht mehr in Betracht. Für eine Nachgründung sei kein Raum, da eine dem § 52 AktG entsprechende Vorschrift weder vorhanden sei noch im Recht der Personengesellschaft analog angewendet werden könne. Auch eine Änderung des Gesellschaftsvertrages dahingehend, dass eine Bareinlage in eine Sacheinlage verwandelt wird, mache keinen Sinn, da keine umwandelbare Bareinlage vorliege. Die Aufrechterhaltung der Barzahlungspflicht sei auch teleologisch zum Schutz der Mitgesellschafter geboten, da der Gesellschaft keine hinreichende Liquidität zugeflossen sei.[926]

Bedenkt man, dass die Regeln zur verdeckten Sacheinlage in erster Linie dem Schutz der Kapitalaufbringung dienen, leuchtet nicht ein, warum die Heilung in der Personengesellschaft ausgeschlossen sein soll. Mit der Anerkennung der Heilungsmöglichkeit ist der BGH einer weit verbreiteten Forderung in der Literatur nachgekommen, die auf den für die Gesellschafter rigorosen Rechtsfolgen der verdeckten Sacheinlage beruht.[927] In der Personengesellschaft ist die Erbringung werthaltiger Einlagen aufgrund der persönlichen Haftung der Gesellschafter für die Gläubiger nicht von vergleichbarem Interesse. Zum Schutz der Gläubiger ist eine erneute Erbringung der Bareinlage daher nicht erforderlich. Allerdings verbleibt der Hinweis *Petersens* auf den Schutz der

---

[924] Zur Heilung von Sacheinlagen im Aktienrecht und GmbH-Recht vgl. *K. Schmidt*, Gesellschaftsrecht, S. 889 f., 1124 ff; BGHZ 132, 141 (147 ff.). Eine analoge Heranziehung von § 52 AktG scheidet demnach aus, da der ursprünglich vereinbarte Sacheinlagevertrag unwirksam bleibt. Da im Wege der Analogie nur der Anwendungsbereich, nicht aber der Normzweck einer Vorschrift erweitert werden kann, kann eine Heilung verdeckter Sacheinlagen nicht auf den Rechtsgedanken des § 52 AktG gestützt werden.

[925] Vgl. *Fischer*, BB 1995, 2173 (2177 f.) sowie *Petersen*, Der Gläubigerschutz im Umwandlungsrecht, S. 139 ff.

[926] *Petersen*, Der Gläubigerschutz im Umwandlungsrecht, S. 141 f.

[927] *K. Schmidt*, Gesellschaftsrecht, S. 1124 f; *Lutter/Hommelhoff*, GmbHG, § 5 Rn. 50 jeweils mit weiteren Nachweisen.

Mitgesellschafter.[928] In der Personengesellschaft verliert der Schutz von Minderheiten jedoch aufgrund der hier geltenden Selbstorganschaft und des Einstimmigkeitsprinzips an Bedeutung. Den Minderheitsgesellschaftern steht es darüber hinaus frei, im Wege der actio pro socio die Zuführung entsprechender Werte einzuklagen, wenn der Wert der Sacheinlage die ursprünglich eingegangene Einlageverpflichtung nicht voll abdeckt. Einer Heilung der verdeckten Sacheinlage stehen daher in der Personengesellschaft keine wesentlichen Hindernisse entgegen.

Fraglich ist, wie die Heilung der verdeckten Sacheinlage in der Personengesellschaft zu erfolgen hat. Eine Änderung des Gesellschaftsvertrages des Inhalt, dass eine Sacheinlage in eine Bareinlage umgewandelt wird, macht hier in der Tat keinen Sinn.[929] Es ließe sich argumentieren, dass auf die Einlageverpflichtung mit der Eintragung der neuen Rechtsform das Recht der Personengesellschaften anwendbar ist. Beurteilt man den Sachverhalt der verdeckten Sacheinlage nach den dort geltenden Regeln, ist die Einlageverpflichtung des Gesellschafters durch die ursprünglich erfolgte Zahlung der Bareinlage erloschen. Hieran ändert auch das nachfolgende Verkehrsgeschäft nichts. Gegen diese Lösung spricht jedoch Folgendes: Nach den allgemeinen zivilrechtlichen Regeln bleibt ein unwirksames Rechtsgeschäft auch nach Wegfall des Nichtigkeitsgrunds[930] weiterhin unwirksam. Das Rechtsgeschäft bedarf daher einer Neuvornahme oder einer Bestätigung (§ 141 Abs. 1 BGB).[931] Lediglich in einigen explizit geregelten Ausnahmefällen sieht das BGB eine Heilung von Formvorschriften durch die Leistungsbewirkung vor (z.B. §§ 311b Abs. 1 S. 2, 518 S. 2 BGB). Daher empfiehlt es sich, in dem neu zu fassenden Gesellschaftsvertrag[932] oder im Formwechselbeschluss eine Bestätigung in Form einer Vereinbarung aufzunehmen, nach der die Einlageverpflichtung durch die ursprüngliche Leistung der Bareinlage als abgegolten anzusehen ist.[933]

---

928 *Petersen*, Der Gläubigerschutz im Umwandlungsrecht, S. 142.

929 *Petersen*, Der Gläubigerschutz im Umwandlungsrecht, S. 142.

930 Der Nichtigkeitsgrund liegt in der Umgehung der strengen Sacheinlagevorschriften der Kapitalgesellschaften. Da diese in der Personengesellschaft nicht mehr anwendbar sind, kann man nach dem Formwechsel von einem Wegfall des Nichtigkeitsgrundes sprechen.

931 *Heinrichs*, in: Palandt, BGB, Überbl. v. § 104 Rn. 27.

932 Dieser ist im Gegensatz zum Formwechsel in die Kapitalgesellschaft nicht notwendiger Inhalt des Umwandlungsbeschlusses, vgl. § 234 UmwG; *Happ*, in: Lutter, UmwG, § 234 Rn. 40.

933 Für eine Heilung durch Bestätigung nach § 141 Abs. 2 BGB auch *Fischer*, BB 1995, 2173 (2177).

Gleiches gilt im Übrigen auch für den Kommanditisten. Da für die Haftungsbefreiung allein der Wert der geleisteten Einlage maßgeblich ist, entfällt auch hier die Bareinlagepflicht nach den oben entwickelten Grundsätzen. Ob die ursprünglich übernommene Bareinlageverpflichtung durch den Wert der Sacheinlage gedeckt ist, muss im Haftungsprozess geklärt werden. Ein schützenswertes Interesse der Gesellschaft oder der Gesellschafter an der Aufrechterhaltung der Bareinlageverpflichtung besteht ebenfalls nicht.

3. Eigenkapitalersetzende Darlehen

Bei den eigenkapitalersetzenden Gesellschafterdarlehen handelt es sich um einen dem Kapitalerhaltungsrecht zuzuordnenden Themenkreis. Beim Formwechsel in die Personengesellschaft ergeben sich hierbei zwei Fragen. Die eine lautet, ob Ansprüche des formwechselnden Rechtsträgers aus § 31 Abs. 1 GmbHG aufgrund einer Rückzahlung kapitalersetzender Darlehen nach dem Formwechsel fortbestehen. Zum anderen geht es darum, ob ein verstricktes Darlehen nach dem Formwechsel weiterhin gebunden bleibt oder frei wird. Dazu wird zunächst der derzeitige Meinungsstand zur Anwendbarkeit der Eigenkapitalersatzregeln in den Ausgangsrechtsträgern in einem kurzen Überblick festgehalten. Nachfolgend wird die Rechtslage in den Gesellschaften neuer Rechtsform beleuchtet.

a) Eigenkapitalersatzrecht im formwechselnden Rechtsträger

(a) GmbH

Das Problem der eigenkapitalersetzenden Darlehen wurde von der Literatur und der Rechtsprechung maßgeblich für das Recht der GmbH entwickelt und hat hier durch die GmbH-Novelle von 1980 auch zu einer gesetzlichen Regelung geführt.[934] Der Grundtatbestand ist seitdem in § 32a Abs. 1 GmbHG festgelegt. Demnach liegt ein kapitalersetzendes Darlehen vor, wenn der Gesellschafter der Gesellschaft zu einem Zeitpunkt Fremdkapital überlässt, in dem ihr ein ordentlicher Kaufmann Eigenkapital zugeführt hätte. Letzteres ist insbesondere anzunehmen, wenn die Gesellschaft zum Zeitpunkt der Darlehensgewährung zahlungsunfähig, überschuldet oder kreditunwürdig war.[935] Der Gewährung eines Darlehens wird das Stehenlassen eines Darlehens in der Krise der Gesellschaft gleichgestellt.[936] Die gesetzliche Regelung sollte eine umfassende

934 *K. Schmidt*, Gesellschaftsrecht, S. 1153.

935 Vgl. *Raiser*, Das Recht der Kapitalgesellschaften, § 38 Rn. 31 ff.

936 *Raiser*, Das Recht der Kapitalgesellschaften, § 38 Rn. 36; zu weiteren Verhaltensmustern, die der Darlehensgewährung gleichgestellt werden vgl. a.a.O. Rn. 41 ff.

Grundlage für die Behandlung von Gesellschafterdarlehen darstellen und die bisherige Rechtsprechung ablösen, was jedoch nicht gelang.[937] In seinem Grundsatzurteil vom 26. März 1984 hat der BGH klargestellt, dass die vor der Novelle entwickelten Rechtsgrundsätze neben den Spezialvorschriften der §§ 32a, 32b GmbHG weiterhin anzuwenden sind.[938] Dies betrifft vor allem die Anwendung der §§ 30, 31 GmbHG bei Rückzahlung eigenkapitalersetzender Darlehen an den Gesellschafter.[939] Durch das Kapitalaufnahmeerleichterungsgesetz vom 20. April 1998 wurden vom persönlichen Anwendungsbereich nicht geschäftsführende Gesellschafter, die lediglich einen Anteil von zehn Prozent oder weniger am Stammkapital halten, ausgenommen (§ 32a Abs. 3 S. 2 GmbHG).[940] Diese Einengung des persönlichen Anwendungsbereichs ist nach dem Willen des Gesetzgebers nicht nur auf die Spezialvorschriften der §§ 32a, 32b GmbHG anwendbar, sondern gilt für das Recht des Kapitalersatzes insgesamt.[941]

(b) AG

Über die Geltung der Grundsätze des Eigenkapitalersatzes auch in der AG herrscht weitgehend Einigkeit.[942] Der BGH hat die Anwendung jedoch auf Fälle beschränkt, in denen der Aktionär unternehmerisch beteiligt ist. Dies sei in der Regel anzunehmen, wenn der Aktionär mehr als 25% am Grundkapital der AG hält.[943] Da der BGH den Unterschied zum GmbH-Recht mit den geringeren Einflussmöglichkeiten des Gesellschafters in der AG begründet,[944] ist davon auszugehen, dass er auch nach Einführung des § 32a Abs. 3 S. 2 GmbHG an dieser Grenze festhält.[945]

---

937 *K. Schmidt*, in: Scholz, GmbHG, §§ 32a, 32b Rn. 11.

938 BGHZ 90, 370.

939 *Pentz*, in: Rowedder, GmbHG, § 32a Rn. 20, 213 ff.

940 Zur Kritik vgl. *Habersack*, ZHR 162 (1998), 201 (208 ff.): Voraussetzung für die Anwendung des Eigenkapitalersatzrechts sei nicht die Möglichkeit der Einflussnahme in der Gesellschaft, sondern die Möglichkeit des Gesellschafters, eine Finanzierungsentscheidung zu treffen.

941 *Habersack*, ZHR 162 (1998), 201 (210 f.); *K. Schmidt*, in: Scholz, GmbHG, §§ 32a, 32b Rn. 180; a.A. *Karollus*, ZIP 1996, 1893 (1895).

942 BGHZ 90, 381, 385 ff; *Habersack*, ZHR 162 (1998), 201 (215) mit zahlreichen weiteren Nachweisen.

943 BGHZ 90, 381, zur Kritik am Anknüpfen an den Begriff der unternehmerischen Beteiligung vgl. wiederum *Habersack*, ZHR 162 (1998), 201 (216 ff.).

944 BGHZ 90, 381 (388).

945 So auch der ausdrückliche Wille des Gesetzgebers, vgl. die Regierungsbegründung zum Entwurf des KapAEG, ZIP 1997, 706 (709); zur Kritik insbesondere an den für das GmbH-Recht und das Aktienrecht nunmehr unterschiedlichen Beteiligungsgrenzen im

b) Eigenkapitalersatzrecht in der atypischen Personengesellschaft

(a) Anwendbarkeit des Eigenkapitalersatzrechts

Weitgehend geklärt ist die Rechtslage zunächst bei den Personenhandelsgesellschaften, bei denen kein persönlich haftender Gesellschafter eine natürliche Person ist. Hier ordnen §§ 129a, 172a HGB ausdrücklich eine entsprechende Anwendung von §§ 32a, 32b GmbHG für die Gesellschafter der Komplementär-Gesellschaft sowie die Kommanditisten an. Ein Rückzahlungsanspruch aus §§ 30, 31 GmbHG besteht ohne weiteres, wenn die Komplementär-GmbH eigenkapitalersetzende Darlehen an einen ihrer Gesellschafter zurückzahlt. Eine analoge Anwendung der §§ 30, 31 GmbHG wurde zunächst für den Fall entwickelt, dass sich der Kommanditist, der zugleich Gesellschafter der Komplementär-GmbH ist, ein der KG gewährtes Darlehen, das dem Eigenkapitalersatzrecht unterliegt, zurückbezahlen lässt.[946] Die Analogie wurde dann auf den Fall des Nur-Kommanditisten ausgeweitet[947] und gilt nunmehr auch für Rückzahlungen der KG aus eigenkapitalersetzenden Darlehen, die an einen Nur-GmbH-Gesellschafter fließen.[948] Die Ausweitung der Kapitalerhaltungsregeln des GmbH-Rechts auf das Vermögen der GmbH & Co. KG beruht auf der dort bestehenden gesellschaftsrechtlichen und kapitalmäßigen Verknüpfung der GmbH und der KG und der daraus resultierenden Verantwortung aller Gesellschafter für die Erhaltung des Stammkapitals der Komplementär-GmbH.[949] Zahlungen an Gesellschafter aus dem Vermögen der KG können sich mittelbar auf das Stammkapital der GmbH auswirken.[950]

Die Ausnahme des § 32a Abs. 3 S. 2 GmbHG gilt kraft Verweisung nunmehr auch für die atypische Personenhandelsgesellschaft. Umstritten ist, wie die maßgebliche Beteiligungsquote in der Personenhandelsgesellschaft zu ermitteln ist. Nach dem Willen des Gesetzgebers ist für die Anwendbarkeit der

---

Hinblick auf die Austauschbarkeit der Rechtsformen vgl. *Habersack*, ZHR 162 (1998), 201 (216 ff.).

946 BGH in NJW 1973, 1036 (1037 ff.); BGHZ 67, 171; BGHZ 69, 274 (279); BGHZ 76, 326, (336 f.), *Strohn*, in: Ebenroth, HGB, §172a Rn. 8.

947 BGHZ 110, 342 (355 ff.); BGH NJW 1991, 1057 (1059); *Strohn*, in: Ebenroth, HGB, §172a Rn. 8; *K. Schmidt*, in: Scholz, GmbHG, §§ 32a, 32b Rn. 209.

948 *Goerdeler/Müller*, in: Hachenburg, GmbHG, § 30 Rn. 84; *Strohn*, in: Ebenroth, HGB, § 172a Rn. 8.

949 *Groß*, BB 1991, 2386 (2387); *Strohn*, in: Ebenroth, HGB, § 172a Rn. 8.

950 *Baumbach/Hopt*, HGB, § 172a, Rn. 33 verweisen in diesem Zusammenhang auf die Haftung der GmbH nach § 128 HGB für die Verbindlichkeiten der KG und den Fall, dass die GmbH eine vermögensmäßige Beteiligung an der KG hält.

Eigenkapitalersatzregeln die Möglichkeit der Einflussnahme auf die Geschäftsführung der Gesellschaft maßgeblich. Demnach könnte man zu dem Ergebnis kommen, entscheidend sei allein die Beteiligungsquote an der geschäftsführenden Komplementär-GmbH.[951] Dies hätte jedoch zur Folge, dass der Nur-Kommanditist nunmehr wiederum gänzlich von der Regelung des § 172a HGB ausgenommen wäre. Dem steht die Auffassung des BGH entgegen, nach der den Kommanditisten zumindest in der GmbH & Co. KG eine Finanzierungsfolgenverantwortung treffe, da es hier keine natürliche Person gebe, die aufgrund ihrer unbeschränkten Haftung eine „Bremsfunktion" hinsichtlich der Auszahlung des Gesellschaftsvermögens ausübe.[952] Daher ist auch eine Beteiligung des Kommanditisten von über 10% am Gesellschaftsvermögen der KG ausreichend.[953] Das Privileg des § 32a Abs. 3 S. 2 GmbHG kommt dem Kommanditisten darüber hinaus dann nicht zugute, wenn er Geschäftsführer der Komplementär-GmbH ist oder ihm Geschäftführungsbefugnisse in der KG rechtsgeschäftlich eingeräumt werden.[954]

Bei der Rückzahlung eigenkapitalersetzender Darlehen an den Kommanditisten gelten zunächst die §§ 172 Abs. 4, 171 Abs. 1 HGB. Danach lassen Leistungen seitens der Gesellschaft an den Kommanditisten, denen keine gleichwertige Gegenleistungen gegenüberstehen, dessen Haftung gegenüber den Gläubigern wieder aufleben. Die Haftung des Kommanditisten ist jedoch gem. § 171 Abs. 1 Hs. 1 HGB auf die im Handelsregister eingetragene Haftsumme beschränkt. Daneben sind auf die Rückzahlung eigenkapitalersetzender Darlehen die §§ 30, 31 GmbHG anwendbar. Hierbei handelt es sich um einen Erstattungsanspruch der Gesellschaft. Für diesen gilt die Verjährungsregelung des § 31 Abs. 5 GmbHG.[955]

Die Anwendung der Regeln über den Eigenkapitalersatz auf eine atypische GbR, bei der kein Gesellschafter als natürliche Person mit seinem Privatvermögen haftet, wurde bisher kaum erörtert. Eine den §§ 129a, 172a HGB vergleichbare Regelung findet sich in den §§ 705 ff. BGB nicht. Die Interessenlage ist jedoch - gerade was den Schutz der Gläubiger betrifft - identisch. Auch hier lässt sich die analoge Anwendung des Eigenkapitalersatzrechts mit der gesellschaftsrechtlichen und kapitalmäßigen

---

[951] So in der Tat *Lutter/Hommelhoff*, GmbHG, §§ 32a/b Rn. 72; *Baumbach/Hopt*, HGB, § 172a Rn. 32.

[952] BGH ZIP 1990, 578 (584); *Groß*, BB 1991, 2386 (2390).

[953] Ähnlich *K. Schmidt*, in: Scholz, GmbHG, §§ 32a, 32b Rn. 210, der jedoch einen Anteil von über 10% am Kapital der Komplementär-GmbH nicht für schädlich erachtet.

[954] Vgl. *K. Schmidt*, in: Scholz, GmbHG, §§ 32a, 32b Rn. 210.

[955] *Strohn*, in: Ebenroth, HGB, §172a Rn. 19.

Verknüpfung der haftenden Kapitalgesellschaft mit der GbR und der daraus resultierenden Verantwortung aller Gesellschafter der GbR für die Erhaltung des Garantiekapitals der haftenden Kapitalgesellschaft begründen. Das Eigenkapitalersatzrecht ist demnach auf die atypische GbR gem. § 129a HGB analog anwendbar.[956] Diese Analogie erfährt auch durch das Urteil des BGH zur Rechtsfähigkeit der GbR Unterstützung. Dort hat der BGH die Haftung der Gesellschafter der GbR an das Recht der OHG angelehnt.[957]

(b) Formwechsel in die atypische Personengesellschaft

Als Ergebnis der Ausführungen unter (a) ist zunächst festzuhalten, dass das Eigenkapitalersatzrecht nicht nur auf die atypische KG und OHG, sondern auch auf die atypische GbR anwendbar ist. Grundsätzlich bleiben Darlehen, die den Regeln zum Eigenkapitalersatzrecht unterfallen daher auch nach dem Formwechsel in eine atypische Personengesellschaft verstrickt. Zweifel an einer den Formwechsel überdauernden Bindung eigenkapitalersetzender Darlehen können sich jedoch in den folgenden Konstellationen ergeben

In der Literatur bestehen Bedenken gegen eine den Formwechsel in die GmbH & Co. KG überdauernden Bindung eigenkapitalersetzender Darlehen. Der formwechselnden Gesellschaft trete beim Formwechsels in die GmbH & Co. KG eine Komplementär-GmbH bei. Das Stammkapital der beitretenden Komplementär-GmbH sei in der Regel durch entsprechendes Vermögen gedeckt. Befinde sich die Komplementär-GmbH aber nicht in der Krise, entfalle die Verstrickung des der formwechselnden Gesellschaft gewährten Darlehens.[958] Dieser Ansicht ist zuzugeben, dass die Anwendung des Eigenkapitalersatzrechts in der GmbH & Co. KG in der Tat dem Schutz des Stammkapitals der Komplementär-GmbH dienen soll. Die Regeln des Eigenkapitalersetzrecht sind jedoch auf das Vermögen der GmbH & Co. KG selbst anzuwenden, da die Erhaltung des Stammkapitals der Komplementär-GmbH mittelbar durch eine in der GmbH & Co. KG bestehende Krise gefährdet wird.[959] Folglich orientiert sich das Eingreifen der Eigenkapitalersatzregeln an der Vermögenslage der KG und ist unabhängig davon, ob auch die Komplementär-GmbH bereits in einer Krise steckt. Der Formwechsel in die atypische Personengesellschaft ändert daher grundsätzlich weder etwas an der Verstrickung von kapitalersetzenden Gesellschafterdarlehen noch berührt er Ansprüche der Gesellschaft aufgrund der Rückzahlung solcher Darlehen.

---

956 Vgl. *Habersack*, ZHR 162 (1998), 201 (215).
957 BGH NJW 2001, 1056.
958 So *Fischer*, BB 1995, 2173 (2175).
959 *Groß*, BB 1991, 2386 (2387).

Eine andere Frage ist, welche Folgen eine Beseitigung einer bestehenden Unterbilanz im Zuge des Formwechsels hat. Dies ist etwa durch eine - beim Formwechsel in eine Personengesellschaft ohne weiteres mögliche - Herabsetzung der Eigenkapitalziffer denkbar. Hier ist zunächst eine Änderung der Rechtsprechung aus der jüngsten Zeit zu beachten. Forderungen aus der Literatur[960] nachkommend hat der BGH seine frühere Rechtsprechung, nach der ein Rückzahlungsanspruch nach § 31 GmbHG wegen Zweckerreichung entfalle, wenn die Unterbilanz dauerhaft beseitigt werde,[961] mittlerweile aufgegeben. § 31 GmbHG ordnet demnach generell die Erstattung der unter Verstoß gegen diese Kapitalerhaltungsvorschrift erbrachten Leistungen an. Der Rückzahlungsanspruch setze ausschließlich die Verletzung des § 30 Abs. 1 GmbHG zum Zeitpunkt der Auszahlung voraus. Ein Erlöschen des zunächst entstandenen Erstattungsanspruchs durch eine nachträgliche Beseitigung der Unterbilanz sei rechtssystematisch nicht zu begründen.[962] Die Entscheidung des BGH befasst sich zwar nicht mit einem Rückzahlungsanspruch der Gesellschaft wegen Rückgewähr eigenkapitalersetzender Gesellschafterdarlehen. Sie ist aber im Rahmen der analogen Anwendung des § 31 GmbHG auf eigenkapitalersetzende Darlehen ebenso zu beachten. Die Beseitigung der Unterbilanz im Rahmen des Formwechsels lässt den einmal entstandenen Anspruch der Gesellschaft aus § 31 GmbHG analog folglich grundsätzlich unberührt. Der Gesellschafter muss der Gesellschaft die Darlehenssumme trotz der Beseitigung der Krise wieder zur Verfügung stellen. Indes kann der Gesellschafter daraufhin bei Fälligkeit die erneute Rückzahlung des Darlehens verlangen, da das kapitalersetzende Darlehen durch die Beseitigung der Unterbilanz im Rahmen des Formwechsels frei geworden ist.[963] Der BGH hat in seiner Entscheidung eine auf die Zahlungsansprüche gegen die Gesellschaft gestützte Aufrechnung oder die Erhebung der „dolo-petit-Einrede“ durch den Gesellschafter dennoch abgelehnt. Beidem stehe der in der Kapitalgesellschaft geltende Grundsatz der realen Kapitalaufbringung entgegen.[964] Dieser Grundsatz ist allerdings auf das Recht der Kapitalgesellschaften beschränkt und findet selbst in der atypischen Personengesellschaft keine Anwendung. Nach dem Formwechsel in die Personengesellschaft kann der Gesellschafter daher dem Erstattungsanspruch der Gesellschaft aus § 31 GmbHG analog seinen fälligen Anspruch auf Rückzahlung des Darlehens entgegenhalten.

---

[960] *Westermann*, in: Scholz, GmbHG, § 31 Rn. 7; *Lutter/Hommelhoff*, GmbHG, § 31 Rn. 11; *Hueck/Fastrich*, in: Baumbach/Hueck, GmbHG, § 31 Rn. 6 m.w.N.

[961] Vgl. BGH ZIP 1987, 1113 (1114); BGHZ 119, 201 (212 f.).

[962] BGH ZIP 2000, 1251 (1253).

[963] Vgl. *K. Schmidt*, in: Scholz, GmbHG, §§ 32a, 32b Rn. 54 m.w.N.

[964] BGH ZIP 2000, 1251 (1253).

Zweifelsfragen ergeben sich auch, wenn die Beteiligung eines Gesellschafters aufgrund eines quotenverschiebenden Formwechsels unter die Grenze eines „Zwergenanteils“ i.S.d. § 32a Abs. 3 S. 2 GmbHG sinkt. Durch das Herabsinken der Beteiligungsquote könnten die Voraussetzungen für die Anwendung der Eigenkapitalersatzregeln entfallen und das eigenkapitalersetzende Darlehen frei werden.[965] Die Rechtfertigung für eine Umqualifizierung von Eigen- in Fremdkapital liegt jedoch in der Finanzierungsentscheidung des Gesellschafters.[966] Folglich sind lediglich die Beteiligungsverhältnisse im Augenblick der Finanzierungsentscheidung, also der Darlehensgewährung bzw. des Stehenlassens eines Darlehens, maßgeblich.[967] Ist das Darlehen einmal verstrickt, wird es nur noch durch die Beendigung der Krise wieder frei. Eine Veränderung der Beteiligungsquote hat dagegen keinen Einfluss auf die Verstrickung des Darlehens. Auch der umgekehrte Sachverhalt gibt Fragen auf: Ein Aktionär, der die von der Rechtsprechung aufgestellte Beteiligungsschwelle von 25% am Grundkapital der AG nicht erreicht, gewährt der AG ein Darlehen. Was geschieht nun mit dem Darlehen, wenn der Gesellschafter nach dem Formwechsel an der Personengesellschaft mit mehr als 10% beteiligt ist? Hier könnte man die Ansicht vertreten, dass das gewährte Darlehen nunmehr automatisch dem Eignkapitalersatzrecht unterfalle.[968] Jedoch ist auch in dieser Konstellation eine Umqualifizierung in Eigenkapital nur gerechtfertigt, wenn der Gesellschafter eine Finanzierungsentscheidung zu einem Zeitpunkt trifft, in der er die jeweils maßgebliche Beteiligungsschwelle überschreitet. Eine Umqualifizierung in Eigenkapital kann daher nur erfolgen, wenn nach dem Formwechsel die Voraussetzungen für ein Stehenlassen des Darlehens erfüllt sind.[969]

Die für kapitalersetzende Gesellschafterdarlehen geltenden Regeln erweisen sich danach insofern als umwandlungsfest, als der Formwechsel allein an der

---

965 So die Regierungsbegründung zum Entwurf des KapAEG, ZIP 1997, 706 (710).

966 *Habersack*, ZHR 162 (1998), 201 (204 ff.).

967 *K. Schmidt*, in: Scholz, GmbHG, §§ 32a, 32b Rn. 181; *Lutter/Hommelhoff*, GmbHG, §§ 32a/b Rn. 70; unklar *Pentz*, GmbHR 1999, 437 (447), der einerseits von einem Ausscheiden aus dem Anwendungsbereich des Eigenkapitalersatzrechts bei Herabsinken der Beteiligungsquote auf 10 % oder weniger spricht, andererseits feststellt, dass die Verringerung der Beteiligung eines Gesellschafters in der Krise nicht zur Entstrickung einer bereits gewährten eigenkapitalersetzenden Leistung führt.

968 So wiederum die Regierungsbegründung zum Entwurf des KapAEG, ZIP 1997, 706 (710).

969 *Pentz*, GmbHR 1999, 437 (447); *Lutter/Hommelhoff*, GmbHG, §§ 32a/b Rn. 70.

Beurteilung der Verstrickung des Darlehens nichts ändert.[970] Lediglich durch die Beseitigung der Krise wird das gewährte Darlehen wieder frei.

c) Eigenkapitalersatzrecht in der typischen Personengesellschaft

(a) Anwendbarkeit des Eigenkapitalersatzrechts

Umstritten ist die Anwendung des Eigenkapitalersatzrechts auf typische Personengesellschaften. Die überwiegenden Stimmen in der Literatur sprechen sich gegen die Erstreckung des Anwendungsbereichs auf diese Gesellschaftsformen aus.[971] Dem ist insbesondere *K. Schmidt* entgegengetreten. Nach dem von ihm vertretenen Ansatz sei Eigenkapitalersatzrecht immer dort anwendbar, wo zwischen Eigenkapital und Fremdkapital zu differenzieren ist.[972] Mit beschränkter oder unbeschränkter Haftung habe die Frage des Eigenkapitalersatzes nichts zu tun.[973] Demnach sei das Eigenkapitalersatzrecht grundsätzlich auch bei der Kommanditgesellschaft mit natürlichem Komplementär anwendbar. Dem ist mit der herrschenden Lehre entgegenzutreten. Die §§ 129a, 172a HGB können nur als abschließende Regelungen verstanden werden.[974] Zudem stehen Sinn und Zweck der Eigenkapitalersatzregeln der Anwendung auf die typische Personengesellschaft entgegen. Ein Unterlaufen der gesetzlichen Kapitalschutzvorschriften durch Gewährung von Darlehen anstelle von Eigenkapital muss hier nicht unterbunden werden. Eine Umqualifizierung von Fremdkapital in Eigenkapital ist daher immer dort überflüssig, wo eine natürliche Person unbeschränkt haftet und der Gesetzgeber auf eine Sicherung von Kapitalaufbringung und Kapitalerhaltung verzichtet.[975] Der II. Zivilsenat des BGH hat sich hinsichtlich des von einem unbeschränkt haftenden Gesellschafter gewährten Darlehens der herkömmlichen

---

970 Kritisch aber *Petersen*, Der Gläubigerschutz im Umwandlungsrecht, S. 136 im Anschluss an *Habersack*, ZHR 162 (1998), 201 (218).

971 Vgl. *Baumbach/Hopt*, HGB, § 129a Rn 2; *Kleindiek*, in: FS Lutter, 871 (877 f., 884 f.); *Groß*, BB 1991, 2386 ff; *Huber*, ZGR 1988, 1, (40); *Habersack*, ZHR 162 (1998), 201 (213 f); letzterer jedoch für die Geltung der Regeln über den Finanzplankredit unter der Prämisse, dass es sich hierbei um gewillkürtes Eigenkapital und damit um eine bereits im Ansatz von den kapitalersetzenden Gesellschafterdarlehen zu unterscheidende Rechtsfigur handelt.

972 *K. Schmidt*, GmbHR 1986, 337; *ders.*, Gesellschaftsrecht, S. 530.

973 *K. Schmidt*, GmbHR 1986, 337 (340).

974 *Groß*, BB 1991, 2386 (2390).

975 *Kleindiek*, in: FS Lutter, 871 (884); *Habersack*, ZHR 162 (1998), 201 (213 f).

Auffassung angeschlossen, die Frage für das Kommanditistendarlehen dagegen offengelassen.[976]

(b) Formwechsel in die typische Personengesellschaft

Folgt man der herrschenden Ansicht, erlischt die Geltung des Eigenkapitalersatzrechts mit dem Formwechsel in die typische Personengesellschaft. Bisher als Eigenkapitalersatz eingestufte Darlehen werden frei. Vor dem Formwechsel entstandene Rückzahlungsansprüche der Gesellschaft aus §§ 30, 31 GmbHG erlöschen. Aber auch wenn man der Ansicht *K. Schmidts* folgt, wonach das Eigenkapitalersatzrecht auch bei den typischen Personengesellschaften zur Anwendung kommen müsse, hätte dies nur Bedeutung für den Fall der Insolvenz der Gesellschaft neuer Rechtsform. Für eine analoge Anwendung der §§ 30, 31 GmbHG in der typischen Personengesellschaft ist dagegen selbst nach *K. Schmidt* kein Raum, da eine Rückzahlung von Einlagen hier nicht verboten ist. Daher gelangt lediglich der insolvenzrechtliche Teil der Eigenkapitalersatzregeln zur Anwendung.[977]

Fraglich ist, ob aufgrund der besonderen Situation des Formwechsels Abweichungen vom Standpunkt der herrschenden Meinung zur Anwendbarkeit der Eigenkapitalersatzregeln auf die typische Personengesellschaft notwendig sind. *Petersen* verneint dies. Eine Anwendung des Eigenkapitalersatzrechts komme für den Formwechsel in die typische Personengesellschaft nicht in Betracht. Die wesentliche Rechtsfolge der Umqualifizierung von Darlehen in Eigenkapital, die darin bestehe, dass eine Rückzahlung in der Insolvenz der Gesellschaft nicht geltend gemacht werden könne, ergebe sich hier ohne weiteres aus der persönlichen Haftung der Gesellschafter. Die Nichtanwendbarkeit des Eigenkapitalersatzrechts sei eine Folge der gesetzlichen Gleichachtung von persönlicher Haftung und Kapitalbindung.[978] Dies gelte auch für den Formwechsel in die KG, da eine Pflicht zur Kapitalaufbringung - und damit ein Verbot der Rückzahlung bereits erbrachter Einlagen - hier ebenfalls nicht existiere. Die Nichtaufbringung der Kommanditeinlage oder deren Rückzahlung werde durch die persönliche Haftung des Kommanditisten erkauft, stelle aber keinen Gesetzesverstoß dar.[979]

---

[976] BGHZ 112, 31 (38 f.); gegen die Verstrickung von Kommanditistendarlehen aber OLG Frankfurt/M., WM 1982, 198 (199); LG Düsseldorf ZIP 1988, 1569 (1570).

[977] *K. Schmidt*, GmbHR 1986, 337 (340, 341 f.).

[978] *Petersen*, Der Gläubigerschutz im Umwandlungsrecht, S. 138.

[979] *Petersen*, Der Gläubigerschutz im Umwandlungsrecht, S. 138 f.

Dem kann nur zum Teil gefolgt werden. Eine Kontinuität des Gläubigerschutzes beim Formwechsel in die typische Personengesellschaft im Hinblick auf eigenkapitalersetzende Darlehen ist nur bei den persönlich haftenden Gesellschaftern gewährleistet. Nur hier erübrigt sich aufgrund der gesetzgeberischen Gleichachtung von persönlicher Haftung und Kapitalschutz die Anwendung der Eigenkapitalersatzregeln. Der Kommanditist haftet dagegen lediglich begrenzt auf die im Handelsregister eingetragene Haftsumme (§§ 171 Abs. 1, 172 Abs. 1 HGB). Geht man mit der herrschenden Meinung davon aus, dass die Haftsumme des Kommanditisten beim Formwechsel in die KG frei festgesetzt werden kann,[980] bietet die Haftung des Kommanditisten kein ausreichendes Äquivalent zur Kapitalbindung im formwechselnden Rechtsträger.[981] Die Regeln über eigenkapitalersetzende Darlehen gelten daher ausnahmsweise auch für den Kommanditisten einer typischen Kommanditgesellschaft, wenn das Darlehen noch in der Kapitalgesellschaft gewährt wurde und dort die Voraussetzungen für eine Umqualifizierung in Eigenkapital erfüllt waren.[982]

4. Zusammenfassung

Eine Fortwirkung der Kapitalerhaltungsregeln in dem Rechtsträger neuer Rechtsform beim Formwechsel in die Personengesellschaft kann auch im Wege der Rechtsfortbildung nicht begründet werden. Der Gesetzgeber hat in der persönlichen Haftung der Gesellschafter und in dem Anspruch auf Sicherheitsleistung aus §§ 204, 22 UmwG eine hinreichende Sicherung der Gläubiger gesehen. Verdeckte Sacheinlagen können durch eine Bestätigung der unwirksamen Rechtsgeschäfte geheilt werden. Dies kann durch entsprechende Festsetzungen im Gesellschaftsvertrag oder im Umwandlungsbeschluss erfolgen. Beim Formwechsel in eine Personengesellschaft, bei der kein Gesellschafter für die Verbindlichkeiten der Gesellschaft persönlich haftet, bleiben eigenkapitalersetzende Darlehen grundsätzlich weiterhin verstrickt, Ansprüche der Gesellschaft aufgrund der Auszahlung eigenkapitalersetzender Darlehen bestehen fort. Nur bei einer Beendigung der Krise wird das Darlehen frei. Die Gesellschafter können in diesem Fall - anders als in der Kapitalgesellschaft - mit ihrem Anspruch auf Rückzahlung des Darlehens gegen den Anspruch der Gesellschaft aus § 31 GmbHG analog aufrechnen. Für die Verstrickung des Darlehens ist allein die Beteiligungsquote zum Zeitpunkt der

---

980 Vgl. noch unten 5. Kapitel:IV.1.a).

981 Hinsichtlich einer freien Festsetzung der Haftsumme des Kommanditisten konstatiert denn auch *Petersen*, dass hierdurch der Gläubigerschutz „ins Wanken" geraten würde, vgl. *ders.*, Der Gläubigerschutz im Umwandlungsrecht, S. 113 f.

982 Zu den Rechtsfolgen vgl. noch unten 5. Kapitel:IV.1.c).

Finanzierungsentscheidung maßgeblich. Beim Formwechsel in die typische Personengesellschaft werden eigenkapitalersetzende Darlehen dagegen grundsätzlich frei. Etwas anderes gilt ausnahmsweise dann, wenn der Darlehensgeber in der Gesellschaft neuer Rechtsform die Stellung eines Kommanditisten einnimmt.

III. Die Haftung für Altverbindlichkeiten des formwechselnden Rechtsträgers

Während für den umgekehrten Fall des Formwechsels in eine Kapitalgesellschaft in § 224 UmwG eine Nachhaftung der Gesellschafter für Altverbindlichkeiten ausdrücklich geregelt ist, findet sich eine vergleichbare Regelung für den Formwechsel in die Personengesellschaft nicht. Lediglich für die Nachhaftung der Komplementäre einer formwechselnden KGaA, die in dem Rechtsträger neuer Rechtsform die Stellung eines Kommanditisten einnehmen, wird in § 237 UmwG auf § 224 UmwG verwiesen. Daher ist fraglich, ob auch die übrigen Gesellschafter für die Verbindlichkeiten, die bereits vor dem Formwechsel begründet wurden, persönlich haften.

1. Formwechsel in die Personenhandelsgesellschaft

Für den Formwechsel in die OHG wird eine Nachhaftung der Gesellschafter für die Altverbindlichkeiten des formwechselnden Rechtsträgers nicht ernsthaft bestritten. Die Diskussion dreht sich hier vielmehr um die Frage, wie dieses Ergebnis dogmatisch zu begründen ist. Hierfür bietet sich zunächst § 130 HGB an.[983] Dieser begründet eine Haftung des in eine OHG eintretenden Gesellschafters für die vor seinem Eintritt begründeten Verbindlichkeiten der Gesellschaft. Dem wurde entgegengehalten, der Formwechsel habe mit dem in § 130 HGB geregelten Tatbestand nur wenig gemeinsam. Der Gesellschafter sei bereits vor dem Formwechsel Mitglied des formwechselnden Rechtsträgers. Auch die Verbindlichkeiten seien nicht etwa vor seiner Zugehörigkeit zum Rechtsträger begründet worden. Der Zeitpunkt des „Eintritts in die OHG" und derjenige, zu dem sich die Forderung gegen die OHG richte, fielen beim Formwechsel zusammen. Das Ergebnis sei daher auf § 128 HGB zu stützen.[984] An der Anwendung von § 128 HGB wurden wiederum Zweifel angemeldet, da

---

[983] Dieser Vorschrift bedienen sich *K. Schmidt*, ZGR 1990, 580 (583 f.) und *Vossius*, in: Widmann/Mayer, Umwandlungsrecht, § 228 UmwG, Rn. 30 zur Begründung der Haftung für Altverbindlichkeiten..

[984] *Mülbert*, AcP 1999, 38 (84).

dieser zwar ohne weiteres *ex nunc* anwendbar sei, sich eine Anwendung *ex tunc* dagegen nicht ohne Schwierigkeiten begründen lasse.[985]

Die Haftung eines Gesellschafters mit seinem Privatvermögen für die Altverbindlichkeiten der Personenhandelsgesellschaft ergibt sich eigentlich bereits aus einer konsequenten Fortführung des in § 128 HGB zum Ausdruck kommenden Akzessorietätsgedanken. Denn maßgeblich für die akzessorische Haftung ist das Bestehen einer Verbindlichkeit des Hauptschuldners, nicht dagegen der Zeitpunkt ihres Entstehens.[986] Dennoch zeigt die sowohl in der Literatur als auch in der Rechtsprechung in Folge des Urteils des BGH zur Rechtsfähigkeit der GbR[987] entbrannte Diskussion zur Anwendbarkeit des § 130 HGB auf die GbR,[988] dass sich eine Haftung der Gesellschafter für Altverbindlichkeiten der Gesellschaft nicht ohne weiteres aus § 128 HGB ableiten lässt. Zumindest wird man aber annehmen müssen, dass es sich bei § 130 HGB um eine *lex specialis* gegenüber § 128 HGB handelt, die immer dann vorrangig eingreift, wenn die in Frage stehende Verbindlichkeit vor dem Eintritt der akzessorischen Haftung des Gesellschafters begründet wurde. Andernfalls würde man den Sinngehalt des § 130 HGB entleeren. Dies hat dann auch für den Fall des Formwechsels in die OHG zu gelten, bei der die akzessorische Haftung des Gesellschafters zu einem Zeitpunkt einsetzt, zu dem die Altverbindlichkeit des formwechselnden Rechtsträgers bereits begründet war. Für die Heranziehung des § 130 HGB spricht darüber hinaus, dass er nach der herrschenden Meinung auch für den Fall des Wechsels eines Kommanditisten in die Stellung eines Komplementärs gilt.[989] Dieser Fall ist dem Formwechsel insoweit ähnlich, als der Kommanditist bereits zum Zeitpunkt der Begründung der Verbindlichkeit Gesellschafter war und sich lediglich die für ihn geltende Organisations- und Haftungsverfassung ändert. Die Haftung für Altverbindlichkeiten ist daher auf eine analoge Anwendung des § 130 HGB zu stützen. Dieser ist nicht nur bei dem Neueintritt eines Gesellschafters

---

985 *Petersen*, Der Gläubigerschutz im Umwandlungsrecht, S. 53 ff., der jedoch § 130 HGB gänzlich außer Acht lässt.

986 In diesem Sinne auch *Emmerich*, in: Heymann, HGB, § 130 Rn. 1, wenn er sich zum Zweck des § 130 HGB wie folgt äußert: „Das Gesetz zieht damit die gebotenen Folgerungen aus der Akzessorietät der Gesellschafterhaftung"; ähnlich *Baumbach/Hopt*, in: HGB, § 130 Rn. 1.

987 BGH NJW 2001, 1056.

988 Dazu sogleich unter 5. Kapitel:III.2.

989 *K. Schmidt*, in: Schlegelberger, HGB, § 130 Rn. 3; *Emmerich*, in: Heymann, HGB, § 130 Rn. 3.

anwendbar, sondern verkörpert das allgemeine Prinzip, dass jeder persönlich haftende Gesellschafter auch für Altverbindlichkeiten der Gesellschaft haftet.[990]

Unter Berücksichtigung der Besonderheiten der §§ 171 ff. HGB gilt das zu den Komplementären Gesagte auch für Kommanditisten. Die Parallelvorschrift zu § 130 HGB findet sich hier in § 173 HGB.[991] Einer Klarstellung bedarf es jedoch hinsichtlich des Wortlautes von § 237 UmwG. Die dort durch den Verweis auf § 224 UmwG angeordnete Begrenzung der Nachhaftung bezieht sich nur auf die persönliche Haftung des Komplementärs, wie sie der Legaldefinition in § 161 Abs. 1 HGB entspricht. Die Haftung als Kommanditist für Altverbindlichkeiten ist dagegen zeitlich unbeschränkt. Das ergibt sich zwar nicht aus dem Gesetzestext selbst, jedoch aus der amtlichen Überschrift des § 237 UmwG, die von der Fortdauer und zeitlichen Begrenzung der „persönlichen Haftung“ spricht. Ein anderes Ergebnis ließe sich auch im Hinblick auf die Haftung der übrigen Kommanditisten kaum rechtfertigen.

2. Formwechsel in die GbR

Beim Formwechsel einer Kapitalgesellschaft in eine GbR ist dagegen umstritten, ob eine persönliche Haftung der Gesellschafter für die Verbindlichkeiten des formwechselnden Rechtsträgers - also für die Altverbindlichkeiten - angenommen werden kann. Festzuhalten ist zunächst, dass die GbR selbst aufgrund des identitätswahrenden Formwechsels ohne weiteres für die Altverbindlichkeiten haftet. Dass die Aktiva und Passiva nach dem Formwechsel solche des Rechtsträgers neuer Rechtsform sind, war für den Gesetzgeber so selbstverständlich, dass er eine ausdrückliche Regelung für überflüssig hielt.[992]

Auf der Basis der von den vorherrschenden Stimmen in der Literatur[993] und auch vom BGH bis vor kurzem[994] vertretenen Doppelverpflichtungstheorie lässt sich eine Haftung der Gesellschafter für Altverbindlichkeiten nur schwerlich begründen. Nach der Doppelverpflichtungstheorie beruht die Haftung der Gesellschafter anders als bei § 128 HGB auf einer rechtsgeschäftlichen Verpflichtung. Zum Zeitpunkt der Begründung der Altverbindlichkeiten der

---

990 *K. Schmidt*, ZGR 1990, 580 (583 f.).

991 *Vossius*, in: Widmann/Mayer, Umwandlungsrecht, § 228 UmwG Rn. 32.

992 Begr. RegE, in: Ganske, Umwandlungsrecht, S. 227.

993 Vgl. nur *Habersack*, JuS 1993, 1 ff.; *Ulmer*, ZIP 1999, 554 ff. m.w.N., der sich jedoch selbst in Abkehr von seiner bisherigen Ansicht der Akzessorietätstheorie zuwendet.

994 Zur Abkehr hin zur Akzessorietätstheorie vgl. BGH GmbHR 1999, 1134 ff. und BGH NJW 2001, 1056 ff.

formwechselnden Kapitalgesellschaft wurden die Gesellschafter zweifelsfrei nicht persönlich verpflichtet, vgl. § 13 Abs. 2 GmbHG, § 1 Abs. 1 S. 2 AktG.[995] Auch die in Erwägung gezogene Interpretation des Formwechselbeschlusses als Schuldbeitritt wurde zu Recht abgelehnt. Denn dann läge es in der Hand der Gesellschafter, die Nachhaftung für Altverbindlichkeiten durch eine gegenteilige Feststellung im Umwandlungsbeschluss auszuschließen.[996] Aufgrund der jüngsten Rechtsprechung des BGH[997] dürfte die Doppelverpflichtungstheorie jedoch überholt sein.

Teilweise wird die Haftung für Altverbindlichkeiten aber auch unter Zugrundelegung der Akzessorietätstheorie abgelehnt. Aus dieser könne eine Haftung für Verbindlichkeiten, die bereits vor dem Formwechsel begründet wurden, nicht abgeleitet werden.[998] So will das OLG Düsseldorf in einer Entscheidung vom 20.12.2001[999] aus dem Wortlaut des Urteils des BGH vom 29.01.2001[1000] ableiten, dass dieser bei seiner alten Rechtsprechung zur Unanwendbarkeit des § 130 BGB auf die GbR geblieben sei. § 130 sei zudem eine Sondervorschrift des Handelsgesellschaftsrechts, die sich aufgrund der Vielzahl von Gestaltungsformen, in denen die GbR auftritt, auf die GbR nicht übertragen lasse.

Dem ist nicht zu folgen. Der BGH hatte in seinem Urteil zur Rechtsfähigkeit der GbR über die Haftung eines Beitretenden Gesellschafters für Altverbindlichkeiten einer GbR nicht zu entscheiden. Dagegen hat der BGH bereits in einem Urteil aus dem Jahre 1979 die Haftung für Altverbindlichkeiten „ähnlich wie nach § 130 HGB" als „wohl folgerichtig" bezeichnet, wollte man „die handelsrechtlich durch §§ 128, 129 HGB vorgezeichnete Akzessorietät der Gesellschafterhaftung zur Gesellschafterschuld auf das Recht der bürgerlichrechtlichen Gesellschaft übertragen."[1001] Auch der pauschale Verweis des OLG Düsseldorf auf das Sonderrecht des HGB vermag nicht zu überzeugen, da das gleiche Argument auch für die nunmehr anerkannte akzessorische Haftung nach § 128 HGB gelten müsste. Auch Gründe des Gläubigerschutzes sprechen für die analoge Anwendung § 130 HGB. Verneint man nämlich eine

---

995 *Heidinger,* GmbHR 1996, 890 (894); *Mülbert,* AcP 1999, 38 (83, 85); *Happ*, in: Lutter, UmwG, § 228 Rn. 18.
996 *Heidinger,* GmbHR 1996, 890 (894); *Happ*, in: Lutter, UmwG, § 228 Rn. 18.
997 BGH NJW 2001, 1056 ff.
998 *Heidinger*, GmbHR 1996, 890 (894); *Happ*, in: Lutter, UmwG, § 228 Rn. 18; zweifelnd auch *Petersen*, Der Gläubigerschutz im Umwandlungsrecht, S. 52 ff.
999 OLG Düsseldorf, NZG 2002, 284 (286).
1000 BGH NJW 2001, S. 1056 ff.
1001 BGHZ 74, 240 (242).

Haftung für Altverbindlichkeiten, könnte der in Anspruch genommene Gesellschafter einwenden, er sei im Zeitpunkt der Begründung der fraglichen Forderung nicht Mitglied der Gesellschaft gewesen. Da sich der Mitgliederwechsel in der GbR aber außerhalb des Handelsregisters vollzieht, wäre es dem Gläubiger kaum möglich, die im Zeitpunkt der Begründung seiner Forderung vorhandenen Gesellschafter zu bestimmen.[1002] In einer jüngsten Entscheidung hat sich nunmehr auch der BGH unter Hinweis auf eine im Verkehrsschutzinteresse zu Ende gedachte Akzessorietät für eine persönliche und gesamtschuldnerische Haftung eines in eine GbR eintretenden Gesellschafters für die vor dem Eintritt begründeten Verbindlichkeiten ausgesprochen.[1003] Demnach haften die Gesellschafter nach dem Formwechsel für sämtliche Verbindlichkeiten der Gesellschaft persönlich. Hierfür spricht auch die Gesetzesbegründung, die eindeutiger ist, als bisweilen behauptet wird. Nach dieser soll der Formwechsel in eine GbR oder OHG nach § 233 Abs. 1 UmwG „nur mit Zustimmung aller Anteilsinhaber der formwechselnden Gesellschaft möglich sein, weil sie mit der Wirksamkeit des Formwechsels zu Gesellschaftern werden, die nach den für die neue Rechtsform geltenden Vorschriften persönlich unbeschränkt für deren Verbindlichkeiten einzustehen haben (vgl. für die offene Handelsgesellschaft §§ 128, 130 HGB).“[1004] Aber auch die Altverbindlichkeiten sind ohne weiteres Verbindlichkeiten des Rechtsträgers neuer Rechtsform. Dass der Gesetzgeber von einer Haftung auch für die Altverbindlichkeiten ausging, zeigt auch der im Klammerzusatz enthaltene Verweis auf § 130 HGB.[1005]

Für eine Haftung der Gesellschafter der GbR für Altverbindlichkeiten der Gesellschaft sprechen zwei weitere Gesichtspunkte. Zum einen bestand auch bei dem übertragenden Formwechsel in die GbR nach altem Recht eine persönliche Haftung der Gesellschafter für die Verbindlichkeiten des formwechselnden Rechtsträgers. Dies ergab sich daraus, dass die Verbindlichkeiten auf die bereits begründete GbR übertragen wurden, es sich daher nicht um

---

1002 Vgl. *Habersack*, BB 2001, 478 (483); so nun auch der BGH, DB 2003, 1164 (1166).

1003 BGH, DB 2003, 1164 (1165), jedoch mit der Einschränkung, dass die Haftung für Altverbindlichkeiten aus Erwägungen des Vertrauensschutzes im Hinblick auf die seit langem bestehende gegenteilige Rechtsprechung des BGH nur für zukünftige Beitrittsfälle gelte.

1004 Begr. RegE, in: Ganske, Umwandlungsrecht, S. 252.

1005 Für eine analoge Anwendung von § 130 in der GbR auch OLG Hamm, BB 2002, 371; OLG München, NZG 2000, 477 f.; *Ulmer*, ZIP 2001, 585 (598), der die Haftung nach § 130 HGB als „zentralen Bestandteil des auf dem Akzessorietätsprinzip beruhenden Haftungsregimes“ bezeichnet; *W. Müller*, in: Handbuch der Personengesellschaften, S. 374 Rn. 202.

„Altverbindlichkeiten" im eigentlichen Sinne handelte.[1006] Für den identitätswahrenden Formwechsel muss dies aber erst recht gelten. Auch der Vergleich mit der Haftungssituation beim Formwechsel in die OHG lässt kein anderes Ergebnis zu. Der Gesetzgeber hat den Formwechsel in die Personengesellschaft einheitlich geregelt. Das Niveau des Gläubigerschutzes sollte daher bei beiden Zielgesellschaftsformen gleich hoch sein. Eine unterschiedliche Ausgestaltung der Haftung lässt sich nicht rechtfertigen.[1007] Der Ansicht, das Umwandlungsgesetz enthalte mit den §§ 204, 22, 205, 206 UmwG eine abschließende Regelung für den Schutz der Altgläubiger[1008] ist daher entgegenzutreten. In dem Anspruch auf Sicherheitsleistung kann allenfalls ein ergänzender Rechtsbehelf gesehen werden.[1009] Dies zeigt insbesondere die Tatsache, dass die §§ 204, 22 UmwG den Gläubigern bereits fälliger Forderungen keinen Schutz gewähren. Im Übrigen setzt der Anspruch auf Sicherheitsleistung voraus, dass die Gefährdung der Erfüllung der Forderung durch den Formwechsel glaubhaft gemacht wird, was in der Praxis nicht ohne weiteres zu bewerkstelligen ist.[1010]

3. Nachhaftung ausscheidender Komplementäre

Komplementäre einer formwechselnden KGaA können gem. § 233 S. 3 UmwG ihr Ausscheiden aus dem Rechtsträger für den Zeitpunkt erklären, in dem der Formwechsel wirksam wird. Sie scheiden dann gem. § 236 UmwG mit Eintragung der neuen Rechtsform aus dem Rechtsträger aus. Eine Mitgliedschaft in dem Rechtsträger neuer Rechtsform wird zu keinem Zeitpunkt begründet. Da die Komplementäre folglich noch aus dem Rechtsträger alter Rechtsform ausscheiden, ergibt sich ihre Nachhaftung für die Verbindlichkeiten des formwechselnden Rechtsträgers aus § 278 Abs. 1 AktG i.V.m. § 160 HGB.

IV. Haftung der Kommanditisten beim Formwechsel in die KG

Der Formwechsel in die Personengesellschaft lässt die strengen Kapitalerhaltungsvorschriften des Kapitalgesellschaftsrechts entfallen. Den Interessen der Gläubiger wird in der Regel durch die persönliche Haftung der Gesellschafter in der Gesellschaft neuer Rechtsform Rechnung getragen. Dies

---

1006 Ähnlich *Heidinger*, GmbHR, 1996, 890 (893).

1007 Vgl. *Mülbert*, AcP 1999, 38 (85); ebenso *Petersen*, Der Gläubigerschutz im Umwandlungsrecht, S. 53.

1008 *Happ*, in: Lutter, UmwG, § 228 Rn. 19.

1009 Vgl. oben 5. Kapitel:II.1.b).

1010 *Mülbert*, AcP 1999, 38 (84) und *Ulmer*, ZIP 1999, S. 554 (558), der insofern unter Zugrundelegung der Doppelverpflichtungstheorie von einer planwidrigen Haftungslücke ausgeht.

trifft jedoch nicht für den Kommanditisten zu. Dessen Haftung ist auf die für ihn eingetragene Haftsumme begrenzt und darüber hinaus gänzlich ausgeschlossen, soweit er seine Einlage erbracht hat (§ 171 Abs. 1 HGB). Auf die sich hieraus ergebenden Besonderheiten wird im Folgenden eingegangen.

1. Haftung nach § 171 Abs. 1 HGB

a) Festsetzung der Pflichteinlage und der Haftsumme

Beim Formwechsel in die Personengesellschaft ist nach § 194 Abs. 1 Nr. 4 UmwG die Höhe der je Anteil eingeräumten Kapitalkonten anzugeben.[1011] Dabei sind das Nennkapital und die Kapitalrücklagen den Kapitalkonten zuzuweisen.[1012] In der Regel wird die Beteiligung am Rechtsträger neuer Rechtsform der Beteiligung an der alten Rechtsform entsprechen. Bei einem nichtverhältniswahrenden Formwechsel kann es jedoch zu Verschiebungen kommen.[1013]

Gem. § 234 Nr. 2 UmwG muss der Umwandlungsbeschluss darüber hinaus die Angabe der Kommanditisten sowie den Betrag ihrer Einlage enthalten. Unter dem „Betrag ihrer Einlage" i.S. des § 234 Nr. 2 UmwG ist die das Außenverhältnis betreffende Haftsumme[1014] des Kommanditisten zu verstehen. Denn die Angabe der das Innenverhältnis betreffenden Pflichteinlage schreibt bereits § 194 Abs. 1 Nr. 4 UmwG als zwingenden Bestandteil des Umwandlungsbeschlusses vor.[1015] Pflichteinlage und Haftsumme können abweichend voneinander festgesetzt werden.[1016]

(a) Grenzen der freien Festsetzung des Kommanditkapitals

Ob die Haftsumme des Kommanditisten frei festgesetzt werden kann, ist fraglich. Das Umwandlungsgesetz sagt hierzu nichts. Während es für die Festsetzung des Garantiekapitals beim Formwechsel in die Kapitalgesellschaft (§ 220 Abs. 1 UmwG) und zwischen Kapitalgesellschaften (§ 247 Abs. 1

[1011] *Vollrath*, in: Widmann/Mayer, Umwandlungsrecht, § 194 UmwG Rn. 13.

[1012] *Meister/Klöcker*, in: Kallmeyer, UmwG, § 194 Rn. 33.

[1013] *Vollrath*, in: Widmann/Mayer, Umwandlungsrecht, § 194 UmwG Rn. 13; *Dirksen*, in: Kallmeyer, UmwG, § 234 Rn. 4.

[1014] Zur Terminologie vgl. *K. Schmidt*, Gesellschaftsrecht, S. 1561. Statt des vielfach verwendeten Begriffs der „Hafteinlage" ist zwischen „Pflichteinlage" einerseits und „Haftsumme" andererseits zu unterscheiden.

[1015] *Vossius*, in: Widmann/Mayer, Umwandlungsrecht, § 234 UmwG Rn. 13; *Laumann*, in: Goutier/Knopf/Tulloch, Umwandlungsrecht, § 234 UmwG Rn. 6.

[1016] *K. Schmidt*, Gesellschaftsrecht, S. 1560.

UmwG) gewisse Vorgaben macht, bestimmt es hinsichtlich der Haftsumme des Kommanditisten in § 234 Nr. 2 UmwG nur, dass diese festgesetzt werden muss. Daher verwundert es nicht, wenn die weit überwiegenden Stimmen im Schrifttum die Festsetzung der Haftsumme für den Kommanditisten in das Belieben der Gesellschafter stellen. Die Haftsumme kann demnach auch unter dem Wert der Beteiligung des Kommanditisten am ehemaligen Kapital des formwechselnden Rechtsträgers festgesetzt werden.[1017] Dies entspricht denn auch der zum UmwG 1969 vertretenen herrschenden Meinung, nach der die Haftsumme ebenfalls abweichend vom Nennbetrag der bisherigen Beteiligung festgesetzt werden konnte.[1018] Dabei darf jedoch nicht übersehen werden, dass bei der Umwandlung in die Personengesellschaft nach altem Recht zugunsten der Altgläubiger eine vorrübergehende getrennte Vermögensverwaltung vorgeschrieben war, vgl. § 8 UmwG 1969.[1019]

Eine in das Belieben der Gesellschafter gestellte Festsetzung der Haftsumme des Kommanditisten ist zu Recht kritisiert worden.[1020] Auch beim Formwechsel in die Personengesellschaft ist eine Kontinuität des Gläubigerschutzes sicherzustellen. In der Regel lässt sich der Wegfall der Kapitalsicherungsvorschriften beim Formwechsel in die Personengesellschaft durch die persönliche Haftung der Gesellschafter rechtfertigen. Dies trifft jedoch beim Formwechsel in die Kommanditgesellschaft nur bedingt zu. Der Kommanditist haftet lediglich beschränkt auf seine Haftsumme (§ 171 Abs. 1 Hs. 1 UmwG). Leistet er seine Einlage, ist auch diese Haftung ausgeschlossen (§ 171 Abs. 1 Hs. 2 HGB). Der Wegfall der Kapitalschutzvorschriften wird daher beim Kommanditisten nicht durch eine unbeschränkte persönliche Haftung ausgeglichen. Den Umfang der Haftung des Kommanditisten bestimmen die Gesellschafter. Wird die Haftsumme des Kommanditisten unterhalb des bisherigen Nennwerts der Beteiligung festgesetzt, kann der die Haftsumme übersteigende Betrag des früheren Garantiekapitals entnommen werden, ohne dass den Gläubigern für den Verlust an Haftungsmasse ein Ausgleich gewährt wird.[1021]

1017 *Happ*, in: Lutter, UmwG § 234 Rn. 32; *Stratz*, in: Schmitt/Hörtnagl/Stratz, UmwG/UmwStG, § 234 UmwG Rn. 2; *Meyer-Landrut/Kiem*, WM 1997, 1361 (1372).

1018 *Schilling*, in: Hachenburg, GmbHG, Anh. § 77, § 20 UmwG Rn. 3; *Meyer-Landrut/Kiem*, WM 1997, 1361 (1372, Fn. 110).

1019 Hierzu oben 5. Kapitel:II.1.a).

1020 Vgl. *Petersen*, Der Gläubigerschutz im Umwandlungsrecht, S. 113 f.

1021 Dies erkennen auch *Meyer-Landrut/Kiem*, WM 1997, 1361 (1372, Fn. 110), freilich ohne entsprechende Konsequenzen zu ziehen.

Um diese Lücke im Gläubigerschutzsystem zu füllen, wird vorgeschlagen, die Haftsumme des Kommanditisten in der Höhe des Nennwertes seiner bisherigen Beteiligung festzusetzen.[1022] Das Problem dieses Ansatzes liegt zum einen darin, dass er keine Stütze im Gesetz findet, zum anderen in einer nicht unwesentlichen Beschränkung der wirtschaftlichen Entscheidungsfreiheit der Gesellschafter, die gezwungen wären, das Eigenkapital der Gesellschaft neuer Rechtsform in einer Höhe aufrecht zu erhalten, die zum Betrieb des Unternehmens unter Umständen nicht mehr erforderlich ist.[1023] Daher ist nach einer Lösung zu suchen, die den Interessen der Gesellschafter einerseits und denjenigen der Altgläubiger - nur um deren Schutz geht es im vorliegenden Zusammenhang - andererseits gerecht wird.

Die Festsetzung der Hafteinlage unterhalb der bisherigen Beteiligung des Kommanditisten am ehemaligen Garantiekapital der formwechselnden Gesellschaft stellt dem Wesen nach eine Kapitalherabsetzung bzw., um in der Terminologie der Personenhandelsgesellschaft zu sprechen, eine Herabsetzung der Haftsumme dar. Bei einer Kapitalherabsetzung in der Kapitalgesellschaft hätten zum Schutz der Gläubiger spezielle Vorschriften eingegriffen.[1024] Eine Herabsetzung der Haftsumme des Kommanditisten müssen Gläubiger, deren Forderungen zur Zeit der Eintragung begründet waren, gem. § 174 Hs. 2 HGB nicht gegen sich gelten lassen. Folglich darf es auch im Rahmen des Formwechsels nicht zu vergleichbaren Maßnahmen kommen, ohne dass die Interessen der Gläubiger ausreichend berücksichtigt werden. Fraglich ist, ob die Gläubiger nicht ausreichend durch den Anspruch auf Sicherheitsleistung gem. §§ 204, 22 UmwG geschützt sind. Im Vergleich zu dem nach den Kapitalherabsetzungsvorschriften des GmbH- oder Aktienrechts bestehenden Anspruch auf Sicherheitsleistung weist dieser jedoch zwei erhebliche Nachteile auf. Zum einen haben die Gläubiger nach § 22 UmwG einen Anspruch auf Sicherheitsleistung lediglich, wenn sie glaubhaft machen, dass die Erfüllung ihrer Forderungen durch den Formwechsel gefährdet wird. Zum anderen setzt das Umwandlungsgesetz anders als das Kapitalgesellschaftsrecht nicht bestimmte Fristen zugunsten der Gläubiger fest, innerhalb derer mit einer Auszahlung von Gesellschaftsvermögen noch nicht begonnen (vgl. § 225 Abs. 2 S. 1 AktG) bzw. die Anmeldung der Kapitalherabsetzung zur Eintragung nicht

---

[1022] *Fischer*, BB 1995, 2173 (2177 f.); ebenso *Petersen*, Der Gläubigerschutz im Umwandlungsrecht, S. 113 f.

[1023] Ähnlich *Hommelhoff*, in: Podiumsdiskussion zu einem Vortrag von D. Mayer, Sonderheft DNotZ 1998, 159 (208), für den umgekehrten Fall des Formwechsels von der KG in eine Kapitalgesellschaft.

[1024] Vgl. zur Kapitalherabsetzung in der GmbH § 58 Abs. 1 GmbHG, in der Aktiengesellschaft § 225 AktG.

vorgenommen werden darf (vgl. § 58 Abs. 1 Nr. 2 GmbHG). §§ 204, 22 UmwG bieten daher einen nur unzureichenden Schutz der Gläubiger. Eine Lösung des Problems lässt sich aus dem Grundgedanken ableiten, dass auf die Einlagen der Gesellschafter das nach dem Formwechsel geltende Recht anwendbar ist.[1025] Wird die Haftsumme des Kommanditisten beim Formwechsel unterhalb seiner bisherigen Beteiligung am Nennkapital der formwechselnden Gesellschaft festgesetzt, gilt daher zugunsten der Altgläubiger die Regelung des § 174 Hs. 2 HGB. Danach brauchen Gläubiger, deren Forderung zum Zeitpunkt der Eintragung der neuen Rechtsform begründet war, eine Festsetzung der Haftsumme unterhalb der bisherigen Beteiligung am Nennkapital der Kapitalgesellschaft nicht gegen sich gelten zu lassen. Ihnen gegenüber gilt die Haftsumme in Höhe der bisherigen Beteiligung des Kommanditisten am Nennkapital des formwechselnden Rechtsträgers als festgesetzt. Dies lässt den Gesellschaftern die Möglichkeit, das Eigenkapital der Gesellschaft zu verringern, ohne die Interessen der Altgläubiger zu beeinträchtigen. Diese Lösung hat zudem den Vorteil, dass sie sich aus den für den Rechtsträger neuer Rechtsform geltenden Vorschriften ableiten lässt.

(b) Differenzierung zwischen Formwechsel aus der GmbH und aus der AG?

In der bisherigen Diskussion wurde außer Acht gelassen, dass der Kapitalschutz in der AG wesentlich strenger ausgestaltet ist als derjenige in der GmbH. In der AG ist jegliche Verteilung des Gesellschaftsvermögens an die Gesellschafter mit Ausnahme des Bilanzgewinns gem. § 57 Abs. 3 AktG verboten.[1026] Bedeutet dies nun, dass i.S. einer zu gewährleistenden Kontinuität des Gläubigerschutzes die Haftsumme des Kommanditisten gegenüber den Altgläubigern nicht nur in der Höhe seines Anteils am Grundkapital, sondern am Vermögen der AG insgesamt als festgesetzt gilt?[1027] Hierfür spricht, dass nur so ein Kapitalschutz in der Kommanditgesellschaft sichergestellt werden kann, der dem Umfang der Kapitalbindung vor dem Formwechsel entspricht. Im Ergebnis hätte dies jedoch unzumutbare Belastungen für den Kommanditisten zur Folge. Wollte er einer

---

[1025] Vgl. dazu oben 4. Kapitel:I.2.c).

[1026] So die herrschende Lehre, vgl. *Raiser*, Recht der Kapitalgesellschaften, § 19 Rn. 1 m.w.N.; zur gegenteiligen Ansicht, nach der es sich lediglich um einen erweiterten Schutz des Grundkapitals der Aktiengesellschaft handelt, vgl. *Fabritius*, ZHR 144 (180), 628 ff.

[1027] Unklar bei *Petersen*, Der Gläubigerschutz im Umwandlungsrecht, S. 113 f., der einerseits von einer Festsetzung der Kommanditeinlage in Höhe der Beteiligung des Kommanditisten am „vormaligen Garantiekapital", andererseits von der Festsetzung in Höhe des „auf ihn entfallenden Gesellschaftsvermögens" spricht.

Haftung gegenüber den Altgläubigern entgehen, wäre er genötigt, unter Umständen nicht unerhebliche Nachschüsse in das Gesellschaftsvermögen zu leisten.[1028] Dies würde dem auch in der Kommanditgesellschaft geltenden Belastungsverbot (§§ 161 Abs. 2, 105 Abs. 3 HGB, § 707 BGB)[1029] zuwiderlaufen. Würde das Kapitalkonto des Kommanditisten durch eintretende Verluste geschmälert, wäre auch eine Auszahlung von Gewinnen - ohne die Haftungsfolgen des § 174 Abs. 4 S. 2 HGB gegenüber den Altgläubigern - so lange nicht möglich, bis das Kapitalkonto des Kommanditisten den Wert des Anteils am ehemaligen Gesellschaftsvermögen der AG wieder erreicht hat. Damit wäre der Kapitalschutz in der Kommanditgesellschaft aber sogar strenger ausgestaltet als in der AG. Hier kann der Bilanzgewinn trotz in den Vorjahren erwirtschafteter Verluste ohne weiteres ausgeschüttet werden, solange nur das Grundkapital nicht angegriffen wird (§ 57 Abs. 3 und Abs. 1 AktG).

Auch beim Formwechsel in die AG gilt daher gegenüber den Altgläubigern in analoger Anwendung des § 174 Hs. 2 HGB eine Haftsumme lediglich in Höhe der bisherigen Beteiligung des Kommanditisten am Grundkapital der AG als festgesetzt. Hinsichtlich der dadurch entstehenden Schutzlücke verbleibt nichts anderes, als die Gläubiger auf den Anspruch auf Sicherheitsleistung nach §§ 204, 22 UmwG zu verweisen.

b) Aufbringung der haftungsbefreienden Kommanditeinlage

Anders als bei der Gründung einer Kapitalgesellschaft spielt die Kapitalaufbringung bei der Gründung einer Personengesellschaft für den Gläubigerschutz keine Rolle. Eine gesetzliche Sicherung der Kapitalaufbringung gibt es hier nicht. Die Frage, ob der Kommanditist wegen einer etwaigen Differenz zwischen Haftsumme und erbrachter Pflichteinlage persönlich in Anspruch genommen werden kann, stellt sich erst in einem späteren Haftungsprozess.[1030] Beim Formwechsel in die Personengesellschaft ist in diesem Zusammenhang fraglich, was als haftungsbefreiende „Einlage" des Kommanditisten anzusehen ist.

Beim übertragenden Formwechsel nach dem alten Umwandlungsrecht wurden die Einlagen der Gesellschafter durch die Übertragung des Reinvermögens der übertragenden Gesellschaft in das Vermögen des neuen Rechtsträgers erbracht. Dabei handelte es sich um Sacheinlagen. Die Kommanditisten waren gegenüber

---

[1028] Zur Erbringung der haftungsbefreienden Kommanditeinlage vgl. noch unten 5. Kapitel:IV.1.b).

[1029] Vgl. zum Belastungsverbot *K. Schmidt*, Gesellschaftsrecht, S. 473 f.

[1030] *Priester*, DNotZ 1995, 427 (451); *Dirksen*, in: Kallmeyer, UmwG, § 234 Rn. 5.

den Gesellschaftsgläubigern in der Höhe des wahren Wertes ihrer Sacheinlage befreit. Die Sacheinlage galt zum Zeitpunkt der Eintragung des Formwechsels als geleistet.[1031] Nach einer in der Literatur weit verbreiteten Ansicht hat sich hieran durch das neue Umwandlungsrecht trotz des Postulats der Identität des Rechtsträgers beim Formwechsel nichts geändert.[1032] Der Kommanditist erbringe seine Einlage beim Formwechsel in die KG durch seinen Anteil am Reinvermögen des formwechselnden Rechtsträgers. Im Rahmen der Bewertung dieses Anteils seien die tatsächlichen, nicht die Buchwerte maßgeblich.[1033]

Dem ist zweierlei entgegenzuhalten. Die Festsetzung des Kapitalkontos orientiert sich am bilanziellen Eigenkapital des formwechselnden Rechtsträgers. Leistungen des Kommanditisten, die ihrem Wert nach über den festgesetzten Kapitalanteil hinausgehen, können vom Kommanditisten frei entnommen werden. Sie begründen eine selbständige Forderung des Kommanditisten (§ 167 Abs. 2 HGB).[1034] Erblickt man die Einlage des Kommanditisten in seinem Anteil am Reinvermögen des formwechselnden Rechtsträgers und bewertet diesen zu den tatsächlichen Werten, so würde man dem Kommanditisten eine weitere Möglichkeit eröffnen, der Gesellschaft nach dem Formwechsel Kapital zu entziehen, ohne dass dies durch eine persönliche Haftung ausgeglichen würde. Der Kommanditist könnte die wertmäßige Differenz zwischen dem festgesetzten Kapitalanteil und seinem Anteil am Reinvermögen des formwechselnden Rechtsträgers frei entnehmen. Zum anderen ist der herrschenden Ansicht entgegenzuhalten, dass der identitätswahrende Formwechsel weder eine Sachgründung ist noch wie eine solche zu behandeln ist. Einlagen werden nicht erbracht. Der Rechtsträger wird lediglich einer anderen Organisations- und Haftungsverfassung unterstellt. Dementsprechend wurde z.B. bei der formwechselnden Umwandlung in die GmbH nach altem Recht geprüft, ob die im GmbH-Gesetz vorgesehenen Mindesteinzahlungen auf die übernommenen Anteile bereits geleistet worden waren.[1035] Für den Fall des Formwechsels in eine Personengesellschaft nach dem neuen Umwandlungsrecht

---

1031 *Schilling*, in: Hachenburg, GmbHG, Anh. § 77, § 20 UmwG Rn. 3; *Felix*, NJW 1973, 491 f.

1032 *Happ*, in: Lutter, UmwG, § 234 Rn. 34; *Stratz*, in: Schmitt/Hörtnagl/Stratz, UmwG/UmwStG, § 234 UmwG Rn. 4.

1033 *Dirksen*, in: Kallmeyer, UmwG, § 234 Rn. 5; *Happ*, in: Lutter, UmwG, § 234 Rn. 34; *Vossius*, in: Widmann/Mayer, Umwandlungsrecht, § 228 UmwG Rn. 33, § 40 UmwG Rn. 19; *Stratz*, in: Schmitt/Hörtnagl/Stratz, UmwG/UmwStG, § 234 UmwG Rn. 4.

1034 Vgl. *Martens*, in: Schlegelberger, HGB, § 167 Rn. 12.

1035 *Grunewald*, in: Geßler/Hefermehl, AktG, § 369 Rn. 50; *Zöllner*, in: KK, § 369 Rn. 78; beide verkennen freilich nicht, dass es aufgrund des § 36a AktG kaum zu praktischen Problemen kommen konnte.

kann nichts anderes gelten. Übertragen auf den Formwechsel in die Kommanditgesellschaft bedeutet dies, dass sich der Betrag der erbrachten Einlage allein danach bestimmt, was der Kommanditist der Gesellschaft bisher an Einlageleistungen tatsächlich zugeführt hat. Die Gegenansicht ist mit dem Identitätsprinzip nur schwer vereinbar. Offene Einlageansprüche der Gesellschaft, die durch den identitätswahrenden Formwechsel grundsätzlich nicht berührt werden, würden ihrer Ansicht nach aufgrund der bloßen Deckung des Kapitalanteils des Kommanditisten durch seinen Anteil am Reinvermögen der Gesellschaft erlöschen. In dem Vermögen, das vor und nach dem Formwechsel dem selben Rechtsträger zugeordnet bleibt, kann keine Leistung des Kommanditisten an die KG gesehen werden. Derartige Annahmen sind Ausdruck des Verharrens in den Vorstellungen zum übertragenden Formwechsel nach dem altem Umwandlungsgesetz.

Die Haftung des Kommanditisten ist daher nur ausgeschlossen, soweit er seine Einlage an die Gesellschaft tatsächlich erbracht hat (§ 171 Abs. 1 Hs. 2 HGB). Fraglich ist, ob auch das Stehenlassen von Gewinnen als Leistung einer Einlage gewertet werden kann. In der KG wird der stehen gelassene Gewinn nach Maßgabe des § 167 Abs. 2 HGB dem Kapitalkonto des Kommanditisten mit der Folge zugerechnet, dass die Einlageverpflichtung und damit auch die Haftung im Außenverhältnis insoweit erlischt, als der Gewinn tatsächlich erzielt wurde und nicht zum Ausgleich früherer Verluste verwendet werden muss.[1036] In der Kapitalgesellschaft erlischt dagegen die Einlageverpflichtung nicht durch das bloße Stehenlassen von Gewinnen. Vor dem Formwechsel in der Kapitalgesellschaft stehen gelassene Gewinne könnten daher nur bei rückwirkender Anwendung des für die KG geltenden Rechts als Einlageleistung gewertet werden. Hiergegen spricht aber der Wortlaut des § 202 Abs. 1 Nr. 1 UmwG. Danach ist das Recht des Rechtsträgers neuer Rechtsform erst ab der Eintragung der neuen Rechtsform anwendbar. Eine rückwirkende Anwendung des für die Kommanditgesellschaft geltenden Rechts ist nicht möglich. Das Stehenlassen von Gewinnen in der Kapitalgesellschaft kann daher nicht rückwirkend als Leistung einer Einlage gewertet werden.

c) Haftung bei Rückgewähr eigenkapitalersetzender Gesellschafterdarlehen

Darlehen, die der Kommanditist bereits der formwechselnden Kapitalgesellschaft gewährt hat und die dort aufgrund der Regeln zu den

[1036] *Weipert*, in: Ebenroth, HGB, § 167 Rn. 6; *K. Schmidt*, in: Schlegelberger, HGB, §§ 171, 172, Rn. 56.

eigenkapitalersetzenden Regeln in Eigenkapital umzuqualifizieren waren, sind auch in der Kommanditgesellschaft zugunsten der Altgläubiger weiterhin als Eigenkapital anzusehen. Die auf die Einlage des Kommanditisten begrenzte Haftung bietet andernfalls keinen angemessenen Ausgleich für den Fortfall der Kapitalerhaltungsregeln.[1037] Fraglich ist jedoch, welche Rechtsfolgen bei einer Rückzahlung des Darlehens trotz Fortbestehens der Krise gelten. In Betracht kommt zunächst ein Erstattungsanspruch der Gesellschaft aus § 31 GmbHG analog. Hierfür spricht, dass die analoge Anwendung des § 31 GmbHG auch im Rahmen des § 172a HGB anerkannt ist.[1038] Dort beruht die analoge Anwendung jedoch auf der mittelbaren Gefährdung des Vermögens der GmbH. Bei der typischen Kommanditgesellschaft ist die Rückzahlung der Einlagen an den Kommanditisten jedoch nicht untersagt, sondern nur mit den Sanktionen des § 172 Abs. 4 belegt. Wenn aber schon die Rückzahlung des Eigenkapitals keinen Erstattungsanspruch auslöst, kann auch die Rückzahlung des lediglich eigenkapitalersetzenden Darlehens einen solchen nicht begründen.[1039] Die Rückzahlung des Darlehens kann daher allenfalls die Haftungsfolgen des § 172 Abs. 4 HGB auslösen. Rechtstechnisch ist dies zu bewältigen, indem gegenüber den Altgläubigern von einer Haftsumme in Höhe des ehemaligen Anteils des Kommanditisten am Nennkapital der Kapitalgesellschaft zuzüglich der Summe des eigenkapitalersetzenden Darlehens auszugehen ist. Eine anderweitige Festsetzung im Umwandlungsbeschluss brauchen die Altgläubiger gem. § 174 Hs. 2 HGB analog nicht gegen sich gelten zu lassen. Aufgrund der Eigenkapitalersatzregeln entfällt die Haftung jedoch auch gegenüber den Altgläubigern, wenn sich die Kommanditgesellschaft nicht mehr in der Krise befindet. Da das Darlehen unter diesen Umständen nicht mehr in Eigenkapital umzuqualifizieren ist und folglich frei wird, entfallen auch die Voraussetzungen für die Haftung des Kommanditisten im Außenverhältnis.

2. Haftung bei Ausscheiden nach Barabfindung und bei baren Zuzahlungen

a) Wiederaufleben der Haftung bei Leistung einer Barabfindung

Denjenigen Gesellschaftern, die gegen den Formwechsel gestimmt und Widerspruch zur Niederschrift erklärt haben, ist vom formwechselnden Rechtsträger ein Barabfindungsgebot nach § 207 UmwG zu unterbreiten. Der Formwechsel in die KG erfolgt grundsätzlich durch Mehrheitsbeschluss, § 233 Abs. 2 S. 1 UmwG. Erforderlich ist eine Mehrheit von mindestens drei Vierteln

---

[1037] Vgl. dazu oben 5. Kapitel:II.3.c)(b).
[1038] Vgl. dazu oben 5. Kapitel:II.3.b)(a).
[1039] *K. Schmidt*, GmbHR 1986, 337 (340).

der abgegebenen Stimmen (Formwechsel aus der GmbH) bzw. des vertretenen Grundkapitals (Formwechsel aus der AG oder KGaA). Lediglich Gesellschafter, die die Stellung eines persönlich haftenden Gesellschafters übernehmen, müssen dem Formwechselbeschluss gem. § 233 Abs. 2 S. 3 UmwG in jedem Fall zustimmen. Der Gesellschaftsvertrag oder die Satzung können gem. § 233 Abs. 2 S. 2 UmwG strengere Maßgaben vorsehen. Nimmt der Kommanditist das Angebot an und scheidet gegen Barabfindung aus dem Rechtsträger aus, stellt sich die Frage nach den haftungsrechtlichen Konsequenzen.

Nach der gesetzlichen Konzeption scheidet der Gesellschafter bei der Annahme der Barabfindung nach den §§ 207 ff. UmwG aus dem Rechtsträger neuer Rechtsform aus. Der Gesellschafter scheidet daher als Kommanditist aus einer Kommanditgesellschaft aus und unterliegt den hierfür geltenden Haftungsvorschriften. Dagegen kann nach einer in der Literatur vertretenen Ansicht die Annahme des Barabfindungsangebots bereits vor dem Wirksamwerden des Formwechsel erklärt werden. Sie richte sich dann an den Rechtsträger alter Rechtsform und werde automatisch mit dem durch die Wirksamkeit des Formwechsels aufschiebend bedingt erklärten Angebot des formwechselnden Rechtsträgers wirksam. Auch das dingliche Erfüllungsgeschäft (Übertragung der Anteile) bzw. der Austritt könne bereits vor der Eintragung des Formwechsels, aufschiebend bedingt durch dessen Wirksamkeit, vorgenommen bzw. erklärt werden. Der Anteilsinhaber werde dann erst gar nicht Anteilsinhaber des Rechtsträgers neuer Rechtsform.[1040] Dem ist jedoch der klare Wortlaut des § 207 UmwG entgegenzuhalten, nach dem der Rechtsträger den Erwerb der umgewandelten Anteile anzubieten hat.[1041] Auch § 209 S. 1 UmwG bestimmt, dass das Angebot nur innerhalb von zwei Monaten nach der Eintragung der neuen Rechtsform angenommen werden kann. Der Gesetzgeber wollte zudem in den §§ 207 ff. UmwG die Abfindungsregelung der §§ 369 Abs. 4, 375, 388 AktG 1965 für den Formwechsel einer AG/KGaA in eine GmbH übernehmen.[1042] Auch für diese war anerkannt, dass der widersprechende Gesellschafter aus dem Rechtsträger neuer Rechtsform ausscheidet.[1043] Ein Austritt vor dem Formwechsel kann daher nur nach den allgemeinen Vorschriften erfolgen.[1044]

[1040] *Meister/Klöcker*, in: Kallmeyer, UmwG, § 209 Rn. 3.
[1041] *Decher*, in: Lutter, UmwG, § 207 Rn. 13.
[1042] Begr. RegE, in: Ganske, Umwandlungsrecht, S. 231.
[1043] *Semler/Grunewald*, in: Geßler/Hefermehl, AktG, § 375 Rn. 12; *Godin/Wilhelmi*, AktG, § 375 Anm. 7.
[1044] *Grunewald*, in: Lutter, UmwG, § 31 Rn. 10 für die gleichlautenden Vorschriften bei der Verschmelzung.

Auf den gegen eine Barabfindung ausscheidenden Kommanditisten sind daher die §§ 171 Abs. 1, 172 Abs. 4, 160 HGB anwendbar. Demnach lässt auch die Zahlung einer Abfindung im Rahmen des Ausscheidens die Haftung des Kommanditisten nach §§ 172 Abs. 4 S. 1, 171 Abs. 1 HGB aufleben.[1045] Der Kommanditist haftet gem. § 160 HGB bis zu fünf Jahre nach dem Ausscheiden für die bis zu diesem Zeitpunkt begründeten Verbindlichkeiten der Gesellschaft. Dies ist für den nicht persönlich haftenden Gesellschafter, der aufgrund einer Mehrheitsentscheidung für den Formwechsel aus der Gesellschaft ausscheidet, besonders misslich. Der Gesetzgeber, der die dissentierende Minderheit dadurch privilegieren wollte, dass er entgegen dem alten Umwandlungsrecht eine Beteiligung an dem neuen Rechtsträger für alle Formwechselfälle gleichermaßen vorgesehen hat, scheint diese haftungsrechtliche Konsequenz für den Kommanditisten nicht bedacht zu haben. Angesichts des klaren Wortlautes der § 207 ff. UmwG ist ein abweichendes Ergebnis allerdings nicht zu begründen. Auch eine Korrektur der Rechtsfolgenseite - also der haftungsrechtlichen Vorschriften des HGB - ist systematisch nicht begründbar. Dem ausscheidenden Gesellschafter ist daher zu empfehlen, sich entweder bereits vor dem Formwechsel seiner Anteile nach den in den Kapitalgesellschaften geltenden Regeln zu entledigen oder zumindest das Angebot der Barabfindung aufschiebend bedingt durch die Eintragung der neuen Rechtsform anzunehmen. Dadurch kann er zwar den Eintritt in die Position des Kommanditisten nicht verhindern, seine Haftung aber zumindest auf die Verbindlichkeiten des Rechtsträgers alter Rechtsform beschränken. Darüber hinaus kann er eine Haftung vermeiden, indem er sich die Barabfindung nur in einer Höhe auszahlen lässt, die sein Kapitalkonto nicht unter die Höhe seiner Beteiligung am Garantiekapital der Gesellschaft sinken lässt.[1046] Der Restbetrag sollte der Gesellschaft bis zum Ablauf der Frist des § 160 HGB gestundet werden.

b) Wiederaufleben der Haftung bei baren Zuzahlungen

Gleiches muss erst recht gelten, wenn der Kommanditist in der Gesellschaft verbleibt, aber aufgrund einer zu niedrigen Bemessung des Beteiligungsverhältnisses oder weil die Beteiligung am Rechtsträger neuer Rechtsform keinen ausreichenden Gegenwert für die Anteile bei dem formwechselnden Rechtsträger bietet, eine bare Zuzahlung nach § 196 UmwG

1045 Vgl. *K. Schmidt*, in: Schlegelberger, HGB, §§ 171, 172 Rn. 73.

1046 Die gegenteilige Ansicht *K. Schmidts*, nach der § 172 Abs. 4 HGB das Kapital der KG umfassend schützt und daher jede Auszahlung an den Kommanditisten, die nicht auf einem ausgewiesenen Gewinn beruhen, haftungsschädlich ist, hat sich nicht durchgesetzt, vgl. *ders.*, in: Schlegelberger, HGB, §§ 171, 172 Rn. 64.

erlangt. Diese Fälle dürften jedoch in der Praxis selten relevant werden, da beim Formwechsel die Beteiligungsverhältnisses am Rechtsträger neuer Rechtsform in der Regel mit den bisherigen Beteiligungsverhältnissen identisch sein werden.[1047]

3. Haftung nach § 176 Abs. 1 HGB

Nach dem alten Umwandlungsgesetz unterlag der Kommanditist der Haftung nach § 176 Abs. 1 HGB, wenn die Kommanditgesellschaft die Geschäfte der umzuwandelnden Kapitalgesellschaft zwischen Eintragung des Umwandlungsbeschlusses und der Eintragung der neuen Gesellschaft fortführte. Dies beruhte darauf, dass der Umwandlungsbeschluss zunächst in das Handelsregister der übertragenden Gesellschaft eingetragen wurde, woraufhin diese gem. § 5 S. 2 UmwG 1969 erlosch. Die Personenhandelsgesellschaft entstand zwar mit Eintragung des Umwandlungsbeschlusses, wurde selbst aber erst nach der Eintragung des Umwandlungsbeschlusses von Amts wegen in das neue Register eingetragen (§§ 20 S. 1, 18 Abs. 2, 24 Abs. 1 S. 1 UmwG 1969).[1048] Für die im Zeitraum zwischen der Entstehung der KG und deren Eintragung begründeten Verbindlichkeiten haftete der Kommanditist nach § 176 Abs. 1 HGB.[1049]

Gegenstand der Anmeldung beim Formwechsel nach dem neuen Umwandlungsgesetz ist nicht der Umwandlungsbeschluss, sondern die neue Rechtsform des Rechtsträgers.[1050] In der Regel findet nur eine Eintragung des Formwechsels statt (§ 198 Abs. 1 UmwG). Das Registergericht schließt dabei das Registerblatt des formwechselnden Rechtsträgers und legt ein neues Registerblatt mit einer neuen HR-Nummer an.[1051] Eine zweifache Eintragung, die zeitlich auseinander fällt, ist nur noch bei gleichzeitiger Sitzverlegung des formwechselnden Rechtsträgers oder bei einer Änderung der Art des für den Rechtsträger maßgebenden Registers[1052] denkbar. In diesen Fällen ist der Formwechsel sowohl in das für die neue Rechtsform zuständige Register (§ 198

1047 *Decher*, in: Lutter, UmwG, § 196 Rn. 2; Stellungnahme des Handelsrechtsausschusses des DAV zum Referentenentwurf eines Gesetzes zur Bereinigung des Umwandlungsrechts, WM 1993, Sonderbeilage Nr. 2, Rn. 152.

1048 *Schilling*, in: Hachenburg, GmbHG, Anh. § 77, § 18 UmwG Rn. 3.

1049 *Zimmermann*, in: Rowedder, GmbHG, 2. Auflage, Anh. § 77 Rn. 292; *Schilling*, in: Hachenburg, GmbHG, Anh. § 77, § 20 UmwG Rn. 4.

1050 *Decher*, in: Lutter, UmwG, § 198 Rn. 1.

1051 *Zimmermann*, in: Kallmeyer, UmwG, § 198 Rn. 2.

1052 Ein solcher Wechsel der Art des Registers liegt nicht bei einem Wechsel der Abteilungen (A oder B) des Handelsregisters vor. Gemeint ist z.B. der Wechsel vom Handelsregister zum Partnerschafts- oder Vereinsregister, vgl. *Priester*, DNotZ 1995, 427 (453).

Abs. 2 S. 2 UmwG) als auch in das Register des Rechtsträgers alter Rechtsform einzutragen (§ 198 Abs. 2 S. 3 UmwG). Dabei hat die Eintragung in das neue Register der Eintragung in das alte gem. § 198 Abs. 2 S. 5 UmwG zeitlich nachzufolgen. In diesen Fällen ist die Eintragung in das Register des formwechselnden Rechtsträgers gem. § 198 Abs. 2 S. 4 UmwG mit dem Vermerk zu versehen, dass die Umwandlung erst mit der Eintragung des Rechtsträgers neuer Rechtsform in das für diese maßgebende Register wirksam wird. Der formwechselnde Rechtsträger existiert daher bis zur Eintragung der neuen Rechtsform in der alten Rechtsform weiter. Eine Haftung nach § 176 Abs. 1 HGB kommt folglich nicht mehr in Betracht.[1053] Hierfür spricht auch, dass die für die KG geltenden Regeln abweichend von §§ 161 Abs. 2, 123 Abs. 2 HGB erst mit der Eintragung des Formwechsels gelten (§ 202 Abs. 1 Nr. 1 UmwG).[1054]

4. Zusammenfassung

Die Haftsumme des Kommanditisten kann beim Formwechsel in die Personenhandelsgesellschaft frei festgesetzt werden. Da die beschränkte Haftung des Kommanditisten jedoch kein Äquivalent für die vormals geltenden Kapitalbindungsregeln darstellt, gilt zugunsten der Altgläubiger eine Haftsumme mindestens in Höhe des ehemaligen Anteils am Garantiekapital der Kapitalgesellschaft als festgesetzt. Dies ergibt sich aus einer analogen Anwendung von § 174 Hs. 2 HGB. Eine haftungsbefreiende Leistung von Einlagen kann nur in der Zuführung tatsächlicher Werte in das Vermögen der Gesellschaft vor oder nach dem Formwechsel gesehen werden. Der Anteil des Kommanditisten an der Gesellschaft alter Rechtsform stellt keine Einlage dar. Hat der Kommanditist der Kapitalgesellschaft ein eigenkapitalersetzendes Darlehen gewährt, so sind die Rechtsfolgen entsprechend der Haftung des Kommanditisten zu modifizieren. Die Darlehenssumme ist daher der gegenüber den Altgläubigern geltenden Mindesthaftsumme hinzuzurechnen. Die demnach bei einer Rückzahlung des Darlehens eintretende Haftung des Kommanditisten nach § 172 Abs. 4 S. 1 HGB analog erlischt jedoch mit Beendigung der Krise der Gesellschaft.

Die Zahlung einer Barabfindung nach den §§ 207 ff. UmwG lässt die Haftung des Kommanditisten nach § 172 Abs. 4 S. 1 HGB wieder aufleben. Gleiches gilt für die Leistung einer baren Zuzahlung nach § 196 UmwG. Eine Haftung des

---

[1053] *Happ*, in: Lutter, UmwG, § 234 Rn. 35.

[1054] *Dirksen*, in: Kallmeyer, UmwG, § 234 Rn. 5; *Vossius*, in: Widmann/Mayer, Umwandlungsrecht, § 228 UmwG Rn. 34.

Kommanditisten nach § 176 Abs. 1 HGB ist dagegen beim Formwechsel nach dem neuen Umwandlungsrecht nicht mehr denkbar.

6. Kapitel: Gläubigerschutz beim Formwechsel zwischen Kapitalgesellschaften

Der identitätswahrende Formwechsel zwischen Kapitalgesellschaften war bereits nach dem alten Umwandlungsrecht möglich.[1055] Im Vergleich zum Formwechsel zwischen Personen- und Kapitalgesellschaften mag der Formwechsel zwischen Kapitalgesellschaften aus Sicht der Gläubiger weniger brisant erscheinen. Seit der GmbH-Novelle von 1980 sind die Gründungsvorschriften im GmbHG weitgehend denjenigen des Aktiengesetzes angepasst. Dennoch treten auch hier einige interessante Fragen auf. Im Folgenden ist zunächst wiederum auf den Schutz des Gesellschaftsvermögens, dann auf die Haftung der Gesellschafter und abschließend auf einige formelle Gläubigerschutzvorschriften einzugehen.

I. Kapitalschutz

1. Kapitalfestsetzung

Anders als beim Formwechsel in eine Kapitalgesellschaft kann beim Formwechsel zwischen Kapitalgesellschaften das Nennkapital nicht ohne weiteres frei festgesetzt werden.

a) Kontinuität des Nennkapitals

Nach § 202 Abs. 1 Nr. 1 UmwG hat der Formwechsel zur Folge, dass der formwechselnde Rechtsträger in der im Umwandlungsbeschluss bestimmten neuen Rechtsform fortbesteht. Hieran anknüpfend bestimmt § 247 Abs. 1 UmwG, dass durch den Formwechsel das Stammkapital einer formwechselnden GmbH zum Grundkapital der Gesellschaft neuer Rechtsform und umgekehrt das Grundkapital der formwechselnden AG/KGaA zum Stammkapital der GmbH wird. Gleiches muss, obwohl vom Gesetzeswortlaut nicht eindeutig gedeckt, auch für den Formwechsel zwischen einer AG und einer KGaA gelten.[1056] Dies ergibt sich aus der amtlichen Begründung, die die Regelung des § 247 Abs. 1

[1055] Vgl. dazu die §§ 362 ff. AktG 1965.

[1056] *Happ*, in: Lutter, UmwG, § 247 Rn. 3 f.; *Rieger*, in: Widmann/Mayer, Umwandlungsrecht, § 247 UmwG Rn. 10 f; *Scheel*, in: Semler/Stengel, UmG, § 247 Rn. 2 führt das Fehlen einer Regelung darauf zurück, dass bei beiden Rechtsformen von einem „Grundkapital" gesprochen werde.

UmwG als „eine Konsequenz der rechtlichen Kontinuität und Identität des Rechtsträgers beim Übergang von der einen in eine andere Form der Kapitalgesellschaft“ ansieht.[1057]

Das Nennkapital wird beim Formwechsel nicht neu geschaffen, sondern im Gesellschaftsvertrag bzw. der Satzung lediglich fortgeschrieben.[1058] Die Höhe des Nennkapitals wird durch den Formwechsel folglich nicht berührt.

b) Kapitaländerungsmaßnahmen

Eine Veränderung der Nennkapitalziffer kann dennoch auch beim Formwechsel zwischen Kapitalgesellschaften wünschenswert oder gar erforderlich sein. Letzteres ist z.B. der Fall, wenn das Garantiekapital beim Formwechsel in die AG zur Erreichung des Mindestnennkapitals von EUR 50.000 (§ 7 AktG) erhöht oder zur Beseitigung einer Unterbilanz[1059] herabgesetzt werden muss.[1060] Für Kapitalerhöhungen und Kapitalherabsetzungen sehen sowohl das GmbH-Gesetz als auch das Aktiengesetz eine Vielzahl von Vorschriften zum Schutz der Anteilsinhaber und Gläubiger vor. Diese sollen durch einen Formwechsel mit gleichzeitiger Veränderung der Nennkapitalziffer nicht umgangen werden können.[1061] § 243 Abs. 2 UmwG bestimmt daher, dass die Vorschriften anderer Gesetze über die Änderung des Stammkapitals oder des Grundkapitals durch die Bestimmungen zum Formwechsel unberührt bleiben. Die Gesellschafter können demnach im Gesellschaftsvertrag der GmbH oder in der Satzung der AG/KGaA das Nennkapital abweichend von der bisherigen Höhe festsetzen. Dies ist aber nur unter Beachtung der einschlägigen Vorschriften zur Kapitalerhöhung oder Kapitalherabsetzung möglich.[1062]

Umstritten ist, welche Vorschriften bei einer Veränderung der Nennkapitalziffer im Einzelfall zu beachten sind. Einigkeit besteht nur für den Fall, dass die Kapitalmaßnahme zum Zeitpunkt der Wirksamkeit des Formwechsel bereits wirksam sein soll. Dann ist das Recht des formwechselnden Rechtsträgers anzuwenden.[1063] Für den Fall, dass die Kapitalmaßnahme erst mit dem

---

[1057] Begr. RegE, in: Ganske, Umwandlungsrecht, S. 263.
[1058] Begr. RegE, in: Ganske, Umwandlungsrecht, S. 263.
[1059] Zum Formwechsel bei bestehender Unterbilanz vgl. noch unten 6. Kapitel:I.2.a).
[1060] *Happ*, in: Lutter, UmwG, § 247 Rn. 7; Begr. RegE, in: Ganske, Umwandlungsrecht, S. 260.
[1061] Begr. RegE, in: Ganske, Umwandlungsrecht, S. 260.
[1062] *Dirksen*, in: Kallmeyer, UmwG, § 247 Rn. 2; *Happ*, in: Lutter, UmwG, § 243 Rn. 44.
[1063] *Rieger*, in: Widmann/Mayer, Umwandlungsrecht, § 243 UmwG Rn. 48; *Happ*, in: Lutter, UmwG, § 247 Rn. 7; *Stratz*, in: Schmitt/Hörtnagl/Stratz, UmwG/UmwStG, § 243 UmwG

Formwechsel wirksam werden soll, ist die Zahl der unterschiedlichen Ansichten fast unüberschaubar. Zum Teil sollen jeweils die Vorschriften der alten Rechtsform maßgeblich sein, da die Aktionäre der formwechselnden AG nur eine Kapitaländerung des Grundkapitals, die Gesellschafter einer GmbH nur die Änderung des Stammkapitals beschließen könnten.[1064] Nach anderer Ansicht soll sich die Kapitaländerung immer nach dem Recht des Rechtsträgers neuer Rechtsform richten, da sich die Kapitalmaßnahme erst dort auswirke.[1065] Andere unterscheiden danach, wann die Anmeldung[1066] oder wann die Eintragung[1067] der Kapitalmaßnahme erfolgt. Wieder andere wollen danach differenzieren, ob die Kapitalmaßnahme mit dem Formwechsel stehen oder fallen oder unabhängig von diesem erfolgen soll. Im ersten Fall sei es ausnahmsweise zulässig, dass die Kapitalmaßnahme im Vorgriff auf das nach dem Formwechsel geltende Recht beschlossen werde. Soll die Kapitalmaßnahme dagegen unabhängig vom Eintritt des Formwechsels gelten, müsse sie nach den Vorschriften des formwechselnden Rechtsträgers durchgeführt werden, um die Geltung auch für den Fall eines Scheiterns des Formwechsels sicherzustellen.[1068]

Hervorzuheben ist zunächst, dass der Beschluss einer durch die Eintragung des Formwechsels bedingten Kapitalmaßnahme trotz der sonst anerkannten Bedingungsfeindlichkeit von Kapitalmaßnahmen[1069] zulässig ist. Die Bedingungsfeindlichkeit von Kapitalmaßnahmen hat ihren Grund im Schutz des Rechtsverkehrs vor Rechtsunsicherheit. Eine Rechtsunsicherheit entsteht durch die Verknüpfung der Kapitalmaßnahme mit der Eintragung der neuen Rechtsform jedoch nicht. Vielmehr handelt es sich um ein technisches Hilfsmittel, das die Verbindung der Kapitalmaßnahme mit der Umwandlung sicherstellt. Die Kapitalmaßnahme soll nicht unter Hinzufügung einer Bedingung eingetragen werden. Dies wäre in der Tat nach geltendem Recht nicht möglich. Vielmehr wird dafür gesorgt, dass die Kapitalmaßnahme nicht

---

Rn. 6; bereits für den Formwechsel nach altem Recht, *Semler/Grunewald*, in: Geßler/Hefermehl, AktG, § 369 Rn. 37, § 376 Rn. 28; *Zimmermann*, in: Rowedder, GmbHG, 2. Auflage, Anh. § 77 Rn. 36, 96; *Zöllner*, in: KK, § 369 Rn. 59, § 376 Rn. 36.

1064 *Dirksen*, in: Kallmeyer, UmwG, § 243 Rn. 10 f.

1065 *Mertens*, AG 1995, 561 f.

1066 So *Laumann*, in: Goutier/Knopf/Tulloch, Umwandlungsrecht, § 243 UmwG Rn. 27.

1067 *Rieger*, in: Widmann/Mayer, Umwandlungsrecht, § 243 UmwG Rn. 47 f.

1068 *Happ*, in: Lutter, UmwG, § 243 Rn. 46 f.; auch *Zöllner*, in: KK, § 369 Rn. 59 f., § 376 Rn. 36 zum alten Recht; nach *Rieger*, in: Widmann/Mayer, Umwandlungsrecht, § 243 UmwG Rn. 50 f. soll die Kapitalerhöhung dagegen in diesem Fall ausnahmsweise nach den für die formwechselnde Gesellschaft geltenden Vorschriften durchgeführt werden.

1069 *Priester*, in Scholz, GmbHG, § 55 Rn. 34.

ohne den Formwechsel eingetragen wird.[1070] Festzuhalten ist auch, dass sich das Verfahren der Beschlussfassung immer an den Normen zu orientieren hat, die zum Zeitpunkt der Beschlussfassung gelten. Denn in der GmbH werden GmbH-Beschlüsse, in der AG Hauptversammlungsbeschlüsse gefasst. Worüber welches Organ einer Gesellschaft beschließt und nach welchem Verfahren dies geschieht, bestimmt sich daher nach dem zum Zeitpunkt der Beschlussfassung anwendbaren Recht.[1071]

Danach verbleibt die Frage nach dem anwendbaren materiellen Recht. Die bei Kapitalmaßnahmen einschlägigen materiellen Vorschriften dienen neben dem Schutz der Anteilsinhaber insbesondere dem Gläubigerschutz. Die Beantwortung der Frage nach dem materiellen Recht kann daher nicht in das Belieben der Gesellschafter gestellt werden. Daher kann auch nicht entscheidend sein, ob die Kapitalmaßnahme mit dem Formwechsel stehen oder fallen oder unabhängig von diesem durchgeführt werden soll. Aber auch die anderen genannten Entscheidungskriterien erscheinen wenig sachgerecht. Der Zeitpunkt der Anmeldung einer Kapitalmaßnahme ist für den Gläubiger weder ersichtlich noch wirkt sich die Anmeldung unmittelbar auf seine Interessen aus. Sie kann daher nicht der ausschlaggebende Gesichtspunkt sein. Die Eintragung der Kapitalmaßnahme erfolgt in der vorliegenden Konstellation jeweils gleichzeitig mit der Eintragung der neuen Rechtsform. Deshalb kann sie keine Anhaltspunkte für die Beantwortung der Frage nach dem anwendbaren materiellen Recht bieten.

Im Hinblick auf die Gläubigerinteressen ist vielmehr folgendermaßen zu differenzieren. Von der Kapitalherabsetzung sind die Altgläubiger der Gesellschaft betroffen. Sie sind im Vertrauen auf das satzungsgemäße Grund- oder Stammkapital vertragliche Beziehungen zu der Gesellschaft eingegangen. Dem Schutz der Altgläubiger dienen auch die Vorschriften des § 225 AktG und des § 58 Abs. 1 GmbHG. Dagegen kontrahieren die Neugläubiger bereits mit einer Gesellschaft, die mit dem niedrigeren Grund- oder Stammkapital ausgestattet ist. Ein schützenswertes Vertrauen auf die alte Kapitalziffer besteht bei ihnen nicht. Da die Altgläubiger ihre Verträge mit der Gesellschaft alter Rechtsform geschlossen haben, sind auf die Kapitalherabsetzung auch deren Gläubigerschutzvorschriften anzuwenden.

[1070] *Rieger*, in: Widmann/Mayer, Umwandlungsrecht, § 243 UmwG Rn. 51; *K. Schmidt*, AG 1985, 150 (154).

[1071] *Laumann*, in: Goutier/Knopf/Tulloch, Umwandlungsrecht, § 243 UmwG Rn. 26; *K. Schmidt*, AG 1985, 150 (153).

Entgegengesetzt verhält es sich bei der Kapitalerhöhung. Während die Altgläubiger ein schützenswertes Interesse nur bezüglich der ehemaligen Kapitalziffer haben, richten sich die Kapitalaufbringungsvorschriften bei der Kapitalerhöhung an die Adresse der Neugläubiger. Da diese mit der Gesellschaft neuer Rechtsform kontrahieren, sind auf die zugleich mit dem Formwechsel erfolgende Kapitalerhöhung die Vorschriften der neuen Rechtsform anwendbar.

Kapitalmaßnahmen, die nach dem Recht des Rechtsträgers neuer Rechtsform nicht zulässig sind - dies betrifft insbesondere die nur im Aktiengesetz vorgesehenen bedingten (§§ 192 ff. AktG) und genehmigten (§§ 202 ff. AktG) Kapitalia beim Formwechsel in die GmbH - sind im Übrigen bis zur Wirksamkeit des Formwechsels abzuschließen. Andernfalls erledigen sie sich, da es in der Zielrechtsform keine kongruenten Kapitalmaßnahmen gibt.[1072]

2. Kapitaldeckung

a) Formwechsel bei Unterbilanz

Für die identitätswahrende Umwandlung von einer AG in eine GmbH nach altem Recht war anerkannt, dass der Formwechsel auch bei einer bestehenden Unterbilanz durchgeführt werden konnte.[1073] Gleiches galt für den Formwechsel zwischen AG und KGaA. Nur im Fall der Überschuldung war ein Formwechsel ausgeschlossen und statt dessen ein Konkursverfahren zu eröffnen.[1074] Für den Fall der Umwandlung einer GmbH in eine AG oder KGaA war dagegen aufgrund des Verweises auf die Gründungsvorschriften in § 378 AktG 1965 umstritten, ob das künftige Grundkapital der AG oder KGaA durch das Reinvermögen der GmbH voll gedeckt sein musste. Teilweise wurde dies im Hinblick auf das von dem Verweis auf die Gründungsvorschriften erfasste Verbot der Unterpari-Emission gefordert.[1075] Die überwiegende Auffassung hielt

---

1072 *Laumann*, in: Goutier/Knopf/Tulloch, Umwandlungsrecht, § 243 UmwG Rn. 28; *Rieger*, in: Widmann/Mayer, Umwandlungsrecht, § 243 UmwG Rn. 65, 67; vgl. zur Problematik auch *Happ*, in: Lutter, UmwG, § 243 Rn. 48.

1073 OLG Hamm, Rpfleger 1984, 21; *Baumbach/Hueck*, AktG, § 369 Rn. 15; *Meyer-Landrut*, in: Großkommentar AktG, § 369 Anm. 13; *Semler/Grunewald*, in: Geßler/Hefermehl, AktG, § 369 Rn. 49; *Zöllner*, in: KK, § 369 Rn. 77.

1074 *Priester*, AG 1986, 29 (30 f.); *K. Schmidt*, AG 1985, 150 (151).

1075 *Noelle*, AG 1990, 475 (476 ff.), jedoch sollen für einen gegebenenfalls erforderlichen Vermögensstatus die Zeitwerte der zu erfassenden Gegenstände maßgeblich sein (a.a.O., S. 478); i.E. wohl ebenso *Godin/Wilhelmi*, AktG, § 376 Anm. 2.

eine Kapitaldeckung dagegen nicht für erforderlich.[1076] Sie stützte sich insbesondere auf das beim Formwechsel zwischen Kapitalgesellschaften schon damals geltende Identitätsprinzip. Im Gegensatz zur übertragenden Umwandlung werde bei der formwechselnden der Rechtsträger nicht neu geschaffen. Die juristische Person bleibe bestehen. Eine Gleichstellung mit der übertragenden Umwandlung könne auch nicht mit den Unterschieden zwischen AG und GmbH bei der Kapitalsicherung begründet werden. Der Zustand der Unterbilanz sei unerfreulich, werde aber vom Gesetz geduldet und durch den Formwechsel weder verschärft noch gemildert.[1077]

Das Inkrafttreten des neuen Umwandlungsgesetzes hat indessen eine kontroverse Debatte um den Formwechsel zwischen Kapitalgesellschaften bei bestehender Unterbilanz hervorgerufen. Dies beruht darauf, dass im neuen Umwandlungsgesetz nicht mehr nur ein pauschaler Verweis auf die Gründungsvorschriften in § 197 S. 1 UmwG existiert. Darüber hinaus wird vielmehr für die Fälle des Formwechsels von der GmbH in die AG/KGaA und zwischen AG und KGaA in den § 245 Abs. 1 - 3 UmwG im jeweiligen S. 2 auf § 220 UmwG verwiesen. Lediglich für den Formwechsel einer GmbH sieht § 245 Abs. 4 UmwG keinen entsprechenden Verweis vor. § 220 Abs. 1 UmwG schreibt die Deckung des Garantiekapitals durch das Aktivreinvermögen des formwechselnden Rechtsträgers ausdrücklich vor. Dagegen enthält die Gesetzesbegründung gleich an zwei Stellen einen ausdrücklichen Hinweis darauf, dass der Formwechsel - wie nach dem alten Recht - auch bei einer Unterbilanz weiterhin möglich sein soll.[1078]

Auch nach Inkrafttreten des neuen Umwandlungsgesetzes sprechen gute Gründe für die Zulässigkeit des Formwechsels zwischen Kapitalgesellschaften bei bestehender Unterbilanz. Zwar kann man sich nicht mehr auf den Unterschied zwischen übertragender und identitätswahrender Umwandlung berufen. Eine Differenzierung zwischen dem Formwechsel in die Kapitalgesellschaft einerseits und dem Formwechsel zwischen Kapitalgesellschaften andererseits lässt sich aber mit dem Argument rechtfertigen, dass nur der erstmalige Eintritt in die Rechtsform einer Kapitalgesellschaft die Überprüfung der Deckung des

---

[1076] *Priester*, AG 1986, 29 (30); *K. Schmidt*, AG 1985, 150 (151); *Semler/Grunewald*, in: Geßler/Hefermehl, AktG, § 376 Rn. 36; *Zöllner*, in: KK, § 376 Rn. 45.

[1077] *Priester*, AG 1986, 29 (30 f.); *K. Schmidt*, AG 1985, 150 (151).

[1078] Vgl. Begr. RegE, in: Ganske, Umwandlungsrecht, S. 262 und 263; dies übersieht *Petersen*, Der Gläubigerschutz im Umwandlungsrecht, S. 119, wenn er als Argument für das Erfordernis einer Reinvermögensdeckung anführt, entsprechende Ausführungen seien im Gegensatz zur Begründung des Diskussions- und des Regierungsentwurfes in der amtlichen Begründung zum Umwandlungsgesetz nicht mehr enthalten.

satzungsmäßigen Garantiekapitals durch das Vermögen der formwechselnden Gesellschaft erfordert.[1079] Auch das mit dem neuen Umwandlungsgesetz angestrebte Ziel, bestehende Umwandlungsmöglichkeiten zu erleichtern und zu erweitern,[1080] spricht gegen die Verschärfung der gesetzlichen Vorgaben. Aus Sicht der Gläubiger ist das Verbot des Formwechsels bei bestehender Unterbilanz nicht notwendig vorteilhaft. Unterbleibt der Formwechsel, ändert dies an der Unterbilanz nichts. Ist die Unterbilanz dagegen im Vorfeld des Formwechsels zu beseitigen, muss dies nicht notwendigerweise durch die Zuführung neuen Kapitals erfolgen. Die Unterbilanz kann auch durch eine (vereinfachte) Herabsetzung des Nennkapitals der GmbH beseitigt werden.[1081] Dies würde dem Gläubigerschutz aber eher schaden, da damit die Schranken für Ausschüttungen herabgesetzt würden. Bei einer Beibehaltung der Garantiekapitalziffer in ihrer ursprünglichen Höhe müssten zukünftige Gewinne dagegen solange zurückbehalten werden, bis das Garantiekapital wieder aufgefüllt ist. Da beim Formwechsel keine neuen Anteile ausgegeben werden, kann das Kapitaldeckungsgebot auch nicht dem Verbot der Unterpari-Emission (§ 9 Abs. 1 AktG) entnommen werden.[1082] Dementsprechend wird eine teleologische Reduktion der Verweisung auf § 220 UmwG gefordert. Der Verweis auf § 220 Abs. 1 UmwG stelle ein Redaktionsversehen dar.[1083]

Die Entstehungsgeschichte der Vorschrift des § 245 UmwG spricht indes gegen ein Redaktionsversehen des Gesetzgebers. Am Diskussions- (vgl. § 304 DiskE)[1084] und Referentenentwurf (vgl. § 240 RefE)[1085] zum Umwandlungsgesetz wurde das Fehlen einer ausdrücklichen Klarstellung der Rechtslage bemängelt und als Gesetzeslücke bezeichnet.[1086] Daraufhin wurde

---

1079 So noch *K. Schmidt*, ZGR 1993, 366 (372 f.) zum Referentenentwurf, der eine entsprechende Verweisung auf § 220 Abs. 1 UmwG noch nicht enthielt.

1080 Begr. RegE, in: Ganske, Umwandlungsrecht, S. 208.

1081 *Martens*, ZGR 1999, 548 (563 f.).

1082 *Busch*, AG 1995, 555 (557).

1083 Vgl. insbesondere *Happ*, in: Lutter, Kölner Umwandlungsrechtstage, 223 (243 f.); *ders.*, in: Lutter, UmwG, § 245 Rn. 13 (ausführlicher noch in der ersten Auflage, § 245 Rn. 11 ff.).

1084 Bundesanzeiger 1988, Nr. 214a, S. 159.

1085 Bundesanzeiger 1992, Nr. 112a, S. 138 f.

1086 So hatte *Priester* in IDW (Hrsg.), Reform des Umwandlungsrechts, das Fehlen einer ausdrücklichen Klarstellung der Rechtslage im Referentenentwurf noch bemängelt, vgl. S. 208. *Ganske* sprach sich an der gleichen Stelle gegen die Möglichkeit eines Formwechsels von der GmbH in die Aktiengesellschaft bei Unterbilanz aus und konstatierte eine Gesetzeslücke im Referentenentwurf. § 216 Abs. 1 des Referentenentwurf (nunmehr § 220 Abs. 1 UmwG) enthalte aber einen allgemeinen

der Verweis auf § 220 Abs. 1 UmwG in den Absätzen 1 bis 3 des § 245 UmwG am Ende des Gesetzgebungsverfahrens erstmals aufgenommen. Auch der bewusste Verzicht des Gesetzgebers in § 245 Abs. 4 UmwG auf den Verweis auf § 220 UmwG[1087] spricht gegen ein Redaktionsversehen. Andererseits ist fraglich, wie die Hinweise des Gesetzgebers in der Gesetzesbegründung auf die weiterhin bestehende Möglichkeit des Formwechsels zwischen Kapitalgesellschaften bei bestehender Unterbilanz zu verstehen sind. Der Widerspruch dürfte wohl darauf beruhen, dass sich die entsprechenden Hinweise nicht etwa in den Ausführungen zu § 245 UmwG selbst, sondern in denjenigen zu § 246 und § 247 UmwG finden.[1088] Folglich ist davon auszugehen, dass es sich hier um eine unüberlegte Übernahme der in der Tat gleichlautenden Begründungen der Entwürfe des Umwandlungsgesetzes zu diesen Vorschriften handelt. Die weit überwiegenden Stimmen in der Literatur sprechen sich denn auch für das Verbot des Formwechsels bei bestehender Unterbilanz aus.[1089] Dabei wird insbesondere auf die nunmehr auch für die GmbH bestehende Möglichkeit einer vereinfachten Kapitalherabsetzung verwiesen, die es rechtfertige, einer GmbH mit Unterbilanz aus Gründen des Verkehrsschutzes die Anerkennung des Status einer AG zu verweigern.[1090] Für die Anwendung des § 220 Abs. 1 UmwG spricht auch, dass der Sachgründungsbericht (§ 220 Abs. 2 UmwG) und die Gründungsprüfung (§ 220 Abs. 3) andernfalls weitgehend funktionslos wären.[1091] Konsequent ist es dagegen, wenn der Gesetzgeber beim Formwechsel in die GmbH, für den er nicht auf § 220 UmwG verweist, in § 245 Abs. 4 UmwG auch den Sachgründungsbericht für entbehrlich erklärt.

Grundsatz. Der Kapitalschutz sei für das Bundesjustizministerium eine „ideé fixe im Sinne von Berlioz, keine fixe Idee" (S. 212).

1087 Begr. RegE, in: Ganske, Umwandlungsrecht, S. 261.

1088 Vgl. Begr. RegE, in: Ganske, Umwandlungsrecht, S. 262 f.

1089 *K. Schmidt*, ZIP 1995, 1385; *Priester*, in: FS Zöllner, 449 (459 ff.); *Dirksen*, in: Kallmeyer, UmwG, § 245 Rn 4 ff.; *Laumann*, in: Goutier/Knopf/Tulloch, Umwandlungsrecht, § 245 UmwG Rn. 8; *Rieger*, in: Widmann/Mayer, Umwandlungsrecht, § 245 UmwG Rn. 54 f.; *Petersen*, Der Gläubigerschutz im Umwandlungsrecht, S. 119 ff.; *Trölitzsch*, Differenzhaftung für Sacheinlagen in Kapitalgesellschaften, S. 362 f.

1090 *K. Schmidt*, ZIP 1995, 1385; *Petersen*, Der Gläubigerschutz im Umwandlungsrecht, S. 121; *Laumann*, in: Goutier/Knopf/Tulloch, Umwandlungsrecht, § 245 UmwG Rn. 8

1091 *Priester*, in: FS Zöllner, 449 (461); ebenso *Petersen*, Der Gläubigerschutz im Umwandlungsrecht, S. 123; Vorsicht ist bei dieser Argumentation jedoch geboten, da der DiskE und der RefE tatsächlich nur den Verweis auf die Absätze 2 und 3 der dem jetzigen § 220 UmwG entsprechenden Vorschriften enthielten.

Für den Formwechsel in die AG ist auch auf Art. 10 Abs. 2 der Zweiten Richtlinie[1092] hinzuweisen, der für die Sachgründung einer AG den Bericht eines Sachverständigen über die Wertdeckung der auszugebenden Aktien vorsieht. Nach Art. 13 der Zweiten Richtlinie ist dieser auch beim Formwechsel in die AG erforderlich. Die Zweite Richtlinie gilt jedoch nicht für den Formwechsel in die KGaA.[1093] Darüber hinaus besteht auch kein Anlass, Art. 13 der Zweiten Richtlinie seinem Zweck nach auf den Formwechsel von der KGaA in die AG anzuwenden. Denn für die KGaA gelten aufgrund des Verweises in § 278 Abs. 3 AktG hinsichtlich der Kapitalaufbringung und der Kapitalerhaltung die gleichen Regeln wie in der AG.[1094] Vermag das Gebot der Reinvermögensdeckung beim Formwechsel aus der GmbH in eine AG oder KGaA aufgrund der dort in der Regel breiter gestreuten Anteile seine Rechtfertigung im Verkehrsschutz zu finden, überzeugt dieses Argument beim Formwechsel zwischen AG und KGaA nicht. Angesichts der Entstehungsgeschichte und des klaren Wortlauts der jeweiligen Sätze 2 des § 245 Abs. 2 und 3 UmwG ist jedoch auch der Formwechsel zwischen der AG und der KGaA bei bestehender Unterbilanz ausgeschlossen.[1095]

Die Ausführungen im 4. Kapitel zum Grundsatz der Reinvermögensdeckung beim Formwechsel in die Kapitalgesellschaft gelten entsprechend. In der Praxis verliert das Problem an Schärfe, da für die Deckung des Garantiekapitals nicht die Buchwerte, sondern die tatsächlichen Vermögenswerte maßgeblich sind.[1096]

Beim Formwechsel in die GmbH soll das Gebot der Reinvermögensdeckung dagegen aufgrund des fehlenden Verweises in § 245 Abs. 4 UmwG auf § 220 UmwG nicht gelten. Der Gesetzgeber hat den Verweis hier nicht für erforderlich gehalten, da in der AG/KGaA strengere Kapitalschutzvorschriften gelten würden als in der GmbH. Die Gründungsvorschriften würden hier nur eine untergeordnete Rolle spielen, da eine Umgehungsabsicht nicht zu befürchten stehe.[1097] Dies ist zu Recht kritisiert worden. Noch so strenge Kapitalschutzvorschriften können das Entstehen einer Unterbilanz nicht

---

[1092] Zweite Richtlinie des Rates vom 13. Dezember 1976 (77/91/EWG), ABl. Nr. L 26/1 v. 31.1.1977.
[1093] Vgl. zum Anwendungsbereich Art. 1 der Richtlinie.
[1094] Ebenso *Rieger*, in: Widmann/Mayer, Umwandlungsrecht, § 245 UmwG Rn. 54.
[1095] *Rieger*, in: Widmann/Mayer, Umwandlungsrecht, § 245 UmwG Rn. 55.
[1096] So auch *Happ*, in: Lutter, UmwG § 245 Rn. 13.
[1097] Begr. RegE, in: Ganske, Umwandlungsrecht, S. 261.

verhindern.[1098] Warum der Formwechsel bei Unterbilanz in die AG ausgeschlossen, dagegen in die GmbH zulässig sein sollte, ist nicht ersichtlich. Das erhöhte Bedürfnis des Schutzes des Rechtsverkehrs beim Formwechsel in die AG/KGaA aufgrund des in der Regel breiter gestreuten Anteilsbesitzes mag hierfür ein Argument sein. Im Wesentlichen dient das Gebot der Reinvermögensdeckung aber den Neugläubigern der Gesellschaft. Diese sind beim Formwechsel in die GmbH ebenso schutzwürdig wie beim Formwechsel in die AG/KGaA. So hat denn auch *Priester* vorgeschlagen, den Verweis auf § 220 UmwG im Wege einer Analogie auf den Formwechsel in die GmbH auszudehnen.[1099] Angesichts der berechtigten Bedenken gegen den Verweis auf § 220 Abs. 1 UmwG sollte der Anwendungsbereich dieser Vorschrift allerdings nicht auch noch im Wege der Analogie ausgedehnt werden.

Hervorzuheben ist abschließend der Versuch *Buschs*, die Gesetzesbegründung mit dem Wortlaut des Gesetzestextes in Einklang zu bringen. Demnach sei „Unterbilanz" i.S. der Gesetzesbegründung rein bilanziell zu verstehen, während es für die Vermögensdeckung nach § 220 Abs. 1 UmwG auf die tatsächlichen Vermögenswerte ankomme.[1100] Bereits unter der Geltung des alten Umwandlungsrechts war jedoch die an den tatsächlichen Werten zu bemessende Unterbilanz Gegenstand der Debatte.[1101] Da die Anmerkungen des Gesetzgebers in der Gesetzesbegründung im Lichte dieser Debatte gesehen werden müssen, vermag auch die Erklärung *Buschs* nicht zu überzeugen.[1102]

b) Ausstehende und zusätzliche Einlagen

Wie beim Formwechsel in die Kapitalgesellschaft stellt sich auch beim Formwechsel zwischen Kapitalgesellschaften die Frage, wie mit ausstehenden Einlagen zu verfahren ist. Soweit ersichtlich, wird die Ansicht, dass auch beim Formwechsel zwischen Kapitalgesellschaften eine Volleinzahlung der Einlagen erforderlich sei, nicht vertreten.[1103] Dies wäre im Hinblick auf die inhaltlich übereinstimmenden Regelungen zur Erbringung von Einlagen in der GmbH und

---

1098 So noch *Happ*, in: Lutter, UmwG (1. Auflage), § 245 Rn. 19, der freilich auf diese Unstimmigkeit nur hinwies, um die teleologische Reduktion der Verweisung auf § 220 UmwG zu rechtfertigen.

1099 *Priesters*, in: FS Zöllner, 449 (461).

1100 *Busch*, AG 1995, 555 (557).

1101 Vgl. nur *Priester*, AG 1986, 29 (30 f.); *K. Schmidt*, AG 1985, 150 (151).

1102 Zur Kritik an diesem Ansatz vgl. auch *Petersen*, Der Gläubigerschutz im Umwandlungsrecht, S. 118 f.; aber auch *Busch* selbst lässt Zweifel an dieser Interpretation des Begriffs der Unterbilanz erkennen, vgl. *ders.*, AG 1995, 555 (557).

1103 Vgl. *Happ*, in: Lutter, UmwG, § 245 Rn. 14 ff; *Priester*, in: FS Zöllner, 449 (462).

in der AG/KGaA auch nur schwer begründbar.[1104] Bereits unter der Geltung des alten Umwandlungsrechts wurde die Volleinzahlung von Einlagen von den weit überwiegenden Stimmen in der Literatur nicht für erforderliche gehalten. Da es sich um den Formwechsel von einer juristischen Person in eine andere handelt, war der identitätswahrende Charakter des Formwechsels bereits vor dem Inkrafttreten des neuen Umwandlungsgesetz weithin akzeptiert. Ein Volleinzahlungsgebot beim Formwechsel wurde folglich auch unter der Geltung des alten Umwandlungsrechts nicht erwogen.[1105] Einlageansprüche bleiben beim Formwechsel in eine andere Kapitalgesellschaft daher unverändert bestehen. Die aus ihnen resultierenden Forderungen können bei der Ermittlung der Reinvermögensdeckung berücksichtigt werden.[1106]

Da die Nennkapitalziffer beim Formwechsel zwischen Kapitalgesellschaften gem. § 247 Abs. 1 UmwG unverändert bestehen bleibt, kommt eine Darstellung des neuen Garantiekapitals durch zusätzliche Einlagen wie beim Formwechsel in die Kapitalgesellschaft nicht in Betracht. Den Formwechsel hindernde Lücken in der Deckung des Garantiekapitals können die Gesellschafter aber durch Zuzahlungen an die Gesellschaft schließen.[1107]

c) Verdeckte Sacheinlagen

Für verdeckte Sacheinlagen gelten in der GmbH, der AG und der KGaA die gleichen Grundsätze. Im Aktienrecht sind diese neben den Nachgründungsvorschriften des § 52 AktG anwendbar.[1108] Ansprüche der formwechselnden Gesellschaft auf Leistung der Bareinlage bestehen daher unverändert fort. Eine Heilung der verdeckten Sacheinlage ist auch nach dem Formwechsel durch einen satzungsändernden Mehrheitsbeschluss und Nachholung der Sacheinlagekautelen möglich.[1109]

[1104] So auch *Petersen*, Der Gläubigerschutz im Umwandlungsrecht, S. 93.

[1105] Dies galt auch für Fälle, in denen ausnahmsweise eine Reinvermögensdeckung vorgeschrieben war (§ 385d und § 385m AktG 1965), vgl. *Semler/Grunewald*, in: Geßler/Hefermehl, § 385d Rn. 16; *Zöllner*, in: KK, § 385d Rn. 34

[1106] *Priester*, in: FS Zöllner, 449 (462).

[1107] *K. Schmidt*, ZIP 1995, 1385; *Priester*, in: FS Zöllner, 449 (466); zur Rechtsnatur solcher Zuzahlungen vgl. *Emmerich*, in: Scholz, GmbHG, § 26 Rn. 7; *Priester*, in: Scholz, GmbHG, § 58 Rn. 88.

[1108] *Hoffmann-Becking*, in: Münchener Handbuch des Gesellschaftsrechts, § 4 Rn. 32 a.E.

[1109] Vgl. *Petersen*, Der Gläubigerschutz im Umwandlungsrecht, S. 140 f.; Zur Heilung von Sacheinlagen im Aktienrecht und GmbH-Recht vgl. *K. Schmidt*, Gesellschaftsrecht, S. 889 f., 1124 ff.; BGHZ 132, 141 (147 ff.). Eine analoge Heranziehung von § 52 AktG scheidet demnach aus, da der ursprünglich vereinbarte Sacheinlagevertrag unwirksam bleibt. Da im Wege der Analogie nur der Anwendungsbereich, nicht aber der

3. Kapitalerhaltung

a) Barabfindung und bare Zuzahlung

Die Leistung von Barabfindungen und baren Zuzahlungen können mit den Kapitalerhaltungsvorschriften in Konflikt geraten. Hierbei gelten die im 4. Kapitel für den Formwechsel in die Kapitalgesellschaft entwickelten Grundsätze entsprechend. Zu beachten ist freilich, dass § 250 UmwG das Ausscheiden von Aktionären gegen Barabfindung nach den §§ 207 ff. UmwG für den Fall des Formwechsels von der AG in die KGaA und umgekehrt ausschließt. Dahinter steckt der Gedanke, dass die Rechtsstellung des Aktionärs im Wesentlichen unverändert bleibe und ihm deshalb auch beim Formwechsel durch Mehrheitsbeschluss das Verbleiben in der Gesellschaft oder die eigene Veräußerung der Aktien zugemutet werden könne. Zudem sollte das Entstehen eigener Aktien verhindert werden.[1110]

b) Kapitalerhaltung beim Formwechsel in die GmbH

Während die Nennkapitalziffer beim Formwechsel zwischen Kapitalgesellschaften unverändert bleibt (§ 247 Abs. 1 UmwG), treten hinsichtlich der Bindung und Sicherung des Gesellschaftsvermögens durchaus bedeutende Änderungen ein. Während bei der AG das gesamte Vermögen mit Ausnahme des ordnungsgemäß festgestellten Bilanzgewinns der Kapitalbindung unterliegt (vgl. § 57 Abs. 1 und 3 AktG), ist das Vermögen nach dem Formwechsel in die GmbH nur noch in Höhe des Stammkapitals gegen eine Verteilung an die Gesellschafter geschützt (vgl. §§ 30, 31 GmbHG). Die Gesellschafter können nach dem Formwechsel in die GmbH zum Nachteil der Gläubiger über das Gesellschaftsvermögen verfügen, soweit dieses nicht der Deckung des Stammkapitals dient. Obwohl das Bedürfnis eines Gläubigerschutzes in diesen Fällen evident ist, hat der Gesetzgeber keine speziellen Schutzmechanismen vorgesehen. Anders als beim Formwechsel in eine Personengesellschaft wird die weniger strenge Kapitalbindung auch nicht durch eine persönliche Haftung der Gesellschafter ausgeglichen. Es fragt sich

---

Normzweck einer Vorschrift erweitert werden könne, könne eine Heilung verdeckter Sacheinlagen nicht auf den Rechtsgedanken des § 52 AktG gestützt werden.

1110 Begr. RegE, in: Ganske, Umwandlungsrecht, S. 265; *Happ*, in: Lutter, UmwG, § 250 Rn. 3; *Rieger*, in: Widmann/Mayer, Umwandlungsrecht, § 250 UmwG Rn. 7; *Stratz*, in: Schmitt/Hörtnagl/Stratz, UmwG/UmwStG, § 245 UmwG Rn. 3; kritisch für den Formwechsel in die KGaA jedoch *Laumann*, in: Goutier/Knopf/Tulloch, Umwandlungsrecht, § 250 UmwG Rn. 4.

daher, wie diese Lücke im System des Gläubigerschutzes geschlossen werden kann.[1111]

Da die Vorschriften zum Formwechsel keine besondere Regelung zum Schutz der Gläubiger beim Formwechsel einer AG/KGaA in die GmbH vorsehen, könnte die Lösung des Problems in dem Verweis auf den Anspruch auf Sicherheitsleistung nach § 22 UmwG in § 204 UmwG zu suchen sein. Ein Anspruch auf Sicherheitsleistung besteht nach dem Wortlaut des Gesetzes jedoch nur, wenn der Gläubiger glaubhaft machen kann, dass durch den Formwechsel die Erfüllung seiner Forderung gefährdet wird. Erforderlich ist grundsätzlich der Nachweis einer konkreten Gefährdung im Einzelfall.[1112] Alleine die aufgrund des Formwechsels veränderte Finanzverfassung des Rechtsträgers ist im Allgemeinen kein ausreichender Grund für die Bestellung von Sicherheiten.[1113] Der betroffene Gläubiger müsste daher glaubhaft machen, dass die Gesellschafter nach dem Formwechsel der GmbH Kapital in einem Umfang entziehen wollten, der die Erfüllung seiner Forderung gefährde. Dies dürfte ihm kaum gelingen, da sich derartige Behauptungen stets in einem spekulativen Raum bewegen werden.[1114] Es stellt sich daher die Frage, ob beim Formwechsel von der AG/KGaA ausnahmsweise auf die Glaubhaftmachung einer konkreten Gefährdung verzichtet werden kann. Zur Beantwortung dieser Frage ist ein Blick auf die Entstehungsgeschichte des § 204 UmwG zu werfen.

Im alten Umwandlungsrecht war - außer in den Fällen der übertragenden Umwandlung[1115] - nur für die Fälle des Formwechsels einer AG/KGaA in die GmbH ein Anspruch auf Sicherheitsleistung vorgesehen (vgl. §§ 374, 388 AktG 1965). Die Glaubhaftmachung einer Gefährdung der Erfüllung der Ansprüche war hier nicht erforderlich. Der Diskussionsentwurf hatte zunächst ein allgemeines Schutzbedürfnis der Gläubiger beim Formwechsel verneint, da sich

---

1111 Auch *Lutter* hat bereits in der Auseinandersetzung mit dem DiskE ein Gläubigerschutzbedürfnis grundsätzlich angenommen, vgl. *ders.*, ZGR 1990, 392 (412).

1112 Vgl. *Stratz*, in: Schmitt/Hörtnagl/Stratz, UmwG/UmwStG, § 204 UmwG.

1113 Vgl. dazu *Happ*, in: Lutter, UmwG, § 249 Rn. 4; *Vossius*, in: Widmann/Mayer, Umwandlungsrecht, § 204 UmwG Rn. 18; *Stratz*, in: Schmitt/Hörtnagl/Stratz, UmwG/UmwStG, § 204 UmwG; *Marsch-Barner*, in: Kallmeyer, UmwG, § 22 Rn. 7; *Petersen*, Der Gläubigerschutz im Umwandlungsrecht, S. 41 ff; *Zürbig*, Der Formwechsel einer Personengesellschaft in eine Kapitalgesellschaft, S. 127; *Lenz*, Gesellschafter- und Gläubigerschutz bei dem Formwechsel einer OHG in eine GmbH, S. 284; unklar *Decher*, in: Lutter, UmwG, § 204 Rn. 13.

1114 So auch *Veil*, Umwandlung einer Aktiengesellschaft in eine Gesellschaft mit begrenzter Haftung, S. 243.

1115 Vgl. §§ 7, 23, 24 UmwG 1969.

die Haftungsmasse einer nur die Rechtsform wechselnden Gesellschaft - anders als bei der Verschmelzung oder der Spaltung - nicht zum Nachteil der Gläubiger verändere. Schutzvorschriften für die Gläubiger wurden daher nicht für erforderlich gehalten.[1116] Eine Ausnahme wurde nur für den Formwechsel einer AG/KGaA in eine GmbH gemacht, da den Gläubigern auch nach dem Formwechsel nur das Gesellschaftsvermögen hafte, die Gesellschaft neuer Rechtsform aber weniger strengen Kapitalschutzvorschriften unterliege.[1117] Nur für diesen Fall sollte der bisher in den §§ 374, 388 AktG 1965 vorgesehene Gläubigerschutz durch Sicherheitsleistung auch im neuen Umwandlungsgesetz übernommen werden. § 315 DiskE[1118] sah daher einen Verweis auf den in § 22 DiskE geregelten Anspruch auf Sicherheitsleistung vor. Dabei war aber das Erfordernis einer Glaubhaftmachung der Gefährdung des Anspruchs von der Verweisung ausgenommen, womit der zuvor geltenden Rechtslage entsprochen wurde. Da der Gesetzgeber die verschiedenen Arten des Formwechsels aber möglichst weitgehend vereinheitlichen wollte, sah die Nachfolgevorschrift des § 202 RefE einen Anspruch auf Sicherheitsleistung für alle Formwechselfälle vor. Eine Glaubhaftmachung der Gefährdung der Forderungserfüllung war nicht erforderlich. Dies wurde nunmehr damit begründet, dass die Gläubiger trotz des formellen Erhalts der Haftungsmasse durch das Entfallen von Kapitalschutzvorschriften gefährdet werden können. Der Formwechsel ermögliche es den Anteilsinhabern, dem Unternehmensträger zum Nachteil der Gläubiger Vermögen zu entziehen.[1119] Der im Anschluss an die Veröffentlichung des Referentenentwurfs aufkeimenden Kritik an dem nunmehr - da für alle Fälle des Formwechsels geltenden - zu weitreichenden Anspruch auf Sicherheitsleistung[1120] kam der Gesetzgeber entgegen, indem er in der endgültigen Fassung des Umwandlungsgesetzes auf § 22 UmwG insgesamt verwies. Damit galt der Anspruch auf Sicherheitsleistung zwar weiterhin für alle Fälle des Formwechsels, war aber erstmals davon abhängig, dass der Gläubiger die Gefährdung der Erfüllung seiner Forderung durch den Formwechsel glaubhaft macht.

Für den Formwechsel aus der AG/KGaA in die GmbH lässt sich daraus Folgendes ableiten: Der Gesetzgeber hatte im Diskussionsentwurf das spezielle

---

1116 Vgl. Diskussionsentwurf, Bundesanzeiger 1988, Nr. 214a, S. 224 f.

1117 Vgl. die Begründung zu § 315 DiskE, Bundesanzeiger 1988, Nr. 214a, S. 278.

1118 Ebenso für den Fall einer Kapitalgesellschaft in die eingetragene Genossenschaft (§ 326 DiskE).

1119 Vgl. Referentenentwurf, Bundesanzeiger 1992, Nr. 112a, S. 245 f.

1120 Vgl. *K. Schmidt*, ZGR 1993, 366 (382); Stellungnahme des Handelsrechtsausschusses des DAV zum Referentenentwurf eines Gesetzes zur Bereinigung des Umwandlungsrechts, WM 1993, Sonderbeilage Nr. 2, Rn 168 f.

Schutzbedürfnis der Gläubiger beim Formwechsel einer Kapitalgesellschaft in eine GmbH erkannt. Im weiteren Gesetzgebungsverfahren verlor er diesen Gesichtspunkt jedoch aus den Augen, da er alle Formwechselarten weitestgehend vereinheitlichen und zugleich auf die Kritik aus Literatur und Praxis an dem zu weit gefassten § 202 RefE reagieren wollte. Für den Formwechsel einer AG/KGaA in eine GmbH ist daher eine ungewollte Regelungslücke anzunehmen, die durch eine teleologische Reduktion der Verweisung auf § 22 UmwG geschlossen werden kann. Die Verweisungsvorschrift des § 204 UmwG ist folglich so zu lesen, dass sie für den Formwechsel einer AG/KGaA in eine GmbH § 22 Abs. 1 S. 2 UmwG von der Verweisung ausnimmt. Die Glaubhaftmachung einer Gefährdung der Erfüllung der Forderung ist daher ausnahmsweise nicht erforderlich. Für eine solche im Vergleich zu den sonstigen Formwechselfällen abweichende Interpretation des § 204 UmwG spricht auch der folgende Gedanke: In allen übrigen Formwechselfällen ist der Anspruch auf Sicherheitsleistung nur ein ergänzendes Element, das andere Gläubigerschutzmechanismen flankiert.[1121] Beim Formwechsel einer Kapitalgesellschaft in eine GmbH handelt es sich dagegen um das einzige gläubigerschützende Element, das einen Ausgleich für die weniger strengen Kapitalerhaltungsvorschriften in der GmbH bietet.[1122] Die hiergegen von *Petersen* vorgebrachten Bedenken, dass der auf einer Änderung der Kapitalerhaltungsvorschriften beruhende Anspruch auf Sicherheitsleistung zu einer Vermengung von institutionellem Gläubigerschutz einerseits und individuellem Gläubigerschutz andererseits führe,[1123] sollten demgegenüber zurückstehen. Gegen derartige Bedenken spricht auch die Gesetzesbegründung zu § 204 UmwG, die gerade den Wegfall von Kapitalerhaltungsvorschriften, also ein Element des institutionellen Gläubigerschutzes, als Anwendungsfall für einen Anspruch auf Sicherheitsleistung nennt.[1124]

c) Eigenkapitalersetzende Gesellschafterdarlehen

Die Umqualifizierung eines Gesellschafterdarlehens von Fremdkapital in Eigenkapital beruht auf einer Finanzierungsentscheidung, die der Gesellschafter

---

[1121] Vgl. *Hommelhoff*, in: Podiumsdiskussion zu einem Vortrag von D. Mayer, Sonderheft DNotZ 1998, 159 (208).

[1122] Für eine solche auf die spezifischen Schwierigkeiten der verschiedenen Arten des Formwechsels abstellende Interpretation der Verweisungsvorschrift des § 204 UmwG auch *Veil*, Umwandlung einer Aktiengesellschaft in eine Gesellschaft mit begrenzter Haftung, S. 243; *Schöne*, GmbHR 1995, 325 (327).

[1123] So *Petersen*, Der Gläubigerschutz im Umwandlungsrecht, S. 40.

[1124] Begr. RegE, in: Ganske, Umwandlungsrecht, S. 230.

in der Krise der Gesellschaft trifft.[1125] Wird die Krise der Gesellschaft überwunden, wird das verstrickte Darlehen wieder frei.[1126] Ein Formwechsel zwischen Kapitalgesellschaften ist bei bestehender Unterbilanz grundsätzlich ausgeschlossen. Die Unterbilanz ist durch eine Kapitalherabsetzung oder durch die Leistung von Zuschüssen an die Gesellschaft zu beseitigen.[1127] Damit wird aber auch eine eventuell bestehende Krise der Gesellschaft aufgehoben. Gesellschafterdarlehen, denen vor dem Formwechsel die Funktion des Eigenkapitalersatzes mit den entsprechenden Rechtsfolgen zukam, werden durch die Beseitigung der Unterbilanz frei.[1128] Der Formwechsel zwischen Kapitalgesellschaften erzeugt daher in der Regel keine spezifischen Probleme bei der Behandlung eigenkapitalersetzender Darlehen.

Anderes gilt nur für den Formwechsel in die GmbH, der auch nach dem neuen Umwandlungsgesetz trotz bestehender Unterbilanz möglich ist. Der Formwechsel bewirkt hier folglich keinen „Schnitt" im Eigenkapitalersatzrecht. Fragen ergeben sich in der Folge daraus, dass nach der Rechtsprechung des BGH die Regeln über eigenkapitalersetzende Darlehen in der AG erst ab einer Beteiligung am Grundkapital von 25% anwendbar sind,[1129] während in der GmbH die Eigenkapitalersatzregeln nach § 32a Abs. 3 S. 2 GmbHG keine Anwendung finden, wenn das Darlehen von einem Gesellschafter stammt, der weder an der Geschäftsführung der GmbH beteiligt ist noch einen Anteil von über 10% am Stammkapital hält.[1130]

Keine Schwierigkeiten bereitet zunächst der Fall, dass das Gesellschafterdarlehen aufgrund einer Beteiligung des Aktionärs von mehr als 25% oder sonstigen Umständen, die seinen Einfluss auf die Unternehmensführung sicherstellen,[1131] bereits in der formwechselnden AG dem Eigenkapitalersatzrecht unterfällt. Da die Eigenkapitalersatzregeln bei einer derartigen Beteiligung auch in der GmbH gelten, bleibt es auch nach dem Formwechsel bei der Umqualifizierung in gebundenes und haftendes Eigenkapital. Dies gilt selbst dann, wenn die Beteiligung des ehemaligen Aktionärs am Stammkapital der GmbH aufgrund eines quotenverschiebenden

---

1125 Vgl. ausführlich *Habersack*, ZHR 162 (1998), 201 (203 ff.).

1126 Vgl. *K. Schmidt*, in: Scholz, GmbHG, §§ 32a, 32b Rn. 54 m.w.N.

1127 Vgl. oben 6. Kapitel:I.2.a).

1128 Vgl. *Lutter/Hommelhoff*, GmbHG, § 32a/b Rn. 21.

1129 Vgl. oben 5. Kapitel:II.3.a)(b).

1130 Zur Kritik an der Maßgeblichkeit starrer Beteiligungsgrenzen vgl. *Habersack*, ZHR 162 (1998), 201 ff., für den Formwechsel zwischen Aktiengesellschaft und GmbH im speziellen, S. 218.

1131 Vgl. dazu grundlegend BGHZ 90, 381, 389 ff.

Formwechsels auf 10% oder darunter fällt. Denn der Grund für die Verstrickung des Darlehens ist eine vom Gesellschafter getroffene Finanzierungsentscheidung. Nur die Beteiligung zum Zeitpunkt dieser Entscheidung ist maßgeblich für die Verstrickung. Fraglich ist, was zu gelten hat, wenn es zwar vor dem Formwechsel an einer unternehmerischen Beteiligung an der AG i.S. der Rechtsprechung des BGH fehlt, die Beteiligung aber die Voraussetzungen des GmbH-Gesetzes für die Anwendbarkeit der Regeln zum Eigenkapitalersatz erfüllt. In diesen Fällen wird man eine automatische Verstrickung des der AG gewährten Darlehens allein aufgrund des Formwechsels nicht annehmen können. Das Darlehen ist vielmehr nur dann als Eigenkapital zu qualifizieren, wenn alle Voraussetzungen für eine Umqualifizierung während der Geltung des GmbH-Rechts erfüllt sind. Voraussetzung ist daher auch, dass der Gesellschafter nach dem Formwechsel eine Finanzierungsentscheidung trifft. Hat der Gesellschafter das Darlehen bereits vor dem Formwechsel gewährt, kommt eine Umqualifizierung in haftendes Eigenkapital folglich nur dann in Frage, wenn das Darlehen trotz einer Krise der Gesellschaft und bestehender Kündigungsmöglichkeiten stehen gelassen wird. Hierbei wird man insbesondere eine dem Gesellschafter zuzugestehende angemessene Überlegungsfrist[1132] zu beachten haben.

4. Nachgründung

Für die formwechselnde Umwandlung nach altem Recht ordneten § 378 Abs. 1 Hs. 1 und § 389 Abs. 4 S. 1 AktG 1965 ausdrücklich eine entsprechende Anwendung von § 52 AktG für den Formwechsel von der GmbH in die AG bzw. die KGaA an. Die Zweijahresfrist begann jeweils mit der Eintragung der Umwandlung zu laufen (§ 378 Abs. 4, § 389 Abs. 4 S. 2 AktG 1965). Das neue Umwandlungsgesetz schreibt dagegen die Anwendung des § 52 AktG nicht explizit vor. In § 197 S. 1 UmwG ist nur eine pauschale Verweisung auf die Gründungsvorschriften enthalten. Nach der Gesetzesbegründung seien die Gründungsvorschriften aber nicht uneingeschränkt anwendbar, da andernfalls eine Neugründung erforderlich wäre, die durch den Formwechsel gerade vermieden werden sollte. Einschränkungen ergäben sich insbesondere aus der Eigenart des formwechselnden Rechtsträgers.[1133] Das neue Umwandlungsgesetz eröffnet daher die Möglichkeit, die Frage nach der Anwendbarkeit der Nachgründungsvorschriften auf den Formwechsel zwischen Kapitalgesellschaften aufzuwerfen. Auch die in den § 245 Abs. 1 - 3 UmwG angeordnete entsprechende Anwendung des § 220 UmwG lässt nicht zwingend

---

[1132] BGHZ 127, 336 (341) m.w.N.
[1133] Begr. RegE, in: Ganske, Umwandlungsrecht, S. 220.

auf die Anwendung der Nachgründungsvorschriften schließen. § 220 Abs. 3 S. 2 UmwG bestimmt zwar, wann die Nachgründungsfrist des § 52 Abs. 1 S. 1 AktG zu laufen beginnt, doch ordnen die § 245 Abs. 1 - 3 UmwG nur eine entsprechende Anwendung des § 220 UmwG an, was nicht notwendig sämtliche Regelungen der Vorschrift mit einschließt. Außerdem ergibt sich aus § 220 Abs. 3 S. 2 UmwG nicht etwa die Anwendbarkeit der Nachgründungsvorschriften, vielmehr wird die Anwendbarkeit dort bereits vorausgesetzt. Ob § 52 AktG tatsächlich anwendbar ist, hat sich daher allein an einer Auslegung des Verweises auf die Gründungsvorschriften in § 197 S. 1 UmwG zu orientieren.[1134]

a) Formwechsel zwischen AG und KGaA

Da der Verweis auf die Gründungsvorschriften in § 197 S. 1 UmwG für alle Formwechselarten gleichermaßen gilt, ist eine analoge Anwendung der Nachgründungsvorschriften nunmehr auch auf den Formwechsel zwischen AG und KGaA grundsätzlich denkbar. Dabei muss man sich jedoch den Zweck des § 197 S. 1 UmwG vergegenwärtigen. Der Verweis auf die für den Rechtsträger neuer Rechtsform geltenden Gründungsvorschriften soll vornehmlich eine Umgehung dieser Vorschriften vermeiden. Da aber die Nachgründungsvorschriften sowohl bei der Gründung der AG als auch bei der Gründung der KGaA (§ 278 Abs. 4 AktG) zur Anwendung gelangen, besteht unter Umgehungsgesichtspunkten kein Anlass zur nochmaligen Anwendung des § 52 AktG auf den Formwechsel.[1135] § 197 S. 1 UmwG ist folglich dahingehend auszulegen, dass § 52 AktG bei einem Formwechsel zwischen AG und KGaA nicht anwendbar ist.

Die Zweite Richtlinie[1136] steht dem nicht entgegen. Für den Formwechsel einer AG in eine KGaA ist die Zweite Richtlinie nach ihrem Art. 1 ohnehin nicht anwendbar. Aber auch für den Formwechsel von der KGaA in die AG ergibt sich aus der Zweiten Richtlinie nicht zwingend die Anwendbarkeit der Nachgründungsvorschriften. Deren Art. 13 schreibt den Mitgliedstaaten zwar vor, eine den Nachgründungsregeln (geregelt in Art. 11 der Zweiten Richtlinie) entsprechende Garantie auch für den Formwechsel einer „Gesellschaft anderer Rechtsform" in die AG vorzusehen. Der Gesetzgeber hat die KGaA jedoch seit

---

[1134] Zum Anwendungsbereich des § 52 AktG selbst und zu den Änderungen durch das NaStraG vgl. zunächst 4. Kapitel:I.4.a).

[1135] *Decher*, in: Lutter, UmwG, § 197 Rn. 44; *Happ*, in: Lutter, UmwG, § 245 Rn. 60.

[1136] Zweite Richtlinie des Rates vom 13. Dezember 1976 (77/91/EWG), ABl. Nr. L 26/1 v. 31.1.1977.

langer Zeit als Sonderform der AG anerkannt.[1137] Dies wird durch die Tatsache bestärkt, dass auf die KGaA weitgehend das Recht der AG anwendbar ist (§ 278 Abs. 3 AktG). Sie kann daher nicht als „Gesellschaft anderer Rechtsform" i.S.d. Art. 13 der Zweiten Richtlinie verstanden werden.[1138]

Freilich wird die Frist des § 52 Abs. 1 S. 1 AktG durch den Formwechsel auch nicht verkürzt. Findet der Formwechsel innerhalb der ersten zwei Jahre nach der Gründung der AG oder KGaA statt, ist § 52 AktG auf den Rechtsträger neuer Rechtsform bis zum Ablauf der Frist weiterhin anzuwenden.

b) Formwechsel aus der GmbH

Weniger eindeutig erweist sich die Rechtslage beim Formwechsel einer GmbH in die AG/KGaA, da für die Gründung der GmbH eine dem § 52 AktG entsprechende Vorschrift nicht existiert. Unter Umgehungsgesichtspunkten erscheint daher eine Anwendung im Rahmen des Formwechsels grundsätzlich erwägenswert. Dabei sind zwei Fragen voneinander zu trennen. Zunächst ist zu klären, ob § 52 AktG überhaupt anzuwenden ist. Erst dann stellt sich die Frage, wann die Nachgründungsfrist zu laufen beginnt. Nur für Letzteres findet sich eine ausdrückliche Regelung in § 220 Abs. 3 S. 1 UmwG, auf den § 245 Abs. 1 S. 2 UmwG verweist.

Regelungszweck des § 52 AktG ist es, eine Umgehung der strengen Sachgründungsvorschriften des Aktiengesetzes (§§ 27, 32 ff AktG) zu verhindern. Die Nachgründungsvorschriften dienen daher der Sicherung der Kapitalaufbringung.[1139] Im Rahmen des Formwechsels in die AG sind die Sachgründungsvorschriften aufgrund des Verweises in § 197 S. 1 UmwG aber ohnehin weitgehend analog anwendbar. Ein über § 197 S. 1 UmwG hinausgehender Schutz vor der Umgehung der Sachgründungsvorschriften ist daher grundsätzlich nicht notwendig. Ebenso wie für eine Nachgründung nach § 52 AktG ist auch für den Formwechsel in die AG/KGaA ein Beschluss der Anteilseigner mit einer Mehrheit von mindestens drei Vierteln der abgegebenen Stimmen in § 240 Abs. 1 UmwG zwingend vorgeschrieben.[1140] Eine Prüfung

---

[1137] Ursprünglich galt die KGaA als eine der Kommanditgesellschaft nahestehende Rechtsform. Bereits die Vorschriften der §§ 320 ff. HGB 1897 zur KGaA machten aber deren Nähe zur Aktiengesellschaft deutlich, vgl. *K. Schmidt*, Gesellschaftsrecht, S. 972.

[1138] *Rieger*, in: Widmann/Mayer, Umwandlungsrecht, § 245 UmwG Rn. 91; im Ergebnis auch *Happ*, in: Lutter, UmwG, § 245 Rn. 62.

[1139] *Hüffer*, AktG, § 52 Rn. 1.

[1140] Erleichterungen sind nur beim Formwechsel einer KGaA in eine Aktiengesellschaft möglich, vgl. § 240 Abs. 2 UmwG.

des Formwechsels erfolgt sowohl durch den künftigen Aufsichtsrat als auch durch externe Prüfer.[1141] Das den Gesellschaftern durch § 52 Abs. 2 AktG eingeräumte Informationsrecht ist durch den Formwechselbericht nach § 192 UmwG abgedeckt. Eine generelle Anwendung des § 52 AktG auf die durch den Formwechsel entstandene AG ist folglich nicht gerechtfertigt.

Raum für einen durch § 52 AktG zu gewährleistenden Schutz vor der Umgehung der Sachgründungsvorschriften besteht dann, wenn es im Rahmen des Formwechsel zu Barleistungen an den Rechtsträger kommt.[1142] Da gem. § 247 Abs. 1 UmwG das Stammkapital der GmbH automatisch zum Grundkapital der AG/KGaA wird, sind hierfür nur wenige Anwendungsfälle denkbar. In Betracht kommen Barkapitalerhöhungen zur Erreichung der nach dem Aktiengesetz vorgeschriebenen Mindestkapitalziffer, bare Zuschüsse an die GmbH, um eine den Formwechsel hindernde Unterbilanz auszugleichen, oder Ansprüche auf Ausgleichszahlungen im Rahmen der Gründungshaftung.[1143] Daneben ist unter dem Gesichtspunkt des Umgehungsschutzes eine Anwendung des § 52 AktG nur dann gerechtfertigt, wenn die ursprüngliche Gründung der formwechselnden GmbH weniger als zwei Jahre zurückliegt, da die Nachgründungsvorschriften auch bei der Gründung einer AG/KGaA nur für diesen Zeitraum gelten (§ 52 Abs. 1 S. 1 AktG).[1144]

Gelangt man in den genannten Fällen zu einer Anwendung des § 52 AktG, stellt sich die Frage, wann die Zweijahresfrist des § 52 Abs. 1 S. 1 AktG zu laufen beginnt. Kommt es im Rahmen des Formwechsels zu Barleistungen an die Gesellschaft, erscheint es gerechtfertigt, den Fristbeginn auf den Zeitpunkt der Wirksamkeit des Formwechsels festzulegen. In diesem Fall ist die Verweisung des § 245 Abs. 1 S. 2 UmwG auf § 220 Abs. 3 S. 2 UmwG sachgerecht.[1145] Zweifel an der Regelung des § 245 Abs. 1 S. 2 UmwG ergeben sich jedoch dann, wenn lediglich die Umgehung des § 52 AktG selbst vermieden werden soll. Die erneute Anwendung des § 52 AktG für volle zwei Jahre nach dem Formwechsel erscheint hier nicht gerechtfertigt. Der klare Wortlaut des § 220 Abs. 3 S. 2 UmwG ist aber auch im Rahmen der durch § 245 Abs. 1 S. 2 UmwG angeordneten entsprechenden Anwendung einer abweichenden Auslegung nicht

---

1141 *Decher*, in: Lutter, UmwG, § 197 Rn. 27 ff.

1142 Vgl. dazu bereits oben 4. Kapitel:I.4.b).

1143 *Martens*, ZGR 1999, 548 (563 f.).

1144 So auch ein Vorschlag des Handelsrechtsausschusses des DAV, NZG 2000, 802 (808), jedoch *de lege ferenda*.

1145 A.A. *Happ*, in: Lutter, UmwG, § 245 Rn. 61, der die Frist generell mit der ursprünglichen Gründung der GmbH beginnen lassen will.

zugänglich. Die Anwendbarkeit der Nachgründungsvorschriften für volle zwei Jahre ist daher auch in diesen Fällen hinzunehmen.

c) Personeller Anwendungsbereich

Die Nachgründungsvorschriften sind auf Aktionäre, die mit mehr als zehn Prozent am Grundkapital der AG beteiligt sind, auch nach dem Formwechsel ohne weiteres anwendbar. Problematisch ist dagegen die Auslegung des Begriffs der „Gründer" i.S. des § 52 AktG. Der Verweis auf die Gründungsvorschriften wird für den Formwechsel zwischen Kapitalgesellschaften durch § 245 UmwG konkretisiert. Dieser legt in seinen Abs. 1 - 3 jeweils fest, wer bei der Anwendung der Gründungsvorschriften als „Gründer" anzusehen ist. Da § 52 AktG in seiner aktuellen Fassung jedoch nach dem Umwandlungsgesetz in Kraft getreten ist, ergeben sich Zweifel, ob die in § 245 UmwG enthaltenen Definitionen des Begriffs der „Gründer" auch für § 52 AktG maßgeblich ist. Die Einbeziehung der Gründer in den Anwendungsbereich des § 52 AktG beruht auf deren erhöhtem Einfluss auf die noch junge AG. Dagegen soll die Definition des Begriffs der „Gründer" im Umwandlungsgesetz den Personenkreis festlegen, der der Gründungshaftung unterfällt. Aufgrund der unterschiedlichen Funktion, die dem Begriff der „Gründer" in den jeweiligen Vorschriften zukommt, ist der Begriff in § 52 AktG unabhängig von den in § 245 UmwG enthaltenen Definitionen auszulegen. Gründer i.S. der Nachgründungsvorschriften sind daher nur diejenigen Personen, die an der historischen Gründung des formwechselnden Rechtsträgers beteiligt waren.[1146]

5. Zusammenfassung

Das Nennkapital kann beim Formwechsel zwischen Kapitalgesellschaften nicht frei festgelegt werden. Die Nennkapitalziffer des Rechtsträgers neuer Rechtsform entspricht derjenigen des Rechtsträgers alter Rechtsform. Soll die Nennkapitalziffer beim Formwechsel erhöht werden, sind die materiell-rechtlichen Vorschriften der neuen Rechtsform zu beachten, soll sie herabgesetzt werden, sind diejenigen der alten Rechtsform zu beachten. Ein Formwechsel zwischen Kapitalgesellschaften bei bestehender Unterbilanz ist nicht möglich. Eine Ausnahme hiervon stellt lediglich der Formwechsel in die GmbH dar. Der Formwechsel hat weder Auswirkungen auf offene Einlageforderungen noch auf Ansprüche der Gesellschaft aufgrund verdeckter Sacheinlagen. Beim Formwechsel in die GmbH können die Gläubiger noch nicht fälliger Forderungen Sicherheitsleistungen fordern, ohne eine Gefährdung der Erfüllung ihrer Forderungen glaubhaft machen zu müssen.

[1146] Vgl. dazu ausführlich 4. Kapitel:I.4.c).

Kapitalersetzende Gesellschafterdarlehen werden durch die Beseitigung einer Unterbilanz im Vorfeld des Formwechsel frei. Beim Formwechsel in die GmbH kann ein Gesellschafterdarlehen, dass in der formwechselnden AG mangels einer unternehmerischen Beteiligung nicht den Eigenkapitalersatzregeln unterfiel, nur in Eigenkapital umqualifiziert werden, wenn der Gesellschafter nach der Eintragung der neuen Rechtsform erneut eine Finanzierungsentscheidung trifft.

Die Nachgründungsvorschriften sind auf den Formwechsel zwischen AG und KGaA nicht anwendbar. Beim Formwechsel einer GmbH in eine AG oder KGaA sind sie ebenfalls nur anwendbar, wenn im Rahmen des Formwechsels Barleistungen an die Gesellschaft erbracht werden oder wenn die Gründung der formwechselnden GmbH weniger als zwei Jahre zurückliegt. Die Nachgründungsfrist von zwei Jahren beginnt in allen Fällen mit der Eintragung der neuen Rechtsform zu laufen. Als Gründer i.S. des § 52 AktG sind nur diejenigen Personen anzusehen, die auch an der ursprünglichen Gründung der Gesellschaft beteiligt waren.

II. Gründungshaftung

Im Aktiengesetz von 1965 wurde lediglich für den Formwechsel einer GmbH in eine AG (§ 378 Abs. 1 AktG 1965) und in eine KGaA (§ 389 Abs. 4 S. 1 AktG 1965) auf die Gründungsvorschriften verwiesen. Obwohl es sich bei den genannten Vorschriften nicht um Pauschalverweisungen auf das Gründungsrecht handelte, sondern konkret auf die §§ 26, 27, 32 bis 35, 38 und 46 bis 53 verwiesen wurde, wurde die Verweisung als zu unbestimmt und daher als verfassungsrechtlich bedenklich eingestuft.[1147] Die Bereinigung des Umwandlungsrechts durch das Umwandlungsgesetz von 1994 hätte demnach Anlass gegeben, die Bestimmungen zur Gründungshaftung sprachlich zu überarbeiten und inhaltlich zu konkretisieren. Indes entschied sich der Gesetzgeber dafür, in § 197 S. 1 UmwG für alle Formwechselfälle einheitlich pauschal auf die Gründungsvorschriften zu verweisen.

1. Notwendigkeit beim Formwechsel zwischen Kapitalgesellschaften?

Diese pauschale Verweisung in § 197 S. 1 UmwG hat gerade für den Formwechsel zwischen Kapitalgesellschaften viel grundsätzliche Kritik erfahren. Die GmbH-Novelle von 1980 habe das Gründungsrecht des GmbH-

[1147] Zu den Auseinandersetzungen im Rahmen dieser Vorschrift vgl. *Zöllner*, in: KK, § 378 Rn. 17; *Semler/Grunewald*, in Geßler/Hefermehl, AktG, § 378 Rn. 4 und 16; *Priester*, AG 1986, S. 29.

Gesetzes weitgehend demjenigen des Aktiengesetzes angepasst. Seriositätsmängel bei der Gründung einer GmbH könnten daher weitestgehend ausgeschlossen werden. Eine Übernahme der Haftungsvorschriften sei nicht erforderlich gewesen.[1148] In der AG und in der KGaA gelten darüber hinaus identische Vorschriften zum Schutz des Grundkapitals. Dennoch erstreckt das Umwandlungsgesetz 1994 die Gründungshaftung erstmals auch auf den Formwechsel einer KGaA in eine AG. Der Gesetzgeber berief sich hierbei auf Art. 13 der Zweiten Richtlinie.[1149] Dieser fordert für den Formwechsel einer Gesellschaft anderer Rechtsform in eine AG die Geltung derselben Garantien, die auch für die Gründung einer AG vorgeschrieben sind. Man kann daran zweifeln, ob dieses Tatbestandsmerkmal beim Formwechsel zwischen den aktienrechtlichen Rechtsformen erfüllt ist.[1150] Zudem sehen die in Bezug genommenen Vorschriften der Zweiten Richtlinie keine Haftungstatbestände vor. Zumindest die Gründungshaftung lässt sich daher nicht auf die Zweite Richtlinie stützen. Die durch das UmwG eingetretene Verschärfung der Rechtslage ist daher nach einer in der Literatur vertretenen Ansicht ein Schritt in die falsche Richtung. Unter Umgehungsgesichtspunkten hätte lediglich für den Formwechsel von der Personengesellschaft in die Kapitalgesellschaft Anlass für die Etablierung einer Gründungshaftung bestanden.[1151]

Nur vereinzelt wird auf Unterschiede im Gründungsrecht der GmbH und der AG verwiesen, die nach der GmbH-Novelle verblieben sind und weiterhin die Umgehung der strengeren aktienrechtlichen Vorschriften befürchten lassen. Dies betreffe vor allem den bei der Gründung einer AG in jedem Fall von den Gründern zu erstellenden Gründungsbericht (§ 32 AktG), dessen Prüfung durch den Vorstand und den Aufsichtsrat (§ 33 Abs. 1 AktG) und die Prüfung der Werthaltigkeit von Sacheinlagen durch externe Prüfer (§ 33 Abs. 2 Nr. 4 AktG). Eine solche Gründungsprüfung biete gerade bei den wegen ihrer Bewertung kritischen Sacheinlagen ein höheres Maß an Gläubigerschutz.[1152]

Der Gesetzgeber wollte durch die pauschale Verweisung auf das Gründungsrecht die Vorschriften zum Formwechsel vereinheitlichen.[1153] In der Gesetzesbegründung eröffnet der Gesetzgeber jedoch die Möglichkeit einer differenzierenden Auslegung. Zum einen sei das Gründungsrecht nicht

---

[1148] *Happ*, in: Lutter, Kölner Umwandlungsrechtstage, 223 (241 f.); *ders.*, in: Lutter, UmwG, § 245 Rn. 3.

[1149] Begr. RegE, in: Ganske, Umwandlungsrecht, S. 261 f.

[1150] Vgl. *K. Schmidt*, ZGR 1993, 366 (370).

[1151] *Decher*, in: Lutter, UmwG, § 197 Rn. 35, 39, 44.

[1152] *Priester*, AG 1986, 29 (34f.).

[1153] Begr. RegE, in: Ganske, Umwandlungsrecht, S. 208.

uneingeschränkt anwendbar, da eine Neugründung im Rahmen des Formwechsels gerade vermieden werden sollte. Zum anderen sei eine einschränkende Auslegung des Verweises auch dann möglich, wenn dies die Eigenart der an dem Formwechsel beteiligten Rechtsträger erfordere.[1154] Dass der Gesetzgeber den Verweis auf die Gründungsvorschriften auch beim Formwechsel zwischen Kapitalgesellschaften grundsätzlich für erforderlich hielt, zeigt indes die Konkretisierung des Verweises auf die Gründungsvorschriften in § 245 UmwG.[1155] Eine Auslegung der Verweisungsvorschrift des § 197 S. 1 UmwG dahingehend, dass diese für den Formwechsel zwischen Kapitalgesellschaften generell nicht anwendbar ist, ist aus diesem Grund ausgeschlossen. Nachfolgend sind daher die einzelnen Gründungshaftungstatbestände darauf zu untersuchen, ob eine analoge Anwendung im Rahmen des Formwechsels zwischen Kapitalgesellschaften interessengerecht ist. Vorab werden zunächst die in § 245 UmwG enthaltenen Definitionen des Begriffs der „Gründer" näher betrachtet.

2. Die Definition des Gründerbegriffs

Die Absätze 1 bis 3 des § 245 UmwG definieren in ihren jeweiligen Sätzen 1 für die einzelnen Fälle des Formwechsels zwischen Kapitalgesellschaften gesondert, wer als „Gründer" i.S. der Gründungsvorschriften anzusehen ist.

a) Formwechsel einer GmbH

Beim Formwechsel einer GmbH in eine AG/KGaA treten an die Stelle der Gründer diejenigen Gesellschafter der formwechselnden GmbH, die für den Formwechsel gestimmt haben. Beim Formwechsel in die KGaA haften zudem gem. § 245 Abs. 1 S. 1 UmwG die beitretenden persönlich haftenden Gesellschafter als Gründer.

Der Formwechsel einer GmbH in eine AG/KGaA bedarf einer Beschlussmehrheit von drei Vierteln der abgegebenen Stimmen (§ 240 Abs. 1 S. 1 UmwG). Wie beim Formwechsel einer Personenhandelsgesellschaft in eine Kapitalgesellschaft besteht daher auch hier die Gefahr einer Instrumentalisierung des Mehrheitsbeschlusses. Einzelnen Gesellschaftern könnte die Teilnahme am Formwechsel ohne das Risiko der Gründungshaftung ermöglicht werden. Daher muss auch hier gelten, dass einer Gründungshaftung

---

1154 Begr. RegE, in: Ganske, Umwandlungsrecht, S. 220.

1155 Vgl. Begr. RegE, in: Ganske, Umwandlungsrecht, S. 261; ebenso *Decher*, in: Lutter, UmwG, § 197 Rn. 8.

nur diejenigen Gesellschafter entgehen, die gegen den Formwechsel stimmen und infolgedessen auch aus dem Rechtsträger ausscheiden.[1156]

Eine Besonderheit ergibt sich allerdings aus § 241 UmwG. Die Vorschrift begründet beim Formwechsel einer GmbH besondere Zustimmungserfordernisse. Danach ist die Zustimmung von Gesellschaftern erforderlich, die aufgrund einer abweichenden Festsetzung der Nennbeträge der Anteile nicht in voller Höhe ihrer bisherigen Anteile an dem Rechtsträger neuer Rechtsform beteiligt werden können (Abs. 1) oder durch den Formwechsel bestimmte Sonderrechte verlieren (Abs. 2). Entfallen aufgrund der einschränkenden Bestimmung des § 55 AktG Sonderverpflichtungen einzelner Gesellschafter, so bedarf der Formwechsel gem. § 241 Abs. 3 UmwG auch deren Zustimmung.[1157] In den Fällen der Abs. 2 und Abs. 3 macht die fehlende Zustimmung der betroffenen Gesellschafter den Formwechselbeschluss unwirksam.[1158] Dagegen muss der Gesellschafter im Falle des Abs. 1 nicht dem Umwandlungsbeschluss, sondern der abweichenden Festsetzung seiner Anteile zustimmen. Dies lässt die Wirksamkeit des Formwechselbeschlusses unberührt. Der Registerrichter darf den Formwechsel jedoch ohne die Zustimmung des betroffenen Gesellschafters nicht eintragen.[1159] Da es in der Hand der von diesen Vorschriften betroffenen Gesellschafter liegt, den Formwechsel zu verhindern oder zu ermöglichen, sind auch sie - entgegen dem Wortlaut von § 245 Abs. 1 S. 1 UmwG - selbst dann als Gründer anzusehen, wenn sie am eigentlichen Umwandlungsbeschluss nicht mitgewirkt haben.[1160]

b) Formwechsel einer AG in eine KGaA

Für den Formwechsel einer AG in eine KGaA bestimmt § 245 Abs. 2 S. 1 UmwG, dass lediglich die persönlich haftenden Gesellschafter der Gesellschaft neuer Rechtsform an die Stelle der Gründer treten. Dies entspricht der Regelung

---

[1156] Vgl. dazu ausführlich oben 4. Kapitel:II.2.a).

[1157] Die Regelung in § 241 Abs. 3 UmwG beruht darauf, dass mit den Sonderpflichten in der Regel auch besondere Rechte verbunden sind, die ebenfalls untergehen, vgl. *Happ*, in: Lutter, UmwG, § 241 Rn. 12; *Dirksen*, in: Kallmeyer, UmwG, § 241 Rn. 7.

[1158] *Happ*, in: Lutter, UmwG, § 241 Rn. 21 f.; *Dirksen*, in: Kallmeyer, UmwG, § 241 Rn. 4, 9.

[1159] *Happ*, in: Lutter, UmwG, § 241 Rn. 21; *Dirksen*, in: Kallmeyer, UmwG, § 241 Rn. 4; *Rieger*, in: Widmann/Mayer, Umwandlungsrecht, § 241 UmwG Rn. 36; zum alten Recht vgl. *Zöllner*, in: KK, § 376 Rn. 52; *Semler/Grunewald*, in: Geßler/Hefermehl, AktG, § 376 Rn. 43.

[1160] *Happ*, in: Lutter, UmwG, § 245 Rn. 19; *Rieger*, in: Widmann/Mayer, Umwandlungsrecht, § 245 UmwG Rn. 20 ff; *Stratz*, in: Schmitt/Hörtnagl/Stratz, UmwG/UmwStG, § 245 UmwG Rn. 3.

des § 362 Abs. 4 S. 2 AktG 1965. Dahinter steht die begründete Überlegung, dass die Aktionäre einer formwechselnden AG weniger Einfluss auf den Formwechselvorgang haben als die zukünftigen Komplementäre der KGaA oder die Gesellschafter einer formwechselnden GmbH, deren Gesellschafterkreis typischerweise kleiner ist als derjenige einer AG.[1161]

Nach der Definition des § 245 Abs. 2 S. 1 UmwG sind auch diejenigen Komplementäre der KGaA als Gründer anzusehen, die dem Rechtsträger erst im Zuge des Formwechsels beitreten. Ihre Einbeziehung in die Gründungshaftung stimmt zunächst nachdenklich, da sie erst dem Rechtsträger neuer Rechtsform angehören und daher an dem Formwechselvorgang nicht unmittelbar beteiligt sind. Es darf jedoch nicht übersehen werden, dass auch die beitretenden Komplementäre an der Feststellung der Satzung des Rechtsträgers neuer Rechtsform teilnehmen (vgl. §§ 240 Abs. 2 S. 2, 221 S. 2 UmwG). Auch sie geben daher aufgrund des für den Formwechsel zwischen AG und KGaA ebenfalls geltenden Gebots der Reinvermögensdeckung ein entsprechendes Wertdeckungsversprechen ab. Zudem steht es in ihrer Macht, sich von der Erfüllung der gesetzlichen Voraussetzung des Formwechsels zu überzeugen, bevor sie die Satzung des Rechtsträgers neuer Rechtsform genehmigen.[1162] Eine Einbeziehung der beitretenden Komplementäre in die Gründungshaftung ist daher sachgerecht.

c) Formwechsel einer KGaA in die AG

Die Regelung des § 245 Abs. 3 S. 1 UmwG entspricht derjenigen des § 245 Abs. 2 S. 1 UmwG. Als Gründer haften nur die Komplementäre der formwechselnden KGaA. Hieran ergeben sich Zweifel, da die persönlich haftenden Gesellschafter - zumindest als solche - durch den Formwechsel aus dem Rechtsträger ausscheiden (§ 247 Abs. 3 UmwG). Die Gründungshaftung beruht jedoch auf der den Komplementären als geschäftsführungsbefugten Organen der KGaA zukommenden Verantwortung bei der Vorbereitung des Formwechsels. Darüber hinaus liegt es in der Hand jedes einzelnen Komplementärs, den Formwechsel zu verhindern, da in der Regel nach § 240 Abs. 3 S. 1 UmwG die Zustimmung aller persönlich haftenden Gesellschafter zum Formwechsel erforderlich ist.[1163]

1161 *Rieger*, in: Widmann/Mayer, Umwandlungsrecht, § 245 UmwG Rn. 34; *Laumann*, in Goutier/Knopf/Tulloch, Umwandlungsrecht, § 245 UmwG Rn. 5.

1162 *Happ*, in: Lutter, UmwG, § 245 Rn. 21; *Rieger*, in: Widmann/Mayer, Umwandlungsrecht, § 245 UmwG Rn. 33.

1163 *Rieger*, in: Widmann/Mayer, Umwandlungsrecht, § 245 UmwG Rn. 36.

Umstritten ist, was im Fall einer nach dem Umwandlungsgesetz grundsätzlich zulässigen Mehrheitsentscheidung der Komplementäre (vgl. § 240 Abs. 3 S. 2 UmwG) zu gelten hat. Im Gegensatz zu anderen vergleichbaren Fällen (§ 245 Abs. 1, 219 S. 2 Alt. 1 UmwG) nimmt das Gesetz die Komplementäre, die gegen den Umwandlungsbeschluss gestimmt haben, nicht von der Gründungshaftung aus. Dies soll nicht unbillig sein, da der Komplementär aufgrund seiner Stellung in der KGaA zur Mitwirkung an der Durchführung des Formwechsels, insbesondere der Erstellung des Umwandlungsberichts verpflichtet und auch in der Lage ist.[1164] Gleiches müsste aber auch für die persönlich haftenden Gesellschafter einer formwechselnden Personenhandelsgesellschaft gelten. Auch sie sind gem. § 114 Abs. 1 HGB zur Führung der Geschäfte verpflichtet. Dennoch können sie durch eine den Formwechsel ablehnende Stimmabgabe und - nach der hier vertretenen Ansicht - dem anschließenden Ausscheiden aus dem Rechtsträger der Gründungshaftung entgehen. Bedenkt man, dass die Komplementäre beim Formwechsel in die AG von Gesetzes wegen aus dem Rechtsträger ausscheiden (§ 247 Abs. 3 UmwG), lässt sich die abweichende Regelung kaum erklären. Vielmehr ist anzunehmen, dass es der Gesetzgeber hier übersehen hat, eine Sonderregelung für den Fall einer in der Satzung vorgesehenen Mehrheitsentscheidung der Komplementäre zu treffen. § 245 Abs. 3 S. 1 UmwG ist daher dahingehend teleologisch zu reduzieren, dass als Gründer nur diejenigen Komplementäre anzusehen sind, die für den Formwechsel gestimmt haben.[1165]

d) Formwechsel in die GmbH

Für den Fall des Formwechsel in die GmbH enthält § 245 Abs. 4 UmwG keine Regelung der Frage, wer bei der Anwendung der Gründungsvorschriften als Gründer anzusehen ist. Auf der anderen Seite macht der ausdrückliche Verzicht auf den Sachgründungsbericht in § 245 Abs. 4 UmwG deutlich, dass der Verweis auf die Gründungsvorschriften (§ 197 S. 1 UmwG) grundsätzlich auch für den Formwechsel in die GmbH gelten soll. Andernfalls wäre § 245 Abs. 4 UmwG überflüssig.[1166] Daraus wird teilweise geschlossen, auch beim Formwechsel in die GmbH sei eine Haftung der Gesellschafter denkbar. Da § 245 Abs. 4 UmwG selbst aber nicht festlege, wer beim Formwechsel in die GmbH als Gründer i.S. der Gründungsvorschriften anzusehen sei, müsse diese Festlegung in entsprechender Anwendung des § 245 Abs. 1 Alt. 1 UmwG erfolgen.[1167] Der Gesetzgeber hat allerdings für den Fall des Formwechsel in die

[1164] *Happ*, in: Lutter, UmwG, § 245 Rn. 23.
[1165] Ebenso *Rieger*, in: Widmann/Mayer, Umwandlungsrecht, § 245 UmwG Rn. 37.
[1166] Im Ergebnis auch *Happ*, in: Lutter, UmwG, § 245 Rn. 24.
[1167] *Laumann*, in Goutier/Knopf/Tulloch, Umwandlungsrecht, § 245 UmwG Rn. 13.

GmbH auch auf den Verweis auf § 220 UmwG verzichtet. Der Formwechsel in die GmbH ist daher auch bei bestehender Unterbilanz möglich. Die Deckung des Stammkapitals durch das Aktivreinvermögen der formwechselnden Gesellschaft ist nicht erforderlich. Im Hinblick darauf ist auch der Verzicht auf den Sachgründungsbericht konsequent. Dann ist allerdings kein Raum für eine Haftung der am Formwechsel beteiligten Gesellschafter.[1168] Für diese Ansicht spricht auch die Gesetzesbegründung, die den Gründungsvorschriften beim Formwechsel in die GmbH aufgrund der in der AG/KGaA ohnehin strengeren Kapitalschutzvorschriften eine nur untergeordnete Bedeutung beimisst.[1169] Eine spezielle Gründungshaftung der Gesellschafter beim Formwechsel in die GmbH kommt daher von vornherein nicht in Betracht. Die nachfolgenden Ausführungen zu den einzelnen Haftungstatbeständen beziehen sich daher nur auf die übrigen Möglichkeiten des Formwechsels zwischen Kapitalgesellschaften.

3. Die Haftungstatbestände

a) Verlustdeckungshaftung

Im Gegensatz zur Gründung einer Kapitalgesellschaft, aber auch zum Formwechsel aus der Personen- in die Kapitalgesellschaft geht dem Formwechsel zwischen Kapitalgesellschaften keine Phase voraus, in der die juristische Person noch nicht existiert. Die juristische Person besteht vielmehr bereits vor dem Formwechsel.[1170] Da die Verlustdeckungshaftung jedoch ein spezielles, aus dem Scheitern der Eintragung der juristischen Person resultierendes Problem ist, ist für sie beim Formwechsel zwischen juristischen Personen kein Raum.

b) Vorbelastungs- und Differenzhaftung

Auch Vorbelastungs- und Differenzhaftung sind typische Probleme einer Vorgesellschaft, für die beim Formwechsel zwischen Kapitalgesellschaften erst recht kein Raum ist. Jedoch könnte das Verbot des Formwechsels bei bestehender Unterbilanz die sinngemäße Anwendung der der Sicherung der

---

1168 *Happ*, in: Lutter, UmwG, § 245 Rn. 24, anders jedoch in der Vorauflage, vgl. dort Rn. 28 f.; *Rieger*, in: Widmann/Mayer, Umwandlungsrecht, § 245 UmwG Rn. 39 ff (a.A. jedoch für die Differenzhaftung, die dennoch eingreifen soll, a.a.O, Rn. 48); *Stratz*, in: Schmitt/Hörtnagl/Stratz, UmwG/UmwStG, § 245 UmwG Rn. 5; *Petersen*, Der Gläubigerschutz im Umwandlungsrecht, S. 80 f.

1169 Begr. RegE, in: Ganske, Umwandlungsrecht, S. 261.

1170 Hierauf weist auch *Trölitzsch*, Differenzhaftung für Sacheinlagen in Kapitalgesellschaften, S. 365, hin.

Kapitalaufbringung dienenden Vorbelastungs- und Differenzhaftung dennoch erforderlich machen.

In der Literatur wird teilweise die Ansicht vertreten, dass die beiden Haftungstatbestände auf den Formwechsel zwischen Kapitalgesellschaften nicht anwendbar seien. § 197 S. 1 UmwG ordne die Geltung des Gründungsrechts im Wesentlichen deshalb an, weil es sonst durch die Gründung einer Gesellschaftsform mit weniger strengen Gründungsvorschriften und einen anschließenden Formwechsel umgangen werden könnte.[1171] Unter Umgehungsgesichtspunkten sei aber beim Formwechsel zwischen Kapitalgesellschaften weder eine Vorbelastungs- noch eine Differenzhaftung gerechtfertigt. Das Kapitalaufbringungsrecht bei der AG und der KGaA sei identisch. Da das Gründungsrecht der GmbH demjenigen der AG weitgehend angeglichen sei, lasse sich auch beim Formwechsel aus der GmbH in eine andere Kapitalgesellschaft eine Haftung der Gesellschafter unter Umgehungsgesichtspunkten nicht herleiten.[1172] Eine materiellrechtliche Verantwortung der Gesellschafter wird auch mit dem Hinweis darauf abgelehnt, dass bei der Anmeldung der neuen Rechtsform eine Versicherung des Inhalts, dass die Einlageleistungen vorschriftsmäßig erbracht seien, gem. § 246 Abs. 3 UmwG nicht erforderlich ist.[1173] Die Zweite Richtlinie, auf die sich der Gesetzgeber hinsichtlich des Verweises auf § 220 UmwG berufen hat,[1174] schreibe keine Haftung der Gründer einer AG vor.[1175] Der Formwechsel zwischen Kapitalgesellschaften stelle auch keine Kapitalmaßnahme dar. Weder würden Einlagen geleistet noch sei der Formwechsel aufgrund der Kontinuität des Nennkapitals mit einer Kapitalschaffung verbunden. Eine eventuell vorzunehmende Änderung des Nennkapitals vollziehe sich gem. § 243 Abs. 1 UmwG nach den allgemeinen Vorschriften. Der Formwechsel könne daher eine Pflicht der Gesellschafter zur erneuten Deckung der Kapitalgrundlage nicht begründen.[1176] Auch wird hervorgehoben, dass das Gebot der Reinvermögensdeckung nicht zwingend die Sanktionierung durch eine Unterbilanzhaftung erfordere.[1177]

[1171] So in der Tat die Gesetzesbegründung bei Begr. RegE, in: Ganske, Umwandlungsrecht, S. 220.

[1172] *Decher*, in: Lutter, UmwG, § 197 Rn. 40; *Busch*, AG 1995, 555 (559).

[1173] *Busch*, AG 1995, 555 (559).

[1174] Begr. RegE, in: Ganske, Umwandlungsrecht, S. 261 f.

[1175] *Trölitzsch*, Differenzhaftung für Sacheinlagen in Kapitalgesellschaften, S. 365.

[1176] *Busch*, AG 1995, 555 (559); *Trölitzsch*, Differenzhaftung für Sacheinlagen in Kapitalgesellschaften, S. 364 ff.

[1177] *Trölitzsch*, Differenzhaftung für Sacheinlagen in Kapitalgesellschaften, S. 360.

Ob eine dahingehende Auslegung des § 197 S. 1 UmwG dem Willen des Gesetzgebers entspricht, erscheint allerdings fraglich. Die Ablehnung der Haftung ist denn auch von dem Gedanken getragen, zumindest die haftungsrechtlichen Folgen der „rechtspolitisch zweifelhaften Verweisung" auf § 220 UmwG zu mildern.[1178] Lehnt man eine Haftung der Gesellschafter für den Fall der Eintragung des Formwechsels trotz bestehender Unterbilanz ab, hieße das, die Rechtsfolgen eines Verstoßes gegen das Gebot der Reinvermögensdeckung allein auf die gem. § 37 Abs. 1 AktG bestehende Pflicht des Registerrichters zu beschränken, die Eintragung der neuen Rechtsform abzulehnen. Sogar an der Prüfungspflicht des Registerrichters müssten aber Zweifel aufkommen, da auch sie nur über den allgemeinen Verweis auf die Gründungsvorschriften in § 197 S. 1 UmwG zum Zuge kommt. Da eine Prüfung bereits bei der Gründung des formwechselnden Rechtsträgers stattfand, kann eine nochmalige Prüfung allein aus Umgehungsgesichtspunkten ebenfalls nicht begründet werden.

Die Anwendung der Haftungstatbestände beim Formwechsel zwischen Kapitalgesellschaften beruht aber auch nicht vorwiegend auf der Befürchtung einer Umgehung derselben. Sie soll in erster Linie das Gebot der Reinvermögensdeckung absichern. Sowohl durch Verluste der Gesellschaft, die zwischen dem Formwechselbeschluss und der Eintragung der neuen Rechtsform eintreten, als auch durch eine Überbewertung des Gesellschaftsvermögens kann es zu einem Formwechsel trotz bestehender Unterbilanz kommen. Ohne entsprechende haftungsrechtliche Konsequenzen stellt das Verbot des Formwechsels bei Unterbilanz ein „stumpfes Schwert" dar und könnte die beteiligten Personen zu Manipulationen der Anmeldungsunterlagen veranlassen. Der Registerrichter wird sich in der Regel auf die Angaben der Umwandlungsprüfer verlassen, sollte er nicht begründete Zweifel an deren Richtigkeit haben.[1179] Auch der Verzicht auf die Anmeldeversicherungen nach § 37 Abs. 1 AktG ist kein tragfähiges Argument für den Verzicht auf die Differenzhaftung. Zum einen ist die Abgabe der entsprechenden Versicherung auch im Gründungsfall keine Tatbestandsvoraussetzung der Differenzhaftung.[1180] Zum anderen haben die Gesellschafter bereits bei der Gründung der Gesellschaft eine ordnungsgemäße Leistung der Einlagen versichert. Eine erneute Erklärung im Rahmen des Formwechsels, dass die Einlagen vollständig erbracht seien und zur freien Verfügung des Vorstandes stünden, ergäben keinen Sinn, da aufgrund des identitätswahrenden Charakters

---

1178 So ausdrücklich *Busch*, AG 1995, 555 (559).

1179 *Hüffer*, AktG, § 38 Rn. 2.

1180 *Rieger*, in: Widmann/Mayer, Umwandlungsrecht, § 245 UmwG Rn. 48 Fn. 3.

des Formwechsels neue Einlagen in der Regel nicht erbracht werden.[1181] Auf die Vorschriften der Art. 2 bis 12 der Zweiten Richtlinie kann die Haftung der Gesellschafter in der Tat nicht gestützt werden. Da der deutsche Gesetzgeber aber die Kapitaldeckung auch sonst über die Vorschriften der Zweiten Richtlinie hinausgehend durch entsprechende Haftungstatbestände abgesichert hat, hätte man eine ausdrückliche Ausnahme erwartet, sollte für das Gebot der Reinvermögensdeckung beim Formwechsel zwischen Kapitalgesellschaften etwas anderes gelten. Nach alledem ist in Folge des Gebots der Reinvermögensdeckung beim Formwechsel zwischen Kapitalgesellschaften auch von einer die Kapitaldeckung absichernden Haftung der den Gründern gleichgestellten Personen auszugehen.

c) Haftung für Sach- und Rechtsmängel

Für die Zulässigkeit eines Formwechsels ist allein die summenmäßige Deckung des Nennkapitals erforderlich. Die Mangelfreiheit der Vermögensgegenstände spielt hierbei nur eine indirekte Rolle. Solange das Nennkapital wertmäßig abgedeckt ist, stehen dem Formwechsel etwaige Mängel nicht entgegen. Eine Haftung für Sach- und Rechtsmängel ist daher abzulehnen.[1182]

d) Gründerhaftung

Unter Umgehungsgesichtspunkten wäre auch die Gründerhaftung beim Formwechsel zwischen Kapitalgesellschaften entbehrlich, da die Gesellschafter ihr bereits bei der Gründung des formwechselnden Rechtsträgers unterlegen haben.[1183] Nimmt man aber das vom Gesetzgeber nunmehr auch für den Formwechsel zwischen Kapitalgesellschaften statuierte Gebot der Reinvermögensdeckung ernst, so ist eine Absicherung durch die analoge Anwendung der Gründerhaftung zweckmäßig.

Beim Formwechsel von der Personengesellschaft in die Kapitalgesellschaft wurde dafür plädiert, § 205 UmwG als abschließende Sonderreglung gegenüber den Tatbeständen der Gründerhaftung zu sehen. Dies hing im Wesentlichen damit zusammen, dass sich der personelle Anwendungsbereich der Organhaftung nach § 205 UmwG und der Gründerhaftung nach § 9a GmbHG, § 46 AktG aufgrund der Selbstorganschaft in der Personengesellschaft weitgehend decken. Dieses Argument kann jedoch beim Formwechsel zwischen Kapitalgesellschaften aufgrund des hier geltenden Prinzips der

1181 Ausführlich *Rieger*, in: Widmann/Mayer, Umwandlungsrecht, § 246 UmwG Rn. 71 ff.
1182 Vgl. dazu ausführlich oben 4. Kapitel:II.2.e)(b).
1183 So *Decher*, in: Lutter, UmwG, § 197 Rn. 35.

Fremdorganschaft nicht ohne weiteres angeführt werden. Folglich ist eine differenzierende Betrachtung je nach den an dem Formwechsel beteiligten Gesellschaften vorzunehmen. Eine solche Betrachtungsweise findet ihre Stütze in der Gesetzesbegründung, nach der die Anwendung des Gründungsrechts aufgrund der Eigenart der an dem Formwechsel beteiligten Gesellschaften zu modifizieren ist.[1184]

Beim Formwechsel der GmbH in eine andere Form der Kapitalgesellschaft sind die an dem Formwechsel beteiligten Gesellschafter vom Anwendungsbereich des § 205 UmwG nicht erfasst. Dieser begründet eine Schadensersatzpflicht nur für die Mitglieder der Vertretungs- und Aufsichtsorgane des formwechselnden Rechtsträgers. Es fragt sich aber, ob eine Einbeziehung der Gesellschafter in die Haftung zweckmäßig ist. Sowohl § 46 AktG als auch § 205 UmwG begründen Schadensersatzpflichten, die die betroffenen Personen zur ordnungsgemäßen Erfüllung der ihnen von Gesetzes wegen auferlegten Pflichten anhalten sollen. Die Vorbereitung und Durchführung des Formwechsels obliegt aber im Wesentlichen den Vertretungsorganen (§192, § 238 S. 1 i.V.m. §§ 230, 231, § 246 UmwG).[1185] Dennoch sind auch die Gesellschafter in einem entscheidenden Punkt an dem Formwechsel beteiligt. Sie haben gem. § 197 S. 1, 220 Abs. 2 UmwG i.V.m. § 32 AktG einen Bericht über den Formwechsel zu erstatten. Dieser Bericht über den Formwechsel ist weder - wie beim Formwechsel in die GmbH gem. § 245 Abs. 4 UmwG - entbehrlich noch können die Gesellschafter - anders als auf den der Information der Anteilsinhaber dienenden Umwandlungsbericht nach § 192 Abs. 4 - auf seine Erstellung verzichten. Der Bericht ist zugleich Prüfungsgegenstand und Prüfungsgrundlage der Prüfung des Formwechsels durch das Registergericht[1186] und daher wesentlicher Bestandteil des Formwechsels. Als solcher dient er der Überprüfbarkeit der Deckung des Garantiekapitals. Für falsche oder unvollständige Angaben haften die Gesellschafter daher nach § 46 AktG. Für die Mitglieder der Vertretungs- und Aufsichtsorgane[1187] stellt § 205 UmwG dagegen auch hier eine abschließende Regelung dar. Zwar ist der durch § 205 UmwG betroffene Pflichtenkreis durch den Verweis auf § 25 Abs. 1 S. 2 UmwG begrenzt. Durch den Verweis sind von § 205 UmwG vor allem Pflichten im Zusammenhang mit der Erstellung des Umwandlungsberichts, mit dem Entwurf des Umwandlungsbeschlusses, mit der Durchführung der Versammlung der

---

1184 Begr. RegE, in: Ganske, Umwandlungsrecht, S. 220.

1185 So, *Veil*, Umwandlung einer Aktiengesellschaft in eine Gesellschaft mit beschränkter Haftung, S. 236.

1186 Vgl. *Hüffer*, AktG, § 38 Rn. 8 zur Gründung einer Aktiengesellschaft.

1187 Zur Haftung der Mitglieder eines bei der GmbH freiwillig gebildeten Aufsichtsrates vgl. *Decher*, in: Lutter, UmwG, § 205 Rn. 5.

Anteilseigner und mit der Überprüfung und Feststellung der Reinvermögensdeckung erfasst. Letztlich erstreckt sich die Pflichtenstellung daher auf die wesentlichen umwandlungsrechtlichen Vorschriften für den Formwechsel.[1188] Für die Haftung der Organe ist daher eine Heranziehung des § 48 AktG nicht erforderlich.

Beim Formwechsel der AG in die KGaA ist der Kreis der nach den Gründungsvorschriften haftenden Gesellschafter gem. § 245 Abs. 2 UmwG auf die zukünftigen Komplementäre der KGaA beschränkt. Diese sind nicht vom Anwendungsbereich des § 205 UmwG erfasst, da dieser eine Haftung der Organmitglieder der formwechselnden Gesellschaft begründet. Die zukünftigen Komplementäre trifft aber im Rahmen der Durchführung des Formwechsels ebenfalls die Pflicht zur Erstellung des Berichts über den Formwechsel. Darüber hinaus werden sie sich nicht zuletzt aufgrund der Übernahme einer persönlichen Haftung für die Verbindlichkeiten des Rechtsträgers neuer Rechtsform an dem Formwechselvorgang aktiv beteiligen. Ihre Haftung nach § 197 S. 1 UmwG i.V.m. § 46 AktG ist daher sachgerecht.

Beim Formwechsel einer KGaA in eine AG haften gem. § 245 Abs. 3 UmwG ebenfalls nur die Komplementäre im Rahmen der Gründungsvorschriften. Als solche gehören sie in der KGaA aber ohnehin zum Vertretungsorgan der formwechselnden Gesellschaft (§ 278 Abs. 2 AktG i.V.m. 125 HGB). Sie sind daher vom Anwendungsbereich des § 205 UmwG erfasst. Eine Anwendung der Gründerhaftung nach dem Aktienrecht ist nicht angezeigt. § 205 UmwG ist hier als abschließende Sonderreglung anzusehen.

e) Handelndenhaftung

Gegen eine Handelndenhaftung im Rahmen des Formwechsels zwischen Kapitalgesellschaften spricht schon das formale Argument, dass es hier kein Stadium gibt, in dem die juristische Person als solche noch nicht existiert. Aber auch die Entstehungsgeschichte und der Sinn und Zweck der Handelndenhaftung[1189] sprechen gegen eine Anwendung dieses Haftungstatbestandes. Beim Formwechsel unter Kapitalgesellschaften steht den Gläubigern bereits vor der Umwandlung in die neue Rechtsform das Vermögen einer juristischen Person als Haftungsmasse zur Verfügung, dessen Aufbringung schon bei der ursprünglichen Gründung der Gesellschaft geprüft wurde. Folglich ist weder ein Ausgleich für in Anspruch genommenes Vertrauen noch ein

---

[1188] Vgl. *Decher*, in: Lutter, UmwG, § 205 Rn. 13 ff.
[1189] Vgl. dazu oben 4. Kapitel:II.2.g)(a).

Ansporn der Vertretungsorgane, die Anmeldung der neuen Rechtsform voranzutreiben, notwendig. Für eine Handelndenhaftung ist daher kein Raum.

f) Ausfallhaftung

Die Ausfallhaftung ist keine Haftung, die unmittelbar mit der Gründung der Gesellschaft in Zusammenhang steht. Sie gilt in der GmbH unabhängig vom Verweis auf die Gründungsvorschriften. Da es beim Formwechsel in die GmbH zu keiner Gründungshaftung kommt, ist eine Ausfallhaftung lediglich für eine im Zuge des Formwechsels erfolgende Kapitalerhöhung denkbar. Der Ausfallhaftung unterliegen grundsätzlich alle Gesellschafter, unabhängig davon, ob sie als Gründer anzusehen sind oder nicht. Da es sich jedoch um eine spezifische Haftung des GmbH-Rechts handelt, wird man auch hier diejenigen Gesellschafter, die aufgrund des Formwechsels nach Annahme des Barabfindungsangebotes nach §§ 207 ff. UmwG aus der Gesellschaft ausscheiden, von der Ausfallhaftung ausnehmen müssen. Der Ausfallhaftung unterliegen daher nur Gesellschafter, die für den Formwechsel gestimmt haben oder trotz der Ablehnung des Formwechsels Gesellschafter der GmbH bleiben.

4. Zusammenfassung

Die Haftung der Gründer ist - mit Ausnahme des Formwechsels in die GmbH - zur Absicherung der nunmehr auch beim Formwechsel zwischen Kapitalgesellschaften erforderlichen Deckung des Garantiekapitals durch das Vermögen der formwechselnden Gesellschaft grundsätzlich geboten. Die Definition der gründungsgleichen Gesellschafter in § 245 UmwG ist dabei in einigen Punkten zu korrigieren. Beim Formwechsel aus der GmbH sind nur diejenigen Gesellschafter von der Gründungshaftung auszunehmen, die aufgrund ihres Widerspruchs gegen den Formwechsel aus dem Rechtsträger neuer Rechtsform gegen Barabfindung ausscheiden. Beim Formwechsel einer KGaA in eine AG sind diejenigen Komplementäre von der Gründerhaftung auszunehmen, die im Rahmen einer in der Satzung vorgesehenen Mehrheitsentscheidung gegen den Formwechsel stimmen. Ihr Ausscheiden aus der Gesellschaft ergibt sich bereits von Gesetzes wegen (§ 247 Abs. 3 UmwG).

Als mögliche Haftungstatbestände kommen die Vorbelastungshaftung, die Differenzhaftung, die Gründerhaftung und die Ausfallhaftung in Betracht. Die Gründerhaftung wird jedoch durch die Organhaftung nach § 205 UmwG verdrängt, soweit der Anwendungsbereich der Vorschrift den Kreis der gründergleich haftenden Personen erfasst. Die Ausfallhaftung nach § 24 GmbHG trifft nur diejenigen Gesellschafter, die nicht aufgrund eines Barabfindungsangebotes aus der GmbH ausscheiden.

III. Begrenzung der Nachhaftung der Komplementäre einer KGaA

Für den Fall des Formwechsels einer Kommanditgesellschaft auf Aktien in eine GmbH oder AG verweist § 249 UmwG für die Begrenzung der Nachhaftung der Komplementäre auf § 224 UmwG. Da die Komplementäre mit dem Formwechsel in eine andere Kapitalgesellschaft als solche zwingend aus der Gesellschaft ausscheiden (vgl. § 247 Abs. 3 UmwG), hätte es des Verweises eigentlich nicht bedurft. Da der Komplementär zu keinem Zeitpunkt Mitglied des Rechtsträgers neuer Rechtsform wird, hätte sich die Begrenzung der Nachhaftung bereits aus § 278 Abs. 3 AktG i.V.m. §§ 161 Abs. 2, 160 HGB ergeben.[1190] Aus der Verweisung auf § 224 UmwG ergibt sich lediglich der Unterschied, dass die Frist nach § 224 Abs. 3 S. 1 i.V.m. § 201 S. 2 UmwG mit der Bekanntmachung des Formwechsels beginnt, wogegen sie nach § 160 Abs. 1 S. 2 HGB bereits mit der Eintragung des Ausscheidens im Handelsregister beginnt.[1191]

An einer Nachhaftung von Komplementären einer KGaA beim Ausscheiden aus der Gesellschaft ist grundsätzliche Kritik geübt worden. Die persönliche Haftung stelle aufgrund der Zugehörigkeit der KGaA zu den Kapitalgesellschaften lediglich einen objektiven Kontrollmechanismus zur Verhaltenssteuerung der persönlich haftenden Gesellschafter dar.[1192] Demgegenüber trete der unmittelbare Schutz der Gläubiger durch die persönliche Haftung aufgrund der geltenden Kapitalschutzvorschriften in den Hintergrund.[1193] Daher sei der Verweis in § 278 Abs. 2 AktG auf die Vorschriften des HGB für die Kommanditgesellschaft dahingehend zu modifizieren, dass die Komplementäre mit der Eintragung ihres Ausscheidens in das Handelsregister nicht mehr für die Verbindlichkeiten der Gesellschaft haften.[1194] Dem ist freilich entgegenzuhalten, dass die Funktion der persönlichen Haftung als objektiver Kontrollmechanismus Schaden erleiden würde, wenn der Komplementär der persönlichen Haftung jederzeit durch seinen Austritt aus der Gesellschaft entgehen könnte. Die Nachhaftung hat also auch dann eine

---

[1190] Ebenso *Happ*, in: Lutter, UmwG, § 249 Rn. 2; dagegen *Vossius*, in: Widmann/Mayer, Umwandlungsrecht, § 249 UmwG Rn. 1, der jedoch fälschlicher Weise davon ausgeht, dass der Komplementär in dem Rechtsträger neuer Rechtsform automatisch die Rechtstellung eines GmbH-Gesellschafters oder Aktionärs erlangt (a.a.O. Rn. 2). Dies ist schon deshalb ausgeschlossen, weil zur Beteiligung des Komplementärs am Nennkapital zunächst eine Kapitalerhöhung durchgeführt werden müsste, vgl. *Rieger*, in: Widmann/Mayer, Umwandlungsrecht, § 247 UmwG Rn. 50.

[1191] *Dirksen*, in: Kallmeyer, UmwG, § 249.

[1192] *Wiesner*, ZHR 148 (1984), 56 (63 f.); vgl. auch *K. Schmidt*, Gesellschaftsrecht, S. 541 ff.

[1193] *Wiesner*, ZHR 148 (1984), 56 (60 ff.).

[1194] *Wiesner*, ZHR 148 (1984), 56 (68 f.).

Daseinsberechtigung, wenn die persönliche Haftung des Komplementärs dem Gläubigerschutz nur mittelbar dient.

IV. Haftung bei Mitgliederwechsel zum Zeitpunkt der Umwandlung

Zu den Auswirkungen eines Mitgliederwechsels im Zusammenhang mit dem Formwechsel kann weitgehend auf die Ausführungen zum Formwechsel in die Kapitalgesellschaft verwiesen werden.[1195] Eine Nachhaftung für die Verbindlichkeiten des formwechselnden Rechtsträgers kommt jedoch lediglich bei Komplementären einer formwechselnden KGaA in Betracht. Da diese als solche am Grundkapital der KGaA nicht beteiligt sind, stellt sich hier das Problem des Übergangs der Haftung bei einer Anteilsübertragung nicht. Gleiches gilt für die Gründungshaftung der Komplementäre einer KGaA.

V. Formelle Gläubigerschutzvorschriften

Aufgrund des Verweises auf die Gründungsvorschriften in § 197 S. 1 UmwG sind beim Formwechsel auch die für die Gründung des Rechtsträgers neuer Rechtsform geltenden formellen Gläubigerschutzvorschriften zu beachten. Hierzu kann auf die zum Formwechsel in die Kapitalgesellschaft gemachten Ausführungen verwiesen werden. Nachfolgend wird auf einige Besonderheiten eingegangen, die sich für den Formwechsel zwischen Kapitalgesellschaften ergeben.

1. Festsetzungen in der Satzung

a) Sacheinlagen

Aufgrund des Verweises des § 197 S. 1 UmwG auf die Gründungsvorschriften sind grundsätzlich auch die Vorschriften zu den Festsetzungen über Sacheinlagen (§ 5 Abs. 4 GmbHG, § 27 Abs. 1 AktG) zu beachten. Die Verweisung läuft beim Formwechsel zwischen Kapitalgesellschaften jedoch in der Regel leer, da anlässlich der Umwandlung aufgrund der Kontinuität des Nennkapitals (§ 247 Abs. 1 UmwG) Sacheinlagen nicht geleistet werden. Etwas anderes soll gelten, wenn im Rahmen des Formwechsels eine Kapitalerhöhung gegen Sacheinlage stattfindet. In diesem Fall seien die erforderlichen Festsetzungen in der Satzung bzw. im Gesellschaftsvertrag vorzunehmen.[1196] Hiergegen ist eingewendet worden, dass für Kapitalmaßnahmen im Zuge des Formwechsels gem. § 243 Abs. 2 UmwG die allgemeinen Vorschriften gelten würden. Nach diesen sei aber eine Festsetzung weder im Gesellschaftsvertrag

---

[1195] Vgl. oben 4. Kapitel:V.

[1196] *Happ*, in: Lutter, UmwG, § 245 Rn. 28.

der GmbH noch in der Satzung der AG erforderlich.[1197] Dem ist grundsätzlich zuzustimmen. Etwas anderes sollte jedoch zum einen gelten, wenn die Kapitalerhöhung aufgrund der Vorschriften über die Mindestnennkapitalziffer der neuen Rechtsform erforderlich ist, zum anderen, wenn Sachzuschüsse an die Gesellschaft zur Beseitigung einer bestehenden Unterbilanz geleistet werden. In beiden Fällen sind die Sachleistungen zwingende Voraussetzung für das Entstehen einer AG/KGaA. Unter Umgehungsgesichtspunkten ist daher das Erfordernis entsprechender Festsetzungen gerechtfertigt. Festsetzungen im Gesellschaftsvertrag der GmbH sind damit im Ergebnis in jedem Fall entbehrlich, da beim Formwechsel in die GmbH eine Deckung des Stammkapitals nicht vorgeschrieben ist.

Bestehende Festsetzungen in der Satzung der formwechselnden Gesellschaft sind nach § 243 Abs. 1 S. 2 UmwG zu übernehmen. Nach § 243 Abs. 1 S. 3 UmwG bleiben zwar lediglich die § 26 Abs. 4 und 5 AktG unberührt, es ist aber davon auszugehen, dass gem. § 27 Abs. 5 AktG auch die Festsetzungen über Sacheinlagen nach Ablauf der dort genannten Fristen geändert oder gelöscht werden können. Da die Vorschriften durch den Formwechsel unberührt bleiben, ist Fristbeginn nicht die Eintragung der neuen Rechtsform, sondern die der ursprünglichen Gründung der Gesellschaft.

b) Sondervorteile, Gründungsaufwand

In der Satzung der AG sind die den Aktionären oder Dritten für den Formwechsel gewährten Sondervorteile sowie der Gesamtaufwand festzusetzen, der zu Lasten der Gesellschaft als Entschädigung oder Belohnung für den Formwechsel oder seine Vorbereitung gewährt wird (§ 26 Abs. 1 und 2 AktG). Für die GmbH gelten die Vorschriften sinngemäß.[1198] Sondervorteile und Gründungsaufwand aus der bisherigen Satzung sind zu übernehmen (§ 243 Abs. 1 S. 2 UmwG).[1199] Die Festsetzungen können nach Ablauf der in § 26 Abs. 4 und Abs. 5 AktG genannten Fristen geändert bzw. beseitigt werden. Fristbeginn ist auch hier nicht die Eintragung der neuen Rechtsform, sondern die der ursprünglichen Gründung der Gesellschaft.

1197 *Priester*, AG 1986, 29 (32).

1198 *Winter*, in: Scholz, GmbHG, § 5 Rn. 112 ff; *Ulmer*, in: Hachenburg, GmbHG, § 5 Rn. 178, 185.

1199 *Happ*, in: Lutter, UmwG, § 245 Rn. 27; *Decher*, in: Lutter, UmwG, § 197 Rn. 20 ff.; *Stratz*, in: Schmitt/Hörtnagl/Stratz, UmwG/UmwStG, § 197 UmwG Rn. 27.

2. Gründungsbericht, Gründungsprüfung

Zum Inhalt des Gründungsberichts und zum Umfang der Gründungsprüfung gelten die Ausführungen zum Formwechsel in die Kapitalgesellschaft.[1200] Es ist jedoch darauf hinzuweisen, dass der Sachgründungsbericht beim Formwechsel in die GmbH gem. § 245 Abs. 4 UmwG entbehrlich ist.

3. Anmeldeversicherung

Die bei der Gründung einer Kapitalgesellschaft erforderlichen Versicherungen über die Mindestleistung der Einlagen zur freien Verfügung der Vertretungsorgane der Gesellschaft sind beim Formwechsel zwischen Kapitalgesellschaften gem. § 246 Abs. 3 UmwG entbehrlich. Nach der hier vertretenen Ansicht ist als Einlage der Gesellschafter nicht etwa das Vermögen des formwechselnden Rechtsträgers anzusehen. Vielmehr ist das nach dem Formwechsel geltende Recht auf die ursprünglich übernommenen Einlageverpflichtungen anzuwenden. Da die Erbringung der Mindestleinlage jedoch bereits bei der Gründung des formwechselnden Rechtsträger überprüft wurde, erübrigt sich eine erneute Überprüfung beim Formwechsel. Der Verzicht auf die Anmeldeversicherung ist daher konsequent.

4. Registerkontrolle

Da ein Formwechsel bei bestehender Unterbilanz nunmehr auch zwischen Kapitalgesellschaften unzulässig ist, hat der Registerrichter die Deckung des Garantiekapitals zu überprüfen. Lediglich beim Formwechsel in die GmbH stellt eine bestehende Unterbilanz kein Eintragungshindernis dar. Hinsichtlich des Stichtags, an dem die Deckung des Garantiekapitals zu prüfen ist, und der mit der Anmeldung der neuen Rechtsform einzureichenden Wertnachweisrechnung kann auf die Ausführungen zum Formwechsel in die Kapitalgesellschaft verwiesen werden.[1201]

7. Kapitel: Gläubigerschutz beim Formwechsel von Gesellschaften i.L.

Nach § 191 Abs. 3 UmwG ist ein Formwechsel auch bei aufgelösten Rechtsträgern möglich, wenn die Fortsetzung in der bisherigen Rechtsform beschlossen werden könnte. Voraussetzung für den Formwechsel ist nicht die

---

[1200] Vgl. oben 4. Kapitel:VI.2.
[1201] Vgl. oben 4. Kapitel:VI.4.

tatsächliche Fassung des Fortsetzungsbeschlusses. Es müssen lediglich die Voraussetzungen für die Fassung des Fortsetzungsbeschlusses vorliegen.[1202]

Für den Fall der Auflösung durch die Eröffnung eines Insolvenzverfahrens ist seit der Einführung der neuen Insolvenzordnung vorgeschrieben, dass eine Fortsetzung der Gesellschaft nur beschlossen werden kann, wenn das Insolvenzverfahren auf Antrag des Schuldners eingestellt oder nach Bestätigung eines Insolvenzplans, der den Fortbestand der Gesellschaft vorsieht, aufgehoben wird (§ 60 Abs. 1 Nr. 4 Hs. 2 GmbHG, § 274 Abs. 2 Nr. 1 AktG, § 144 Abs. 1 HGB).[1203] Eine allgemeine Regelung zur Fortsetzung aufgelöster Gesellschaften findet sich daneben nur im Aktienrecht, nämlich in § 274 AktG. Nach der herrschenden Auffassung in der Literatur ist jedoch auch bei der GmbH und bei den Personenhandelsgesellschaften die Fortsetzung nach allgemein geltenden Grundsätzen möglich. Die §§ 60 Abs. 1 Nr. 4 Hs. 2 GmbHG und 144 Abs. 1 HGB regeln demnach nur Spezialfälle. Eine abschließende Wirkung kommt ihnen nicht zu.[1204] Die Voraussetzungen für eine Fortsetzung der Gesellschaft i.L. sind im Einzelnen umstritten. Sie werden im Folgenden dargestellt. Dabei ist zu klären, ob sich Besonderheiten daraus ergeben, dass die jeweilige Gesellschaft i.L. nicht lediglich fortgesetzt wird, sondern zugleich eine andere Rechtsform annehmen soll.

I. Keine Vollbeendigung

Die Gesellschaft muss sich noch im Liquidationsstadium befinden. Eine Vollbeendigung darf nicht eingetreten sein. Die vollbeendete Gesellschaft hört auf zu existieren und kann daher nicht mehr fortgesetzt werden.[1205] Nach der herrschenden Lehre tritt die Vollbeendigung nach der Abwicklung der Gesellschaft erst mit der Eintragung der Beendigung im Handelsregister ein (Doppeltatbestand).[1206]

II. Beseitigung des Auflösungsgrundes

Bevor eine Fortsetzung beschlossen werden kann, muss der Auflösungsgrund beseitigt werden. Umstritten ist in diesem Zusammenhang zum einen, welche

---

1202 *Schwarz*, in: Widmann/Mayer, Umwandlungsrecht, § 3 UmwG Rn. 6.2.
1203 Für die GbR, die nicht formwechselnder Rechtsträger sein kann, ergibt sich das gleiche aus § 728 Abs. 1 S. 2 BGB.
1204 *Lutter/Hommelhoff*, GmbHG, § 60 Rn. 28; *Hennrichs*, ZHR 195 (1995), 593; *K. Schmidt*, in: Scholz, GmbHG, § 60 Rn. 79 m.w.N.
1205 *K. Schmidt*, in: Scholz, GmbHG, § 60 Rn. 6 f. und 81.
1206 *Stratz*, in: Schmitt/Hörtnagl/Stratz, UmwG/UmwStG, § 3 UmwG Rn. 43; *K. Schmidt*, in: Scholz, GmbHG, § 60 Rn. 56, § 74 Rn. 13.

Kapitalausstattung die Fortsetzung einer aufgelösten Gesellschaft erfordert. Zum anderen wird diskutiert, ob die Fortsetzung der Gesellschaft auch bei einer Ablehnung der Eröffnung des Insolvenzverfahrens mangels Masse beschlossen werden kann.

1. Mindestkapitalausstattung der Gesellschaft i.L.

Weder im allgemeinen Gesellschaftsrecht noch im Umwandlungsrecht ist die Frage beantwortet, welche Mindestkapitalausstattung eine Fortsetzung aufgelöster Gesellschaften erfordert. Die Diskussion über erforderliche Mindestkapitalausstattung beschränkt sich auf Kapitalgesellschaften, da im Personengesellschaftsrecht Schutzvorschriften zur Aufbringung und Erhaltung eines bestimmten Garantiekapitals zugunsten der Gläubiger nicht existieren. Dementsprechend stellt eine Überschuldung auch nur bei Kapitalgesellschaften und atypischen Personengesellschaften einen Grund für die Eröffnung eines Insolvenzverfahrens dar (§ 19 InsO). Nach Ansicht des Reichsgerichts war die Fortsetzung nur möglich, wenn das Garantiekapital unversehrt geblieben war. Falls es bereits ausgezahlt war, musste es wieder hereingebracht werden.[1207] Nach einer anderen Ansicht ist die Fortsetzung einer Kapitalgesellschaft zumindest dann zulässig, wenn Gesellschaftsvermögen in Höhe des gesetzlichen Mindestkapitals vorhanden ist.[1208] Nach der nunmehr vorherrschenden Ansicht in der Literatur steht derartigen Anforderungen entgegen, dass es sich bei der Fortsetzung einer Gesellschaft nicht um eine Neugründung handle und dass auch die Gläubiger nicht mit der Unversehrtheit des gesetzlichen oder statutarischen Garantiekapitals rechnen könnten. Die Überprüfung einer ausreichenden Kapitalausstattung sei auch nicht mit der in der Regel deklaratorischen Natur der Eintragung einer Rückumwandlung in eine werbende Gesellschaft vereinbar. Voraussetzung für die Fortsetzung sei daher lediglich die Beseitigung des Auflösungsgrundes. Ausreichend ist demnach die Beseitigung der die Insolvenzantragspflicht auslösenden Überschuldung der Gesellschaft.[1209]

Für die Umwandlung einer Gesellschaft i.L. sollen nach einem Beschluss des BayObLG, das sich der herrschenden Meinung angeschlossen hat, die gleichen Voraussetzungen gelten. Die Umwandlung soll demnach unwirksam sein, wenn

---

[1207] RGZ 118, 337 (340).

[1208] OLG Düsseldorf, GmbHR 1979, 227 (228); LG Berlin, GmbHR 1971, 208; *Dehmer*, UmwG/UmwStG, § 3 UmwG Rn. 43.

[1209] *Hüffer*, AktG, § 274 Rn. 4; *Stratz*, in: Schmitt/Hörtnagl/Stratz, UmwG/UmwStG, § 3 UmwG Rn. 36; *Ulmer*, in: Hachenburg, GmbHG, § 60 Rn. 86; *Schulze-Osterloh*, in: Baumbach/Hueck, GmbHG, § 60 Rn. 52; *K. Schmidt*, in: Scholz, GmbHG, § 60 Rn. 86; BayObLG DNotZ 1999, 145 (147).

die Fortsetzung wegen einer bestehenden Überschuldung der Gesellschaft nicht hätte beschlossen werden können.[1210] Daran ist zu Recht Kritik geäußert worden.[1211] Der Gesetzgeber hat die Umwandlung von Gesellschaften zu Sanierungszwecken nicht nur anerkannt, sondern darüber hinaus in der Sanierung der Gesellschaft den vorrangigen Zweck der Vorschriften zur Möglichkeit der Umwandlung nach Auflösung der Gesellschaft gesehen.[1212] Auch die neue Insolvenzordnung verfolgt allgemein das Ziel, die Sanierung insolventer Unternehmen zu fördern. Das neu eingeführte Instrument des Insolvenzplans soll die Sanierung im Vergleich zum früheren Recht deutlich erleichtern.[1213] Dies wird durch eine Auslegung der §§ 3 Abs. 3, 124 Abs. 2, 191 Abs. 3 UmwG, die sich streng am Begriff der Fortsetzung orientiert, verkannt.

Während die Fortsetzung einer überschuldeten Kapitalgesellschaft in der Tat wenig Sinn ergäbe, da unverzüglich ein Insolvenzantrag gestellt werden müsste (§ 64 Abs. 1 S. 2 GmbHG, § 92 Abs. 2 S. 2 AktG), kann eine sanierende Umwandlung durchaus zweckmäßig sein. So kann eine überschuldete Kapitalgesellschaft in eine Personengesellschaft umgewandelt werden, in der die Überschuldung keinen Eröffnungsgrund für ein Insolvenzverfahren darstellt. Die den Gläubigern zur Verfügung stehende Haftungsmasse würde durch den Formwechsel in eine Personengesellschaft vergrößert, da der Zugriff auf das Privatvermögen der persönlich haftenden Gesellschafter eröffnet wird.[1214] Dagegen setzt der Formwechsel in eine Kapitalgesellschaft anderer Rechtsform nach der hier vertretenen Ansicht in der Regel sogar die Beseitigung einer bestehenden Unterbilanz voraus. Lediglich beim Formwechsel in die Rechtsform der GmbH, der trotz bestehender Unterbilanz möglich ist, ist die Beseitigung der Überschuldung der Gesellschaft i.L. Voraussetzung für den Formwechsel. Bei der Bestimmung der erforderlichen Kapitalausstattung ist daher eine flexible Handhabung angebracht, um dem Willen des Gesetzgebers, Sanierungen zu fördern, gerecht zu werden. Hierfür spricht auch, dass der Gesetzgeber mit der Regelung des § 191 Abs. 3 UmwG und den vergleichbaren Regelungen bei Übertragungsvorgängen Umwandlungen dann verbieten wollte, wenn bereits mit der Verteilung des Vermögens unter die Gesellschafter

---

[1210] BayObLG DNotZ 1999, 145 ff.

[1211] *Heckschen*, in: FS Widmann, 31 (48 f.); *Limmer*, DNotZ 1999, 145 (150 ff.), Anmerkung zu BayObLG, Beschl. v. 4. 2. 1998 und KG, Beschl. v. 22. 9. 1998.

[1212] Begr. RegE, in: Ganske, Umwandlungsrecht, S. 47.

[1213] *Limmer*, DNotZ 1999, 150, Anmerkung zu BayObLG, Beschl. v. 4.2.1998 und KG, Beschl. v. 22.9.1998.

[1214] Ebenso *Limmer*, in: Kölner Schrift zur Insolvenzordnung, 1219 (1252).

begonnen wurde.[1215] Der Gesetzeswortlaut geht insofern weit über dieses Ziel hinaus und ist entsprechend dem eigentlichen Willen des Gesetzgebers teleologisch zu reduzieren.

2. Auflösung durch Ablehnung der Eröffnung des Insolvenzverfahrens mangels Masse

Nach herrschender Ansicht in der Literatur und der Rechtsprechung ist die Fortsetzung einer Gesellschaft auch dann ausgeschlossen, wenn die Auflösung auf einer Ablehnung des Antrag auf Eröffnung des Insolvenzverfahrens mangels einer die Kosten des Verfahrens deckenden Masse beruht.[1216] Dieser früher in § 1 Abs. 1 S. 1 LöschG geregelte Auflösungsgrund findet sich nunmehr in den Vorschriften zu den einzelnen Rechtsformen, nämlich in § 60 Abs. 1 Nr. 5 GmbHG, § 262 Abs. 1 Nr. 4 AktG, § 131 Abs. 2 Nr. 1 HGB. Der Beschluss über die Ablehnung der Eröffnung des Insolvenzverfahrens diene dazu, nicht mehr lebensfähige Gesellschaften aus dem Rechtsverkehr zu ziehen. Mit dieser Bereinigungsfunktion sei es nicht vereinbar, wenn die Gesellschafter durch einfachen Beschluss die Fortsetzung der Gesellschaft beschließen könnten.[1217] Dieses Ergebnis wird von einer im Vordringen befindlichen Ansicht bezweifelt. Den Gläubigern könne es nur zum Vorteil gereichen, wenn durch eine Kapitalerhöhung oder durch Zuschüsse die Masselosigkeit und Überschuldung beseitigt würde. Verwehrte man die Fortsetzung, würden alle Gläubiger mit sämtlichen Forderungen endgültig ausfallen. Auch bewirke die Ablehnung der Eröffnung des Insolvenzverfahrens gerade nicht eine Vollbeendigung der Gesellschaft. Die Masselosigkeit führe zu einem gesellschaftsrechtlichen Liquidationsverfahren. Die Gesellschaft sei daher noch als fortsetzungsfähiges Gebilde in der Welt.[1218]

Dem ist gerade für den Formwechsel aufgelöster Gesellschaften beizupflichten. Insbesondere der Formwechsel in die Personengesellschaft kann den Gesellschaftern einen Neustart ermöglichen, bei dem auch die Gläubiger ihrer Forderungen nicht verlustig gehen. Das Argument der Gegenansicht, man dürfe

---

[1215] Begr. RegE, in: Ganske, Umwandlungsrecht, S. 213, 47 f., damit sollte insbesondere der gleichlautenden Forderung des Art 3 Abs. 2 S. 2 der Dritten Richtlinie (Verschmelzungsrichtlinie) des Rates vom 9. Oktober 1978 (78/855/EWG), ABl. Nr. L 295/ 36 vom 20.10.1978 nachgekommen werden.

[1216] *Ulmer*, in: Hachenburg, GmbHG, § 60 Rn. 107 m.w.N. in Fn. 185; *Schulze-Osterloh*, in: Baumbach/Hueck, GmbHG, § 60 Rn. 55; BGHZ 75, 178 (180); KG, DNotZ 1999, 148 ff.; BayObLG, NJW 1994, 594.

[1217] *Ulmer*, in: Hachenburg, GmbHG, § 160 Rn. 107.

[1218] *K. Schmidt*, in: Scholz, GmbHG, Anh. § 60 Rn. 97; *Lutter/Hommelhoff*, GmbH-Gesetz, § 60 Rn. 34; *Hennrichs*, ZHR 159 (1995), 593 ff.

der masselosen Gesellschaft nicht erlauben, ohne die Kontrolle eines förmlichen Gründungsverfahrens wieder werbend am Rechtsverkehr teilzunehmen,[1219] kann für den Formwechsel aufgrund des Verweises auf die Gründungsvorschriften in § 197 S. 1 UmwG nicht gelten. Gegen die Zulassung eines Formwechsels der aufgelösten Gesellschaft ist daher nichts einzuwenden, wenn der Gesellschaft neuer Rechtsform im Einzelfall eine positive Zukunftsprognose zu bescheinigen ist.[1220]

III. Keine Verteilung des Gesellschaftsvermögens an die Gesellschafter

Soll die Fortsetzung einer Kapitalgesellschaft beschlossen werden, darf nach überwiegender Ansicht die Verteilung des Gesellschaftsvermögens an die Gesellschafter noch nicht begonnen haben. Ausdrücklich ist dies für die AG in § 274 Abs. 1 S. 1 AktG geregelt. Das in § 57 AktG enthaltene Verbot der Verteilung von Gesellschaftsvermögen mit Ausnahme des Bilanzgewinns könnte andernfalls umgangen werden, indem zunächst die Auflösung der Gesellschaft und nach Verteilung eines Teils des Vermögens deren Fortsetzung beschlossen würde. Für die GmbH ergibt sich ein solches Ergebnis aufgrund der weniger streng ausgestalteten Kapitalerhaltungsvorschriften nicht zwingend. Dennoch ist nach allgemeiner Ansicht auch hier eine Fortsetzung der Gesellschaft nach Beginn der Verteilung des Gesellschaftsvermögens an die Gesellschafter ausgeschlossen.[1221] Die Gesellschafter sind mit dem Beginn der Vermögensverteilung an der Auflösung der Gesellschaft festzuhalten, da die Vermögensverteilung einen die Vollbeendigung einleitenden, unumkehrbaren Rechtsakt darstellt.[1222] Auch der Schutz des Rechtsverkehrs gebietet in diesem Fall den Ausschluss der Fortsetzung. da die Fortsetzung der GmbH durch einfachen Beschluss erfolgt und nicht voraussetzt, dass die Gesellschaft ein das satzungsmäßige Stammkapital deckendes Vermögen aufweist.[1223]

1. Formwechsel zwischen Kapitalgesellschaften

Der Formwechsel zwischen Kapitalgesellschaften lässt die Garantiekapitalziffer gem. § 247 Abs. 1 UmwG unberührt. Bis auf den Formwechsel in die GmbH wird die Kapitalausstattung des Rechtsträgers neuer Rechtsform wie bei der

---

1219 BGHZ 75, 178 (180).

1220 Ebenso *Heckschen*, in: FS Widmann, 31 (48 f.).

1221 *K. Schmidt*, in: Scholz, GmbHG, § 60 Rn. 826; *Schulze-Osterloh*, in: Baumbach/Hueck, GmbHG, § 60 Rn 52; *Ulmer*, in: Hachenburg, GmbHG, § 60 Rn. 85; *Lutter/Hommelhoff*, GmbHG, § 60 Rn. 29; OLG Düsseldorf, GmbHR 1979, 276 (277); BayObLG, DB 1987, 2164 (2165).

1222 *K. Schmidt*, Gesellschaftsrecht, S. 315.

1223 *K. Schmidt*, in: Scholz, GmbHG, § 60 Rn. 46.

Gründung geprüft und durch entsprechende Haftungstatbestände abgesichert. Dies könnte dafür sprechen, den Formwechsel aufgelöster Kapitalgesellschaften in eine andere Kapitalgesellschaft auch dann zuzulassen, wenn das Gesellschaftsvermögen zum Teil schon an die Gesellschafter verteilt ist. Gegen die Zulassung eines Formwechsels in diesen Fällen spricht jedoch, dass der Gesetzgeber ausweislich der Gesetzesbegründung Umwandlungsmaßnahmen gerade dann verhindern wollte, wenn bereits mit der Verteilung des Gesellschaftsvermögens an die Gesellschafter begonnen wurde.[1224] Da sowohl in der AG/KGaA als auch in der GmbH die Verteilung des Gesellschaftsvermögens die Vollbeendigung der Gesellschaft unumkehrbar einleitet, würde die Zulassung des Formwechsels eine Umgehung dieses Grundsatzes ermöglichen. Obwohl beim Formwechsel in eine andere Kapitalgesellschaft das Vorhandensein eines der Garantiekapitalziffer entsprechenden Vermögens in der Regel gesichert ist, ist ein Formwechsel von Kapitalgesellschaften nach Beginn der Vermögensverteilung an die Gesellschafter folglich unzulässig.

2. Formwechsel in Personengesellschaften

Nach dem Gesetzeswortlaut ist auch der Formwechsel einer Kapitalgesellschaft in eine Personengesellschaft ausgeschlossen, wenn mit der Verteilung des Gesellschaftsvermögens an die Gesellschafter begonnen wurde, da die Gesellschafter eine Fortsetzung der Kapitalgesellschaft dann nicht mehr beschließen können. Die Berechtigung des Verbots des Formwechsel in eine Personengesellschaft in diesen Fällen ist allerdings fraglich. In der Personengesellschaft wird den Gläubigern ein bestimmtes Mindestkapital nicht garantiert. Sie sind ausschließlich durch die persönliche Haftung der Gesellschafter geschützt. Das Kapital ist nach dem Formwechsel in eine Personengesellschaft ohnehin frei und kann von den Gesellschaftern entnommen werden. Aus Sicht der Gläubiger macht es keinen Unterschied, ob die Gesellschafter das Vermögen im Liquidationsstadium vor dem Formwechsel oder danach entnehmen. Der Formwechsel in die Personengesellschaft sollte daher de lege ferenda ermöglicht werden. Die derzeitige Gesetzesfassung sollte geändert werden, da sie zu undifferenziert ist.

[1224] Begr. RegE, in: Ganske, Umwandlungsrecht, S. 231, 47 f.; hinsichtlich der Verschmelzung kommt er damit der Anforderungen der Dritten Richtlinie des Rates vom 9. Oktober 1978 (78/855/EWG), ABl. Nr. L 295/ 36 vom 20.10.1978 nach, vgl. Art. 3 Abs. 2 S. 2 der Dritten Richtlinie.

3. Formwechsel von Personenhandelsgesellschaften

Wird bei Personenhandelsgesellschaften nach der Auflösung mit der Verteilung des Vermögens begonnen, hindert dies die Fortsetzung der Gesellschaft, anders als bei der Kapitalgesellschaft, nicht. Hier wird den Gläubigern keine Mindestkapitalausstattung garantiert.[1225] Zu untersuchen ist, ob in Folge dessen auch noch ein Formwechsel in die Kapitalgesellschaft beschlossen werden kann.

Nach den § 40 Abs. 2, § 46 S. 2 UmwG 1969 konnte eine aufgelöste Personenhandelsgesellschaft nur in eine Kapitalgesellschaft umgewandelt werden, wenn eine Liquidation mit Berichtigung der Verbindlichkeiten stattfand und mit der Verteilung des nach Berichtigung der Verbindlichkeiten verbleibenden Vermögens unter die Gesellschafter noch nicht begonnen worden war. Hierdurch sollte sichergestellt werden, dass das Gesellschaftsvermögen als Kapitalgrundlage der umgewandelten Gesellschaft erhalten bleibt.[1226] Die Regelungen sind in das geltende Recht nicht übernommen worden. Die Gläubiger werden nach der Gesetzesbegründung ausreichend durch die Haftung des Rechtsträgers neuer Rechtsform und die fünfjährige Nachhaftung der Gesellschafter der formwechselnden Gesellschaft geschützt.[1227]

Beim Formwechsel aufgelöster Personenhandelsgesellschaften ist nunmehr aber § 214 Abs. 2 UmwG zu beachten, nach dem der Formwechsel einer aufgelösten Personengesellschaft dann unzulässig ist, wenn die Gesellschafter nach § 145 HGB eine andere Art der Auseinandersetzung als die Abwicklung oder als den Formwechsel vereinbart haben. Die Einschränkung ist ausweislich der amtlichen Begründung erforderlich, weil bei den im Recht der Personengesellschaften zulässigen anderen Arten der Auflösung nicht sichergestellt werden kann, dass das Vermögen der aufgelösten Gesellschaft zum Zeitpunkt des Umwandlungsbeschlusses noch vorhanden ist.[1228] An der Vorschrift ist zu Recht Kritik geübt worden.[1229] Sie ist zum Schutz der Gläubiger weder notwendig noch geeignet. In den Personenhandelsgesellschaften wird den Gläubigern kein bestimmtes

---

1225 *K. Schmidt*, in: Schlegelberger, HGB, § 131 Rn. 62; *Laumann*, in: Goutier/Knopf/Tulloch, Umwandlungsrecht, § 191 UmwG Rn. 25; *Lenz*, Gesellschafter- und Gläubigerschutz bei dem Formwechsel einer OHG in eine GmbH, S. 28.

1226 *Schilling*, in: Hachenburg, GmbHG, § 77 Anh., § 40 UmwG Rn. 6.

1227 Begr. RegE, in: Ganske, Umwandlungsrecht, S. 236; *Dirksen*, in: Kallmeyer, UmwG, § 214 Rn. 9.

1228 Begr. RegE, in: Ganske, Umwandlungsrecht, S. 236.

1229 *Lenz*, Gesellschafter- und Gläubigerschutz bei dem Formwechsel einer OHG in eine GmbH, S. 29 ff.; *Joost*, in: Lutter, UmwG, § 214 Rn. 8.

vorhandenes Vermögen garantiert. Die Gläubiger sind über die persönliche Haftung der Gesellschafter gesichert. Beim Formwechsel in die Kapitalgesellschaften sind die Gläubiger neben der Nachhaftung gem. § 224 UmwG durch den Verweis auf die Gründungsvorschriften und die Vorschrift des § 220 Abs. 1 UmwG geschützt.[1230] Ein Formwechsel in die Kapitalgesellschaft ist demnach ohnehin nur bei einem das Nennkapital des Rechtsträgers neuer Rechtsform deckenden Aktivreinvermögen möglich. Die Gesetzesbegründung zu § 214 Abs. 2 UmwG ist widersprüchlich. Auf der einen Seite hielt der Gesetzgeber die Übernahme der §§ 40 Abs. 2, 46 S. 2 UmwG 1969 für überflüssig, weil die Gläubiger ausreichend durch die Nachhaftung der Gesellschafter der formwechselnden Personengesellschaft und die Haftung des Rechtsträgers neuer Rechtsform geschützt seien. Auf der anderen Seite soll durch § 214 Abs. 2 UmwG entsprechend der früher geltenden Regelung sichergestellt werden, dass mit der Verteilung des Gesellschaftsvermögens noch nicht begonnen worden ist. Zudem ist auch eine Umgehung des § 214 Abs. 2 UmwG ohne weiteres möglich. Haben die Gesellschafter eine andere Form der Auseinandersetzung als die Abwicklung oder den Formwechsel beschlossen, brauchen sie lediglich zunächst die Fortsetzung der Personenhandelsgesellschaft zu beschließen. Dem Formwechsel in die Kapitalgesellschaft steht dann nichts entgegen.[1231] Die Vorschrift des § 214 Abs. 2 UmwG ist daher überflüssig und sollte gestrichen werden.

IV. Zusammenfassung

Der Formwechsel aufgelöster Gesellschaften ist grundsätzlich bis zur Vollbeendigung möglich. Die Beseitigung einer Überschuldung ist nur insoweit erforderlich, als andernfalls alsbald nach dem Formwechsel erneut ein Insolvenzantrag gestellt werden müsste. Auch die Auflösung des Rechtsträgers durch die Ablehnung des Antrags auf Eröffnung des Insolvenzverfahrens mangels Masse steht einem Formwechsel nicht generell entgegen. Der Formwechsel aufgelöster Kapitalgesellschaften in eine andere Kapitalgesellschaft ist stets unzulässig, wenn mit der Verteilung des Vermögens an die Gesellschafter begonnen wurde. Das in diesen Fällen derzeit geltende Verbot des Formwechsels in eine Personengesellschaft ist jedoch unbegründet. Gleiches gilt für den Formwechsel aufgelöster Personenhandelsgesellschaften. Die für diesen Fall geltende Vorschrift des § 214 Abs. 2 UmwG ist für den Gläubigerschutz nicht erforderlich und kann ohne weiteres umgangen werden. Sie sollte daher gestrichen werden.

[1230] *Joost*, in: Lutter, UmwG, § 214 Rn. 8; *Schlitt*, in: Semler/Stengel, UmwG, § 214 Rn. 26.

[1231] So bereits *Schilling*, in: Hachenburg, GmbHG, § 77 Anh., § 40 UmwG Rn. 6 zur alten Rechtslage.

Ergebnisse

I.

Allen juristischen Einheiten, die an einem Formwechsel beteiligt sein können, ist eines gemeinsam: sie sind fähig, Träger von Rechten und Pflichten zu sein. An dieser Rechtsfähigkeit setzt das dem Formwechsel zugrunde liegende Identitätskonzept an. Beim Formwechsel bleibt das Vermögen ein und demselben Rechtsträger zugeordnet. Nur die Organisations- und Haftungsverfassung des Rechtsträgers ändert sich. Ein so verstandenes Identitätsprinzip steht nicht im Interessenkonflikt mit dem Schutz der Gläubiger. Es ist bei der Auslegung von Rechtsfragen beim Formwechsel zu beachten. Indes zwingt es nicht zur Aufgabe der das deutsche Gesellschaftsrecht kennzeichnenden Zweiteilung in juristische Personen und Gesamthandsgesellschaften. Nur erstere sind gegenüber ihren Mitgliedern in einem Maße verselbständigt, das die Anerkennung als eigenständige Rechtsperson trägt.

II.

Das Identitätsprinzip hat zwar zur Folge, dass das Vermögen der formwechselnden Gesellschaft dem selben Rechtsträger zugeordnet bleibt, es setzt aber nicht voraus, dass das Vermögen der Gesellschaft unverändert fortbesteht. Die Aufrechterhaltung des Vermögens ist allein eine den Gläubigerschutz betreffende Frage.

Ebenso ist weder die Identität der Anteilsinhaber noch die Identität der Beteiligungen Voraussetzung für die Wahrung des Identitätsprinzips. Neben den gesetzlich geregelten Fällen können Gesellschafter der Gesellschaft nach den allgemeinen Regeln simultan zum Formwechsel beitreten oder aus ihm ausscheiden. Bei einer durch die Eintragung der neuen Rechtsform aufschiebend bedingt vereinbarten Anteilsübertragung werden Anteile der alten Rechtsform veräußert, aber Anteile der neuen Rechtsform erworben. Daher sind sowohl die Vorschriften der alten als auch die der neuen Rechtsform zu beachten.

Unternehmensverträge, Unternehmensbeteiligungen und sonstige materielle und prozessrechtliche Verhältnisse bleiben durch den Formwechsel unberührt. Das Steuerrecht folgt dem Identitätsprinzip nicht. Dies ist jedoch steuersystematisch bedingt und lässt keine Rückschlüsse auf das zivilrechtlich geltende Identitätsprinzip zu.

III.

Der Verweis auf die Gründungsvorschriften in § 197 S. 1 UmwG führt zu einer analogen Anwendung der in Bezug genommenen Vorschriften. Dies hat zur

Folge, dass für jede einzelne Vorschrift zu prüfen ist, ob sie dem Sinngehalt in ihrem ursprünglichen Zusammenhang nach auch auf den Formwechsel anzuwenden ist. Der Verweis auf die Gründungsvorschriften steht nicht im Widerspruch zum Identitätsprinzip. Er führt nicht dazu, dass der Formwechsel der Sachgründung gleichzustellen oder wie eine Sachgründung zu behandeln ist. Lediglich wenn der identitätswahrende Formwechsel zu einer Gefährdung der Gläubiger führt, die derjenigen bei einer Sachgründung vergleichbar ist, sind die Gründungsvorschriften analog anzuwenden. Dies gilt ausnahmslos nur für den Formwechselvorgang selbst, nicht dagegen für die historische Gründung des Rechtsträgers.

IV.

Die Kapitalfestsetzung ist beim Formwechsel in die Kapitalgesellschaft lediglich durch die gesetzlich vorgeschriebenen Mindestnennkapitalziffern und das in § 220 Abs. 1 UmwG statuierte Gebot der Deckung des Nennkapitals durch das Aktivreinvermögen des formwechselnden Rechtsträgers begrenzt. Bei der Ermittlung des Aktivreinvermögens sind den einzelnen Vermögensgegenständen ihre tatsächlichen Werten beizumessen. Eine Aufstockung der Buchwerte in der Bilanz ist dagegen nicht zulässig. Der identitätswahrende Formwechsel begründet kein Volleinzahlungsgebot. Geleistet werden müssen nur die nach dem Kapitalgesellschaftsrecht vorgeschriebenen Mindesteinlagen. Bei der Leistung von Barabfindungen hat der Gesetzgeber dem Minderheitenschutz Vorrang vor dem Gläubigerschutz eingeräumt. Leistungen an ausscheidende Gesellschafter können folglich ausnahmsweise auch dann erfolgen, wenn dies gegen den Kapitalerhaltungsgrundsatz verstößt. Nur erhöhte Abfindungszahlungen begründen Rückzahlungsansprüche der Gesellschaft. Bei baren Zuzahlungen sind dagegen die Kapitalerhaltungsvorschriften in vollem Umfang zu beachten. Die Nachgründungsvorschriften sind in dem Rechtsträger neuer Rechtsform nur dann anzuwenden, wenn es im Rahmen des Formwechsels zu Barleistungen an die Gesellschaft kommt oder wenn die historische Gründung des Rechtsträgers weniger als zwei Jahre zurückliegt.

Die persönliche Haftung der Gesellschafter für die zum Zeitpunkt des Formwechsels begründeten Verbindlichkeiten des formwechselnden Rechtsträgers besteht für eine Frist von fünf Jahren fort. § 224 Abs. 1 UmwG ist konstitutiv. Die Gesellschafter haften gleich den Gründern einer Gesellschaft, soweit sie nicht gegen den Formwechsel gestimmt haben und aus dem Rechtsträger neuer Rechtsform gegen eine Barabfindung ausscheiden. Auf den Formwechsel in die Kapitalgesellschaft sind die Haftungstatbestände der Vorbelastungshaftung, der Differenzhaftung und der Ausfallhaftung analog anzuwenden. Die Gründerhaftung wird von der Organhaftung nach § 205 UmwG verdrängt.

Eine Nachhaftung der Kommanditisten lässt sich nur über eine analoge Anwendung des § 224 UmwG begründen. Aufgrund der sinngemäßen Anwendung der Norm bestimmt sich der Umfang der Haftung des Kommanditisten nicht nach der - mehr oder minder zufälligen - Haftung zum Zeitpunkt des Formwechsels, sondern weiterhin nach § 171 Abs. 1 und § 172 Abs. 4 HGB. Die Zahlung einer Barabfindung lässt die Haftung zugunsten der Altgläubiger daher aufleben. Ebenso wie die Komplementäre haften auch die Kommanditisten gleich den Gründern einer Kapitalgesellschaft. Der Organhaftung unterliegen sie jedoch nicht. Ebenso scheidet eine Gründerhaftung nach § 9a GmbHG, § 46 AktG ihrem Sinngehalt nach aus, da die Kommanditisten in der Regel nicht aktiv am Formwechselvorgang beteiligt sind.

Beim Formwechsel in die KGaA ist § 224 UmwG auf die zukünftigen Komplementäre nicht anzuwenden. Sie haften für die Altverbindlichkeiten des formwechselnden Rechtsträgers zeitlich unbegrenzt. Beitretende Komplementäre unterliegen ebenfalls der Vorbelastungshaftung, der Differenzhaftung und der Gründerhaftung.

Gesellschafter, die simultan zum Formwechsel aus der Gesellschaft ausscheiden oder dieser beitreten, haften nicht wie Gründer. Bei einer Anteilsübertragung gehen lediglich die Vorbelastungshaftung und die Differenzhaftung auf den Teilrechtsnachfolger über. Die Gründer- bzw. die Organhaftung sowie die Nachhaftung für Verbindlichkeiten des Rechtsträgers alter Rechtsform treffen dagegen weiterhin den ehemaligen Gesellschafter.

Die Vorschriften über die Festsetzung von Sacheinlagen sind auf den Formwechsel nicht anzuwenden. Gewährte Sondervorteile und der Formwechselaufwand sind dagegen zu Informationszwecken im Gesellschaftsvertrag bzw. in der Satzung des Rechtsträgers neuer Rechtsform aufzuführen. Über den Formwechsel ist ein Bericht anzufertigen. Der Formwechsel in die AG ist durch den Vorstand, den Aufsichtsrat und einen unabhängigen Prüfer zu prüfen. Bei der Anmeldung der neuen Rechtsform ist zu versichern, dass die Einlageverpflichtungen gemäß den kapitalgesellschaftsrechtlichen Vorgaben erfüllt sind. Der Registerrichter hat die Kapitaldeckung zum Eintragungszeitpunkt der neuen Rechtsform zu prüfen. Als Wertnachweisrechnung kann der letzte Jahresabschluss herangezogen werden, wenn dieser nicht älter als acht Monate ist.

V.

Beim Formwechsel in die Personengesellschaft wird das Kapital frei. Die Kapitalerhaltungsregeln können nicht für einen Übergangszeitraum aufrecht erhalten werden. Die Gläubiger sind durch die persönliche Haftung der Gesellschafter und ergänzend durch den Anspruch auf Sicherheitsleistung nach § 204, 22 UmwG geschützt. Verdeckte Sacheinlagen können durch eine Bestätigung im Gesellschaftsvertrag geheilt werden. Eigenkapitalersetzende Darlehen werden frei. Eine Ausnahme ist für Darlehen des Kommanditisten zu machen, da dieser weiterhin nur begrenzt haftet.

Die Gesellschafter der Personengesellschaft haften für die Altverbindlichkeiten des formwechselnden Rechtsträgers. Die Haftsumme des Kommanditisten kann frei festgesetzt werden. Zugunsten der Altgläubiger ist jedoch von einer Haftsumme in der Höhe der bisherigen Beteiligung am Nennkapital auszugehen. Der Kommanditist wird von seiner Haftung nur insoweit befreit, als er tatsächliche Einlageleistungen an die Gesellschaft erbracht hat. Bei der Zahlung einer Barabfindung oder baren Zuzahlung lebt die Haftung des Kommanditisten wieder auf.

VI.

Der Formwechsel zwischen Kapitalgesellschaften lässt das Nennkapital unberührt. Bei einer Kapitalerhöhung sind die Vorschriften der neuen Rechtsform, bei einer Kapitalherabsetzung diejenigen der alten Rechtsform zu beachten. Ein Formwechsel bei Unterbilanz ist - mit Ausnahme des Formwechsels in die GmbH - ausgeschlossen. Barabfindungen nach §§ 207 ff. UmwG können auch hier entgegen den geltenden Kapitalerhaltungsvorschriften vorgenommen werden. Beim Formwechsel in die GmbH können Gläubiger ausnahmsweise Sicherheitsleistung verlangen, ohne glaubhaft machen zu müssen, dass die Erfüllung ihrer Forderungen gefährdet ist. Eigenkapitalersetzende Darlehen werden durch die Beseitigung der Unterbilanz beim Formwechsel frei. Beim Formwechsel in die GmbH trotz bestehender Krise ist allein die Beteiligung zum Zeitpunkt der Finanzierungsentscheidung des Gesellschafters für die Verstrickung des Darlehens maßgebend. Die Nachgründungsvorschriften sind lediglich auf den Formwechsel aus der GmbH und auch hier nur dann anwendbar, wenn es im Zuge des Formwechsels zu Barleistungen an die Gesellschaft kommt oder die ursprüngliche Gründung der GmbH weniger als zwei Jahre zurückliegt.

Außer beim Formwechsel in die GmbH kommt es aufgrund der Verbots des Formwechsels bei bestehender Unterbilanz auch beim Formwechsel zwischen Kapitalgesellschaften zu einer Gründungshaftung. In Betracht kommen die Vorbelastungshaftung, die Differenzhaftung und die Gründerhaftung. Letztere wird lediglich beim Formwechsel der KGaA in die AG durch die Organhaftung nach § 205 UmwG verdrängt.

Sacheinlagen, die im Zuge des Formwechsels erbracht werden, sind nur dann in der Satzung der AG oder KGaA festzusetzen, wenn diese der Beseitigung einer Unterbilanz oder der Erreichung der Mindestkapitalziffer dienen. Gewährte Sondervorteile und der Formwechselaufwand sind anzugeben. Bestehende Festsetzungen müssen übernommen werden. Einer Versicherung über die ordnungsgemäße Leistung der Mindesteinlagen bedarf es nicht. Beim Formwechsel in die GmbH ist der Bericht über den Formwechsel, eine Wertnachweisrechnung und die Kontrolle der Deckung des Garantiekapitals durch den Registerrichter entbehrlich.

VII.

Der Formwechsel einer Gesellschaft i.L. ist nicht generell von einer bestimmten Mindestkapitalausstattung abhängig. Eine Kapitalgesellschaft i.L. kann nicht mehr in eine andere Kapitalgesellschaft umgewandelt werden, wenn mit der Verteilung des Gesellschaftsvermögens an die Gesellschafter begonnen wurde. Ein solches Umwandlungsverbot ist jedoch weder für den Formwechsel einer Kapitalgesellschaft i.L. in eine Personengesellschaft noch für den Formwechsel von Personenhandelsgesellschaften i.L. gerechtfertigt. Der Gesetzgeber sollte die derzeitige Gesetzesfassung entsprechend überarbeiten.

VIII.

Im Großen und Ganzen ist dem Gesetzgeber die Zusammenfassung der früher über mehrere Einzelgesetze verstreuten Regelungen zum Formwechsel gelungen. Insbesondere das einheitliche Konzept des identitätswahrenden Formwechsels ist im Hinblick auf die inzwischen auch von der Rechtsprechung anerkannte Rechtsfähigkeit der (Außen-)GbR zu begrüßen. Es trägt zur sachgerechten Lösung von Problemen bei und steht nicht im Widerstreit zu den Interessen der Gläubiger. Dennoch wirft die derzeitige Fassung des Gesetzes einige Fragen auf, die im Zuge künftiger Reformen ausgeräumt werden sollten, um für ausreichende Rechtssicherheit zu sorgen. Als Beispiele seien nur eine sachgerechte Bestimmung der den Gründern gleichgestellten Gesellschafter, eine Regelung des Verhältnisses von Barabfindungen nach den §§ 207 ff. UmwG zu den Kapitalerhaltungsgrundsätzen und eine flexiblere Ausgestaltung des Formwechsel von Gesellschaften i.L. genannt. Grundlegende Lücken weisen die Regelungen zum Formwechsel im Hinblick auf die Kommanditgesellschaft auf. Im Verlauf der Untersuchung hat sich gezeigt, dass der Gesetzgeber die besondere Situation des Kommanditisten als beschränkt haftender Gesellschafter einer Personengesellschaft nicht hinreichend berücksichtigt hat.

Literaturverzeichnis

Bärwaldt, Roman / Joachim Schabacker, Der Formwechsel als modifizierte Neugründung, ZIP 1998, S. 1293 - 1298

dies., Der vorsorgliche Formwechsel in eine OHG beim Formwechsel einer Kapitalgesellschaft in eine GbR, NJW 1999, S. 623 - 625

dies., Das Ausscheiden des Kommanditisten ohne Nachhaftung, NJW 1998, S. 1909 – 1911

Baumann, Wolfgang, Die Einmann-Personengesellschaft, BB 1998, S. 225 - 232

Baumbach, Adolf / Hopt, Klaus J., Handelsgesetzbuch, 30. Auflage, München 2000 (zit: Baumbach/Hopt, HGB)

Baumbach, Adolf / Hueck, Alfred, GmbH-Gesetz, 17. Auflage, München 2000 (zit: Bearbeiter, in: Baumbach/Hueck, GmbHG)

Baumbach, Adolf / Hueck, Alfred / Hueck, Götz, Aktiengesetz, 13. Auflage, München 1968 (zit: Baumbach/Hueck, AktG)

Bayer, Walter, 1000 Tage neues Umwandlungsrecht - eine Zwischenbilanz, ZIP 1997, S. 1613 - 1626

Beseler, Georg, System des gemeinen deutschen Privatrechts, 2. Auflage, Berlin 1866

Bleckmann, Albert, Zu den Auslegungsmethoden des Europäischen Gerichtshofs, NJW 1982, 1177-1182

ders., Europarecht, 6. Auflage, Köln 1997

Bork, Reinhard / Stangier, Michael, Nachgründende Kapitalerhöhung mit Sacheinlagen?, AG 1984, S. 320 - 323

Breuninger, Gottfried E., Zur Rechtsnatur eigener Anteile und ihrer ertragssteuerlichen Behandlung, DStZ 1991, S. 420 - 425

Bröcker, Norbert, Die aktienrechtliche Nachgründung: Wie viel Kontrolle benötigt die junge Aktiengesellschaft, ZIP 1999, S. 1029 - 1041

Busch, Torsten, Die Deckung des Grundkapitals bei Formwechsel einer GmbH in eine Aktiengesellschaft, AG 1995, S. 555 - 561

Canaris, Claus-Wilhelm, Die Feststellung von Lücken im Gesetz, Berlin 1964

ders., Die Rückgewähr von Gesellschaftereinlagen durch Zuwendungen an Dritte, Festschrift für Robert Fischer, Berlin 1979, S. 31 - 64 (zit: Canaris, in: FS Fischer)

Crezelius, Georg, Grundsätzliches und Zweifelsfragen zum Umwandlungsrecht 1995, Stbg 1995, S. 438 - 444, 497 - 503

Dehmer, Hans, Umwandlungsgesetz, Umwandlungssteuergesetz, 2. Auflage, München 1996

Dormann, Ulrike / Fromholzer, Ferdinand, Offene Fragen der Nachgründung nach dem NaStraG, AG 2001, S. 242 - 250

Ebenroth, Carsten Thomas / Boujong, Karlheinz / Joost, Detlev, Handelsgesetzbuch, Band 1 §§ 1 - 342a, München 2001 (zit: Bearbeiter, in: Ebenroth, HGB)
Erman, Walter / Westermann, Harm Peter, Handkommentar zum Bürgerlichen Gesetzbuch, 1. Band, § 1 - 853, 10. Auflage, Köln 2000 (zit: Bearbeiter, in: Erman, BGB)
Fabritius, Andreas, Vermögensbindung in der AG und GmbH - tiefgreifender Unterschied oder grundlegende Identität, ZHR 144 (1980), 629 - 641
Felix, Günther, Haftsumme des Kommanditisten und Sacheinlage, NJW 1973, S. 491 - 492
Finken, Manfred / Decher, Christian E., Die Umstrukturierung des Familienunternehmens in eine Aktiengesellschaft, AG 1989, S. 391 - 399
Fischer, Michael, Formwechsel zwischen GmbH und GmbH & Co. KG, BB 1995, S. 2173 - 2180
Flume, Werner, Allgemeiner Teil des Bürgerlichen Rechts, Erster Band, Erster Teil, Die Personengesellschaft, Berlin 1977 (zit: Flume, Die Personengesellschaft)
Ganske, Joachim, Die Umwandlung von Unternehmen, DB 1992, S. 125 - 126
ders., Umwandlungsrecht, 2. Auflage, Düsseldorf 1995 (zit: Begr. RegE, in: Ganske, Umwandlungsrecht)
Geiger, Rudolf, EUV/EGV, 3. Auflage, München 2000
Geßler, Ernst / Hefermehl, Wolfgang / Eckardt, Ulrich / Kropff, Bruno, Aktiengesetz Band I, §§ 1 - 75, München 1984, Band VI, §§ 291 - 410, München 1994 (zit: Bearbeiter, in: Geßler/Hefermehl, AktG)
von Gierke, Otto, Deutsches Privatrecht, Erster Band, Allgemeiner Teil und Personenrecht, Leipzig 1895, Dritter Band, Schuldrecht, München 1917
ders., Die Genossenschaftstheorie und die deutsche Rechtsprechung, Berlin 1963
Godin, Freiherr von / Wilhelmi, Hans, Aktiengesetz, 4. Auflage, Berlin 1971 (zit: Godin/Wilhelmi, AktG)
Goutier, Klaus / Knopf, Rüdiger / Tulloch, Anthony, Kommentar zum Umwandlungsrecht, Heidelberg 1995 (zit: Bearbeiter, in: Goutier/Knopf/Tulloch, Umwandlungsrecht)
Großkommentar Aktiengesetz, begr. von *Hans Barz, Ullrich Klug* u.a., Dritte Auflage, Vierter Band, §§ 291 - 410, EGAktG, Berlin 1971 (zit: Bearbeiter, in: Großkommentar AktG)
Groß, Wolfgang, Eigenkapitalersetzende Gesellschafterdarlehen in der KG, BB 1991, S. 2386 - 2391
Habersack, Mathias, Zur Rechtsnatur der Gesellschaft bürgerlichen Rechts - BAG, NJW 1989, 3030, JuS 1990, S. 179 - 184
ders., Die Haftungsverfassung der Gesellschaft bürgerlichen Rechts - Doppelverpflichtung und Akzessorietät, JuS 1993, S. 1 - 8

ders., Die Mitgliedschaft - subjektives und „sonstiges" Recht, Tübingen 1996 (zit: Habersack, Die Mitgliedschaft)

ders., Eigenkapitalersatz im Gesellschaftsrecht, ZHR 162 (1998), S. 201 - 222

ders., Die Anerkennung der Rechts- und Parteifähigkeit der GbR und der akzessorischen Gesellschafterhaftung durch den BGH, BB 2001, S. 478 - 483

Habersack, Matthias / Lüssow, Björn, Vorbelastung, Vorbelastungsbilanz und Unternehmensbewertung - Plädoyer für ein zweistufiges Vorbelastungskonzept -, NZG 1999, 629 - 634

Hachenburg, Max, Gesetz betreffend die Gesellschaft mit beschränkter Haftung, hrsg. von *Peter Ulmer*, Erster Band §§ 1 - 34, 8. Auflage, Berlin 1992, Dritter Band §§ 53 - 85, 8. Auflage, Berlin 1997 (zit: Bearbeiter, in: Hachenburg, GmbHG), Dritter Band §§ 53 - 85, 7. Auflage, Berlin 1985 (zit: Bearbeiter, in: Hachenburg, GmbHG, § 77 Anh., UmwG)

Heckschen, Heribert, Umwandlungsrecht und Insolvenz, in: Umwandlungen im Zivil- und Steuerrecht, Festschrift für Siegfried Widmann zum 65. Geburtstag am 22 Mai 2000, Berlin 2000, S. 31 - 49 (zit: Heckschen, in: FS Widmann)

Heidinger, Andreas, Haftung der BGB-Gesellschafter beim Formwechsel aus einer GmbH, GmbHR 1996, S. 890 - 896

Heinrich, Nicola, Die Haftung des GmbH-Gesellschafters für mangelhafte Sacheinlagen, Bonn 1992

Hennrichs, Joachim, Zum Formwechsel und zur Spaltung nach dem neuen Umwandlungsgesetz, ZIP 1995, S. 794 - 801

ders., Fortsetzung einer mangels Masse aufgelösten GmbH, ZHR 159 (1995), S. 593 - 608

ders. Formwechsel und Gesamtrechtsnachfolge bei Umwandlungen, Berlin 1995

Heuer, Ralf, Der GmbH-Anteil in der Zwangsvollstreckung, ZIP 1998, S. 405 - 413

Heymann, Ernst / Emmerich, Volker, Handelsgesetzbuch, Band 2, §§ 105 - 237, Berlin 1989 (zit: Bearbeiter, in: Heymann, HGB)

Hirte, Heribert, Die Europäische Aktiengesellschaft, NZG 2002, S. 1 - 10

Huber, Ulrich, Rechtsfähigkeit, juristische Person und Gesamthand, Festschrift für Marcus Lutter, Köln 2000 (zit: Huber, in: FS Lutter)

ders., Gesellschafterkonten in der Personengesellschaft, ZGR 1988, S. 1 - 103

Hueck, Götz, Drei Fragen zur Gesamthandsgesellschaft, Festschrift für Wolfgang Zöllner, 1998, S. 275 - 294 (zit: Hueck, in: FS Zöllner)

Hüffer, Uwe, Aktiengesetz, 4. Auflage, München 1999 (zit: Hüffer, AktG)

IDW (Hrsg.), Neuorientierung der Rechenschaftslegung, Bericht über die IDW-Fachtagung vom 27. - 28. 10. 1994 in Stuttgart, Düsseldorf 1995 (zit: IDW, Neuorientierung der Rechenschaftslegung)

Ihrig, Hans-Christoph, Die endgültig freie Verfügung über die Einlage von Kapitalgesellschaftern, Heidelberg 1991

ders., Gläubigerschutz durch Kapitalaufbringung bei Verschmelzung und Spaltung nach neuem Umwandlungsrecht, GmbHR 1995, S. 622 - 643

ders., Verschmelzung und Spaltung ohne Gewährung neuer Anteile, ZHR 160 (1996), S. 317 - 342

Kallmeyer, Harald, Das neue Umwandlungsgesetz, ZIP 1994, S. 1746 - 1759

ders., Der Formwechsel der GmbH oder GmbH & Co. in die AG oder KGaA zur Vorbereitung des Going public, GmbHR 1995, S. 888 - 890

ders., Der Ein- und Austritt der Komplementär-GmbH einer GmbH & Co. KG bei Verschmelzung, Spaltung und Formwechsel nach dem UmwG 1995, GmbHR 1996, S. 80 - 82

ders., Die GmbH & Co. KG im Umwandlungsrecht, GmbHR 2000, S. 418 - 421

ders., Gläubigerschutz bei Umwandlung beteiligungsidentischer GmbH & Co. KG, GmbHR 2000, S. 541 - 543

ders., Umwandlungsgesetz, 2. Auflage, Köln 2001 (zit: Bearbeiter, in: Kallmeyer, UmwG)

Karollus, Martin, Zur geplanten Reform des Kapitalersatzrechts, ZIP 1996, S. 1893 - 1895

Kleindiek, Detlef, Eigenkapitalersatz und gesetzestypische Personengesellschaften, Festschrift für Marcus Lutter, Köln 2000, S. 871 - 889 (zit: Kleindiek, in: FS Lutter)

Kölner Kommentar, Kölner Kommentar zum Aktiengesetz, hrsg. von *Wolfgang Zöllner*, Band 1, 2. Auflage, §§ 1-75, Köln 1988; Band 3, 4. Lieferung, §§ 362 - 398 AktG, Köln 1981; (zit: Bearbeiter, in: KK)

Kohler-Gehrig, Eleonora, Europarecht und nationales Recht - Auslegung und Rechtsfortbildung, JA 1998, S. 807 - 812

Kreifels, Max, Umwandlung von Kapitalgesellschaften, GmbHR 1957, S. 17 - 20

Kübler, Friedrich, Gesellschaftsrecht, 4. Auflage, Heidelberg 1994

Larenz, Karl, Methodenlehre der Rechtswissenschaft, 6. Auflage, Berlin 1991

Lenz, Andreas, Gesellschafter und Gläubigerschutz bei dem Formwechsel einer OHG in eine GmbH, Berlin 2000

Lenz, Carl Otto, EG-Vertrag, 2. Auflage, Köln 1999 (zit: Bearbeiter, in: Lenz, EG-Vertrag)

Limmer, Peter, Der Identitätsgrundsatz beim Formwechsel in der Praxis, in: Umwandlungen im Zivil- und Steuerrecht, Festschrift für Siegfried Widmann zum 65. Geburtstag am 22 Mai 2000, Berlin 2000, S. 51 - 66 (zit: Limmer, in: FS Widmann)

ders., Unternehmensumstrukturierungen vor und in der Insolvenz unter Einsatz des Umwandlungsrechts, Kölner Schrift zur Insolvenzordnung, 2. Auflage, Berlin 2000

Lüdicke, Jochen, Nachfolgeplanung und neues Umwandlungsrecht/ Umwandlungssteuerrecht, ZEV 1995, S. 132 - 136
Lutter, Marcus, Europäische Aktiengesellschaft - Rechtsfigur mit Zukunft?, BB 2002, S. 1 - 7.
ders., Umwandlungsgesetz, 2. Auflage, Köln 2000 (zit: Bearbeiter, in: Lutter, UmwG); Umwandlungsgesetz, 1. Auflage, Köln 1996 (zit: Bearbeiter, in: Lutter, UmwG, 1. Auflage)
ders., Kölner Umwandlungsrechtstage: Verschmelzung, Spaltung, Formwechsel nach neuem Umwandlungsrecht und Umwandlungssteuerrecht, Köln 1995 (zit: Bearbeiter, in: Lutter, Kölner Umwandlungsrechtstage)
ders., Zur Reform von Umwandlung und Fusion, ZGR 1990, S. 392 - 415
Lutter, Marcus / Hommelhoff, Peter, GmbH-Gesetz, 15. Auflage, Köln 2000 (zit: Lutter/Hommelhoff, GmbHG)
Lutter, Marcus / Ziemons, Hildegard, Die unverhoffte Renaissance der Nachgründung, ZGR 1999, S. 479 - 498
Martens, Klaus-Peter, Nachgründungskontrolle beim Formwechsel einer GmbH in eine AG, ZGR 1999, S. 548 - 567
Martens, Klaus-Peter / Röttger, Robert, Aktivierung des Geschäfts- oder Firmenwertes bei Umwandlung einer Personenhandelsgesellschaft in eine GmbH nach § 46 ff. UmwG?, DB 1990, S. 1097 - 1102
Mayer, Dieter, Erste Zweifelsfragen bei der Unternehmensspaltung, DB 1995, S. 861 – 866
Mertens, Hans-Joachim, Die formwechselnde Umwandlung einer GmbH in eine Aktiengesellschaft mit Kapitalerhöhung und Gründungsvorschriften, AG 1995, S. 561 - 562
Mertens, Kai, Umwandlung und Universalsukzession, Heidelberg 1993
Meyer-Landrut, Andreas / Kiem, Roger, Der Formwechsel einer Publikumsaktiengesellschaft, WM 1997, S. 1361 - 1373, 1413 - 1422
Mülbert, Peter O., Die rechtsfähige Personengesellschaft, AcP 199 (1999), S. 38 - 103
Müller, Welf / Hoffmann, Wolf-Dieter, Beck'sches Handbuch der Personengesellschaften, 2. Auflage, München 2002 (zit: Bearbeiter, in: Handbuch der Personengesellschaften)
Münchener Handbuch des Gesellschaftsrechts, Band 4, Aktiengesellschaft, hrsg. von *Hoffmann-Becking*, München 1988 (zit: Bearbeiter, in: Münchener Handbuch des Gesellschaftsrechts)
Münchener Kommentar, Kommentar zum Bürgerlichen Gesetzbuch, hrsg. von *Kurt Rebmann, Franz-Jürgen Säcker*, Band 5, §§ 705 - 853, 3. Auflage, München 1997 (zit: Bearbeiter, in: MüKo)
Naraschewski, Alexander, Gläubigerschutz bei der Verschmelzung von GmbH, GmbHR 1998, S. 356 - 361

Neye, Hans Werner / Limmer, Peter / Frenz, Norbert / Harnacke, Ulrich M., Handbuch der Unternehmensumwandlung, Berlin 1996 (zit: Bearbeiter, in: Neye, Handbuch der Unternehmensumwandlung)

Noelle, Thomas, Gegenstand der Umwandlungsprüfung nach § 378 Abs. 3 AktG, AG 1990, S. 475 - 481

v. Osten, Dinnies, Die Umwandlung einer GmbH in eine GmbH & Co., GmbHR 1995, S. 438- 440

Palandt, Otto, Bürgerliches Gesetzbuch, 61. Auflage, München 2002 (zit: Bearbeiter, in: Palandt, BGB)

Peifer, Karl-Nikolaus, Rechtsfähigkeit und Rechtssubjektivität der Gesamthand - die GbR als OHG?, NZG 2001, S. 296 - 300.

Pentz, Andreas, Die Änderung und Ergänzung der Kapitalersatzregeln im GmbH-Gesetz, GmbHR 1999, S. 437 - 451

ders. Zur beabsichtigten Änderung des § 52 AktG im RefE des Gesetzes zur Namensaktie und zur Erleichterung der Stimmrechtsausübung - Namensaktiengesetz (NaStraG), NZG 2000, S. 225 - 230

Petersen, Jens, Der Gläubigerschutz im Umwandlungsrecht, München 2001

Priester, Hans-Joachim, Die Unversehrtheit des Stammkapitals bei Eintragung der GmbH - ein notwendiger Grundsatz?, ZIP 1982, S. 1141 - 1153

ders., Ansatz des originären Firmenwertes in Einbringungs- und Umwandlungsbilanzen, Festschrift für Rudolf Nirk zum 70. Geburtstag, München 1992, S. 893 - 913 (zit: Priester, in: FS Nirk)

ders., Kapitalgrundlage beim Formwechsel, DB 1995, S. 911 - 917

ders., Das neue Umwandlungsgesetz aus notarieller Sicht, DNotZ 1995, S. 427 - 455

ders., Die Kommanditgesellschaft auf Aktien ohne natürlichen Komplementär, ZHR 160 (1996), S. 250 - 264

ders., Mitgliederwechsel im Umwandlungszeitpunkt, DB 1997, S. 560 - 567

ders., Gründungsrecht contra Identitätsprinzip - Kapitalausstattung beim Formwechsel, Festschrift für Wolfgang Zöllner Band I, Köln 1998, S. 449 - 468 (zit: Priester, in: FS Zöllner)

ders., Neue Regelungen zur Nachgründung, DB 2001, S. 467 - 471

Raiser, Thomas, Gesamthand und juristische Person im Lichte des neuen Umwandlungsgesetzes, AcP 1994, S. 495 - 512

ders., Gesamthandsgesellschaft oder juristische Person - Eine Geschichte ohne Ende?, Festschrift für Wolfgang Zöllner, 1998, S. 469 - 486 (zit: Raiser, in: FS Zöllner)

ders., Der Begriff der juristischen Person. Eine Neubesinnung, AcP 199 (1999), S. 104 - 144

ders., Recht der Kapitalgesellschaften, 3. Auflage, München 2001

Reinhardt, Rudolf, Die Umwandlung, ein Gegenstand zum Nachdenken, in: Entwicklungstendenzen im Wirtschafts- und Unternehmensrecht,

Festschrift für Horst Bartholomeyczik, Berlin 1973, S. 307 - 317 (zit: Reinhardt, in: FS Bartholomeyczik)

Rodewald, Jörg, Vereinfachte „Kapitalherabsetzung“ durch Verschmelzung von GmbH, GmbHR 1997, S. 19 - 22

Roth, Günter H. / Altmeppen, Holger, Gesetz betreffend die Gesellschaft mit beschränkter Haftung, 3. Auflage, München 1997 (zit: Bearbeiter, in: Roth, GmbHG)

Rowedder, Heinz, Gesetz betreffend die Gesellschaften mit beschränkter Haftung, 4. Auflage, München 2002 (zit: Bearbeiter, in: Rowedder, GmbHG), Gesetz betreffend die Gesellschaften mit beschränkter Haftung, 2. Auflage, München 1990 (zit: Bearbeiter, in: Rowedder, GmbHG, 2. Auflage)

Sagasser, Bernd / Bula, Thomas / Brünger, R. Thomas, Umwandlungen, 3. Auflage, München 2002 (zit: Bearbeiter, in: Sagasser, Umwandlungen)

Sandberger, Georg, Die Haftung bei der Vorgesellschaft, Festschrift für Wolfgang Fikentscher, Tübingen 1998, S. 387 - 418 (zit: Sandberger, in: FS Fikentscher)

Schaub, Bernhard, Das Abfindungsangebot nach § 29 UmwG, NZG 1998, S. 626 - 629

Schlegelberger, Franz, Handelsgesetzbuch, Band III, 1. Halbband §§ 205 - 160, Band III 2. Halbband, 5. Auflage, München 1992 (zit: Bearbeiter, in: Schlegelberger, HGB)

Schlegelberger, Franz / Quassowski, Leo, Aktiengesetz, Berlin 1937 (zit: Schlegelberger/Quassowski, AktG)

Schmidt, Karsten, Die Umwandlung einer GmbH in eine AG zu Kapitalerhöhungszwecken, AG 1985, S. 150 - 158

ders., Kapitalersetzende Kommanditistendarlehen, GmbHR 1986, S. 337 - 342

ders., Theorie und Praxis der Vorgesellschaft nach gegenwärtigem Stand, GmbHR 1987, S. 77 -87

ders., Handelsrechtliche Probleme der doppelstöckigen GmbH & Co. KG, DB 1990, S. 93 - 97

ders., Gesetzliche Gestaltung und dogmatisches Konzept eines neuen Umwandlungsgesetzes, ZGR 1990, S. 580 - 606

ders., Universalsukzession kraft Rechtsgeschäft, AcP 191 (1991), S. 495 - 525

ders., Gläubigerschutz bei Umstrukturierungen - Zum Referentenentwurf eines Umwandlungsgesetzes - , ZGR 1993 S. 366 - 395

ders., Volleinzahlungsgebot beim Formwechsel in die AG oder GmbH, ZIP 1995, S. 1385 - 1391

ders., Formwechsel zwischen GmbH und GmbH & Co. KG, GmbHR 1995, S. 693 - 696

ders., Deregulierung des Aktienrechts durch Denaturierung der Kommanditgesellschaft auf Aktien, ZHR 160 (1996), S. 265 - 287

ders., Einschränkung der umwandlungsrechtlichen Eintragungswirkung durch den umwandlungsrechtlichen numerus clausus?, ZIP 1998, S. 181 - 189
ders., Die BGB-Außengesellschaft: rechts- und parteifähig, NJW 2001, S. 993 - 1003
ders., Gesellschaftsrecht, 4. Auflage, Köln 2002
ders., Integrationswirkung des Umwandlungsgesetzes, in Festschrift für Peter Ulmer, Berlin 2003 (zit: K. Schmidt, in: FS Ulmer)
Schmitt, Joachim / Hörtnagl, Robert / Stratz, Rolf-Christian, Umwandlungsgesetz, Umwandlungssteuergesetz, 3. Auflage, München 2001 (zit: Bearbeiter, in: Schmitt/Hörtnagl/Stratz, UmwG/UmwStG)
Schöne, Torsten, Das Aktienrecht als „Maß aller Dinge" im neuen Umwandlungsrecht, GmbHR 1995, S. 325 - 335
Scholz, Franz, Kommentar zum GmbH-Gesetz, Band 1, §§ 1 - 44, 9. Auflage, Köln 2000, Band 2, §§ 45 - 87, 9. Auflage, Köln 2002 (zit: Bearbeiter, in: Scholz, GmbHG); 7. Auflage, Köln 1988 (zit: Bearbeiter, in: Scholz, GmbHG, 7. Auflage)
Schulze-Osterloh, Joachim, Die Vorbelastungsbilanz der GmbH auf den Eintragungszeitpunkt und der Ausweis des Anspruchs aus der Vorbelastungshaftung im Jahresabschluss, Festschrift zum 65. Geburtstag von Dr. Dr. h.c. Reinhard Goerdeler, Düsseldorf 1987, S. 531 - 549 (zit: Schulze-Osterloh, in: FS Goerdeler)
ders., Bilanzierung nach dem Referentenentwurf eines Gesetzes zur Bereinigung des Umwandlungsrechts, ZGR 1993, S. 420 - 451
Schulze zur Wiesche, Dieter, Die GmbH & Co. KG im neuen Umwandlungssteuerrecht, DB 1996, S. 1539 - 1546
Seetzen, Uwe, Spruchverfahren und Unternehmensbewertung im Wandel, WM 1999, S. 565 - 574
Sigel, Peter, Von der GmbH in die GmbH & Co. KG, GmbHR 1998, S. 1208 - 1215
Staub Großkommentar, HGB, hrsg. von *Claus-Wilhelm Canaris, Wolfgang Schilling, Peter Ulmer*, Band ?; §§ 123 - 130b, 4. Auflage, Berlin 1997
Staub, Marcus, Die Verschmelzung und der Formwechsel einer Kapitalgesellschaft auf eine Personengesellschaft und die Verschmelzung auf ein Einzelunternehmen aus steuerlicher Sicht, Frankfurt am Main 2000
Streck, Michael / Mack, Alexandra / Schwedhelm, Rolf, Verschmelzung und Formwechsel nach dem neuen Umwandlungsgesetz, GmbHR 1995, S. 161 - 176
Sudhoff, Heinrich, GmbH & Co. KG, 5. Auflage, München 2000 (zit: Bearbeiter, in: Sudhoff, GmbH & Co. KG)
Timm, Wolfram, Angaben der Kapitalausstattung einer KG bei Umwandlungen in eine AG?, BB 1990, S. 433 - 435

ders., Die Rechtsfähigkeit der Gesellschaft bürgerlichen Rechts und ihre Haftungsverfassung - Notwendigkeit einer Neuorientierung im Anschluss an §§ 191, 202 UmwG, NJW 1995, S. 3209 - 3218

ders., Einige Zweifelsfragen zum neuen Umwandlungsrecht, ZGR 1996, S. 246 - 271

Timmermans, Sandra, Kapitalaufbringung und Kapitalfestsetzung bei dem Formwechsel einer Personenhandelsgesellschaft in eine Kapitalgesellschaft, DB 1999, S. 948 - 950

Trölitzsch, Thomas, Differenzhaftung für Sacheinlagen in Kapitalgesellschaften, Köln 1998

Ulmer, Peter, Die Gesamthandsgesellschaft - ein noch immer unbekanntes Wesen?, AcP 198 (1998), S. 113 - 151

ders. Gesellschafterhaftung in der Gesellschaft bürgerlichen Rechts: Durchbruch der Akzessorietätstheorie?, ZIP 1999, S. 554 - 565

ders., Die höchstrichterlich „enträtselte" Gesellschaft bürgerlichen Rechts, ZIP 2001, S. 585 - 599

Vollmer, Lothar / Grupp, Alexander, Schutz der Aktionäre beim Börseneintritt und Börsenaustritt, ZGR 1995 S. 459 - 480

Veil, Rüdiger, Der nicht verhältniswahrende Formwechsel von Kapitalgesellschaften - Eröffnet das neue Umwandlungsgesetz den partiellen Ausschluss von Anteilsinhabern?, DB 1996, S. 2529 - 2532

ders., Umwandlung einer Aktiengesellschaft in eine Gesellschaft mit begrenzter Haftung, Berlin 1996

Weimar, Robert, Einmann-Personengesellschaft - ein neuer Typ des Gesellschaftsrechts?, ZIP 1997, S. 1769 - 1778

Werner, Rüdiger, Nachgründung und Börsengang - wie obsolet ist § 52 AktG, NZG 2000, S. 231 - 240

ders., Zum Anwendungsbereich von § 52 AktG nach der Neufassung durch das NaStraG, ZIP 2001, S. 1403 - 1407

Werner, Winfried / Kindermann, Elmar, Umwandlung mittelständischer Unternehmen in eine Aktiengesellschaft: Gesellschaftsrechtliche Vor- und Nachteile und Verfahren, ZGR 1981, S. 16 - 57

Graf von Westphalen, Friedrich / Röhricht, Volker, Handelsgesetzbuch, 2. Auflage, Köln 2001 (zit: Bearbeiter, in: Westphalen, HGB)

Widmann, Siegfried / Mayer, Robert, Umwandlungsrecht, Band 1 bis 5, Loseblatt, 3. Auflage, Bonn 1995, Stand Februar 2002 (zit: Bearbeiter, in: Widmann/Mayer, Umwandlungsrecht)

Wiedemann, Herbert, Die Personengesellschaft - Vertrag oder Organisation?, ZGR 1996, S. 286 - 299

ders., Identität beim Rechtsformwechsel, ZGR 1999, S. 568 - 582

Wiesner, Georg, Die Enthaftung ausgeschiedener persönlich haftender Gesellschafter einer KGaA, ZHR 184 (1984), S. 56 - 73

Wolf, Jens, Die Haftung des Kommanditisten beim Formwechsel in die GmbH, ZIP 1996, S. 1200 - 1205

Zilias, Manfred / Lanfermann, Josef, Die Neuregelung des Erwerbs und Haltens eigener Aktien, WPg 1980, S. 61 - 69, 89 - 97

Zöllner, Wolfgang, Rechtssubjektivität von Personengesellschaften, Festschrift für Joachim Gernhuber, 1993, S. 564 - 578 (zit: Zöllner, in: FS Gernhuber)

ders., Bemerkungen zu allgemeinen Fragen des Referentenentwurfs eines Umwandlungsgesetzes, ZGR 1993, S. 334 - 342

ders., Grundsatzüberlegungen zur umfassenden Umstrukturierbarkeit der Gesellschaftsformern nach dem Umwandlungsgesetz, Festschrift für Carsten Peter Claussen, 1997, S.423 - 444 (zit: Zöllner, in: FS Claussen)

ders., Rechtsfähigkeit der BGB-Gesellschaft - ein Sachverstands oder Kommunikationsproblem, Festschrift für Alfons Kraft, 1998, S. 701 - 718 (zit: Zöllner, in: FS Kraft)

Zürbig, Wolf Hendrick, Der Formwechsel einer Personengesellschaft in eine Kapitalgesellschaft, Frankfurt am Main 1999

FSC
www.fsc.org
MIX
Papier | Fördert gute Waldnutzung
FSC® C083411

Kolibri 360 GmbH
Ferdinand-Jühlke-Straße 7
99095 Erfurt, Deutschland
produktsicherheit@kolibri360.de

Druck:
CPI Druckdienstleistungen GmbH
im Auftrag der
Kolibri 360 GmbH
Ferdinand-Jühlke-Str. 7
99095 Erfurt